上海对外贸易学院重点学科建设项目产业经济学学科资助

CHANYE JINGJI XUE

产业经济学

魏农建　主　编
谷永芬　副主编

上海大学出版社

图书在版编目(CIP)数据

产业经济学/魏农建主编.—上海:上海大学出版社,2008.12(2013.7重印)

ISBN 978-7-81118-386-3

Ⅰ.产… Ⅱ.魏… Ⅲ.产业经济学 Ⅳ.F062.9

中国版本图书馆CIP数据核字(2009)第004730号

责任编辑 傅玉芳

封面设计 柯国富

技术编辑 金 鑫

产业经济学

魏农建 主编

谷永芬 副主编

上海大学出版社出版发行

(上海市上大路99号 邮政编码200444)

(http://www.shangdapress.com 发行热线66135110)

出版人:姚铁军

*

南京展望文化发展有限公司排版

上海华业装璜印刷厂印刷 各地新华书店经销

开本787×960 1/16 印张25.25 字数413000

2008年12月第1版 2013年7月第2次印刷

ISBN 978-7-81118-386-3/F·066 定价:38.00元

前 言

书是给人们读的，读得顺畅，读得有兴趣，读得有感觉，读得有收获，是写书人的追求目标。本教材作者的愿望也是如此。

产业经济学的教材全国林林总总不下几十本，其中不少的教材非常的优秀，或偏重理论建立、或注重某一专业方向、或强调政府规制、或引入案例……，都有其特色。那么，我们为什么还要撰写一本新的教材呢？这要从上海对外贸易学院的办学要求和定位说起。

上海对外贸易学院是一所原对外贸易部部属院校，是全国两所对外经济与贸易特色高等院校之一。新中国对外经济与贸易事业发展的需要催生了上海对外贸易学院的诞生。学校创办于1960年，经过几十年的历程，从一所百人高等院校发展成为万人大学。更重要的是，2004年制定了《2004—2010年发展规划》，标志着学校从以规模扩张为主的外延发展阶段转向以教学质量提高为主的内涵建设阶段，确认了学校办学理念、办学定位和办学特色；2006年以优秀成绩通过教育部本科教学水平评估，表明已基本完成学科和专业设置结构调整；2007年以加强学科建设为突破口，制定了《2008—2012年学科建设规划》，明确了把学校建成上海国际贸易中心建设的人才培养基地和决策咨询思想库的发展目标。而适应学校内涵建设要求和“人才培养基地”、“决策咨询思想库”发展目标的产业经济学科是学校重点建设学科，承担着服务于学校学科结构完善并为之提高学科建设水平的重任。

改革开放以来，特别是加入世界贸易组织以来，中国通过全面参与经济全球化，迅速崛起为全球第三大贸易国家，目前正面临如何适应新的经济全球化趋势的严峻挑战。同时，作为中国最重要的经济、贸易、金融和航运中心，上海也面临着城市功能转型和产业结构调整的艰巨任务。因此，能否高质量地培养出能为国家社会、经济的科学发展和对外开放服务的对外经济贸易应用型专门人才和研究型高级人才，成为上海能否适应新的经济全球化趋势严峻挑战的关键。

秉承学校48年办学传统，上海对外贸易学院坚持“以学生成才为本”的基本办学理念。根据党和国家对发展教育事业的要求，全面贯彻科学发展观；结合中国对外开放战略，主动适应经济全球化背景下上海“四个中心”和社会主义国际化大都市建设的需要；紧紧围绕上海国际贸易中心的建设，坚持开放式、国际化的办学模式，坚持服务社会、服务企业、服务政府的办学路径，已经形成提供社会价值、创造企业价值、体现自身价值的国际经贸应用型专门人才和研究型高级人才的培养特色。

社会需求和学校的办学定位引导了产业经济学学科建设的方向。

在经济全球化的背景下，能够在国际经济与贸易领域纵横的人才，不仅需要有经济贸易的专业知识，也需要有厚实的文化根基、相关的法律基础、基本的管理能力。上述国际经济与贸易运行环境的变化势必对经贸人才的知识结构、能力结构、素质结构以及学历层次提出更高要求。而且，上海围绕“国际贸易中心建设”实现城市功能的转型和产业结构的调整，需要从理论上解决经济全球化条件下现代国际贸易中心的内涵、利益和实现路径等问题。上述各种变化都对人才需求和培养方式同样提出了新的要求。作为一所地方性高等院校,围绕上海“四个中心”和社会主义现代化大都市的建设,特别是国际贸易中心建设的需要开展前瞻性的研究,培养与之相适应的应用型专门人才和研究型高级人才是我们的责任。如此,产业经济学科的任务和建设方向不言而喻。其中,编写一本适应符合学校办学要求和特色的教材也就顺理成章了。

根据本教材的学习对象和教学目标,教材编写力求突出如下特点:

(1) 强调理论阐述,目的是让使用者能够在一个有限的时间内最大限度地接触到产业经济学的基本理论和主要观点,能够形成框架型的认知,为后续学习打下基础。

(2) 强调逻辑安排,目的是让使用者在基本不改变自己的习惯思维前提下,有选择、有重点地自主安排学习的内容而不影响知识结构掌握的系统性、完整性。

(3) 强调前沿知识,目的是让使用者在掌握产业经济学基本知识的过程中,感受到产业经济学的研究空间和魅力,从而产生更强烈的学习愿望,提高学习的兴趣和效率。

(4) 强调通俗性,目的在于借以通俗的“讲解”,帮助学习者轻松地理解经济学那些精确定义和数理公式。

(5) 强调适用性,目的是让使用者能够在教材的引领下,与学校的整体人才培养氛围融合,有针对性地在产业经济学浩瀚的知识海洋里,汲取本科生应该具有的、必要的以及与专业背景相关的产业经济学知识。

本书的作者基本上都是上海对外贸易学院产业经济学科的成员。全书由魏农建主持,提出写作思路和框架,编写写作纲要和细则,全书的初稿撰写分别为:魏农建撰写第一章;谷永芬撰写第六、八章;宋胜洲撰写第四、九章;尚宇红撰写第二、三章;郑迎飞撰写第五、七章;景瑞琴、刘静波撰写第十章;硕士研究生王丽坤协助谷永芬完成了第六、八章,硕士研究生李晓宇协助宋胜洲完成了第四、九章。初稿完成之后，由刘静波对所有原稿进行了写作规范的修订，并对部分初稿进行了重写；魏农建和刘静波在此修订稿基础上，再次分别对所有初稿作了大规模的调整，特别是对初稿中的一些表述模糊、含义不清的定义、阐述重复地方和一些逻辑结构重新作了撰写，力求准确性和科学性。全书由魏农建定稿。

本书的作者虽然都是从事教学工作多年的教师，但在赶出版周期的压力催动下，本书的写作难免粗拙，我们真诚地希望使用者提出修改意见。

本教材撰写过程中，参考了众多的同类教材和相关的文献，为此，对这些原作者表示由衷的谢意。本着尊重原作者和学术规范的要求，凡是在教材中引用和参考的地方都尽力作了标注，主观上我们要求没有遗漏，可能会有客观上的种种原因而遗漏的地方，我们会承担相应的责任，一经原作者指出，将予以修改补充。只是在修订过程中会有周期上的延误，还请谅解。

一本适应性较强的教材编写，无论是从理念上还是实践上讲，对我们来说都是一种挑战。我们应对了挑战，但其结果有待使用者评述。

魏农建

2008 年 11 月于上海松江

目　录

第一章 产业经济学的理论基础

产业经济学的产生、发展与演进是在众多与经济学相关的理论共同推动下进行的。本章主要介绍对产业经济学发展有关的理论体系，如厂商理论、竞争理论、区位理论以及马克思的两部类理论等，使学习者能够初步了解这些相关背景知识，为学习产业经济学做好理论基础上的准备。

第一节 厂 商 理 论

产业经济学的研究对象是产业，产业是由具有一定关系（产业链上）的厂商构成，厂商既是市场行为的主体又是产业发展与变化的微观动因。因此，了解和掌握厂商理论对产业经济研究具有重大意义。厂商理论，或者称之为“企业理论”，大体可以分成新古典主义厂商理论和新制度学派厂商理论。两种厂商理论都是在“厂商是营利性组织，都是追求利润最大化的经济个体”的假设前提下展开的。本节介绍新古典厂商理论的主要内容，在本章的第三节中则详细介绍新制度经济学的厂商理论。

一、完全竞争下的厂商及其短期行为

新古典经济学把厂商和消费者作为微观经济分析的两个基点，这两个基点的相互作用形成了局部均衡。新古典经济学的“终极目标”是通过无数个局部均衡达到全社会的一般均衡，这种均衡是“帕累托有效”的。表明消费者的行为准则是在收入和价格约束下追求效用最大化，厂商则是在市场和技术条件下追求利润最大化。在新古典经济学中，企业的一切活动都由生产函数来代替，可表示为：

$$Q = f(x_1, x_2, \cdots, x_i, \cdots, x_n)$$

其中 $x_1, x_2, \cdots, x_i, \cdots, x_n$ 代表生产某种产品所需的各种要素投入,Q 表示在给定技术水平 f 与要素投入组合$(x_1, x_2, \cdots, x_i, \cdots, x_n)$下生产产品的数量。新古典经济学的厂商理论将市场划分为完全竞争市场、垄断市场以及处在两者状态之间的市场,即不完全竞争市场。本节重点分析前两种市场下的厂商行为,下一节介绍不完全竞争下的厂商理论,即竞争理论。

厂商参与经济的目的是在一定的技术和需求条件下实现利润最大化,这就决定了企业首先要制定计划、组合生产要素,保证其经济活动不亏损,在此前提下尽可能实现利润最大化。如图 1-1 所示,MC、AC、AVC、AFC、TC 分别代表边际成本、平均成本、平均可变成本、平均固定成本和总成本,A、B 两点分别表示收支相抵点(零利润点)和停业点,P 与 P_s 分别表示这两点的价格水平。

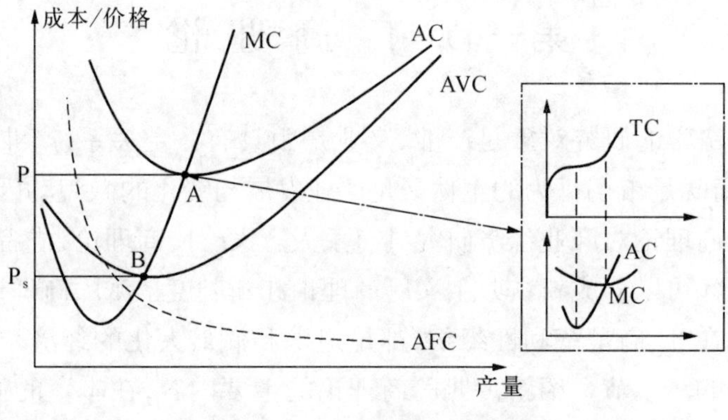

图 1-1 成本/价格—产量图

(资料来源:根据有关资料进行适当整理)

在 A 点处,边际成本曲线穿过平均成本曲线的最低点,此时技术效率最高,A 点之后平均成本在边际成本的推动下开始上升,总成本也在边际成本和产量的推动下变得越来越陡峭。在 B 点处,厂商的收入刚好抵补其可变成本或损失正好等于固定成本时,厂商就会停业。当价格低于该水平,致使收入无法抵补厂商的可变成本时,厂商选择停业以使自己损失最小。按照厂商最大化条件 MR=MC=P,可以得到厂商短期内的供给曲线就是 MC 曲线,不同的是厂商短期的供给曲线的起点是其停业点,整个行业的供给曲线是行业内所有厂商供给曲线的加总。

二、完全竞争下厂商的长期行为

与短期行为(选择产量进而实现利润最大化)相比,在长期内厂商可以调整的不仅是产量,还可以选择生产规模和决定是否进入或退出行业。厂商的这些选择行为都建立在 MR＝MC 上,不同的是此时的 MC 是长期的边际成本,更准确地表示为 LMC(用“S”表示短期,“L”表示长期),即 MR＝LMC。

(一)厂商对最优生产规模的选择

在完全竞争的状态下,厂商可以调整所有的生产要素,进而实现利润最大化。在图 1－2 中,假设 P_0 为完全竞争市场的价格:在短期内,由于生产规模给定,所以厂商只能选择 Q_1 为自己的最大化效用,这时其获得的利润可以用阴影 P_0FGE_1 的面积表示;在长期内,厂商可以调整所有的生产要素的数量和组合,达到 MR＝LMC,即 Q_2 的产量,用阴影 P_0HIE_2 的面积表示。很显然,在长期条件下,厂商会不断地调整生产规模,实现比短期行为更大的利润。

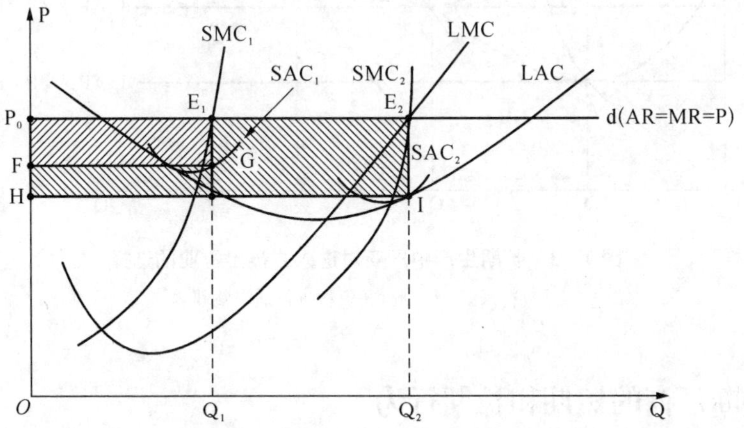

图 1－2　长期生产中厂商对最优生产规模的选择

(资料来源:高鸿业的《西方经济学》,北京:人民大学出版社 2003 年第二版)

(二)厂商对进入或退出行业的选择

厂商在长期的经营活动中必须要对进入或退出某一产业进行选择,这种选择表现在产业层面上就是生产要素在各个行业之间的调整,有关厂商会退出某些利润下降的行业，转向利润更高的行业或产业。这种调整过程会使得完全竞争厂商长期均衡时的利润为零。在完全竞争条件下，企业面对的需求曲线 d 是水平的，也就是市场的价格曲线。

如图 1－3 所示，在 P_1 价格水平下，厂商根据最优条件（$LMC = SMR_1 = P_1$）选择产量 Q_1，此时厂商是亏损的（$SAC_1 > SMC_1 = P_1$），从而迫使有些厂商退出该行业，这又引起产品供给量降低，价格上升，留在该行业中的厂商生产规模扩大，表现在图中就是 Q_1 逐渐向 Q_2 移动，直到 Q_2 为止，此时行业内厂商的利润为零；由 Q_3 逐渐向 Q_2 的移动则表示行业利润开始大于零，厂商纷纷进入，最后进入停止的过程。由此可以得到完全竞争厂商的长期均衡条件为：$P = MR = SMC = SAC = LMC = LAC$。

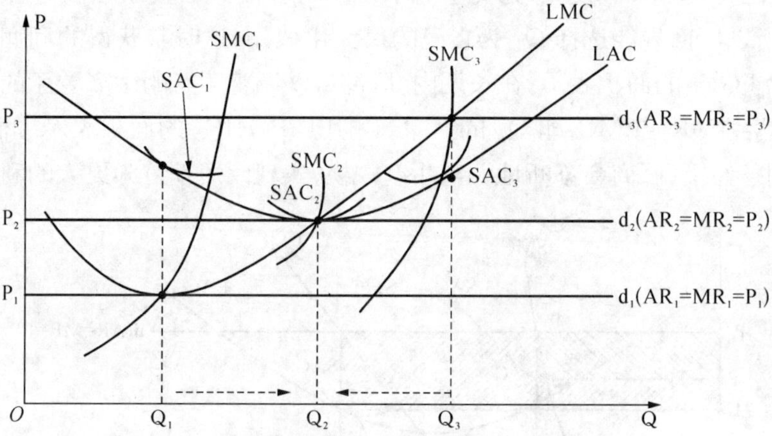

图 1－3　长期生产中厂商对进入或推出行业的选择

（资料来源：根据有关资料进行适当整理）

三、垄断厂商的短期和长期行为

垄断市场①是指某个产业或行业中只有唯一的厂商，该厂商的产品没有或几乎没有替代品，其他企业想进入这个行业的难度极大。在这样的市场中，垄断企业完全有能力控制和操纵市场价格，很容易实现自身的利润最大化。

① 为了分析的便利，此处的垄断市场，以完全垄断市场为对象。

与自由竞争不同的是，垄断厂商的边际利润曲线 AR 和平均利润曲线 MR(即需求曲线 d)是向下倾斜的，如图 1－4 所示。垄断厂商的利润最大化条件是 MR＝ SMC，由此条件确定的产量是 Q_1，但是垄断厂商选择的价格为 P_1，其获得垄断利润为 P_1HGF 的面积。垄断厂商的长期均衡和短期的情况十分相似，所不同的是均衡条件为 MR＝ SMC＝LMC，而且长期条件下的产量要大大高于短期产量。

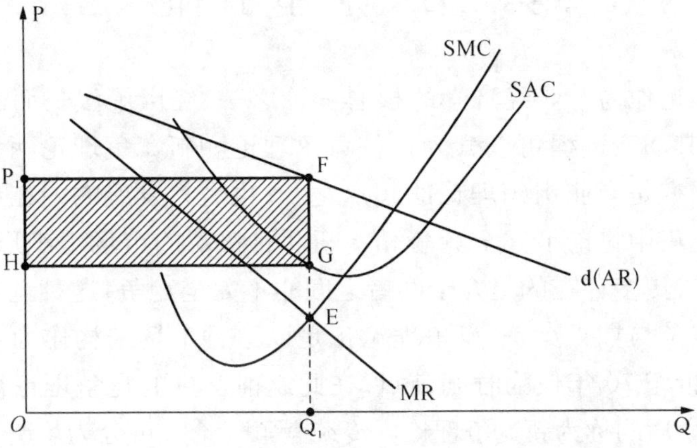

图 1－4　垄断厂商的短期均衡

(资料来源：根据有关资料进行适当整理)

四、新古典经济学厂商理论的简评

新古典经济学的厂商理论忽略了企业的组织功能，将企业看成一个可行的生产计划集。该厂商理论主要从技术角度出发，依靠边际分析方法，研究企业最佳产出水平和均衡价格的决策问题。但是，在新古典厂商理论中，企业内部组织问题用“经济人”来代替，换句话说，企业就是一个“黑箱”，企业主掌握足够充分的信息，具有绝对的决策权和经营权，一切组织和管理问题全部“外部化”，全部通过价格进行调节，市场总会无“所取”地为其服务。新古典厂商理论看似完美，也极易通过数理工具加以证明，但是与现实之间的差距以及过于严格的假设条件使其说服力大大降低。其最大的理论缺陷是忽视了企业作为一个组织存在的原因，将生产混同于消费。新古典厂商理论并没有回答在市场存在的前提下为什么企业还会存在并且发挥重要的作用；企业的存在与发展仅仅是由于技术原因或其他；为什么在同样技术条件下企业的规模差异迥然（规模并不是企业名称的连续函数），而有些企业的规模远远超过或小于技术的要求等等。这些问题可以在对后面几节的理论介绍和深入研究中找到答案。

第二节　竞 争 理 论

竞争理论作为产业经济学的核心理论之一，经历了漫长而曲折的演变过程，根据其演变过程可以分为传统竞争理论和新竞争理论两大类。对企业竞争的研究是产业组织理论的起点之一，也是其发展的内在动力。新古典厂商理论集中讨论了完全竞争和垄断两种极端的市场组织形式，在现实经济生活中，更多存在的是介于两者之间的不完全竞争，这种竞争形式又可分为垄断竞争与寡头竞争，竞争理论正是以这种市场结构作为主要研究对象。以 20 世纪 70 年代为时间节点，在此之前产生的竞争理论被称为传统竞争理论，之后的称为新竞争理论。传统竞争理论又可分为均衡竞争理论和现代竞争理论，这两种竞争理论着重研究企业结构、市场行为和绩效之间的关系；而以博弈论为分析工具的新竞争理论更侧重于分析经济行为主体之间所采用的战略互动关系以及由此达到的均衡效果，这种研究思路为许多竞争现象和问题给出了比较“完美”的动态解释，但其均衡的思想似乎又是对均衡竞争理论的回归。

一、传统竞争理论

竞争理论的产生是从古典学派开始的，亚当·斯密首创了古典自由竞争理论。这一理论内容十分丰富，归纳起来大致包括“经济人”假设、竞争机制或“看不见的手”以及自然秩序三项内容。然而，自 20 世纪 20 年代起，随着企业规模的扩大和生产集中程度的不断提高，许多行业转变为垄断行业。垄断力量的出现阻碍了资源配置的优化过程，降低了社会福利。为了解释传统竞争理论与现实经济问题的冲突，修正新古典经济理论存在的缺陷，解释由于市场结构变动导致厂商行为发生变异，并由此影响整个经济的运行效率，现代竞争理论逐渐产生并形成不同的理论派别。

（一）均衡竞争理论

在古典自由竞争理论的基础上，19 世纪后半叶至 20 世纪 20 年代，围绕市场均衡理论和价格理论形成了均衡竞争理论。瑞士洛桑学派和英国剑桥学派对完全竞争理论的形成起了重要作用。完全竞争理论的产生最早可以追溯到法国经济学家古诺(Cournot)，他从垄断的情况开始分析，引入下一个乃至无数个厂商从而达到"无限"竞争的状态。到了 20 世纪初，垄断资本主义已经取代了自由资本主义，垄断资本对资本主义国家经济运行的影响体现得十分深刻，尤其是 30 年代的经济大危机，使以马歇尔为代表的正统经济理论与现实的矛盾日益显现。1933 年，美国哈佛大学教授张伯伦(E. H. Chamberlin)的著作《垄断竞争理论》和英国剑桥大学经济学家罗宾逊(J. Robinson)的专著《不完全竞争经济学》同时问世，提出了内容基本相同的垄断竞争理论。他们从产品差别化出发，对现实经济生活中竞争和垄断的混合进行了分析，对市场形态作出分类，将其划分为完全自由竞争到垄断等多种类型，总结出不同市场形态下价格形成和作用的特点。他们的研究实际上已经包含了哈佛学派 SCP 分析范式的雏形，并发动了经济理论从规范研究到实证研究的转变。在此时期，还有许多学者对竞争进行了大量的研究，其中较为著名的有克拉克(J. M. Clark)和哈佛大学的梅森(E. S. Mason)。1940 年，克拉克发表《有效竞争的概念》一文，对产业组织理论的发展和体系的建立产生了重大的影响。梅森于 1938 年在哈佛大学建立产业组织研究小组，提出产业组织分析的理论体系和研究方向，并于 1939 年出版了《大企业的生产价格政策》。在贝恩(J. Bain)等人看来，寡头的市场结构会产生寡占的市场行为，进而导致不良的市场绩效，特别是资源配置的非效率，因此有效的产业组织政策首先应该着眼于形成和维护有效竞争的市场结构，并对经济生活中的垄断和寡占采取规制政策。这些关于竞争的思想和理论也构成了早期产业组织理论的基础。

（二）现代竞争理论

现代竞争理论产生的一个重要标志是它抛弃了把完全竞争作为现实和理想的竞争模式的教条，竞争不是作为一种静止的最终状态，而是作为一个动态变化的过程。研究的重点也不再是既定前提条件下价格如何决定以及如何适应现在结构实现均衡，而是现实市场竞争过程各种竞争要素的组合形式以及在什么样的竞争形式下能够实现技术进步和创新。

1. 创新理论与动态竞争

熊彼特(Joseph A. Schumpeter)在1912年发表的《经济发展理论》中系统阐述了创新理论，并提出了动态竞争的初步观点，对现代竞争理论即动态竞争理论的产生，起了开创性的作用。熊彼特认为，竞争经济的实现自始至终是一个变动的过程，所以讨论是否在完全竞争的静止均衡状态下可以达到产量最大化等问题，几乎是没有价值的。熊彼特提出了产品和生产方法的不断创新是竞争实质的观点。熊彼特对大规模企业组织甚至享有一定垄断权力的企业持更加宽容的态度，蔑视完全竞争理论和自由竞争，认为其只反映了竞争的局部现象，垄断为创新者提供了巨大的报酬，而竞争却没有。熊彼特对竞争理论发展的重要贡献是对竞争过程采取了动态分析方法，认为竞争不仅从时序上看是一个动态过程，更重要的是从内部结构上看是一个演进的、创新与技术进步的动态过程。

2. 有效竞争理论

有效竞争理论是克拉克于20世纪五六十年代提出和最终形成的现代竞争理论中第一个完整理论体系。所谓有效竞争就是由“突进行动”和“追踪反应”两个阶段构成一个无止境的动态过程的竞争。突进行动阶段是由先导企业进行创新，从而获得“优先利润”，在竞争中占据市场优势地位。随后，在追踪反应阶段，其他竞争企业开始模仿、追随先导企业的方式，进而使利润平均化。之后，再由先导企业进行创新。这一分析过程与后来博弈论中“先动优势”的论述极为相似，已经开始考虑到经济主体之间的互动因素。克拉克的观点和政策结论是对竞争理论的重大发展，竞争理论的主流派从此放弃了传统竞争理论的静态均衡模式，把分析起点建立在了动态竞争的基础之上。

3. 芝加哥学派的竞争理论

芝加哥学派是20世纪60年代后期在对哈佛学派的批判中崛起的，其继承了奈特(F. Knight)以来芝加哥传统的自由主义经济思想，信奉自由市场经济中竞争机制的作用，其代表人物是施蒂格勒(J. S. Stigler)、蒂姆塞茨(H. Demsetz)、波斯纳(R. Posner)、布罗曾(Y. Brozen)等人。芝加哥学派强调新古典学派价格理论在产业活动分析中的适用性，坚持认为产业组织及公共政策问题仍然应该通过价格理论的视角来研究，力图重新把价格理论中完全竞争和垄断这两个传统概念作为剖析产业组织问题的基本概念，从而与哈佛学派在产业分析过程中更重视价格理论难以解释的问题，并把这些问题用产品差异化和进入壁垒等新的概念来加以说明的做法，在方法论上形成鲜明对照。

4. 可竞争市场理论

作为对传统的 SCP 范式的批判，鲍莫尔(W. J. Baumol)、潘扎(J. C. Panzar)和魏利格(R. D. Willig)等人在芝加哥学派产业组织理论的基础上于1982 年合作出版了《可竞争市场与产业结构理论》一书，系统阐述了所谓的“可竞争市场理论”。该理论以完全可竞争市场和沉没成本(sunk cost)等概念为中心，推导可持续、有效率的产业组织的基本态势及其内生的形成过程，对贝恩的进入壁垒理论提出了强烈批评，认为问题不在于是否存在进入壁垒，而在于是否存在人为的进入壁垒，这一理论对鲍莫尔(1982)提出的“进退无障碍理论”(contestability theory，又译“可竞争性理论”)有很大影响。在政策上，该学派主张政府的竞争政策与其重视市场结构，倒不如说更应该重视是否存在充分的潜在竞争压力，而确保潜在竞争压力存在的关键是要尽可能地降低沉没成本。

5. 新奥地利学派的竞争理论

新奥地利学派是 20 世纪 70 年代后，芝加哥学派之外又一个颇具有影响力的竞争理论学派，其理论是建立在门格尔(C. Menger)、庞巴维克(E. V. Bohnbawark)创始的奥地利学派传统思想和方法上的，由此被称之为新奥地利竞争学派。该学派的代表人物有米塞斯(L. Mises)、哈耶克(F. C. Hayek)、里奇(W. O. Reckie)、阿门塔诺(D. T. Armentano)等人。新奥地利学派注重个体行为的逻辑分析，在理解市场时着重过程分析，而不是新古典主义的均衡分析，其研究目标是从个人效用和行为到价格的非线性因果传递，而不是新古典主义数学函数的相互决定，与哈佛学派、芝加哥学派在基础理论上的区别构成了新奥地利学派的最主要特征。针对新古典学派通过均衡对市场进行分析，把经济学当做客观的科学并模仿物理学的分析方法来构筑经济理论模型的分析方法，新奥地利竞争理论对此进行了批评。在分析竞争时，该学派也极力否定作为经济分析工具的现代数学方法，主张经济现象应运用人类行为科学的方法，按“人类行为是实现其日的的合理行为”这一公理，通过语言进行阐述。新奥地利学派竞争理论的基础是奈特式的不确定性概念，从不完全信息出发,把竞争性的市场过程理解为分散的知识、信息的发现和利用过程,而市场不均衡就是因为存在着未被发现的信息或信息不完全而造成的决策失误所导致的利润机会丧失。

6. 管理学的产业竞争理论

20 世纪 80 年代至 90 年代,美国哈佛大学商学院教授波特(M. Porter)经过对世界范围内国际竞争的全面研究和分析后,对产业竞争力的来源作了比较完整的阐述,开创了管理学视角下的竞争理论。波特认为,一国的产业结构及其经济环境对其产业竞争能力有很大的影响,其中最具影响力的因素为:生产要素、需求因素、相关和支持产业以及企业战略和组织结构。在一国的众多行业中,最有可能在产业国际竞争中取胜的是那些国内"四因素"环境特别有利的行业。波特的成果是建立在产业组织经济学的结构—行为—绩效理论体系之上的,其本质就是产业结构决定产业的竞争状态,也确定了企业的行为或战略。结构因素(波特称为五种竞争力量)决定了产业的平均利润率,并对单个公司战略的利润率有着巨大的影响。这个分析对于选择"正确的行业"以及行业中最有吸引力的竞争位置提供了适用的观点。虽然波特并没有忽略单个企业的特点,但他强调的重点显然放在了产业上。此后,陆续有管理学家对竞争,特别是竞争战略进行了探讨,如明兹伯格(H. Mintsberg)、普拉哈拉德(C. H. Prahalad)、加里·哈默尔(Gary Hamel)等。

二、新竞争理论

20 世纪 70 年代以后,博弈论逐渐成为研究竞争的主要工具。博弈论在研究竞争问题时的优势体现在:一是跨部门经验分析的局限性日益制约了产业组织理论的发展;二是以往的竞争理论始终没有像一般均衡理论那样建立起精美的理论分析方法;三是非合作博弈理论的兴起和运用,形成了分析冲突的标准工具,同时融合了动态学和信息经济学的发展。

(一) 博弈论的出现与发展

一般认为,博弈论开始于 1944 年,冯·诺伊曼(V. Neumann)和摩根斯坦恩(Morgenstern)合著的《博弈论和经济行为》一书的出版。在该书中,他们开创了预期效用理论,但其所述的大多是合作博弈的内容。而对竞争理论起推动作用的却是非合作博弈理论,虽然后来合作博弈也开始发挥效用。合作博弈论到了50年代走向鼎盛,包括纳什(Nash,1950)和夏普里(Shapley)的"讨价还价"模型、Shapley值以及"核"概念等。在合作博弈理论发展达到顶峰时,非合作博弈理论也开始创立,这以纳什在1950年和1951年发表的两篇关于非合作博弈的重要文章与塔克(Tucker)在1950年对"囚徒困境"(prisoners' dilemma)为标志。此后,泽尔腾(Selten)将纳什均衡的概念引入动态分析,提出了精炼纳什均衡(perfect Nash equilibrium)的概念,海萨尼(Harsanyi)把不完全信息引入博弈研究,直至80年代克瑞普斯(Kreps)和威尔逊(Wilson)等人对不完全信息动态博弈的研究,非合作博弈形成了相对比较完整的理论体系并对竞争理论起到了深化发展的作用。

(二)博弈论在竞争研究中的应用

博弈论的发展使得竞争理论有了丰富而严谨的研究方法,同时完善了原有的理论架构,最具有代表的包括由传统单向静态研究框架向双向互动动态框架转变、对进入壁垒和阻止进入问题以及信息与策略行为的研究。泰勒尔(J. Tirole)等经济学家在20世纪90年代运用博弈论将整个产业组织理论进行了比较系统和全面的归纳与再造,现在呈现在人们面前的产业组织理论几乎无处不见非合作博弈的影子,这个过程也是新竞争理论形成的过程。博弈论使人们对于价格竞争与非价格竞争的信息传递性质的某些直觉有了更清晰的理解,它所提供的理论基础在价格竞争情形中尤为重要,因为价格的承诺价值很低,因此从推理上看它不是一种很好的进入壁垒。这就意味着那种过去认为只能依靠市场去实现的瓦尔拉斯均衡,现在可以通过组织内部结构调整等来解决。理性预期学派为这一客观事实提供了支持:企业行为也不仅仅取决于市场结构,还取决于企业对自己的行为可能引致的其他企业反应行为的预期,即企业的行为是其心理预期的函数,是各个企业所共同拥有的信息结构或判断概率的函数。这些研究的突破性进展,使新竞争理论对现实经济中厂商的行为有更强的解释力。

(三)新竞争理论的局限性

新竞争理论以博弈论作为主要的分析工具,因此博弈论的固有缺陷也对新竞争理论产生了一定的束缚。博弈论在理论研究过程中存在着两个最大的

"软肋":过于严格的假设和过于宽泛的均衡集。首先,在博弈分析中通常假设参与人是完全理性的,这在完全信息静态博弈中是可以使用的。但在不完全信息条件下,即使简单的多阶段博弈也有多重精炼贝叶斯纳什均衡,而如何处理精炼贝叶斯纳什均衡的一般方法尚不清楚。作为对完全理性的修订,认为具有有限理性的人能够解决实际生活中复杂的多阶段博弈问题的这种假设,也似乎把理性原则推得过远了,毕竟在实践中,人犯错误的概率要远远大于总是作出正确决定的概率。其次,大量使用的非合作博弈模型多重均衡结果对假设的细微变化都很敏感,使得均衡非常脆弱,对博弈论模型的检验也变得相当困难,博弈论模型的预测看上去微妙,但往往难以检验。这样一来,除非博弈论分析能够得出令人信服的一般性预测,否则就会被能做到这一点的其他理论所取代。

第三节　交易费用理论

交易费用理论是在对新古典经济学厂商理论质疑的基础上发展起来的。新古典经济学是以完全竞争和信息对称为前提条件的,价格理论是其理论核心。通过价格这双"看不见的手",自动实现各种资源配置的帕累托最优状态,达到社会的一般均衡。但是,在现实经济中,价格机制并非万能的,有时候还会产生低效率甚至是无效率的状态。此外,客观上存在其他资源配置方式在经济实践中有时也发挥很好的作用。

一、交易与交易费用理论

人们对"交易"的认识并不是因为交易费用理论的出现而开始的,但是却因为交易费用理论的出现而变得清晰,从亚里士多德(Aristoltes)、康芒斯(J. R. Commons)到科斯(R. H. Coase),是交易费用理论的思想从萌芽到确立的过程。

(一)科斯之前的交易理论

亚里士多德是最早注意"交易"的思想家,他当时采用的是"交换"一词。

亚里士多德指出物品具有使用价值和交换价值,剩余产品是交换产生的前提,交换不仅要“互惠”,还要“平等”。亚里士多德把交易视为一种致富手段,并且把交易分为三个部门:一是商业交易;二是贷钱取利,即金融货币交易;三是雇佣制度,即劳动力交易,并将交易与生产区别开来。虽然亚里士多德的交易概念与新制度经济学的交易差别很大,但是却出自同一个思想本源,即交易是“人与人之间的关系”。康芒斯将“交易”概念一般化,认为“生产”是人对自然的活动,“交易”是人与人之间的活动,生产和交易公同构成了人类的全部经济活动。康芒斯将交易看成是制度的基本构成单位,制度的实际运转是由无数次的交易构成的。康芒斯也把交易分为三种基本的交换关系:买卖交易,即平等人之间喜爱的交换关系;管理交易,即上下级之间的交换关系;限额交易,主要指政府与个人的交换关系。康芒斯的最重要贡献就是将“交易”的概念一般化,这对交易费用理论的产生具有十分重要的意义。但是,康芒斯的理论上的“交易”是不需要付出成本的,这种交易转瞬即逝,与经济现实中的交易大相径庭。

(二)科斯的交易费用理论

科斯是新制度经济学最重要的代表人和奠基人,其在 1937 年和 1960 年发表的两篇文章《企业的性质》和《社会成本问题》开创了交易费用理论。在《企业的性质》中,科斯明确提出市场费用的概念,指出利用价格机制是有成本的。这种成本主要来源于市场和人:一要获得准确的市场信息,企业需要付出代价;二由于交易当事人之间是有冲突的,为克服冲突就需要谈判、缔约并诉诸法律形式,这样要建立企业间有序的联系就需要支付费用。交易费用的提出是科斯最具有创造性的论断,其之后的理论发展把交易费用具体化和一般化。交易费用的提出直接作用就是论证了企业存在的必要性,这在很大程度上打破了新古典厂商理论的束缚,拓展了对企业、市场以及两者之间关系的认识。正是由于交易费用的存在,所以需要一个组织或权威来配置资源,节约成本,这个组织就是企业。从这个意义上来说,企业最显著的特征是价格机制的替代物:在企业外部,价格机制指挥生产,通过一系列在市场上的交易来协调;在企业内部,这些交易被取消,市场交易的复杂结构由厂商内部的协调人来替代,由其来指导生产,显然这些是协调生产的不同方式。在实际经济活动中采取何种方式,取决于两种形式的交易费用孰高孰低,这实际上牵涉企业的界限问题。企业规模停止扩张的时候是运用两种配置方式的成本或费用相同的时候，这就是企业的边界。

在《社会成本问题》一文中，科斯将交易费用概念进一步扩展为社会成本范畴，而社会成本范畴研究的核心又源于外部效应问题。20世纪初英国著名经济学家庇古(A. C. Pigou)首次将外部问题引入新古典理论，指出当私人净收益和社会净收益发生偏离时，市场将失效。由此，庇古呼吁通过国家干预来纠正外部效应所造成的市场失效。科斯的观点则完全不同，在《社会成本问题》中，科斯指出假定交易费用为零、初始的产权界限清晰，那么不论责任制度如何分配，最终资源配置的效率状态将不受影响。这个重要结论后来被概括为"科斯定理"(Coase theorem)。它可以被严格地表述为：在完全竞争、不存在交易费用和收入效应的条件下，被清晰界定的产权不论如何安排，资源配置的均衡结果均不受影响。这一"科斯第一定理"是由施蒂格勒(G. J. Stigler)定义的。科斯第二定理指出：当交易费用不为零时，产权的初始界定将影响资源配置的效率。

科斯定理是科斯分析问题的一个高度精炼的概括，科斯真正试图揭示的是：在现实中交易费用通常是存在的，在许多情况下还十分昂贵，因而产权安排对资源配置来说极为重要，因为合理的产权安排会大大降低交易费用。在此条件下，产权重新安排的合理性将依净产值最大化的标准来判定。科斯实际上在极力倡导一种方法论的转变，以区别于庇古的分析传统。庇古仅仅将现实的状态与某种理想的标准进行比较，并依此判定现实状态的效率性质和解决方案，而通常忽视了相应的解决方案(如国家干预)制定和实施的成本。科斯定理及其推论将产权界定与交易费用的分析紧密联系起来，在说明交易费用高低是一种制度选择的关键因素的基础上，指出产权明晰化是降低交易费用、减少制度运行摩擦的基础。可以说，"交易费用"是衔接"权利初始安排"和"资源配置"效率之间的一个至关重要的中间变量。在交易费用存在的现实世界中，只有当权利的初始安排处于"最优"或"较优"状态时，交易费用才会真正趋向于零，从而使资源配置效率最优或较优。

二、交易费用理论的发展

科斯首创交易费用理论，但他并未就此深入下去，也没有给予交易费用的明确界定。其后，威廉姆森(E. O. Williamson)等许多经济学家对交易费用理论作了进一步的发展和完善。威廉姆森将交易费用分为事前交易费用和事后交易费用。所谓事前交易费用是指由于未来存在不确定性，因而需要事先规定交易双方的权利、义务和责任，而在明确这些权利、义务和责任的过程中是要花费代价的，这种代价的大小与某种产权结构的初始清晰度有关；所谓事后交易费用是指交易已经发生之后的成本，它可以有许多形式：第一，当事人想退出某种契约关系所必须付出的费用；第二，如果市场关系是一种双头垄断关系，交易者发现了事先确定的价格有误而需要改变原价格所必须支付的费用；第三，交易当事人为第三方解决他们之间的冲突所付出的费用；第四，为确保交易关系的长期化和持续性所必须付出的费用。至此，交易费用概念真正成为产业组织分析的一个重要工具。

威廉姆森进一步分析指出，企业之所以取代市场，主要从以下几个方面节省了交易费用：① 与市场制度相比，内部交易者通过机会主义倾向以牺牲企业的整体利益来服务自己的能力被削弱，机会主义的动机也因之削弱；② 与内部组织相关的各种活动能够得到有效的监督和审核；③ 内部组织拥有处理争端或纠纷的优势；④ 内部组织还可以从各个方面减轻信息不对称的影响。在此基础上，威廉姆森构筑了比较完整的交易费用理论体系，将经济组织问题作为一个契约问题而提出，认为企业组织是一种规则结构，而不是一种生产函数。

威廉姆森在20世纪80年代以后更加细化交易费用，使交易费用理论也更为系统。这突出表现在他将交易这个分析单位进一步维度化，认为交易的主要维度有三个：交易频率、不确定性和资产专用性。威廉姆森认为这三个维度的差异决定了“组织失败框架”(The Organizational Failure Framework)①的交易费用的大小。具体构架为在假定不确定性很高的条件下，把交易频率分为重复发生和偶尔发生两种，将资产专用性分为非专用、专用和混合三种，由此形成六种交易类型(如表1-1所示)。这六种交易类型对应了有效的治理结构(如表1-2所示)。

① 关于“组织失败框架”的内容见：O. E. Williamson, *Markets and Hierarchies*, New York: Free Press, 1975, Chapter 1-2, pp. 8-9。

表 1－1　不确定性很高的条件下的六种交易类型

		投资特征		
		非专用型	混合型	专用型
经常性	偶尔发生	购买标准设备	购买制定设备	建造工厂
	重复发生	购买标准材料	购买制定材料	中间品在连续生产阶段间发生地点专用性转移

（资料来源：威廉姆森的“合同关系的治理”，引自路易斯·普特曼、兰德尔·克罗茨纳的《企业的经济性质》，上海：上海财经大学出版社 2000 年版）

表 1－2　不确定性很高的条件下的六种交易类型

		投资特征		
		非专用型	混合型	专用型
经常性	偶尔发生	市场治理	三边治理	
	重复发生	市场治理	双边治理	一体化治理

（资料来源：威廉姆森的“合同关系的治理”，引自路易斯·普特曼、兰德尔·克罗茨纳的《企业的经济性质》，上海：上海财经大学出版社 2000 年版）

三、交易费用理论的运用

交易费用理论改变了新古典经济学把企业视为黑箱的做法，不但论证了企业存在的原因是对交易费用的节省，企业独特的组织结构是对市场机制的替代，而且还由此衍生出了组织学、反托拉斯、公司治理、兼并等相关理论和学科。

（一）与组织学理论的发展

威廉姆森通过对交易的重新界定，使交易与交易费用统一起来，威廉姆森利用这两个概念建立了“组织失败框架”，并构筑了交易费用理论，以其分析经济组织的产生与运作。交易费用理论将经济组织问题作为一个契约问题而提出，认为企业组织是一种规制结构，而不是一种生产函数。所以，由于交易特性的差异，决定了存在不同的组织类型，只有那些与特定的交易相匹配的规制结构才是有效组织。正是由于交易费用理论将经济学与组织理论结合起来，并与合同等法律互相渗透，从而为组织分析提供了一个全新角度，在分析企业组织的产生、差异性和一体化等方面具有完美的解释力。

（二）与反托拉斯理论

威廉姆森结合契约、兼并和策略行为，总结了交易费用经济学的反托拉斯影响。他在 1987 年出版的论文集《反托拉斯经济学——兼并、协约和策略行为》中，以交易费用经济学的基本原理研究经济组织过程中存在的问题以及运用这一原理解释产业组织发展史和组织行为史。威廉姆森还对有关反托拉斯公共政策的制定原则和司法实践进行了评论与建议。

（三）与公司治理理论

交易成本理论将公司内部管理的组织形态分为 U 型(一元结构)、H 型(控股结构)和 M 型(多元结构)三种基本类型。按职能划分和等级制集中控制的 U 型公司(united structure)，虽然有利于生产、销售、财务等各个部门的职能分工和最高管理者的控制，但也存在各职能部门偏离总体目标，而追逐各自的小目标，以及因管理跨度太大，而造成累积性失控等问题。H 型结构(Holding Company)即控股公司结构，严格意义上并不是一个企业的组织结构形态，而是企业集团的组织形式。在 H 型公司持有子公司或分公司部分或全部股份，下属各子公司具有独立的法人资格，是相对独立的利润中心。H 型结构中包含了 U 型结构，因为构成控股公司的子公司往往是 U 型结构。多分支单位结构或事业部制 M 型公司，在某些方面具有其自身的优点。M 型公司(multidivisional structure)作为半自主的利润中心，按产品、商标或地区来设立分公司，经营决策由独立的分部各自作出。M 型公司更利于协同和追求总利润最大化。另外，M 型公司进一步替代了资本市场的功能，过去由资本市场来完成的在各产品系列或地区之间分配资本的职能，现在可以由总办事处的行政协调机制所接管。总办事处的专门机构，既对各分支公司的绩效进行监督、评估，对未来的市场状况进行预测，又为资本的分配提供了信息依据。

（四）与对企业兼并行为的解释

新制度经济学者开始运用交易费用理论研究企业兼并实践，逐渐形成了交易费用兼并理论：一是交易费用纵向兼并理论；二是交易费用混合兼并理论。交易费用纵向兼并理论认为，人的有限理性和人的机会主义倾向、未来环境的不确定性和为数不多的买主或卖主，以及资产专用性程度等因素共同作用，导致市场交易费用高于企业组织成本，使得企业纵向兼并成为必要。交易费用混合兼并理论认为，通过混合兼并把若干不相关的专业化企业合并为混合型企业的不同部门，能够节约资本市场的交易费用，也能够克服资本市场在监督企业管理者方面存在的局限，导致企业组织成本低于市场交易费用，使得企业混合兼并成为必要。企业纵向一体化、企业兼并行为，特别是企业混合兼并行为带来的企业规模扩大和利润增加，有可能伴随降低和节约交易费用，是一种企业取代市场的行为，并不一定导致垄断和低效。

四、对交易费用理论的评述

(一) 交易费用理论的创新意义

(1) 交易费用理论的提出与发展，打破了经济学领域长期以来的传统教条，使经济学更加接近现实。在之前的经济学中，假设经济的运行是没有交易成本的，是在一个没有“摩擦力”的“真空”中进行的。它使得经济学研究越来越形式化、教条化，而丧失了对现实的解释能力，这也造成了经济学研究停滞不前、枯燥无味。在交易费用理论下，经济学研究回归经济实践，还原了其本来面貌。

(2) 交易费用理论的提出使经济有了强大的分析工具，经济学第一次能够真正利用其自身的方法研究制度的运行与演变，从而使其与制度学派中的社会的、心理的、伦理的分析方法区别开来，使制度分析真正纳入经济分析之中，也正是由于交易成本理论，才使得新制度经济学得以在一个坚实的逻辑起点上构建其研究体系，进而成为正统经济学研究的范畴之一。

(3) 交易费用理论的提出，为经济学的发展拓宽了空间，开辟了许多新的研究分支，如科斯和威廉姆森运用交易费用的概念，解析企业的产生和规模的变动，论证交易费用、产权安排与资源配置效率之间的相关性；蒂姆塞茨运用交易费用的概念，解析产权的功能与变动，研究所有制作为外生现象和内生现象的状况；诺思(D. C. North)运用交易费用的概念，解析经济史中产权制度变迁、制度创新和经济增长等等。交易费用的提出及其一般化，使经济学第一次认识到制度不是经济运行的外生变量，而是内生于经济本身。交易费用理论使制度成为经济研究的对象，在一定程度上恢复了政治经济学固有的传统，并使其焕发青春。

（二）交易费用理论的不足

（1）交易费用的定义和范围不清晰。从纵向一体化与市场来看，交易费用理论给出了一个无所不包、近乎完美的解释途径。但交易费用理论貌似强大的现实世界解释性背后，交易费用概念的模糊使该理论的可操作性面临尴尬的境地，连阿尔钦（P. Aghion）和蒂姆塞茨也承认交易费用这个概念过于宽泛。此外，信息的准公共产品特性使交易成本的定义遭受到更广泛的质疑，因为在缺乏相关信息的时候，对信息成本和边际收益进行理性的计算事实上是不可能的。

（2）交易费用的作用被夸大。交易费用理论将交易费用看成影响经济活动和经济行为的主要因素，然而在有些经济现象中交易费用并不能决定任何事情。如果在不适当的场合运用交易费用理论反而磨灭了这一理论的科学精神，使其丧失了原有的活力。交易费用理论忽视了在利益驱使下的交易自我实施功能，而且还忽视了成员或合作伙伴在竞争作用下的自我能动性和其行为自我校正能力。

（3）交易费用理论下的契约形式过于正式化。在交易费用理论看来，正式合同是实现利益最大化的唯一手段。但是，现实经济中，在充满竞争的市场上，合同的实施并非如交易费用理论所描述的那样。非正式契约在商业交往中占有很大的数量，大部分的交易者并不愿意和对方过分地讨价还价，也并不总是通过签订正式合同来完成交易。相反，他们更愿意采用非正式的契约甚至口头协议来完成交易。非正式契约在交易中占有很大的比重。甚至在一些较为复杂的交易中，交易者也不愿意签订正式契约。这种观察到的结论显然是和交易费用理论不一致的。

（4）交易费用理论尚未得到定量分析。虽然威廉姆森等个别学者也曾经试图将交易费用作数理上的处理，但由于这个概念及其范围至今分歧甚多，也由于作为制度意义上的费用本身难以计量，因而新制度学派还没有在交易费用理论的使用上有“精确化”的成功。

第四节 区位理论

区位理论是经济地理学的核心理论之一。在区位理论发展的不同时期，产生了不同内容的理论体系，这些理论体系的侧重点不同，但是都体现了两个基本思想：一是人类活动是有空间选择的；二是人类活动在这些不同的空间中相互作用、有机地结合起来。这种空间经济选择与结合不但是人类社会经济活动能力不断提高的表现，更能推动区域的经济增长和生产组织模式的变革。

一、区位及区位理论的基本概念

"区位"源于德文的"standort"，1882 年由 W. 高茨首先提出①，在 1886 年被译为英文"location"。区位具有"场所"的意思，是一种空间状态，而空间既是指人类行为活动的空间，也是任何经济活动所必须依存的基础。具体而言，区位除了解释为地球上某一事物的空间位置，还强调自然界的各种地理要素和人类经济社会活动之间的相互联系和相互作用在空间位置上的反映。区位是自然地理区位、经济地理区位和交通地理区位等在空间地域上有机结合的具体表现。

区位主体是指与人类相关的经济和社会活动，如企业经营活动、公共团体活动、个人活动等。区位主体在空间中的相互运行关系称为区位关联度，区位关联度影响经济活动参与者的区位选择，进而影响经济行为和收益。一般来说，经济活动参与者都力图选择总成本最小的区位，即地租和累计运输成本总和最小的地方（韦伯（A. Weber）的工业区位理论就是最小费用学派的代表）。区位理论是从考虑"一定的经济活动为何会在一定的地方出现"这一基本的问题开始的，是关于人类活动的空间分布及其空间中的相互关系的学说，是研究人类经济行为的空间区位选择及空间区内经济活动优化组合的理论。

---

① 胁田武光：《立地论读本Ⅰ》，东京：大明堂，1983 年，第 1—30 页。

二、产业区位理论及其分类

区位理论萌芽于18世纪,亚当·斯密的绝对优势理论和李嘉图的比较优势理论中都体现了区位影响和决定经济活动的思想。但是,区位理论真正形成还是19世纪中后期的事,这以德国经济学家杜能(J. H. Von Thünen)1862年发表的《孤立国》①为标志。根据发展的时间顺序,大体上可分为古典区位理论和新古典区位理论;从区位理论体系来说,可以分成成本学派、市场学派和行为学派;从动态和静态的角度,可以分为动态和静态区位理论;以产业为划分标准,可以分为农业区位论、工业区位论、中心地区位论、城市区位论、市场竞争区位论以及贸易和投资区位论等。

本书对区位理论的介绍是建立在产业划分标准之上的(称之为产业区位理论),这是因为产业区位问题一直是区域经济学、经济地理学和产业经济学等学科的重要研究内容,特别是产业经济学。产业活动的空间行为是有规律的,是按照一定规则进行的。各产业的区位选择是在一定的行为驱动下形成的,比如有的是追求经济利益最大化,有的是追求社会效益最佳,而有的是追求自我满足等行为的合理性②。例如,在全球化的浪潮中,跨国公司产业区位的形成所出现的两种截然相反的过程,即在全球尺度上区位选择的分散性和区域尺度上区位选择的集聚性,在对这类问题进行解释时,产业区位理论与其他理论相比有着明显的优势。所以,对产业区位理论的介绍集中在农业区位理论、工业区位理论、中心地区位理论、空间竞争理论以及贸易区位理论上。

(一) 农业区位理论

德国经济学家杜能最早研究了农业区位问题,进而拉开了区位理论发展的"序幕"。杜能于1826年出版了《孤立国同农业和国民经济的关系》一书,他在书中对当时关于农业空间布局的主流观点提出挑战,运用了抽象演绎的分析方法,提出在一个围绕城市的均质平原上,农业生产的合理布局取决于地租

---

① 国内对《孤立国》的翻译版本是《孤立国同农业和国民经济的关系》,北京:商务印书馆,1986年。
② 魏后凯:《现代区域经济学》,北京:经济管理出版社,2006年,第109页。

大小,而地租则由生产成本、农产品价格和运费共同决定。在前两者既定的条件下,农业生产空间的合理布局取决于农产品生产地与消费中心距离的远近,明确指出运费是决定农业空间分布的唯一因素。依照这一思想,杜能构建了著名的“杜能圈”,指出农业生产的集约化程度是和区位有关,距离中心城市越近集约程度应该越高;农业生产的组织方式与地租和运输成本有关。农产品的运费是“杜能圈”形成的关键因子,土地的纯收益(地租)主要取决于农产品从产地到市场的运费。杜能的研究最大的开创性在于首次将空间位置作为考虑经济问题的主要因素并加以理论化和体系化,同时提出了研究此类问题时采用的抽象的孤立法。杜能以后的一些学者(如 T. Brinkman, ALosch, L. Waibel, E. S. Dunn, W. Alonso 等)对其理论进行了发展和完善,从而延伸出其他产业的区位理论。

(二) 工业区位理论

对工业区位理论最早进行研究的是德国著名经济学家劳恩哈特(W. Launhardt),他分别于 1872 发表了《商业趋向的理论》和 1882 在德国《工程师协会期刊》上发表“确定工商业的合理区位”。这两篇文章提供了早期工业区位理论的思想,该思想主要包括最优工业区位(optimal industrial location)、原料指数(material index)、区位三角形(location triangle)等概念。此外,劳恩哈特第一个提出了在资源供给和产品销售约束下,使运输成本最小化的厂商最优定位问题及其尝试性的解法,确立了工业区位理论研究的基点。此后,德国经济学家韦伯(A. Webber)从运费的角度对工业区位问题进行了理论化、系统化的分析,并于 1909 年出版了《工业区位论:区位的纯理论》一书。在书中,韦伯对集聚经济现象的形成机理、动力机制、集聚类型、竞争优势等内容加以论证、梳理与补充,为新古典区位理论构建了一个良好的发展开端和理论框架。

韦伯的理论不仅仅限于工业布局,对其他产业布局也有重要的指导意义,其理论指向后来发展为经济区位布局的一般理论。韦伯工业区位理论是建立在以下几个假设的基础上的:① 纯理论的探讨中,假定非经济因素(例如政策、政治制度、民族、气候、技术差别等)不起作用,只探讨影响工业区位的经济因素;② 把影响工业区位的区位因子分为两类,即区域因子和位置因子,其中区域因素是影响工业分散于各个区域的因素;③ 构成区域因子的普通因子主要是成本项目,包括 地价、固定资本的费用、原料动力和燃料本、运输成本等七项;④ 基本能够清楚掌握原料供给地的地理分布、产品的消费地与生产规模以及劳动力供给的情况。在韦伯工业区位理论中,区位因子(location factors)是一个非常重要的概念,是指经济活动在某个特定地点进行时所得到的利益。在这四个假设前提下,韦伯分三个阶段逐次构建工业区位理论:一只考虑运费区域因子,二考虑劳动费用,三分析集聚(或分散)因子对最小费用区位形成的作用。这种分阶段的理论构建思维是韦伯工业区位论的特色。

韦伯使用"区位三角"和等差费用线作为分析工具,着力分析运输成本对工业区位的影响,其结论可以简单归纳为:① 从运输成本角度看,地方性原料的损耗程度对工业的区位趋势有决定性的影响;② 为了节省运输成本,工业应尽可能采用遍布性原料,如果采用遍布性原料,厂址应设在产品的销售市场;③ 地方性原料中的纯原料的指数为 1,这种纯原料产地不能吸引工业在那里设厂;④ 企业迁移的难易程度由根据运输成本所决定的区位与根据工资成本所决定的区位距离远近决定;⑤ 运费与工资成本成反向变化关系;⑥ 人口密度、工资率差与企业迁徙的难易程度存在正相关关系。尽管韦伯的工业区位理论为区位理论的发展注入了"强大的动力",但是其仍然存在许多局限性,如完全竞争的假设前提、选择企业区位上的主观因素的缺失、没有考虑到技术变革对运输和工资成本的影响等问题。然而,恰恰是这些理论上的不完美使得其他区位理论有了发展的广度和深度。韦伯之后的一些学者(如:T. Palander, W. Isard, L. Moses, D. Smith, A. Pred 等)从不同视角对其理论进行修正、补充和拓展,由此分别产生了史密斯(D. Smith)的盈利空间界限分析和普赖德(A. Pred)的行为区位理论等,这些理论分支使工业区位理论能够更好地揭示不断变化的工业区位现象。

(三) 中心地分析理论(又称利润最大化区位理论)

韦伯的工业区位理论是在假定需求给定情况下,以费用最小来决定企业区位的。以克里斯塔勒(W. Christaller)和勒施(A. Losch)为代表的中心地分析理论认为企业的区位选择依据是利润,即企业总是优先选择利润最大化的地点。克里斯塔勒在 1933 年发表的《德国南部中心地原理》中,将市场需求加入到对城镇分布和结构的内在规律的研究中。勒施通过其在 1939 年发表的《经济空间秩序》总结了以前的区位理论,特别是吸取了克里斯塔勒中心地理论，将静态的、单方面的农业和工业区位论，扩展为动态的、综合的空间经济理论，这不仅从理论上把研究对象扩大到市场区、经济区、地区劳动分工、地区经济国际贸易等广大的领域，而且涉及了区位选择、地区计划、城市规划等方面的方法论。这一分析传统的后续者包括艾萨德(W. Isard)、布奇(W. Bunge)等。

(四) 市场空间竞争理论

这个区位理论的分析范式是由美国数理统计学家和经济学家豪泰林(H. Hotelling)于1929年提出来的。豪泰林的市场空间竞争模式主要是研究：在不完全竞争条件下均衡状态形成过程中的线性市场条件下，存在两个竞争企业时，区位与市场空间的关系。豪泰林突破单个主体区位选择的传统分析思路，考虑在有竞争时如何选择区位，这为以后区域产业竞争理论的发展提供了思路。赛洛普(S. Salop)将线性市场的条件扩展为环状市场的条件，进而更加接近传统区位理论的布局模式。市场空间竞争理论的后续研究者还包括张伯伦(E. H. Chamberlin)、勒纳(P. Lerner)、辛格(H. W. Singer)等。

(五) 贸易区位理论

俄林(B. G. Ohlin)考虑了资本和技术均不能自由流动的产业区位问题，把贸易理论看作是区位理论的一部分，并使区位理论成为生产要素相对价格差异理论。俄林的一般区位理论是在地域是分工和贸易的基本单位假设下而形成的。俄林认为，不管是在一个区域内，还是在一个国家内，在一个综合的时间里，所有的商品价格和生产要素价格都是由它们各自的供求关系决定的，这也就造成了国内外各地区生产要素价格的差异。由于国内外各地区生产要素禀赋不同，因此各地区的各种生产要素彼此是不能代替的。俄林认为各种生产要素的流动既能刺激国际贸易或区域贸易的产生，又决定了国际和国内工业区位的形成。在资本和劳动力可以在区域范围内自由流动的情况下，工业区位取决于产品运输的难易程度及其原料产地与市场之间距离的远近；在资本和劳动力不能自由流动的情况下，工业区位取决于各地人口、工资水平、储蓄率和各地区价格比率变动等。人口增长率、储蓄率和各地区价格比率的变化会导致有差异地区的生产要素配置状况发生变化，引起工业区位改变。

工业区位的移动,既与已经形成的资本和劳动力配置的历史格局有关,也是生产要素在各地区之间重新配置和均衡关系变动的结果。

第五节 新经济地理学理论

20 世纪 80 年代以来,某个产业或产业链的某些环节在一定的地理空间集中,能够形成相对同行业的竞争优势,进而主导该产业的发展,这个趋势在世界范围内成为一种普遍现象。虽然这种产业模式在工业化早期也曾经出现过,但是那个时候的"集中"更具有强制性的特点(受政治、文化、交通运输等人为或技术条件驱使),而新一轮"集中"更多是自发形成的。在对这种经济或产业现象进行研究过程中,传统的经济学和经济地理学都显得力不从心,因而新经济地理学得以诞生。新经济地理学是研究经济活动的空间区位,通过相对严格的模型构建,试图回答经济活动为什么会出现空间集聚这一核心问题,讨论使经济活动集聚的向心力和使经济活动分散的离心力,以便清楚地理解经济活动的地理结构和空间分布是如何在这两种力量的作用下形成的,这正是新经济地理学有别于传统区位论和经济地理学的关键所在。

一、新经济地理学的产生

20 世纪 60 年代以来,以艾萨德的《区位与空间经济》、贝克曼(M. J. Beckman)编辑出版的《区位理论》、阿隆索(W. Alonso)的《区位与土地使用》为主要成果标志,区位理论进入了一个新的发展阶段,不断地促进经济学和地理学在各个研究领域的融合,一些经济学家从数学和地理学以及其他学科中引入许多方法和工具,对原来的区位理论加以改进和发展,构建新的模型,为新经济地理学的产生奠定了坚实的理论基础。

进入 20 世纪 90 年代,经济地理学与经济学研究领域的交织更加明显,以克鲁格曼(P. Krugman)等为代表的主流派经济学家重新审视了空间因素,以全新的视角,把以空间经济现象作为研究对象的区域经济学、城市经济学等传统经济学科统一起来,构建新经济地理学。克鲁格曼在《地理学和贸易》中首先提出“新经济地理学”这个当时存在争议的新学科名词。此后，他又在《发展：地理学和经济学理论》和《自组织经济学》等著作和论文中试图使人们接受“新经济地理学是经济学的一个重要分支”。然而在对这个观点的认同上有些学者对其持肯定观点，如迈克尔·波特①；有些经济学家则认为这是经济地理学的经济学回归，并对其某些观点进行评论和反驳。克鲁格曼认为经济地理学之所以没有被主流经济学所接受，原因是经济地理学的研究者没有用一种适时的建模技术方法表达他们的思想，没有明确地说明市场结构的现实性，只是基于理想的完全竞争市场结构。因此，新经济地理学的工作是将经济地理学纳入主流经济学，运用主流经济学分析方法分析空间因素的作用，之所以被冠之以“新”不是因为其所研究的问题具有新意，而是将厂商层次的规模收益递增、外部经济、运输成本等问题融入垄断竞争模型并建立一般均衡模型，借以考察产业集聚、城市集聚以及国际贸易的形成机理，从而实现了主流经济学向空间维度的扩展。

二、新经济地理学的思想演进过程与基本模型

（一）新经济地理学的思想演进过程

新经济地理学的思想是建立在原来相对独立的经济学和经济地理学的基础上的，在试图弥补两个学科本身固有缺陷的同时，使其更能够适应当代的经济变化与发展。如经济学理论一般都忽视现实的空间，设定生产要素不需要费用，瞬间可以从一个活动空间转移到另一个活动空间。此外，经济学为了追求分析的严密性，一般都采用相对理想化的假设条件来减少数学分析过程中的“阻碍”，如许多经济理论建立的前提是假定完全竞争和收入不变。与此相反，经济区位论则认为生产要素可以自由移动，但需要运输费用；生产企业在空间上不断集聚可产生规模效益，一个城市或地区的发展与企业的高度集聚产生的规模效益有关。不过，经济区位论和传统经济地理学的研究内容，特别是研究方法长期以来偏离了主流经济学派，这些出色和独特的思想没有用严

① M. Porter, *Competitive Advantage, Agglomeration Economies and Regional Policy*, International Regional Science Review, 1996(19): 85－90.

密的数学方式和经济学语言表达出来,因此没能引起主流的经济学家的足够重视。

表 1 - 3　新古典理论、新贸易理论与新经济地理学思想体系的对比

	新古典理论	新贸易理论	新经济地理学
市场结构	自由竞争	垄断竞争	垄断竞争
区位的决定	技术的差异	工厂水平的报酬递增的	金钱的外部性
	资源禀赋的差异	差别产品的替代性	技术的外部性
	要素禀赋与要素密度	本地市场的大小	贸易成本
产业的区位	经济活动的整体分布由给定的禀赋决定	经济活动的总体分布是内生的	经济活动的总体分布是内生的向心的集聚力
	产业间的专业化	产业内和产业间的专业化	产业内和产业间的专业化
	唯一的均衡	唯一的均衡	多重均衡 "U"形曲线
贸易结构	产业间的贸易	产业间和产业内贸易	产业间和产业内贸易
贸易自由化的福利	可获得净福利	可获得净福利	可获得净福利
	所有国家都有利可图	大国获利更多	一体化的中间阶段边缘会失去优势
	要素缺乏的地区失去优势	具有所有要素的拥有者取得优势	一体化的高级阶段核心会失去优势

资料来源：P. M. Romer, *Endogenous Technological Change*, Journal of Political Economy, 1990(98): 71 - 102。

(二) 新经济地理学的基本模型①

新经济地理学是在规模经济和不完全竞争的前提下,研究经济特别是产业在范围内的集聚和扩散的问题,试图揭示区域产业这两种变化趋势的动力机制。因此,多样性偏好和报酬递增是新经济地理学的两个重要的假设前提,迪克希特(A. Dixit)和斯蒂格利茨(J. Stiglitz)的垄断竞争模型(D - S 模型)是其模型基础,而微观主体的"有限理性"、宏观的"多重均衡"以及达到均衡的

① 关于新经济地理学模型的讨论主要是依据克鲁格曼的相关模型。

“路径依赖”则是新经济地理学的研究范式。

1. 新经济地理学的模型架构①

新经济地理学的报酬递增假设是很好理解的，即生产规模越大，生产成本就越小，这种情况存在于多数经济活动中，而且还可以带来垄断竞争，具有微观的排他性。报酬递增对生产活动的空间分布性的影响大体可以分为高、中、低三种形式：高层次是指不同国家或一个国家的不同地区之间的不平衡分布，这种不平衡分布是由资本大规模积累过程决定的，是收益递增表现最为明显的层次；中等层次是指城市之间的分布情况，这种分布具有一定的局限性(是由城市本身分布的局限性引起的)；最低层次是指某些特定产业的地区化趋势，这种趋势受到历史和偶然事件积累过程的影响。新经济地理学主要研究范围集中在高层次和低层次的收益递增上，即区域核心——外围之间的不平衡发展过程和特定产业的地方化过程，并由此形成了“核心区域——外围”模型。

多样性偏好假设预示着较大规模的生产聚集能够提供相对较多的差异化产品，使收入相同的消费者能够在组合产品消费集的过程中获得最大效用，这种消费优化的过程能够产生聚集的动力。新经济地理学采用不变替代弹性(CES)②函数来描述多样性偏好，这样做的好处是使多样性和效用变化的变化趋势相同，不理想的地方是给模型的数理分析带来麻烦。在多样性偏好基础上建立厂商的最优选择，并与消费者的最优选择构成短期均衡，并由此均衡状态可以求出区域内的实际均衡工资和真实均衡工资。

2. 新经济地理学的模型结果讨论

(1) 偏好多样性与运输成本决定产业集聚的稳定性。集聚产业的工资(名义和实际)是以上模型的均衡解，不同区域的均衡工资比 (w_i/w_j) 是决定产业由一个区域向其他区域集聚的直接原因，而影响这一均衡解变化的两个主要因素就是多样性和运输成本(运输率③)，其中偏好多样性是产业集聚的

① 关于模型的详细表述见 P. Krugman, *Development*, *Geography and Economic Theory*, Cambridge: MA, MIT Press, 1995, pp. 89 - 109。国内的资料可以参考孙洛平、孙海琳：《产业集聚的交易费用理论》，北京：中国社会科学出版社，2006 年，第 41—51 页。

② CES的具体形式为：$U=\left[\sum_{i=1}^{n} q_i^{(\sigma-1)/\sigma}\right]^{\sigma/(\sigma-1)}$，$\sigma>1$，$q_i$ 代表商品的数量，n 代表商品的种类，σ 代表商品之间的替代弹性。消费者效用 U 可以用消费商品的数量来表示，然后利用价格的对偶关系转化成价格 P。

③ 新经济地理学模型中的运输成本是以“冰山成本”的形式存在的，即任何制成品在运输过程中都会有一定的损失，用公式表示为：$z_{1,2}=e_{1,2}^{-\tau D}\cdot x_{1,2}$，其中 $z_{1,2}$ 为在区域 1、2 之间运输到达货物的实际数量，D 为两地之间的距离，τ 为单位产品的运输成本，x 为起运货物数量。

“向心力”,运输成本是产业集聚的“离心力”。图 1-5 表示只有两个区域的简单经济系统的 τ 和 σ 与产业集中程度关系,其中 σ 和 τ 分别表示任何两种产品之间的替代弹性和单位产品的运输成本。在给定 σ 的情况下,如 σ 取较小值,w_1/w_2 的大小是 τ 的函数:当 $\tau<\tau''$ 时,$w_1/w_2<1$,产业在区域 2 中发生集聚;当 $\tau>\tau''$ 时,产业发生转移,集聚发生在区域 1 内;在 $\tau>\tau'$ 的范围内,产业在区域 1 和 2 内都有集聚发生。由此可见,运输成本是产业集聚效应的“离心力”。再考虑 τ 值不变的概况,此时 w_1/w_2 是随着 σ 的同向变化,也就是说此时伴随着 σ 变小,产业由区域 1 转移到区域 2。σ 越小,消费者的多样性偏好越强,即差异产品间越不容易替代,也就是说偏好多样性是产业集聚的“向心力”。

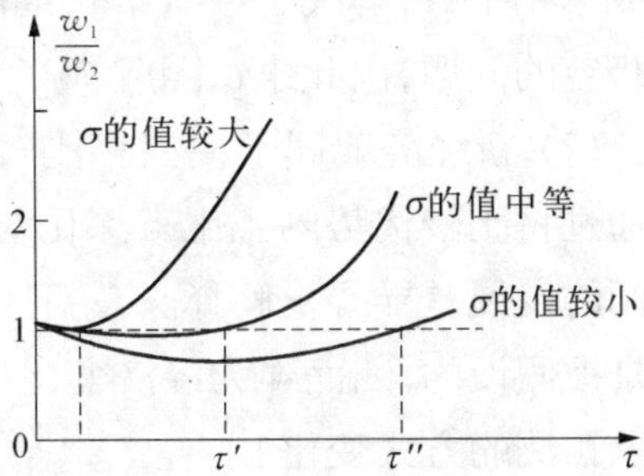

图 1-5 τ 和 σ 与产业集中程度关系图

(资料来源:对孙洛平、孙海琳所著的《产业集聚的交易费用理论》中相关图形修改整理所得)

(2) 突变、历史与预期。除了偏好多样性和运输成本,还有许多因素会引起区域产业的集聚效应,如突变、历史积累以及经济参与者的预期。经济的地理结构可能在相当长的时间内不会发生明显的变化,但是历史过程的积累可以引起不可预测的突变,这种突变是均衡模型没有办法证明和预测的,如中国沿海地区某些商品的生产基地的形成。突变的发生有时候不仅仅受到客观条件的影响,还受到预期的作用,这就是自我完成的预言(self-fulfilling prophecy)的作用。预期的作用不但影响产业集聚的发生,还可能决定其发生的速度。克鲁格曼根据对预期进行模型化后得出结论:某种产业在最初的分布是有一定范围的,最终会集聚到那个区域是由经济参与者的预期决定的。

(三) 新经济地理学的创新与局限性

新经济地理学的兴起,为经济学和经济地理学的研究开辟了新视角和新领域,提高了对现实经济现象的研究能力和解释问题的准确程度。但是,和其他新兴的经济学分支一样,新经济地理学也存在一定的局限性。

1. 理论创新

(1) 新经济地理学以规模经济、偏好多样性、不完全竞争为假设条件来研究区域经济问题，比新古典经济学更接近于现实。新经济地理学将空间因素和厂商层次的报酬递增纳入了一般均衡的框架，成功地应用D－S模型并与运输成本相结合，解决了经济学长期以来厂商层次报酬递增与竞争性一般均衡不相容的问题，由此来试图解释产业积聚的内在动力问题。

(2) 新经济地理学模型将比较优势、外部性等问题内生化。新经济地理学通过将比较优势内生化来深化对背景的认识问题，对没有先天差异的区域之间的发展差异寻求解释。在新经济地理学中，外部经济是被推导出来的，而不是被假设的，因而作为经济变化更基本的参数，外部经济可以被视为以一种可以预测的方式变化。

(3) 尽管新经济地理学的某些模型过于抽象，但这些模型的建立相对于传统的区位理论模型却有了很大进步和改观。新经济地理学是包含非均衡力的经济学，它的核心模型是非线性模型，因而它给出了许多富有特色的理论观点，揭示了经济活动空间模型的复杂性。而且，克鲁格曼通过对有些不确定性的复杂理论进行了比较深入的研究，建立了多中心城市空间自组织模型，这些都使得新经济地理学的模型更有现实意义。

2. 模型的局限性

(1) “多样性偏好”假设的有效性。多样性偏好假设是新经济地理学的核心假定，然而这个假设条件有时候又是最不可信的，比如说人们真的会消费所有多样化产品吗？如果不是这样，多样性偏好是否能够保证产业的积聚？还有，消费者之间的偏好差异真正使其为此而长期聚集到某个区域吗？对这类问题的回答直接考验着多样性假设的有效性。

(2) 过分依赖D－S模型。与传统经济地理学相比，新经济地理学最大的特点是将D－S模型引入其空间分析之中。这个借鉴从一开始就将分析思路局限在垄断竞争的范式下，从而使在产业厂商数量很多的情况下，新经济地理学的解释能力受到质疑，因为它没有回答厂商数量对产品差异化的影响。此外，D－S模型某些固有的缺陷也被其继承下来，这些缺陷是与均衡理论相背离的。

(3) 缺乏实证研究。新经济地理学注重的仅仅是抽象、简化的数学建模，这些建模和现实相去甚远。经济总体发展和产业空间聚集可以用数学建模来研究，但数学建模存在着认识论和本体论的局限，现实中的某些因素是不可能用简化的数学符号代替的。克鲁格曼和其他新经济地理学家在其模型中使用了一些经验检验，但这些经验检验典型性较差，没有说服力。此外，新经济地理学忽视技术对经济过程的重要性，仅强调资本外部性，由此产生了对应运而生的产业网络研究的缺失。

阅读资料

关于D-S模型简单介绍

不论是在国际贸易理论还是在经济增长理论方面，人们日益发现“规模经济”是问题的核心。尽管可以在完全竞争的框架下对外部规模经济问题进行研究，但内部规模经济却无法和竞争性的市场结构相兼容。在D-S模型提出以前，由于内部规模经济模型的求解极为复杂、且一般不能求出均衡解（从而更无法进行福利分析和比较），人们不得不借助于外部性、溢出效应和干中学等似是而非的概念，将研究局限于外部规模经济的分析。不论是经济理论本身还是对经济现实的解释，都要求一种能够对内部规模经济和垄断竞争的市场结构进行严格分析的理论框架，D-S模型则为该问题的解决提供了简洁的基本方法，该模型是由迪克西特和斯蒂格利茨在1977年所发表的《垄断竞争和最优产品的多样性》论文中提出来的。

迪克西特和斯蒂格利茨在论文中指出，经济学中的一个基本问题是：一个市场解能否导致社会最优的产品数量和产品种类？分配不公、外部效应和规模经济都是导致不完全市场结构、并使得市场均衡解偏离社会最优解的原因。他们的主要目的是对其中的（内部）规模经济情形进行分析。他们首先构造了著名的迪克西特-斯蒂格利茨效用函数（D-S效用函数，后被引申为D-S生产函数），然后依次在效用函数是不变弹性、可变弹性和非对称性的情形下求出其市场均衡解，并分别在每种情形下对市场均衡解和社会最优解进行了比较。

D-S模型的核心内容体现在消费和生产两个方面：一是通过构造一个包含产品种类的D-S效用函数，推导出了特定形式的需求函数和dd曲线与DD曲线；二是假定每种产品的生产都具有不变的固定成本和边际成本（这意味着成本函数具有平均成本递减和边际成本不变的性质，从而呈现出内部规模经济的特征），然后结合需求函数和新厂商自由进入的条件，求得每个厂商的均衡产量、均衡价格和产品种类数量。

为了讨论产品数量和产品种类的关系，迪克西特和斯蒂格利茨首先将整个经济分为两部分：某个行业（集团或部门）和行业之外的其他部分。假定行业内部的各种产品之间具有很好的替代性，但与其他行业产品之间的替代性则很差。如果将行业之外的所有产品用 x_0 表示，行业内的各种产品用 $x_i(i=1, 2, \cdots, n)$ 表示，则代表性消费者的效用函数可以表示为 $u = U\{x_0, (\sum_i x_i^{\rho})^{1/\rho}\}$，其中 $1/(1-\rho)$ 是是行业内部各种产品之间的替代弹性(这里假定效用函数对行业内的每种产品是对称的)。此外，为了保证效用函数的凸性，假定 $0 < \rho < 1$。

为了在 $x_0 + \sum_{i=1}^{n} p_i x_i$ 的预算约束下，求出实现上述效用函数最大化的每种产品的最优消费数量，构造了关于产品数量和价格水平的两个指数：$y = \{\sum_{i=1}^{n} x_i^{\rho}\}^{1/\rho}$ 和 $q = \sum_{i=1}^{n} p_i^{-1/\beta}$，其中 $\beta = (1-\rho)/\rho$ 大于零(因为 $0 < \rho < 1$)。在上述预算约束下最大化效用函数，可以求出消费者对行业内每种产品的最优消费数量：$x_i = y(q/p_i)^{1/(1-\rho)}$，即产品 x_i 的需求函数。

在 n 很大的情况下，可以忽略每种产品的价格 p_i 对价格指数 q 的影响，这时的需求函数就表现为 dd 曲线，其需求价格弹性为：

$$\frac{\partial \ln x_i}{\partial \ln p_i} = \frac{-1}{(1-\rho)} = \frac{-(1+\beta)}{\beta}。$$

然而，如果行业中每种产品的价格都发生变化，那么这些个别的微小效应就会变为不容忽视的较大影响，将 p_i 对 q 的影响考虑进来后的需求曲线就是 DD 曲线。一般而言，dd 曲线和 DD 曲线都是向下倾斜的，但 dd 曲线具有更大的需求弹性。

为了求解市场均衡时的均衡价格、均衡产量和产品种类，必须考察厂商的生产条件。假定每个厂商的成本函数都采取如下形式：$C(x_i) = a + cx_i$，其中 a 为固定成本，c 为不变的边际成本。为了求出市场均衡解，D-S 采用了利润最大化的两个条件：第一，每个厂商的边际成本等于边际收入；第二，新厂商自由进入，直至净利润恰好为零(即对第 n 个厂商有 $(p_n - c)x_n = a$)。由于效用函数和成本函数都是对称的，因此在市场均衡时，每个厂商具有相同的均衡产量，面对同样的均衡价格。因此，根据需求函数和上述两个生产条件，可以求得均衡价格 $p_e = c(1+\beta) = c/\rho$、均衡产量 $x_e = a/\beta c$ 和产品种类 n。

以上内容是 D-S 模型的核心，也是新古典贸易理论和新增长理论予以借鉴和应用的主要方面(该模型还包括在各种情形下对市场均衡和社会最优的比较)。概括地讲，该模型的核心假定，一是构造了体现产品种类的 D-S 效用函数，二是假定厂商具有不变的固定成本和边际成本；求解该模型一般均衡的主要方法，是根据效用函数求出行业内各种产品的需求函数，然后结合利润最大化(边际收入等于边际成本)和自由进入(边际厂商的净收益为零)条件求得均衡产量、均衡价格和产品种类。

第六节　马克思两部类理论

作为研究人类社会基本经济规律的学科之一，马克思主义政治经济学也是研究、建立和发展产业经济学理论的重要依据和基础理论之一。马克思主义政治经济学对产业中关于社会生产目的、商品经济、垄断与竞争、社会再生产和关系等的论述是社会主义国家进行产业分析和规划、制定和执行产业发展政策的重要依据，更是协调国民经济发展和对外经济关系的科学指导。

一、两部类再生产理论

马克思主义政治经济学并没有明确提出“产业经济学”的概念，也没有对其进行集中的论述，但是对企业、企业竞争以及产业的论述却是渗透在其知识体系各部分之中的，其中以两部类划分为基础的社会再生产理论最能体现马克思的产业思想。

（一）企业竞争

马克思指出“社会分工使独立的商品生产者互相对立，他们不承认任何别的权威，只承认竞争的权威，只承认他们互相利益的压力加在他们身上的强制”①。这种“竞争”导致资本在不同的产业间以及产业的不同环节间流动，最终导致利润率的平均化。马克思对产业结构变迁的研究从长期来看集中在生产力的发展上，中短期则集中在资本投资方向上。资本在社会生产中起着其他生产资料不可取代的作用。其他生产要素是由资本构成驱动的，资本本身是作为“生命体”②运动的，这个“生命体”还具有自身运动的规律。资本在不同的产业、行业和企业的流转推动了这些部门的调整和重组。与资本的“无形性”相对应的是企业在现实中充当着资本载体。企业会根据市场的供求关系

① 马克思：《资本论》第一卷，北京：人民出版社，2004 年，第 412 页。
② 洪银兴：《〈资本论〉的现代解析》，北京：经济科学出版社，2005 年，第 178 页。

以及产业间的利润分布情况,适时地调整投资方向和结构(这一点与新古典厂商理论一致)。企业的这种个体行为通过技术上的联系就形成了产业或行业的集体行动,这种行动则触发和实现了产业结构的调整。

(二) 两部类划分和社会再生产理论

马克思政治经济学在理论上将整个社会经济抽象地划分为两大部类的基础上,进一步认为在社会主义的实际生活中,社会生产是按部门来组织和管理的,因此必须深入分析国民经济各部门的主要比例关系。该学说认为,国民经济各部门的比例关系首先是农业与工业的比例关系,正确处理好农业和工业之间的比例关系,不仅有利于这两个部门的扩大再生产,而且有利于国民经济其他部门的发展;在工农业内部也要保持恰当的比例关系,强调产业内外协调发展的概念,这在保证国民经济协调全面增长上意义重大,各个产业或行业在供求关系上越平衡,平衡越持久,那么发展就越合理,生产进步就越顺利。此外,该学说还强调区域间的平衡,强调一国内各区域之间不能孤立发展,必须形成贸易市场。这种区域之间的互动关系可以通过一定合理的产业规划和布局来完善。同时,马克思主义政治经济学还指出社会主义国家的对外经济交往,认为这是社会再生产的需要,利用国际分工可以节约资源和劳动,有利于促进本国的生产技术和管理水平的提高。

1. 社会总产品及其结构

马克思主义政治经济学对经济的宏观分析是从社会总资本的再生产入手,对产业经济的分析则是从社会总产品的结构与实现展开的。社会资本的整体功能不等于组成社会资本的各个部分功能的简单相加,各个部分的不同构成状况会产生差异迥然的经济效果。马克思认为社会再生产的核心问题是社会总产品的实现,而这个实现过程也受到总产品结构的制约,社会总产品反映社会生产的总效果。社会总产品在价值形态上分为转移到产品中去的生产资料的价值 c, 补偿预付的可变资本价值 v, 以及工人在剩余价值 m。社会总产品根据最终用途,在物质形态上,可以分为生产资料和生活资料。由此,生产部门可以划分为:生产生产资料的部门Ⅰ,其产品进入生产领域;生产消费资料的部门Ⅱ,其产品进入消费领域。

2. 社会再生产的实现条件

社会总产品的各个组成部分经过流通,进入市场并进行交换,如果交换全部实现,则社会总产品在价值上就得到补偿,在使用价值上得到替换,这就是社会总产品的实现过程。社会再生产在总量实现的同时,更强调比例上的协调运行。社会再生产分为两类,即简单社会再生产和扩大社会再生产。

(1) 简单社会再生产的实现条件。简单社会再生产是指社会剩余产品用于消费而不是用于积累,生产在维持原有规模上重复进行。社会总产出的价值构成和使用价值构成可以作如下表示:

$$\text{I}(c+v+m),\ \text{II}(c+v+m)$$

生产资料的供给平衡关系为:

$$\text{I}(c+v+m)=\text{I}c+\text{II}c$$

生产资料的供给平衡关系为:

$$\text{II}(c+v+m)=\text{I}(v+m)+\text{II}(v+m)$$

由以上两个供求平衡式,可以得出:

$$\text{I}(v+m)=\text{II}c$$ ①

该式表明在两部类之间的交换中,仅仅是价值量上相等还是不够的,还必须在使用价值上达到一致,即在生产资料市场和消费资料市场上同时达到供求平衡加之两个市场之间也达到平衡,这样才能实现社会简单再生产。

(2) 扩大社会再生产的实现条件。社会扩大再生产是指社会生产在社会总资本循环中不断扩大规模,它可以通过生产要素投入的增加或生产要素产出效率的提高或两者同时发生而实现。社会扩大再生产的前提条件是 $\text{I}(v+m)>\text{II}c$,即第一部类中代表可变资本和剩余价值这两部分产出之和,必须大于第二部类所需补偿的生产资料和生产服务的消耗总额②。这个前提条件为社会扩大再生产的进行提供了可能性,但是保证这个可能性转变为现实还必须在总量和结构上达到平衡。满足这个平衡的条件:一是第一部类全部产出必须在总量和结构上都符合两大部类对生产资料的补偿需要和扩大再生产的追加需要,即 $\text{II}(c+v+m)=\text{I}(c+\Delta c)+\text{II}(c+\Delta c)$;二是第二部类全部产出必须在总量和结构上都符合两大部类对生活资料的补偿需要和扩大再生产

① 马克思:《资本论》第二卷,北京:人民出版社,2004 年,第 475 页。
② 马克思:《资本论》第二卷,北京:人民出版社,2004 年,第 586—587 页。

的追加需要。这个条件可以分别表示为:

$$\text{Ⅱ}(c+v+m)=\text{Ⅰ}(v+\Delta v+m/x)+\text{Ⅱ}(v+\Delta v+m/x)$$

由以上两个式可以推出:

$$\text{Ⅰ}(v+\Delta v+m/x)=\text{Ⅱ}(c+\Delta c)$$

社会扩大再生产顺利进行,要求两大部类之间,同一部类内部的不同部门之间必须合乎比例,也要求在各个产业内部各部门之间要保持一定的合理比例关系。马克思曾经指出"在资本主义生产内部,各个生产部门之间的平衡表现为由不平衡形成的一个不断的过程"①。

3. 社会生产与社会消费的矛盾

马克思主义经济学在分析资本主义经济危机产生的原因时使用了两个方面的分析思路:生产条件和实现条件分析、社会生产力和社会消费力的矛盾分析。正是这两方面的矛盾,导致经济时常不能保持平稳态势运行,同时这两个矛盾又相互影响、相互作用。马克思指出在现实社会中再生产的实现经常遭到破坏,其原因同生产目的有关。"资本的目的不是满足需要,而是生产利润,因为资本达到这个目的所用的方法,是按照生产的规模来决定生产量,而不是相反,所以,在立足于资本主义的基础的有限的消费范围和不断地力图突破自己固有的这种限制的生产之间,必然会不断发生不一致"②。如果能按照需求来决定生产规模,那么这种由于生产过剩而产生的危机就可能避免。生产是受社会生产力的限制,市场的实现则受到社会生产比例和社会消费力的限制。马克思认为大工业生产是呈现跳跃式发展的,这是资本积累的结果。社会消费力"既不是取决于绝对的生产力,也不是取决于绝对的消费力,而是取决于以对抗性的分配关系为基础的消费力;这种分配关系,使社会上大多数人的消费缩小到只能在相对狭小的界限以内变动的最低限度。其次,这个消费力还受到追求积累的欲望,扩大资本和扩大剩余价值生产规模的欲望的限制"③。生产条件和实现条件之间的这种矛盾是无法靠生产者和市场在短期内调整,因此必须对生产规模和比例进行必要的调节,这种"调节"体现在产业层面就是产业规划、产业布局、产业发展以及相应的产业政策。这些思想与现

① 马克思:《资本论》第三卷,北京:人民出版社,2004年,第286页。
② 马克思:《资本论》第三卷,北京:人民出版社,2004年,第285页。
③ 马克思:《资本论》第三卷,北京:人民出版社,2004年,第273页。

代产业规划和发展理论十分一致，可以说“正是马克思主义经济学第一次针对一个国家的全产业从理论上系统地提出了进行规划和有计划、按比例发展的必要性和具体的方法，并在实际经济生活中进行了有效的实践”①。

二、里昂惕夫(W. W. Leontif)的投入产出分析方法

马克思主义政治经济学中两部类理论实际上是产业结构调整和产业关联的直接理论基础之一（另外两个理论来源分别是法国重农学派魁奈（F. Quesnay)的经济表和洛桑学派瓦尔拉斯(L. Walras)一般均衡原理）。在此基础上，里昂惕夫在1941年出版的《1919—1929年美国经济结构》中，详细阐述了“投入产出分析”的基本原理及其发展，标志着投入产出分析成为产业分析的重要方法。里昂惕夫的投入产出分析可以看作是马克思两部类分析方法的细化、应用和发展。从历史的角度考察，里昂惕夫的分析是在马克思再生产理论和苏联的物资平衡实践的影响下产生的，里昂惕夫于1925年发表他的最初想法时还住在苏联。

投入产出分析还大量吸收了瓦尔拉斯一般均衡理论的思想，这也是里昂惕夫本人所强调的。他把《1919—1929年的美国经济结构》的副标题定为“均衡分析的一个经济性应用”，意思是他的投入产出分析是将“一般均衡论”用以分析现实的经济问题。瓦尔拉一般均衡理论的整个结构包括消费财货市场均衡、生产劳务市场均衡、资本财货市场均衡和流动资本市场均衡四个层次，这四个市场是相互依存、彼此影响的，只有当它们同时达到均衡时，整个经济才会出现均衡。一般均衡理论的基本命题是各个特殊市场是相互联系的，也就说，各种价格是相互联系的，不仅各种消费品价格之间、各种生产要素价格之间是相互联系的，而且消费品价格与生产要素价格之间也是彼此影响的。因此，不能撇开其他价格，单独地来讨论某一种消费品或生产要素的均衡价格，而必须研究整个经济，即整个总市场上所有的价格如何相互作用最终同时达到均衡的。在里昂惕夫看来，瓦尔拉的一般均衡理论显得过于包罗万象了，尽管从理论上看是严密的，但它太繁杂了，无法用以解释实际经济问题。因此，里昂惕夫将其进行了简化；其次，突出部门之间的结构性关系，把它量化和固

① 苏东水：《产业经济学》，北京：高等教育出版社，2003年，第71页。

定下来；最后，把生产方面的关系同最终需求以及分配方面的附加值在各产业的分布连接起来，形成了以供求平衡、收支平衡为轴心的体系。这样，里昂惕夫以国民经济均衡为对象的模型就成了可以计算的应用模型。

本章小结

作为全书的导论，本章主要任务和内容是梳理产业经济学发展过程中发挥重要作用的理论体系。当然，推动产业经济发展的理论体系内容远不只这些，但是本章所介绍的却是学习产业经济学和研究产业问题必不可少的准备知识。这些理论体系包括：厂商理论、竞争理论、交易成本理论、区位理论、新经济地理学理论、马克思两部类理论。

厂商理论，又称为"企业理论"，或称之为新古典厂商理论，是在"厂商是营利性组织"的假设前提下，研究厂商的市场行为，即如何使自己效用最大化的行为。新古典厂商理论主要集中在完全竞争和垄断两种市场组织结构上：完全竞争的厂商的短期行动依据是 MR＝MC＝P，长期的行动依据是 P＝MR＝SMC＝SAC＝LMC＝LAC；垄断厂商的短期和长期行动依据可以写成 MR＝SMC＝LMC。

竞争理论根据其演变过程可以分为传统竞争理论和新竞争理论。以 20 世纪 70 年代为时间节点，在此之前产生的竞争理论被称为传统竞争理论，之后的称为新竞争理论。传统竞争理论又可分为均衡竞争理论和现代竞争理论，这两种竞争理论着重研究企业结构、市场行为和绩效之间的关系。其中，均衡竞争理论认为由于许多行业存在产品差异，因此即使这些行业是高度竞争性的，其个别厂商面对的需求曲线也可能是向下倾斜的，即在定价上具有垄断性，它不再是市场价格的接受者。均衡竞争理论指出寡头的市场结构会产生寡占的市场行为，进而导致不良的市场绩效，特别是资源配置的非效率，因此有效的产业组织政策首先应该着眼于形成和维护有效竞争的市场结构，并对经济生活中的垄断和寡占采取规制政策。现代竞争理论的产生和发展是在对均衡竞争理论的批判中产生和发展的，其中以"芝加哥"学派竞争理论、有效竞争理论、可竞争市场理论等为代表。现代竞争理论产生的一个重要标志是它抛弃了把完全竞争作为现实和理想的竞争模式的教条，竞争不是作为一种静止的最终状态，而是作为一个动态变化的过程。研究的重点也不再是既定前提条件下价格如何决定以及如何适应现在结构实现均衡，而是现实市场竞争过程的各种竞争要素的组合形式以及在什么样的竞争形式下能够实现技术进步和创新。而以博弈论为分析工具的新竞争理论更侧重于分析经济行为主体之间所采用战略的互动关系以及由此达到的均衡效果，这种研究思路为许多竞争现象和问题给出了比较“完美”的动态解释。

交易费用理论改变了新古典经济学把企业视为黑箱的做法，论证了企业存在的原因是对交易费用的节省，企业独特的组织结构是对市场机制的替代。科斯在1937年和1960年发表的两篇文章《企业的性质》和《社会成本问题》开创了交易费用理论。在《企业的性质》中，科斯明确地提出市场费用的概念，他指出利用价格机制是有成本的。在《社会成本问题》一文中，科斯将交易费用概念进一步扩展为社会成本范畴，而社会成本范畴研究的核心又源于外部效应问题。威廉姆森等许多经济学家对交易费用理论作了进一步的发展和完善，这包括交易费用的分类、企业替代市场的原因以及治理结构等。

区位理论是经济地理学的核心理论之一，它的两个基本思想是：① 人类活动是有空间选择的，② 人类活动在这些不同的空间之间相互作用，有机地结合起来。产业区位理论可分为农业区位理论、工业区位理论、中心地区位理论、空间竞争理论以及贸易区位理论等，其中以杜能的农业区位理论和韦伯的工业区位理论影响最大，其他的区位理论都是在这两个理论的基础上衍生出来的。杜能在其农业区位理论中提出了著名的“杜能圈”，开创性地提出将空间位置作为考虑经济问题的主要因素并加以理论化和体系化，并用抽象的孤立法来研究此类问题。韦伯的工业区位理论是建立在运输成本最小化的基础上，对集聚经济现象的形成机理、动力机制、集聚类型、竞争优势等问题加以论证、梳理与补充，对工业和其他产业的布局有很强的指导意义。

以克鲁格曼等为代表的新经济地理学试图回答经济活动为什么会出现空间集聚这一核心问题，通过运用相对严格的数理模型，讨论使经济活动集聚的向心力和使经济活动分散的离心力。新经济地理学对经济集聚问题的讨论是建立在偏好多样性和规模收益递增的假设基础上，指出运输成本和多样性偏好分别是集聚活动的离心力和向心力。然而，新经济地理学所借助的D－S模型和假设前提存在一定的局限性，因此其理论还没有被主流经济学家完全接受。

两部类理论是马克思主义政治经济学中最能体现产业思想的部分。两部类理论将整个社会经济抽象地划分为两大部类，即生产生产资料的部门和生产消费资料的部门，认为社会生产是按部门来组织和管理的，因此必须深入分析国民经济各部门的主要比例关系。两部类理论对产业经济的分析是从社会总产品的结构与实现展开的。社会资本的整体功能不等于组成社会资本的各个部分功能的简单相加，各个部分的不同构成状况会产生差异迥然的经济效果。社会再生产要求两部类之间，同一部类内部的不同部门之间必须合乎比例，也要求在各个产业内部各部门之间要保持一定的合理比例关系。里昂惕夫利用两部类理论的思想，同时结合一般均衡理论，提出了“投入—产出”的分析方法，并以此发展成为产业结构的核心理论。

主要名词

厂商理论	完全竞争	垄断	短期均衡
长期均衡	竞争理论	均衡竞争	有效竞争
可竞争市场理论	产业竞争	交易成本理论	交易费用
科斯定理	治理结构	区位理论	产业区位
杜能圈	工业区位理论	区位因子	新经济地理学
产业聚集	D-S模型	偏好多样性	报酬递增
两部类理论	社会总资本	社会再生产	投入产出理论

复习题

(1) 厂商理论的主要内容是什么？

(2) 竞争理论是按照怎样的过程演进的？

(3) 简述交易费用的产生和发展过程。

(4) 产业区位理论包括哪些理论分支？

(5) 新经济地理学理论试图解决的问题是什么？

(6) 两部类理论和投入产出法的主要内容是什么？

思考作业题

(1) 在自由竞争条件下,厂商的长期和短期的最大化是如何实现的?

(2) 简述新竞争理论与传统竞争理论在分析范式上的区别。

(3) 对比新古典厂商理论和交易费用理论,试述两者之间的联系和不同。

(4) 简述产业区位理论中不同分支之间的联系。

(5) 新经济地理学是如何解释经济积聚的向心力和离心力的?

(6) 请详细分析社会简单再生产和扩大再生产的实现条件。

第二章　产业组织

作为微观基础，产业组织（Industrial Organization）在现代产业经济学理论体系中占有极其重要的地位。它是通过分析产业与市场、企业与市场以及企业间关系，权衡竞争与垄断以及规模经济和效率之间的矛盾，实现产业资源和制度的优化配置，保证产业演化的顺利进行。虽然，产业组织理论主要来源于微观经济学中的厂商理论，但是与厂商理论的最大区别在于产业组织对企业与市场的关系采用了一种更贴近现实的观察和实证的描述。它将分析范围从完全竞争和完全垄断两个极端的市场形态拓展到更多的市场形态，从而使得理论成果更能运用于对现实经济活动的分析。此外，产业组织研究所用的分析工具大大超越了厂商理论原来的数理模型，这也为产业经济理论加速发展提供了有效保证。

本章对产业组织的介绍从两个方面展开，一是其理论形成和发展，二是产业组织理论在中国的实践。重点在于对博弈论视角下的产业组织理论作了较为详细的介绍。

第一节　产业组织理论的形成与发展

与经济学其他分支一样，产业组织理论的萌芽、产生和发展经历了漫长的历史进程。在此过程中，产业组织不断突破原有的理论视角，积极借鉴其他学科相关研究方法，逐渐形成了自身独特的分析范式和理论体系。而且，作为产业经济学中最有争议、也最有活力的领域，产业组织在发展过程中一直保持着与其他社会、经济学科合作的态势。

一、产业组织理论发展过程及其相关学派

(一) 产业组织的理论渊源

从经济学的发展来看,产业组织理论的渊源通常要追溯到古典经济学家亚当·斯密。斯密在其著名的《国富论》中对资本主义的市场活动进行了细致的研究,提出了产业组织理论的"雏形",即市场自发调节的自由竞争机制以及这一条件下厂商的市场行为。斯密认为,在自由竞争的市场体制下,竞争的结果总是促使市场价格与生产者的成本趋于一致,这一理论提出后的一个多世纪从未受到有力的挑战。同时,斯密还举例说明了劳动分工及由此而产生的专业化协作等原理,最早较为全面地阐明了合理的生产组织能带来社会资源的节约。

到 20 世纪初,英国经济学家马歇尔(A. Marshall)对斯密的理论作了修正,他认为,在完全竞争的市场机制下,一般可以通过竞争使市场价格与单位生产成本相等。同时,在其名著《经济学原理》中还创造性地把萨伊(J. B. Say)的生产三要素(土地、资本和劳动)扩展为生产四要素,即把"组织"也作为生产的基本要素,当然,在当时马歇尔使用的"组织"概念中,不仅包括了企业内的组织形态,而且也包括产业内企业的组织形态和产业之间的组织形态,甚至还包括国家组织。再以后,产业组织学家梅森(E. S. Mason)及其弟子贝恩(J. S. Bain)才把产业内企业间关系结构从马歇尔这一包罗万象的"组织"概念中剥离出来。不过,这并不影响马歇尔作为产业组织学奠基人的地位。马歇尔把组织作为第四大生产要素的重要原因在于,他在研究分工与机器、产业集中、大规模生产及企业经济管理、企业形态等问题时,涉及规模经济的问题,企业追求规模经济的结果是垄断的形成与发展,而垄断是阻碍价格机制作用的主要原因,垄断使价格受到人为的控制,扼杀了自由竞争这一经济运动的原动力,使经济活动失去活力,破坏资源的自然分配,这一矛盾被称为"马歇尔冲突"。其实,竞争的活力和规模经济两者的关系,正是现代产业组织理论的核心问题。作为产业组织概念的提出者以及产业组织内在矛盾的揭示者,马歇尔是产业组织学理所当然的先驱者。

资本主义进入 20 世纪以后,自由竞争进一步发展,企业规模不断扩大,生

产日益集中，卡特尔、托拉斯和康采恩等垄断组织和形式已有了相当的发展，垄断、寡头垄断对经济的统治已经是发达资本主义国家中的普遍现象。以完全竞争市场为基本前提的新古典经济学理论在解释垄断条件下厂商的生产和定价等一系列问题时面临着巨大挑战。在20世纪二三十年代兴起的现代厂商理论首次对传统的完全竞争假设提出了质疑，其中较有代表性的人物是美国哈佛大学教授张伯伦(E. H. Chamberlin)和英国剑桥大学教授琼·罗宾逊夫人(J. Robinson)，他们在1933年同时出版了各自的专著《垄断竞争理论》和《不完全竞争经济学》，正式提出了垄断竞争理论。在他们看来，由于许多行业存在产品差异，因此即使这些行业有高度竞争性，其个别厂商面对的需求曲线也可能是向下倾斜的，即在定价上具有垄断性，它不再是市场价格的接受者。这样，每个行业的平均成本曲线和收益曲线就不再一致，因而只有相同和正常的长期利润的假定也就站不住脚了。张伯伦把市场结构划分为从完全竞争到独家垄断的多种类型，总结了不同市场形态下价格形成和作用特点，并着重分析了垄断竞争、同类产品的生产者集团、企业进入和退出、产品差别化、过剩能力下的竞争等现代产业组织理论的重要问题。西方的许多产业经济理论家把马歇尔、张伯伦和罗宾逊夫人并称为产业组织理论的鼻祖。张伯伦在理论贡献外，还开创了经济理论研究从规范到实证的转变。

（二）产业组织理论的形成和发展

现代产业组织理论的形成和发展在很大程度上依赖于20世纪30年代以后各个理论派别的形成和其理论在经济实践中的应用，其中最有代表性的是：哈佛学派、芝加哥学派与可竞争市场理论、新奥地利学派、新制度学派以及博弈论视角下的产业组织理论等（见图2-1）。

1. 哈佛学派

比较完善的产业组织理论体系大约是在20世纪30年代以后在美国以哈佛大学为中心逐步形成的。在继承张伯伦等前人研究成果的基础上，梅森提出了产业组织的理论体系和研究方向。此后，贝恩(J. Bain)、凯森(C. Kaysen)、谢勒(F. M. Scherer)等人对产业组织理论的形成和发展也作出了重要的贡献。其中，贝恩的有关产业组织理论和实证的分析对整个理论体系的建立最为重要。他在1959年出版的《产业组织》一书中提出的产业组织理论的基本框架，标志着现代产业组织理论的基本形成。在该书中，贝恩系统地总结了已有的

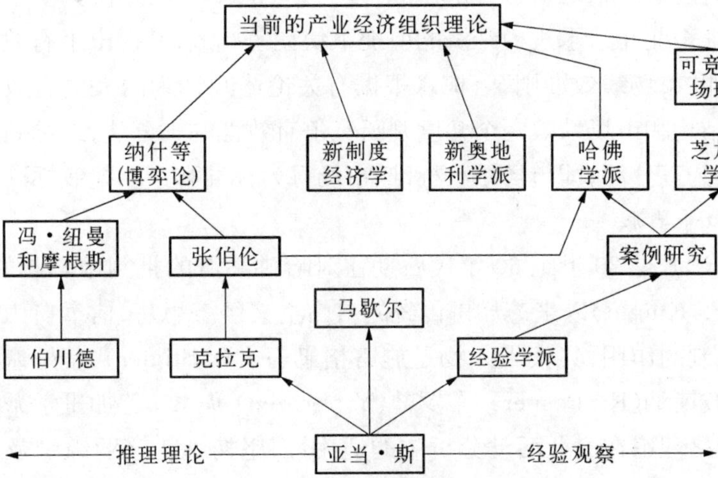

图 2-1 产业组织学的发展历史图

(资料来源：根据相关材料整理)

研究成果特别是哈佛学派的研究成果，第一次完整地论述了产业组织的理论体系，明确地阐述了产业组织研究的目的与方法，提出了现代产业组织理论的三个基本范畴：市场结构(Structure)——市场行为(Conduct)——市场绩效(Performance)的分析框架，即 SCP 范式，并把这三个范畴和国家在这个问题上的公共政策联系起来，规范了产业组织理论的理论体系。哈佛学派的产业组织理论重点体现在市场结构可以通过控制竞争来影响市场绩效。在 SCP 分析框架中，作为市场结构指标之一的集中度和作为市场绩效基准之一的利润率之间关系的研究处于重要的核心地位。哈佛学派认为，在具有寡头或垄断市场结构的产业中，由于存在着少数企业间的共谋、协调行为以及通过高进入壁垒限制竞争的行为，削弱了市场竞争性，其结果往往是产生超额利润，破坏资源配置效率，这就是著名的“集中度—利润率”假说。在贝恩等人看来，寡头的市场结构会产生寡占的市场行为，进而导致不良的市场绩效，特别是资源配置的非效率，因此有效的产业组织政策首先应该着眼于形成和维护有效竞争的市场结构，并对经济生活中的垄断和寡占采取规制政策。

1940 年，克拉克(J. M. Clark)继张伯伦之后在大量实证分析的基础上，首次提出了“有效竞争”的概念，旨在解决充分利用规模经济与自由竞争的矛盾。他认为完全竞争并不完全是好事，从长期看有效竞争才是合适的，因为市场存在着潜在竞争者和替代产品竞争，同时经营的多样化亦使竞争手段多样化，从而保证企业在追求规模经济的前提下使竞争有效，并提出了有效竞争的判断准则，即“市场绩效准则”。梅森根据有关论述归纳为两大类有效竞争标准，从市场结构和市场绩效两个角度判断竞争有效性的二分法，这被后来的经济学家扩展为三分法，即市场结构标准、市场行为标准和市场绩效标准。

2. 芝加哥学派

芝加哥学派是 20 世纪 60 年代后期在对哈佛学派的批判中崛起的，其继承了奈特(F. Knight)以来芝加哥传统的自由主义经济思想，信奉自由市场经济中竞争机制的作用，其代表人物是施蒂格勒(J. S. Stigler)、蒂姆塞茨(H. Demsetz)、波斯纳(R. Posner)、布罗曾(Y. Brozen)等人。芝加哥学派强调新古典学派价格理论在产业活动分析中的适用性，坚持认为产业组织及公共政策问题仍然应该通过价格理论的视角来研究，力图重新把价格理论中完全竞争和垄断这两个传统概念作为剖析产业组织问题的基本概念，从而与哈佛学派在产业分析过程中更重视价格理论难以解释的问题，并把这些问题用产品差异化和进入壁垒等新的概念来加以说明的做法，在方法论上形成鲜明对照。芝加哥学派用由此得到的决策结果，来解释各种经济现象。

芝加哥学派运用局部均衡福利经济方法来判断市场势力和效率间的权衡取舍，企图重新把竞争性产业作为解释相对价格的主导模型。芝加哥学派进一步认为兼并未必一定损害竞争，垄断厂商的高利润率未必一定是垄断定价的结果，而完全可能是高效率的结果，与哈佛学派结构主义观点相左的是，芝加哥学派认为并不是市场结构决定市场行为，市场行为再决定市场绩效，而应该是市场绩效和市场行为决定了市场结构。芝加哥学派的代表人物施蒂格勒对产业组织理论的许多领域都作出了重要的贡献，较有影响的研究涉及垄断与兼并、市场容量与劳动分工、规模经济、进入壁垒及政府管制等。例如，按照当时传统的观点，实现规模经济是兼并的主要原因，规模不经济又是限制兼并的主要因素，但施蒂格勒则认为事实并非如此，即使兼并后形成的大公司的成本和兼并前没有显著变化，兼并仍会发生，因为兼并后形成的大公司具有市场势力，从而可以获得垄断利润；其次，施蒂格勒还开创性地分析了企业结构和界限，提出了产业生命周期假说，特别是把市场容量、劳动分工与产业的产生、发展与衰落联系在一起；再次，在进入壁垒方面，施蒂格勒也提出了与贝恩不同的观点，认为进入壁垒是新厂商比老厂商多承担的成本，这一观点对以后

20世纪70年代发展起来的“可竞争性市场”理论有很大影响。可竞争性市场理论的提出者鲍莫尔(W. J. Baumol)、帕恩查(J. C. Panzar)和韦利格 (R. D. Willing),在其1982年合著的《可竞争市场与产业结构理论》一书中,系统阐述了所谓的“可竞争市场理论”。该理论以完全可竞争市场和沉没成本(sunk cost)等概念为中心,来推导可持续的、有效率的产业组织基本态势及其内生的形成过程,对贝恩的进入壁垒理论提出了强烈批评,认为问题不在于是否存在进入壁垒,而在于是否存在人为的进入壁垒,这一理论对鲍莫尔提出的“进退无障碍理论”(contestability theory,又译“可竞争性理论”)①有很大影响。在政策上该学派主张政府的竞争政策与其重视市场结构,倒不如说更应该重视是否存在充分的潜在竞争压力,而确保潜在竞争压力存在的关键是要尽可能地降低沉没成本。芝加哥学派的这种注重效率标准的理论取向,使其被人们称为“效率学派”,而哈佛学派则被称为“结构学派”。

3. 新奥地利学派

20世纪30年代形成的新奥地利学派以米塞斯、哈耶克为代表,其关于产业组织理论的主要观点有:① 关于竞争。把竞争看作是一个动态发展过程,并认为当今市场基本上是竞争性的,市场竞争过程并不必然产生均衡,但却能提供某种“秩序”,即经济趋向均衡的一种趋势。② 关于利润。认为超额利润是大企业创新程度和规模经济的报酬。③ 政策取向上同芝加哥学派一样,反对政府严厉的反托拉斯政策,主张实行自由竞争。关于新奥地利学派的更详细的介绍可以参考本书第一章第二节中竞争理论的相关内容。

4. 新制度学派

20世纪末崛起的以科斯(R. H. Coase)的交易费用理论为基础、从制度角度研究经济问题的“新制度产业经济学”,也被称为“后SCP流派”,其代表人物有科斯、诺斯(D. North)、威廉姆森(O. E. Williamson)、阿尔钦(A. Alchian)等人。1985年威廉姆森出版了《资本主义经济制度:企业、市场和关联合约》一书,它标志着该学派开始形成较为系统、完整的产业组织理论。该学派组织理论的主要特点在于其整体性引入交易费用经济学的理论体系、基本假说、研究方法和研究范围,彻底改变了只从技术角度考察企业和只从垄断竞争角度

① W. J. Baumol, *Contestable Market: An Uprising in the Theory of Industry Structure*. The American Economic Review, 1982(72): 1-15.

考察市场的传统观念,为企业行为的研究提供了全新的理论视角,对产业组织的深化起了直接的推动作用。如果说主流产业组织理论注重产业组织之间的关系的话,新制度经济学则将研究重点深入到企业内部,从企业内部产权结构和组织结构的变化来分析企业竞争行为的变异及其对市场运作绩效的影响。例如,早期的代表人物伯尔、米恩斯 1932 年出版的《现代公司和私有制》一书,从企业产权结构和组织结构的变化来分析企业行为的变异及其对市场绩效的影响,奠定了以企业行为为中心的产业组织理论基础。

5. 博弈论视角下的产业组织理论

博弈论是自冯·诺伊曼(V. Neumann)和摩根斯坦恩(Morgenstern)于 1944 年出版的《博弈论和经济行为》后便被引入产业组织理论体系中,但直到 60 年代末,这一应用才成熟起来。美国普林斯顿大学的数学教授纳什(J. Nash, 1950)、加利福尼亚大学的豪尔绍尼(Harsanyi)和德国波恩大学的泽尔滕(Selten)分别解决了完全信息、不完全信息和动态条件下的求解问题,使得博弈论方法应用于产业组织分析日益完善。1988 年法国经济学家简·泰勒尔(J. Tirole)所著的《产业组织理论》成功地以博弈论为基础,重构了产业组织理论,被人称为"新产业组织学"。用博弈论和新制度经济学派相结合的分析方法来研究产业组织与企业组织交叉领域的问题,也就成为目前产业组织理论研究中的前沿课题。

二、产业组织理论的发展趋势

经过近一个世纪的发展,如今的产业组织理论已经成为经济学领域中最活跃、解释问题功能最强大的分支之一。同时,随着新的研究视角的产生,产业组织理论的发展也是异常活跃,特别是在 20 世纪 90 年代以后。在此期间,实证研究、产业演化以及合作博弈等都成为产业组织理论发展的新方向。实证研究者越来越愿意吸纳和利用经济学理论和经济计量学方法的新成果,实证研究的技术和手段整体上都具有更高的水准,伴随着理论层次上对博弈论的广泛重视,案例研究方法继续受到青睐,其重要性相对提高,其中以潘卡基·格玛沃特(P. Ghemawat)的产业竞争博弈分析最具有代表性。Plott 的实验方法和 80 年代得到很大发展并被广泛应用到宏观经济学研究中的时间序列分析方法,是近年来出现的对今后实证研究工作来说很有发展前途的方法。产业实验室研究方法，利用计算机在实验室内观察现实市场中无法观察到的某项变量，如信心、边际成本等对产品价格从而对厂商市场份额、市场集中度的影响；经济时间序列的线性和非线性模型、协整模型、误差修正模型(ECMs)、双线性模型、Threshold 自回归模型和混沌模型等都在产业经济学中得到广泛的应用，而且随着历史纵向数据资料的积累和越来越容易获得，这些模型和分析方法在产业经济学领域会产生更大的影响和更广泛的应用①。

产业演化也是产业组织理论发展的一个方向，这是演化经济学在产业组织中的应用。如果把产业组织看成是博弈均衡的，那么这种均衡是参与者在产业接触过程中寻求最优化的动态结果。不确定性和有限理性则是演化理论最重要的行为假设前提，预示着决策制定和调整的本质特性，演化经济学则致力于在不确定性和有限理性的前提下，关注经济发展过程是怎样的，尤其关注经济结构变化的长期过程并研究行为人如何在这样的过程中采取策略生存下去②。产业演化在某种程度上是建立在参与者学习能力基础上的，虽然这种能力在发展过程中不一定收敛或收敛的过程很长。朱·弗登伯格(D. Fudenberg)和戴维·莱文(D. Levin)通过对“学习模型”的研究，指出其能够为评价和改进传统的非合作博弈均衡提供有用的方法，而且该模型很少依赖学习过程的细节和先验概率，具有长期预测的稳健性③。

除了非合作博弈理论以及对其的改进仍在产业组织理论中扮演主要的角色外，网络博弈和合作与非合作混合博弈将日益渗透到产业组织的分析中。产生这种趋势的主要原因是博弈规模扩大、经历时间延长以及主体构成的复杂化。此外，由于信息网络技术的发展和区域或全球供应链网络的建立，使得网络关系由以往的模糊连接(社会关系、文化以及亲缘关系等)向具体架构(供应关系、计算机网络、销售渠道等)转变，这强化了企业网络的连接，迫使博弈不再是单一企业之间的事，整个企业网络都可能成为博弈主体。网络的稳定性和竞争力都决定着博弈均衡的选择，建立在网络基础上的博弈已经逐渐成为产业组织研究的对象之一④。

---

① 卫志民：《近 70 年来产业组织理论的演进》，《经济评论》2003 年第 1 期。

② 王军：《产业组织演化理论与实证研究》，《山东大学学报》2006 年第 5 期。

③ 朱·弗登伯格、戴维·K. 莱文：《博弈学习理论》，北京：人民大学出版社，2002 年。

④ 刘静波：《产业竞合：合作博弈、网络平台与制度条件》，上海：上海社会科学院，博士论文，2007 年。

三、产业组织理论的分析框架

产业组织理论主要研究产业内企业与市场的关系结构，包括市场结构、市场行为、市场绩效、自然垄断产业的有效竞争以及正确处理有效竞争和规模经济的关系。主要是为了解决所谓的"马歇尔冲突"的难题，即产业内企业的规模经济效应与企业之间的竞争活力的冲突。一般认为贝恩所著《产业组织》的问世，标志着产业组织理论框架的确立，后来的产业组织理论都是以此框架为基础上的批判和修订。SCP 分析范式以实证研究为主要手段，把产业分解成特定的市场，运用"三分法"对其进行分析，构成了一个既能深入具体环节又有系统逻辑体系的"市场结构——市场行为——市场绩效"的分析框架，并通过对市场关系的各方面进行实际测量，从这三个方面提出政府公共政策(产业组织政策)，从而规范了产业组织的理论体系。其基本分析程序也是按结构、行为、绩效——产业组织政策展开的。在这里，结构、行为、绩效之间存在着因果关系，即市场结构决定企业在市场中的行为，而企业行为又决定市场运行的经济绩效。因此，为获得理想的绩效，重要的是要通过产业组织政策来调整和直接改善不合理的市场结构。

所谓市场结构，是指对市场内竞争程度及价格形成等产生战略性影响的市场组织的特征。决定市场结构的主要因素有市场集中度、产品差异化程度和进入壁垒的高低。市场行为是指企业在充分考虑市场的供求条件和其他企业的关系的基础上所采取的各种决策行为。具体包括企业的定价策略、产品与广告策略、研究开发和排挤竞争对手的行为等。市场绩效是指在一定的市场结构和市场行为条件下市场运作的最终经济效果，主要从资源配置效率、技术进步、技术组织效率、资源利用效率等方面，直接或间接的对市场绩效优劣进行评价。SCP 分析框架(见图 2－2)所依据的微观经济理论，是将完全竞争和垄断作为两极，将现实的市场置于中间进行分析，因而这一分析将市场中企业数量的多少作为相对效率改善程度的判定标准，认为随着企业数量的增加，完全竞争状况接近基本实现较为理想的资源配置效率。哈佛学派将市场结构作为产业组织分析的重点，该分析框架突出市场结构，在研究方法上偏重实证研究，以给定的产业结构为前提，将现实中企业之间既存的各种差异看成是决定产业竞争状态的外生变量，对特定企业和产业的实际行为进行静态截面观察，然后再将分析结果与企业的市场绩效相联系。认为有效的产业组织政策首先应该着眼于形成和维护有效竞争的市场结构，主张对经济生活中的垄断和寡占采取规制政策。这种政策主张对战后美国为首的西方经济产生过重大影响。

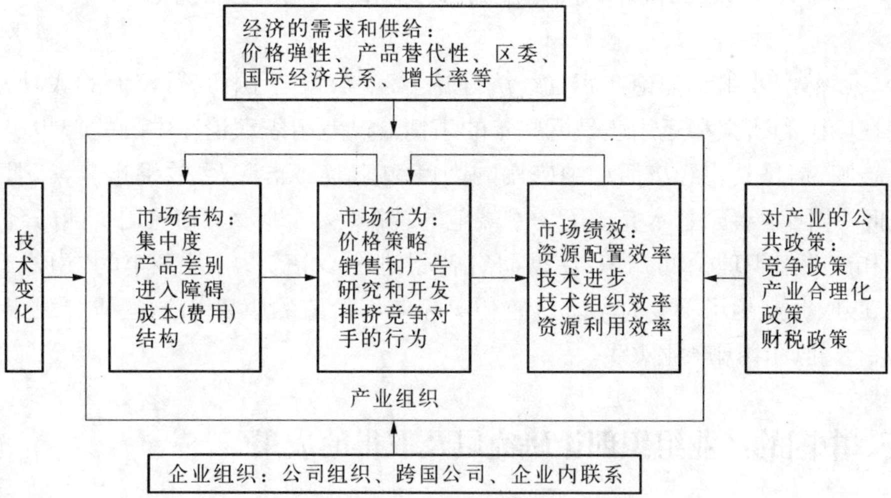

图 2-2　产业组织理论分析框架图(SCP 分析框架)

(资料来源：根据相关材料整理)

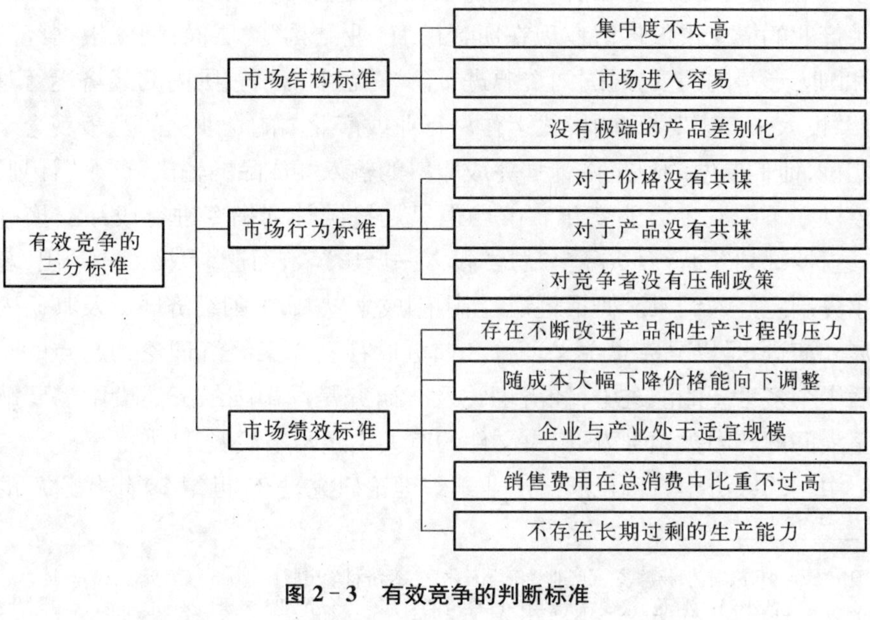

图 2-3　有效竞争的判断标准

(资料来源：根据相关材料整理)

第二节 产业组织理论的中国实践

虽然产业组织理论在西方经济理论界和实践应用中取得较大的成功，但是在中国的研究和运用还是近些年的事情。产业组织理论在中国的起步虽然比较晚，但是其在经济活动中应用的力度和范围都非常大，效果也非常明显。同时，中国学者已基本完成了学术规范的转换，系统地学习和应用了西方经济学和产业组织理论的知识，使得研究背景进一步拓宽，经过多年的“引进、消化、吸收”，产生了不少有学术价值和实际应用价值的成果①，这些研究成果又进一步推动中国产业实践。

一、中国的产业组织理论研究以及取得的成果

中国的经济学学科理论体系是20世纪50年代从苏联引进的，那时候的产业概念主要是指计划经济中的行业、部门，相应地学科专业也设立了农业经济学、工业经济学、商业经济学等门类，没有明确的“产业经济学”名称。此时有关产业的概念仅仅停留在现在所说的“产业结构”的层面，国家根据经济发展和国际形势的需要，对国内资源进行统一规划和配置，国内的经济运行基本按照“投入—产出”模型的模式运作。行业或产业内的企业之间竞争观念十分不明确，他们要做的只是按计划完成原料的输入和成品的输出，这个“计划”在年度以内不会发生大的变化。市场也只是按照计划指令进行成品交换的场所，这种“计划”的背后实际上就是“投入—产出”表，而这个“投入—产出”表又是事先制定好的结果。概括地说，新中国成立以来，中国经济理论及其研究的发展和演进，是以马克思主义理论和前苏联社会主义经济理论为起点的。在此后半个多世纪的演进中，经济理论及其研究是以中国经济建设中需要解决的重大问题和中央领导人、中央文件的有关论述两条线展开的②。

中国的经济学者真正展开产业组织理论研究是20世纪80年代之后的事

① 臧旭恒、徐向艺、杨蕙馨：《产业经济学》，北京：经济科学出版社，2005年第1版，第85页。

② 详见江小涓：《理论、实践、借鉴与中国经济的发展——以产业结构理论研究为例》，《中国社会科学》，1999年第6期。

情。随着改革开放的开始,国家对某些行业的计划管制开始松动,并且允许私人资本进入这些行业,引导这些行业的经济运作逐渐转变为市场调节。在这个过程中,由于计划体制的"惯性",某些企业存在规模和运营模式制约或阻碍了市场的公平竞争。此外,在该时期,由于各种因素的束缚,如能源、环境、就业等,中国的经济发展不再一味追求量上的增加,逐渐转到质量和效率的提高,这就要求在保持投入的同时调整产业结构,强化产业组织,转变增长方式。在这种经济背景下,中国的学者,通过加强对外交流,逐步开始尝试运用西方已经较为成熟的产业组织理论和研究范式对中国的产业组织问题进行研究。

最早介绍到中国的有关产业组织著作是美国学者谢佩德的《市场势力与经济福利导论》(易家祥译),出版时间为 1980 年。1985 年,中国人民大学经济学教授杨治编著的《产业经济学导论》是国内第一本研究产业经济学的著作,在国内引起较大影响,其后国内出版的产业经济学教材的基本框架多数与其相近。该著作在写作体例上与当时西方产业经济教材有一定差别,从其理论框架和相关数据来看非常明显地受到日本产业组织理论的影响,将产业结构、产业发展、产业关联、产业布局以及产业政策等方面都纳入产业经济学的研究领域。1988 年中国人民大学出版社出版、卢东斌翻译、植草益的《产业组织论》成为第一部系统介绍国外产业组织理论的译著,而且行文精炼,结构框架完整。随后,国内又陆续出版了基本在当时西方比较有影响的产业组织著作,如克拉克森和米勒的《产业组织:理论、证据和公共政策》(上海三联书店,1989 年)、丹尼斯·卡尔顿和杰佛里·佩罗夫合著的《现代产业组织》(上海三联书店,1998 年)、施蒂格勒的《产业组织与政府管制》(上海三联书店,1989 年)等,上述著作的翻译出版,对中国产业组织理论研究起到了推动作用。虽然此时中国的产业组织研究还是处于熟悉和探索阶段,但是一些研究成果已经开始呈现,如杨沐所著的《产业政策研究》(上海三联书店,1989 年)、周叔莲等主编的《产业政策问题探索》(经济管理出版社,1987 年)、王慧炯和李泊溪等主编的《中国部门产业政策研究》(中国财政经济出版社,1989 年)等。与此同时,相关的研究机构对产业组织理论及应用的研究步伐也在加快。世界银行经济发展学院和清华大学经济学院联合举办经济管理讲习班,编印了《产业组织经济学》,对西方产业组织理论进行了比较系统地介绍。中国产业经济技术联合会于 1992 年出版了《中国工业产品经济规模》(企业管理出版社)。此外,1980 年末国务院设立了企业评价中心,并出版了工作性质杂志《中国产业通讯》。

进入90年代以后,中国市场化改革全面展开,各种经济形态以不同的形式和规模加入经济活动中,这使得原本只在西方市场经济国家出现的一些产业组织现象和问题在中国的经济转型期也得到了充分的暴露,这为产业组织问题的研究提供了丰富的素材,国内许多学者对其进行了更加深入的研究。其中,比较有代表性的是王慧炯与陈小洪主编的《产业组织及有效竞争——中国产业组织的初步研究》(中国经济出版社,1990年)和马建堂的《结构与行为——中国产业组织研究》(中国人民大学出版社,1991年)。在《结构与行为》一书中,对中国的市场结构、行业集中度、利润率等作了实证研究,而且计算了中国39个主要工业行业前4位和前8位企业的集中度和集中度系数,得出行业集中度和利润率的关系。夏大慰的《产业经济学》(复旦大学出版社,1994年)是国内第一部系统介绍和分析产业组织以及产业政策的教材,将体制因素包括在产业组织的研究框架内,试图建立一个新的分析范式,这是中国产业组织理论研究的一大特色。在90年代后期,伴随着自然垄断行业改革的过程,对这些行业放松管制与规制的研究也取得了较多的成果,如中国电信、电力、银行的引入竞争机制①。

进入21世纪,中国产业组织的研究更多地集中在特定的产业形态和新兴产业的发展之上,前者如产业集群与产业升级、全球化视角下的产业链以及产业模块化等问题,后者包括文化创意产业和航天产业等。经过近30年的发展,中国的产业组织理论研究和应用逐步呈现多样化的特点:在研究的理论框架上,既有在西方正统的产业组织理论的SCP分析框架内展开的分析论著,也有在新制度经济学和公共选择理论框架内进行分析的成果;在研究方法上,规范性的分析在减少,实证和案例分析的著作在增加;在分析的广度上,既有综合性分析,又有行业分析和专题性研究,基本完成了中国对产业组织理论研究的引进、消化、发展和创新的过程。然而,从整体上看,目前国内对产业组织问题的研究还相对薄弱,常常会出现研究方法和内容脱节、研究结果无法充分运用于经济实践的尴尬。产生这种现象主要是产业组织学科建立和定位不全面、不系统造成的。此外,产业经济研究长期过于重视产业结构,同时把许多不属于产业经济学研究范围的内容加入其中,如经济增长问题、增长方式转

① 详见迟福林主编:《走入21世纪的中国基础领域改革》,北京:中国经济出版社,2000年。

变、以及经济发展的问题、宏观调控与市场调控等都纳入研究视野，以至于学科范围不清晰，过于宏观，进而缺少微观的分析基础。

二、产业组织理论在中国的实践

正如前文所述，在改革开放之前，“产业结构”问题几乎占据了中国产业经济的全部，所有的产业政策全部集中在国家的“五年计划”中，这些计划的重点是扶持农业和钢铁等重化工业。即使到了80年代后期90年代初期，国家的产业政策重点还是在促进产业结构合理化和现代化上，这从“八五”计划(1991—1995)和国民经济和社会发展十年规划(1991—2000)的文件表述中可以看出。但是，在90年代中后期，中国工业绩效进一步恶化，经济运行中存在过度竞争和高垄断等现象。产生这种现象的原因有以下两点：一是由于中国某些行业或产业进入壁垒低而退出壁垒高，结果是引发过度进入，进而是过度竞争，导致绩效普遍下降，解决这种问题的出路就是根据不同产业或行业的特点合理重构进入退出壁垒，政府的产业组织政策的着眼点应该是有序竞争；二是低效率的经济管理体制导致企业行为扭曲，解决此问题只能加快体制变革来改变这种状况。

中国的产业政策由“结构”向“组织”转变也恰恰发生在这个时期。在完成“八五”计划之前，国务院在1994年6月发布了《九十年代国家产业政策纲要》。该纲要虽然还是强调调整产业结构的问题，但是已经明确提出要优化产业组织结构，提高产业技术水平，促进产业布局合理化。产业组织政策的提出是这个纲要的最大特点，指出该政策的目标是“促进企业合理竞争，实现规模经济和专业化协作，形成适合产业技术经济特点和本国经济发展阶段的产业组织结构”。对规模经济效益显著的产业，主张形成少数以大型企业(集团)为竞争主体的市场结构。1996年的《国民经济和社会发展“九五”计划和2010年远景目标纲要》指出了国家干预经济的新方向，强调市场经济的体制建设，提出要用计划手段和产业政策，促进经济增长的转变。

(一) 竞争性市场的产业组织政策

1. 限制竞争和稳定市场

由于竞争性产业进入壁垒低，如果不进行进入管制，在产业繁荣期则会诱发企业过度进入，当过剩生产能力无法获得市场出清时，过度竞争、无序竞争在所难免。在这种毁灭性的竞争中，大量企业破产倒闭，社会必需品或相关服务不能得到可靠保证，因此对竞争性市场实行恰当的管制是必要的。

2. 解决信息不对称分布导致的市场失效

在一些行业，如金融业和交通运输业，企业以保管、运输或受代理客户的财产作为其业务范围，但有关企业经营或财务等方面的信息只有企业最为了解，客户不能充分掌握，一旦企业倒闭，客户就要蒙受重大损失。因此，政府有必要对企业的经营能力作出限制性规定，以保障消费者的利益，确保产业稳定发展。

3. 政府制定资格审查制度或标准认证体系

为了保障消费者的健康和安全，应该由政府制定资格审查制度或标准认证体系，对产品或服务的内容、质量、卫生、安全性能作出详细规定，防止不择手段，在低价竞争中以次充好，恶化商品或服务质量。这类管制在相当程度上已经超出了经济性管制的范围，从属于社会性管制。

(二) 垄断性市场的产业组织政策

1. 实现自然垄断产业的政企分离

在中国原有的政府管制体制下，铁路、运输、通信、电力、煤气和自来水供应等主要业务是由中央政府和地方政府垄断经营的。政府既是管制政策的制定者和监督者，又是业务的垄断经营者。从垄断性质而言，是一种典型的行政垄断，而不是自然垄断所要求的经济垄断。在政企合一的行政性垄断下，某一政府部门把持着某一自然垄断行业，享有其高额的垄断利润。为了长期保持占有这种利润，此时经营者会严格限制竞争对手的进入，结果导致经济绩效的严重丧失。因此，放松管制首先要解决好政企分离的问题，将政府从自然垄断行业的经营者变为可竞争产业的裁判，破除管制带来的"租金"，为潜在竞争者进入与在位者间的竞争创造良性的市场环境。

2. 实现自然垄断业务和非自然垄断业务的分离

放松管制的前提是实现自然垄断业务和非自然垄断业务的分离。以往的产业组织理论对传统垄断性产业不作环节和业务上的区分，笼统地将存在网络型供应系统的行业全都视为具有天然垄断性组织。区分两类业务，目的是深入到各个产业内部，在自然垄断性业务中引入可竞争市场机制，在非自然垄断业务中建立竞争性市场结构，实现多个厂商的竞争性经营。

3. *以范围经济①作为企业垂直一体化的标准*

在是否允许企业通过垂直一体化战略，同时经营自然垄断业务和非自然垄断业务时，要测度不同环节间的范围经济效益，即测量多个企业生产一种产品和一个企业生产多种产品的成本比较。如果范围经济效益较低，则政府可以在分离两类业务的基础上，将企业纳入分业经营的轨道上来，以有效抑制企业利用自然垄断业务领域的垄断优势，以交叉补贴等战略手段，排斥非自然垄断业务中其他竞争对手的不公平竞争行为；若范围经济效益较高，允许实施纵向一体化，但在财务上要求网络型运营业务和非运营业务必须独立核算，杜绝将非自然垄断经营的开支摊入自然垄断经营成本的做法。

4. *政府采取"非对称管制"*

在放松管制初期，考虑到新进入企业与原有企业并不处在同一起跑线上，政府应采取"非对称管制"(Asymmetric Regulation)策略，培植进入者的竞争实力。由于产业管制所获取的超额利润能够使在位企业保持着对新厂商在竞争上的压倒优势，在渐进性的管制放松初期原有企业仍然占据大部分的市场份额，它可以借助阻止进入定价、价格歧视、交叉补贴、驱除对手定价以及对所在行业的信息优势等多种手段，达到削减进入者市场占有率、排挤竞争对手的目的。这种不公平竞争格局既不能促成新企业的成长，也不能实现市场绩效增加，因此有必要在严格监督和限制在位者排他性恶意行为的同时，对新进入企业实行较为宽松和优惠的政策，通过"非对称的管制"构建潜在竞争者的进入威胁实力。

5. *采取"渐进式"的放松管制*

对具有自然垄断性、放松管制不能一步到位的业务领域，要制定规范的激励性价格管制，对其价格构成进行细化和量化。目前在发达国家，这种激励性定价模式业已公式化并有相应的计量标准，而中国尽管也审定价格，却没有从控制价格的角度设计成本的规则和标准，因此也就不具备对价格的控制力。激励性定价模式既体现了管理者放松价格管制的意图，同时也具有刺激企业

① 由一个企业同时生产多种相关联的产品的单位成本，小于由多个企业分别生产这些产品时的单位成本的情况，范围经济是针对关联产品的生产而言的。产生范围经济的原因有多种，比如管理工作的专业化、同时生产多种关联产品可以更好地利用生产设备及其他设施、生产的多种产品都需要相同或者类似的投入要素时产生的库存节约等。

生产效率、维护企业的发展潜力和增进资源配置效率的特点,应当成为中国那些尚不能放松进入管制业务的定价放松策略。

6. **建立健全经济法规,适应放松管制的要求**

中国转型时期放松管制的主要目的是打破行政垄断,引入有效竞争机制,其结果将导致产业内厂商数目的增加和竞争性的加剧。在这种情况下,如果继续沿用传统的行政指令而不是依靠法律来规范自然垄断行业内竞争行为,那么放松管制规则只是一句空话。《中华人民共和国航空法》(1995 年 10 月)、《中华人民共和国电力法》(1995 年 12 月)、《中华人民共和国反垄断法》(2007 年 8 月)以及《电信法》等相关法律法规的相继和即将出台,这将使放松后的产业竞争格局向法制化、规范化的方向发展。

案例

自 1978 年实行改革开放政策到 2008 年 5 月的"五合三"重组,30 年间中国通信产业经历了多次重大改革,获得了巨大的发展,中国电信独家垄断的局面被打破,多家市场主体并存的格局应运而生。通信业已从制约国民经济发展的"瓶颈产业"一跃成为超前发展的产业。中国通信市场已经成为当今世界上成长最快、最富有活力的电信市场之一。

1. **拆分中国电信,促成行业内竞争**

1980 年之前,中国通信业的基本体制特征是:计划经济指导通信业的发展,邮电部既是公用电信业的经营者又是公用电信业的政府管理机构。在这个时期由于国家对电话资费有严格的价格控制,通信业基本上是一个不盈利的行业。通信业最重要的任务是保障国家安全,经济建设被放到次要的位置。经营电信无利可图,其他企业不愿也不能进入公用通信业。党的十一届三中全会之后,邮电通信被列为经济发展的战略重点之一。

经过几年的发展,电信需求快速增长和独家运营使中国电信成为一个高盈利行业,由此吸引了众多的潜在进入者。试图通过各种途径得到国家特许电信经营权。1994 年中国第二家经营基本电信业务的企业——中国联通的成立,意味着基础电信服务的放松进入限制,这也可以说是各种利益集团博弈的结果。联通进入后,邮电部作为一个企业加管制者的双重角色便不再合适。为了设立一个中立的管制机构,邮电部的企业职能部分从该部门分离出来,成立了一个法人公司即中国电信,邮电部成为一个管制机构。联通公司的出现,给中国电信市场带来了新气象使人们深刻感受到竞争的功效,破除垄断、鼓励竞争成为社会共识。1998 年,中国加大改革力度,电信市场步入了扩大竞争的阶段。这一年，政府合并了原邮电部和电子部，组建信息产业部，对国家部级机关和中国电信企业进行了较为彻底的政企分开，以推进中国电信企业的国有企业改革。同时实现邮电分营，邮电保留为国家公共服务行业，中国电信作为独立的法人走向市场，同时废止了实行多年的电信对邮政的交叉补贴。1999年2月，中国电信被拆分为固定电信、移动通信、无线寻呼和卫星通信四个全国性电信公司。之后解体出来的寻呼公司又并入中国联通公司。2001年12月中国电信再度拆分重组为南北两大电信集团，即新的中国电信公司和网通公司。中国电信市场形成中国移动、中国电信、中国网通、中国联通、中国铁通五大主流运营企业加上中国卫星(俗称5+1)的格局，竞争的态势逐渐明朗化。值得注意的是，虽然中国联通的成立是通信业打破垄断、开始竞争的标志，但由于当时特定的历史环境，其所发挥的作用是有限的。从1998年开始中国通信业以高速的改革、大规模的重组和巨大的变化呈现在人们的面前，这种改革和变化的力度和广度都是空前的，改革激发了活力，改革提高了效率，改革对中国通信运营企业及整个通信业发展所产生的巨大作用。

2. 培育竞争对手，形成有效竞争

中国联通进入电信行业，打破了邮电部的独家垄断，中国电信市场出现了双寡头竞争的局面。中国联通成立伊始，就选择了潜力和利润最大的移动通信市场，与中国电信进行竞争。竞争使中国电信、中国联通和广大用户从中受益。移动市场做大了，中国电信的绝对用户规模大幅度上升，中国联通则在竞争中艰难地生存下来；移动电话的初装费和开户费被相继取消，原来的奢侈品移动手机也进入了寻常百姓家，方便了普通消费者；消费者有了选择移动电话服务商的权利，真切感受到了电信资费的下降和服务质量的提高。竞争引起了人们思想认识上的震动，通信业自然垄断被打破，竞争观念深入人心；公众对电话使用要求的提高，促使电信企业改善服务、提高质量。联通公司的出现，拉开了中国电信市场竞争时代的序幕。

到1998年底，中国电信已经成长为在所有国内通信业务上占据绝对主导地位的国际大型企业：就独立的经济实体而言，它拥有世界上最大的网络，固定资产6 000亿元，固定电话主线数绝对数超过1亿条，移动电话用户数绝对数超过2 100万户。而此时，中国联通的自有资产只有23亿元，为“中国电信”的1/261；电信业务收入不超过16亿，为“中国电信”的1/112；其主打的移动通信的用户只有100多万，为“中国电信”的1/20。中国联通无法与中国电信分庭抗礼，难以形成真正意义上的竞争。因此，电话初装费和国际长话资费高居不下，电信员工的工作效率和服务质量低下，几乎给每一个用户都留下了不愉快的记忆，诸如此类问题仍大量存在。盼来了电信竞争却未能真正体验到竞争的好处，已具有竞争意识的中国老百姓瞄准了中国电信业的反垄断问题。与此同时，世界电信格局正在发生巨变，国外电信企业通过引入竞争获得了巨大的发展，运行效率、运行素质和经济效益都取得了大幅度的提高。为了造福国内百姓，迎接国外竞争。1999 年 2 月，信息产业部经过慎重酝酿，决定将"中国电信"一分为四，展开国内电信市场上具有真正意义的竞争，使这些企业在竞争中发展壮大起来，中国在未来的竞争格局中才可能有自己强大的电信企业去与外国人竞争。这种拆分是按照通信业务将中国电信细分为中国电信公司经营固定电话；中国移动公司经营移动电话业务；国信公司专营寻呼业务和中国卫星通信公司，同时明确，各专业公司近期仍只从事本专业的经营，以后将考虑允许相互进入业务领域。这种拆分方式有助于立即形成几个实力相近的全国性电信公司，有助于消除交叉补贴现象，但不能有效破除各种通信业务的数据来自邮电部年报以及中国统计年鉴的垄断。随后在 1999 年 7 月，信息产业部批准中国电信、中国联通和中国吉通经营·IP 电话业务。至此，除了本地固定电话业务基本仍然是由中国电信垄断外，其他基础电信领域都有两家以上运营企业在提供服务。中国电信业重组之后，电信市场呈现出前所未有的新格局。

3. 竞争局面对通信产业的影响

2001 年底，由国家计委和体改办联合提交的《中国电信横切方案》被审议通过，中国电信现有资源被切分为南、北两个部分，长江以北 10 省市省级分公司与中国网通和吉通重组，组建新的中国网通，长江以南和西北地区共 21 省市省级分公司组成新的中国电信，继续拥有"中国电信"的商誉和无形资产。重组后的两大集团公司仍拥有中国电信已有的业务经营范围，允许各自在双方区域内建设本地电话网和经营本地固定电话等业务，双方相互提供平等接入等互惠服务。南北两部分按光纤数和信道容量分别拥有原中国电信全国干线传输网 70%和 30%的产权，以及所属辖区内的全部本地电话网。

这次拆分重组改变了整个中国通信业的竞争格局。首先，中国通信市场上中国电信一家独大的不均衡格局发生了比较大的变化，市场上各企业力量对比趋于均衡。中国电信、中国移动、中国网通和中国联通四大电信运营企业，没有一个企业的收入超过电信运营收入的 50%。2001 年通信业务收入的市场占有率，中国电信为 50.7%，中国移动为 37.7%，中国联通为 10.6%，其他约占 1%。中国电信拆分后，35%的收入分流到北方计算，南方电信业务收入的市场占有率约为 33%，北方电信业务收入的市场占有率为 17%左右。第二，此次拆分使中国电信垄断全国本地电话网的局面被打破，固定电话市场出现了南北对峙竞争的态势。中国电信与其他运营企业的相对优势大大减弱，为形成数个实力基本对等的运营企业，并使其成为全业务运营企业提供了前提条件。第三，新网通公司的竞争实力迅速提升，成为中国电信市场第三大电信运营企业，作为国有大型电信运营企业的新网通从根本上具有了长途和本地网资源，并将通过原中国电信的传统话音业务迅速提升业务收入和综合网络竞争能力。但从深层次来看，拆分带来的不仅仅是加强竞争的正面效果，同时也会产生诸多问题，如分拆带来的交易成本、企业之间的磨合期、人力资源的流失以及互联互通成本等等。最为重要的是，这样的拆分并不能使固定电话市场出现当初所预期的有效竞争的结果。2008 年 5 月公布的电信重组方案为此前业内普遍认同的"3＋1"的模式，现有的 6 家运营商将变成"3＋1"，即中国联通的 CDMA 网与 GSM 网将被拆分，前者并入中国电信，组建为新电信，后者吸纳中国网通成立新联通，铁通则并入中国移动，组成新移动，原有的中国卫通保持不变。由此，重组后将形成新电信、新联通、新移动加上原有的卫通，也就是"3＋1"的格局。

4. 中国通信业改革大事记

1998 年，邮电分家，将当时的邮电部拆分形成了两个独立的部门，电信政企分开，组建信息产业部，负责电信行业的监管。

2000 年，电信移动分离，中国移动通信集团公司于 2000 年 4 月 20 日成立。2000 年 5 月 17 日，在剥离了无线寻呼、移动通信和卫星通信业务之后，成立了中国电信集团公司。

2002 年，电信南北分拆，2002 年 5 月，国务院对电信进行了南北拆分重组，将北方九省一市划给中国网通，成立了新的中国电信集团公司。

2008 年"3＋1"模式，现有的 6 家运营商将变成"3＋1"模式，即重组后将形成新电信、新联通、新移动加上原有的卫通。

资料来源：www. cs. com. cn

www. people. com. cn

本章小结

本章主要对产业组织理论的产生和发展及其在中国的应用实践进行介绍。产业组织理论是产业经济学的微观基础，是从竞争的角度研究同一产业内各企业间的资源配置的问题。产业组织理论主要试图通过分析经济运行过程中产业组织状况，得出对特定产业的市场绩效和竞争秩序的判断，从而为政府维护和改善市场的竞争秩序和经济效率提供实证依据和理论指导。产业组织理论面对的主要问题是"马歇尔冲突"，因为以完全竞争市场为前提的新古典经济理论难以解决这个问题，西方的经济学者围绕着这个问题展开理论论争，经过大量的调查和理论研究，逐步形成了以竞争和垄断为研究核心的产业组织理论。产业组织理论的产生是由张伯伦和琼·罗宾逊夫人在1933年同时出版各自的专著《垄断竞争理论》和《不完全竞争经济学》，正式开始的。其后，先后经历了哈佛学派、芝加哥学派、新奥地利学派和新制度学派的发展逐渐形成了以SCP范式为主要分析框架的理论体系。20世纪70年代以后，随着博弈论的兴起、发展和运用，产业组织理论的发展进入了一个新的加速时期。在此期间，产业组织理论研究更加注重竞争主体之间的互动和均衡战略的选择，这种研究范式在信息不对称和动态环境下表现的尤为突出，由此产生的研究成果对政府的经济政策有非常大的帮助。

中国经济理论界对产业组织的研究开始于20世纪80年代，而真正有所作为还是90年代以后，在此期间涌现出一定数量的研究成果，有些研究成果已经被政府决策部门采纳，应用于中国产业组织实践，包括在不同产业加强或放松管制、进行垄断企业拆分和制定反垄断法律法规等。

主要名词

产业组织　马歇尔冲突　哈佛学派　芝加哥学派
SCP范式　市场结构　市场行为　市场绩效
博弈论　自然垄断　非对称管制　交叉补贴
范围经济

复习题

(1) 产业组织的定义是什么？其主要研究内容有哪些？

(2) 试述产业组织理论是如何产生的并指出其理论奠基人和相关著作。

(3) 为什么称哈佛学派为“结构学派”？

(4) 哈佛学派的主要观点有哪些？

(5) 简述产业组织理论的新的发展趋势。

思考作业题

(1) 芝加哥学派的政策主张和哈佛学派相比有何差别？

(2) 简述产业组织的 SCP 范式分析框架的基本内容。

(3) 试述产业组织理论的渊源及其发展。

第三章　产业组织理论的应用分析

与其他相关章节不同的是本章对产业组织理论的介绍是以其应用为切入点的，试图将产业组织理论通过其具体应用系统地展示出来，目标是最大限度地激发学习者的阅读和探求的兴趣。本章包括五个方面内容，分别是产业组织的研究方法、进入和退出市场、企业行为、中间型组织以及网络经济下的产业组织研究。

第一节　产业组织的主要分析方法和工具

20 世纪产业组织理论的发展集中体现在其研究方法的巨大变化上，方法的变化使产业组织理论可以不断吸收数学、博弈论、计量经济学以及实验经济学等学科成果作为其研究工具。方法论和研究工具的变化和更新带来的是产业组织理论研究深度的推进和广度的拓展。实际上，其诸多创新在很大程度上得益于研究方法和工具的演变而较好地体现了产业经济学的发展脉络。由于单一的方法难以满足经济学研究在各个领域的需要，所以，产业经济学的研究方法是一个研究方法的集合，包括实证和规范的方法、定性和定量的分析、静态和动态的分析、经济计量分析、案例分析、博弈分析及系统动力学方法等。

一、产业组织的研究方法简介

（一）实证方法和规范分析

实证方法是产业组织理论最基本的分析方法，它在整个产业组织学的研究方法集合中居于核心地位，实证研究又分为理论研究和经验研究两部分。由于实证分析是通过客观的描述，对历史和现实诸多现象和变化的具体考察和分析，从中得出规律性的结论，并以此为基础形成相关的研究范围和理论体系。所以，其主要回答产业组织这一经济现象"是什么"，以及"实际上是如何解决"其形成、结构等问题。规范分析是指研究经济活动"应该是什么"的选择问题，所以，其主要回答产业组织在社会经济中运行价值判断标准，不同的价值标准会形成不同结论和政策建议。

（二）静态、动态和比较静态分析

产业组织学中的经验性规律大多出自综合应用静态和动态分析方法的结果。静态分析(Static analysis)就是分析经济现象均衡状态以及有关的经济变量达到均衡状态所具备的条件，它是一种完全抽象掉了时间因素和具体变化过程而静止地、孤立地考察某种经济事物的方法。如以消费者偏好、收入及相关商品的价格静止不变等，分析该商品的供求处于均衡状态下产业组织的产量和价格决定。所以，静态分析常被称为横断面分析。动态分析(Dynamic analysis)是对经济变动的实际过程所进行的分析，其中包括分析有关变量在一定时间过程中的变动过程中的相互影响和彼此制约的关系，以及它们在每一个时点上变动的速率等等。动态分析法的一个重要特点是考虑到了时间因素的影响，因此，它把产业组织的变化当作一个连续的过程来看待。比较静态分析(Comparative static analysis)则是分析在已知条件发生变化后经济现象的均衡状态或有关的经济变量达到均衡状态时的相应变化，所以它常用于对产业组织的一次变动(而不是连续变动)的前后均衡状态进行比较。例如，分析某国的产业组织的特点并与对标国家的企业及企业联系状态进行比较，从而能够得出一些相关结论或可以参照的经验。

（三）系统动力学分析方法

系统动力学是通过分析社会经济系统内部各变量之间的反馈结构关系来研究整个系统整体行为的方法。系统动力学认为，系统的行为是由系统结构所决定的，这点与结构主义分析方法一致。系统动力学进一步指出，系统结构是动态反馈结构，可用控制论的方法来研究。所以，系统动力学尤其注重各经济变量之间的动态反馈结构，而对变量的精确度要求不高，因此特别适合于像产业组织这种许多方面难以定量的复杂系统的研究。国内外已有许多学者运用这种方法来研究诸多产业经济对象，取得了令人满意的结果①。

(四) 案例分析法

案例分析是 20 世纪 50 年代产业组织学最主要的研究方法，哈佛学派和芝加哥学派都曾广泛使用，并且取得了许多重大的研究成果。案例法特别适用于无法精确定量分析的复杂经济事例，非常有助于揭示普遍经济规律在不同的实际环境中表现出的不同形式，有助于训练研究人员对经济事务中所蕴涵的经济规律的敏感性。目前，管理学派的产业组织分析仍然大量采用这种分析方法，其主要代表人物如哈佛大学的迈克尔·波特。

(五) 经济计量分析法

20 世纪 60 年代以后，经济计量学方法成为产业经济学转入实证以后采用的主要方法，毫无疑问成为“60 年代中后期，随着在经济计量学方面受过良好训练的(或匆匆武装起来的)新一代学者的出现，也由于电子计算机和经济计量学软件的迅速普及，利用结构—绩效模式横断面数据进行回归分析，几乎成为产业组织问题研究的时尚”②。经济计量研究方法的基本脉络是运用案例和计量分析来建立和验证产业组织的 SCP 范式及其内在的逻辑关系。

(六) 博弈分析法

产业组织理论是应用博弈论方法较早的一个领域，特别是在寡头垄断、不完全竞争市场的定价、企业兼并、反垄断规制等领域。博弈分析方法是 20 世纪 70 年代以后产业经济学的主要研究方法，博弈论被引入产业经济理论的分析中，意味着那种过去认为只能依靠市场实现的瓦尔拉斯均衡，现在可以通过组织内部结构调整等来解决市场问题。同时，企业的行为是其心理预期的函

---

① 关于此方面的文献请参考：H. L. Smith, *On the Asymptotic Behavior of a Class of Deterministic Models of Cooperating Species*, SIAM Journal on Applied Mathematics International Journal of Industrial Organization, 1986(46): 368 - 375; N. Nohria and E. Robert, *Networks and Organizations: Structure, Form and Action*, Strategic Management Journal, 1992(20): 73 - 89; 张朋柱、叶红心:《合作博弈理论与应用: 非完全利益群体合作管理》,上海: 上海交通大学出版,2006 年; 邓肯·J. 瓦茨:《有序与无序之间的网络动力学》,北京: 人民大学出版社,2006 年。

② J. 卡布尔主编:《产业经济学前沿问题》,北京: 中国税务出版社,2000 年,第 3 页。

数。用博弈论的术语来说，企业的行为是各个企业所共同拥有的信息结构或判断概率的函数，这些突破性的进展使产业组织理论对现实经济中厂商的行为有更强的解释力。所以，可以说，产业组织的研究近几年来在理论方面的重大进展都是由于博弈论的广泛运用而取得的。同时，博弈论及机制设计、不完全合同理论的应用也使得产业组织的理论基础大大加强。如果说经济计量分析主要适合于实证研究的话，那么博弈论方法则主要适用于理论分析，20 世纪 80 年代以法国学者泰勒尔为代表的国外学者就应用博弈论分析的方法对整个产业组织理论体系进行了再造。

二、产业组织研究方法的演进

产业组织理论的众多研究方法大体上可以分为两类：实证方法学派和推理方法学派。在斯密之后，古诺、伯川德先后提出了奠定产业组织学的两大基本分析模型—产品数量竞争模型和产品价格竞争模型。两个模型都采用了向下倾斜的市场需求函数，但受到当时分析工具的限制，这两个重要模型几乎都是靠文字性的描述完成。马歇尔在吸收了杰文斯的边际效用理论后，将理论与商业活动实践相结合，在《经济学原理》中，对买者和卖者的独立性、交易信息等很多属于现代产业组织学研究的范畴进行了评述。马歇尔这种与商业实践相联系的研究方法为后来实证学派和推理学派的分裂埋下了“隐患”。与产业组织理论的发展相似，产业组织理论研究方法的演进具有非常明显的阶段性。

（一）实证方法的崛起与衰落

在马歇尔之后，产业组织学的研究方法首先崛起的是实证学派。其重点常常是被详细描述的企业、产品、竞争条件的独特性质以及影响它们的各种因素，但是由于缺乏强有力的分析工具，这些研究一般都缺乏严谨性，并且相对而言很少能够得到一般性的结论。直到计量经济学兴起以后，大量参数和非参数研究方法得到广泛运用，其开创性的代表人贝恩及其追随者们以可观测的结构变量，如卖方集中度、进入条件和产品差异化程度为一方，以绩效变量如超常利润、销售成本及技术进步率为另一方，建立稳定的一般关系模型，这种研究方法就是被后人称之“老产业组织学”的 SCP 研究范式。该范式最大的吸引力在于，一旦接受了它的因果关系假设，就能很方便地了解其中的规律性并制定政策，而不需要探究理论模型中不可观测的市场主体行为过程。

虽然结构—行为—绩效统治了主流产业组织学界近半个世纪，但其本身也有着许多难以克服的缺陷。首先，SCP 范式缺乏坚实的理论基础，不具有严格的理论演绎逻辑的必然性，它是基于大量观察的经验性描述；其次，SCP 范式过于强调市场结构对市场行为的决定作用，并且不能对策略性行为的逻辑给出清楚的解释，因素选择并不完全，新的重要因素未被纳入到框架之中，如信息、交易费用等；再次，SCP 范式存在着来自数据采集和模型设计方面的天生缺陷；最后，该范式多数情况只能反映出某一时期既有行业结构下的行为和绩效间的特定联系，而并不能说明该结构的形成原因及未来发展趋势如何。这些矛盾最终导致 SCP 范式在 70 年代后开始走向衰落。

（二）推理方法的兴起与“新产业组织学”的建立

随着微积分引入经济学分析中，推理学派得到了较快的发展，其采用的方法是逻辑性的，并且基本不考虑实证支持。推理学派重点放在价格与产出的决定及其效率、资源配置与经济福利的影响。由于假设的高度极端性，导致了早期理论研究与现实差距极大，其研究结果也招致了广泛的批评和质疑。在 SCP 范式的冲击下，推理学派在 20 世纪 30 年代到 70 年代只能在研究中占据很小的一隅之地，但是这个局面很快随着 70 年代非合作博弈理论的广泛使用而被打破。非合作博弈论成为分析策略冲突的标准工具，在动态学和不对称信息中取得了重大进展，这些突破都是产业组织学急需的。泰勒尔由此感叹道：从没有一门经济学科中的理论性文章占如此之高的比例。产业组织学研究方法形成了一个大逆转，而推理学派的此次兴起被称之为新产业组织学。

新产业组织理论及其方法论以分析企业策略性行为为主旨，其区别于传统产业组织理论的首要标志，在于博弈论成为新产业组织理论研究的统一方法。该理论的研究重点从结构环节转向了行为环节，这一点继承了芝加哥学派的理论思想。由于行为属性具有很强的不确定性，研究方法上很难再沿用传统的实证手段，因此新产业组织理论采用了推理演绎为主的研究方法，其中非合作博弈理论居于统治地位。其分析的理论基础乃是正统的寡占模型，这便克服了 SCP 范式的诸多缺陷,使得产业组织理论的发展得以成功地实现了向正统经济学的回归。随着博弈论方法在寡占理论分析中的逐步使用,以及动态分析、不完全信息等的引入,运用博弈论对企业策略性行为进行分析成为新产业组织理论的核心内容。

虽然博弈论方法的广泛应用导致了整个产业组织理论体系的重构,但其本身在运用时也有着难以克服的若干缺陷。首先,即使是较为简单的关于不完全信息条件下策略性行为的多阶段博弈的多重均衡,也需要通过深奥的分析才能处理,虽然这在理论上看来是非常完美、精确的,也充分体现了理论分析的严密逻辑,但在现实生活中有限理性的决策者似乎不太可能从事如此复杂的博弈。其次,博弈论模型的结论所依赖的一系列假设过于精细,以致其中任何一个细小变化都足以导致有关结论失去赖以立足的基础。均衡的重要特征常常强烈地依赖于价格或数量变量的选择、依赖于时间的离散或是连续、依赖于变动是序贯或是同时,最为重要的是,依赖于参与者如何改变信念(belief)。最后,运用博弈论模型所得出的结论尚难以获得足够的经验性分析的支持。早在 20 世纪 80 年代,不少学者就已经指出新产业组织理论中少有可应用现实数据加以验证的模型①。

(三) 两种方法论的统一

自 20 世纪 90 年代以来,产业组织理论又进入新的快速发展时期,"产业组织学家们又转向依靠实证研究来解决分歧、填补漏洞和提炼思想"②,过去截然区分理论研究者和实证研究者的界线消失了,实证研究者越来越愿意吸纳和利用经济学理论和经济计量学方法的新成果,实证研究的技术和手段整体上都具有更高的水准,理论研究者也比过去更多地接触实际,实际数据更加准确并且更易于获得。所以,伴随着理论层次上对博弈论的广泛重视,案例研究方法继续受到青睐,其重要性相对提高,但横断面回归分析有所衰落③。在推理学派与实证学派走向融合的过程中,两个学派也在不断吸收数学、博弈论、实验经济学等各类学科的最新成果,从而使产业组织学在理论和实证方面

---

① 关于对新产业组织理论的批判详见:Richard Schmalensee, *Industrial Economics: An Overview*, Economic Journal, 1988(98), 675-676。

② J. 卡布尔主编:《产业经济学前沿问题》,北京:中国税务出版社,2000 年,第 7 页。

③ J. 卡布尔主编:《产业经济学前沿问题》,北京:中国税务出版社,2000 年,第 11 页。

的成果迅速增加①。

1. **推理学派研究方法的最新进展**

用于研究寡头垄断均衡的推测变差(conjecture variation,CV)是产业组织学最早引入研究各种寡头垄断行为的方法。在观测到市场竞争主体并非完全被动的价格接受者,而是相互影响相互决策的主体后,产业组织研究者试图利用推测变差来解决这个问题。该分析框架囊括了所有流行的寡头垄断行为静态模型,包括古诺模型(Cournot Model)、斯塔尔博格模型(Stackelberg Model)和合谋模型。该方法的思路是建立在企业推测其竞争对手的行为,并依据这种推测而行事的基础之上。从实证研究的角度看,CV 方法具有普遍适用性,因为它可以在一个模型中容纳现实世界丰富多彩的各种可能性,但从追求精确的理论研究角度看,情况则不尽如人意,除非对模型加进一定的限制,否则在理论上任何结果都有可能产生。其产生于 CV 方法是试图用静态模型来分析本质上属于动态问题造成的。此时,博弈论的出现并对此进行必要的调整就显得尤为及时了。

博弈论是被设计用来帮助理解所观察到的决策主体相互作用时的现象,这种理论隐含的基本假设是:决策主体追求确定的外部目标(他们是理性的),并且考虑其他决策主体行为的期望。由于在动态学和不对称信息中取得了重大进展,该方法在产业组织学文献中得到广泛的使用,几乎所有产业组织学研究范畴都有动态博弈的身影。如 Lambertiniet(2002)对公司在产品开发中采用独立研发或联合研发(RJV)的决策中发现,在联合研发中,如果缺乏水平差异将导致合谋的不稳定,最终有可能形成稳定的伯川德纳什均衡(Bertrand Nash Equilibrium),为此使用了一个无限期动态博弈模型。

值得注意的是,学习和演进机制在最近几年被迅速的加入动态博弈中。马丁 · J. 奥斯本(M. J. Osborne)和鲁宾斯坦(A. Rubinstein)在《博弈论教程中》写道:"……让我们现在动手写这样一本书,则我们可能会增加两章,一是关于实验博弈的,另一章是关于学习和演进的。"由此可见,具有学习能力和内在演进的动态博弈模型将成为以后动态博弈发展的一个重要方向。目前学习机制已经渗透到产业组织学的各个领域,如伯川德模型、差异产品垄断等等。

① 关于推测变差和实证研究的更详细介绍请参见阎军钢:《产业组织研究方法综述》,《山东大学学报》2007 年第 5 期。

尽管产业组织学理论研究的可验证性受到质疑,但不可否认,广泛使用的数理推导在研究中具有其特有的优势。

2. 实证学派研究方法的最新进展

尽管理论推导性的文章在产业组织学中具有绝对优势,但正如我们前面所述,产业组织学更多地倾向于一种应用科学,所以实证也有其不可动摇的地位。马丁(S. Martin)说:"我自然是偏爱学习理论的经济学家,我会让他们都学习理论,然后我会奖励聪明的经济学家学习计量经济学,并乐于让他们从事经验性研究。"

按马丁的划分,产业组织学实证分析的发展有四个阶段,在前三个阶段,实证研究主要集中于产业层面的数据,对跨部门的样本进行计量经济分析。从研究方法上看,大部分采用了描述性统计和最小二乘法回归模型。从1982年开始,实证研究进入了复兴阶段,在这个阶段,更多地使用企业和业务层面的数据,以及使用时间序列及跨部门合并数据进行价格和长期报酬率的研究。另外,正规理论模型也激发了经验型模型的研究。可以看出马丁的划分中没有对研究方法进行总结,在实证研究的第四阶段,除了数据类型和来源的变化外,非参数检验、非线性回归复古与发展以及实验经济学的广泛使用都应属于该阶段新的特点。

虽然目前产业组织学中,具有参数检验的回归分析仍然是主要实证分析工具,但是回归检验在统计学中有很多的限制,如总体分布服从正态分布或总体分布必须已知,数据至少是定距尺度测量的结果,而且参数的数量也受到限制。这些条件和限制往往很难在研究中同时满足,从而导致实证结果不理想。严格意义上说,非参数检验远不如参数检验方法先进和精致,但是由于非参数检验的正确、有效并不依赖于总体情况,即统计模型不取决于总体分布,可以适用低于定距、无序测量的数据。巧妙地使用较为简单的非参数检验往往能够获得复杂的参数检验结果或者更好的效果。除非参数检验外,非线性回归模型也受到了重视。因为线性回归模型(linear regression model)在许多情况下应用会受到限制,比如当因变量是一个分类变量而不是一个连续变量或者因变量与自变量之间呈现曲线关系时,线性回归就无能为力了,这时候非线性回归模型就显示出它的好处,目前广泛使用的非线性模型主要有指数模型和逻辑回归模型。虽然线性回归模型占据研究主流,但是非线性回归模型也在很大程度上弥补了线性回归模型中的盲点,也能大大减轻研究者的工作量。

可以说，非参数检验与非线性回归都是产业组织学实证分析的重要方法。

最近几年，产业组织学在实证研究中大量引入实验经济学的方法。此方法如果从 1783 年的"彼得堡悖论"①算起已有两百多年的历史，但真正意义上的"受控实验"还只是近几十年的事。实验方法研究的形成、发展与产业组织的研究是密不可分的。弗农·史密斯(V. L. Smith)将其从 1956 年起所进行的实验进行了总结，发表了《竞争市场行为的实验研究》，该文的发表标志着实验方法在主流经济学中已确立地位，也为此后的发展奠定了基础。史密斯也因对实验经济学的贡献获得了 2002 年诺贝尔经济学奖，而史密斯本人正是产业组织学先驱马歇尔的弟子。对于产业组织学中大量的理论模型，实验经济学提供了一个可操作的微观经济环境，使得必要的变量控制可以保持，而且保证了可以对有关变量进行测量形成了既不同于理论推导也不同于传统的实证分析的独特方式。尽管目前出版的国内外产业组织学教材中，对实验经济学的介绍很少，但可预见的是，随着实验经济学的进一步发展扩散，必然能够在产业组织学研究中占有自己的一席之地。

阅读资料

古诺模型和伯川德模型是产业组织理论中尤为重要的两个基础模型。虽然这两个模型在产生的时候博弈论还没有发展到今天的程度，但是这两个模型已经蕴涵了现代产业组织理论的基本要素。

1. 古诺模型

该模型是法国经济学家古诺(A. Curnot)于 1838 年提出来的。该模型的基本思想是参与竞争的企业以产品数量的选取作为竞争战略直到最终达到均衡，这个均衡

① 圣彼得堡悖论是数学家丹尼尔·伯努利(Daniel Bernoulli)的表兄尼古拉·伯努利在 1738 提出的一个概率期望值悖论，它来自一种掷币游戏，即圣彼得堡游戏。设定掷出正面或者反面为成功，游戏者如果第一次投掷成功，得奖金 2 元，游戏结束；第一次若不成功，继续投掷，第二次成功得奖金 4 元，游戏结束；这样，游戏者如果投掷不成功就反复继续投掷，直到成功，游戏结束。如果第 n 次投掷成功，得奖金 2n 元，游戏结束。按照概率期望值的计算方法，将每一个可能结果的得奖值乘以该结果发生的概率即可得到该结果奖值的期望值。游戏的期望值即为所有可能结果的期望值之和。随着 n 的增大，以后的结果虽然概率很小，但是其奖值越来越大，每一个结果的期望值均为 L，所有可能结果的得奖期望值之和，即游戏的期望值，将为"无穷大"。按照概率的理论，多次试验的结果将会接近于其数学期望。但是实际的投掷结果和计算都表明，多次投掷的结果，其平均值最多也就是几十元。圣彼得堡悖论是关于不确定性和无穷决策问题中令人头痛的一个。虽然效用递减论、风险厌恶论、效用上限论和结果上限论都是从实际出发提出的消解这一悖论的有益尝试，但它们并没有也不可能最终解决问题。圣彼得堡悖论的意义在于揭示了人们思维系统自身的矛盾性和不完善性，要求我们在决策理论的研究和解决实际问题的时候，重视理论和实践的关系，建立起理论模型既源于实践又不同于实践的观念。

也就是现在所讲的纳什均衡。

模型描述：有两家企业，分别为企业 1 和企业 2，它们生产相同的产品。现在假设这两家企业的产量分别为 q_1 和 q_2，市场上总供给量为 $Q = q_1 + q_2$。再令市场的需求函数为：$P(Q) = a - (q_1 + q_2)$。此外，假设企业 i 生产 q_i 的总成本为 $C(q_i) = cq_i (i = 1, 2)$，即两企业不存在固定成本，而且边际成本为常数 c，$c < a$。

收益函数：

$$u_1(q_1, q_2) = q_1[P(q_1 + q_2) - c] = q_1[a - (q_1 + q_2) - c]$$

$$u_2(q_1, q_2) = q_2[P(q_1 + q_2) - c] = q_2[a - (q_1 + q_2) - c]$$

两家企业同时求取最大值，有：

$$\max_{0 \leqslant q_1 \leqslant +\infty} u_1(q_1, q_2^*) = \max_{0 \leqslant q_1 \leqslant +\infty} q_1[P(q_1 + q_2^*) - c]$$

$$\max_{0 \leqslant q_2 \leqslant +\infty} u_2(q_1^*, q_2) = \max_{0 \leqslant q_2 \leqslant +\infty} q_2[P(q_1^* + q_2) - c]$$

利用一阶必要条件求极值得：

$$\partial u_1 / \partial q_1 = a - 2q_1 - q_2^* - c = 0$$

$$\partial u_2 / \partial q_2 = a - 2q_2 - q_1^* - c = 0$$

要使两企业产量达到纳什均衡，上式中得 q_1，q_2 必须是 q_1^*，q_2^*，即

$$q_1^* = (a - q_2^* - c)/2$$

$$q_2^* = (a - q_1^* - c)/2$$

解此方程组，得：$q_1^* = q_2^* = (a - c)/3$，对应的均衡结果为：

$$u_1(q_1^*, q_2^*) = u_2(q_1^*, q_2^*) = (a - c)^2/9$$

古诺模型的数学计算的难度不大，但是其结果却非常说明问题(垄断联盟下的结果：

$q_0^* = (a - c)/2$，$q_1^* = q_2^* = q_0^*/2 = (a - c)/4$；$u_0^* = (a - c)^2/4$，$u_1^* = u_2^* = u_0^*/2 = (a - c)^2/8$，两种结果对比可见)。古诺模型的变化也非常多，如两家企业行动有先后(此时为斯塔尔博格模型)或者边际成本 c 不为常数且是私人信息，再或者以上两种情况同时存在(此时为限制进入定价模型)。此外，如果考虑到市场上更多同类企业存在的时候，随着企业数量的增多，市场局面就越接近自由竞争，当数量无穷大的时候结果就变成自由竞争，这与自由竞争所描述的情况完全一致。古诺模型更多的变化还来源于产品差异。

2. 伯川德模型

除了以上所讨论的古诺模型，企业还可以以价格作为决策变量，这就是著名的伯川德模型。与古诺模型一样，首先讨论竞争各方边际成本相同情况下的伯川德模型。假设两个有相互竞争关系的企业边际成本均为 c，且生产同质产品，p_m 表示垄断价格。若 $p_2 > p_m$，则企业 1 的最佳策略是 $p_1 = p_m$；若 $c < p_2 < p_m$，则企业 1 的最佳策略是 $p_1 = p_2 - \varepsilon$，ε 是一个小正数，即企业 1 以小幅度降价就可以在竞争中取得优势。价格战使其只能接受较低利润的市场份额，任何较高的价格将市场份额降至零。如果 $p_2 \leqslant c$，则 $p_1 = c$，因为 $p_1 < c$ 将使企业 1 亏损。对于企业 2 的情况亦是如此，那么得到最终的均衡是：$p_1 = p_2 = c$，这一结论说明：只有两家企业的垄断也足以恢复竞争，此时市场是自由竞争的，不存在超额利润，社会福利达到最优化。这就是伯川德悖论，因为很难相信，即使在同一行业中只有几个企业，也永远不能成功地操纵市场价格，以获取高额利润。将差异边际成本引入后的均衡结果是：边际成本高的企业的利润为零，边际成本低的将以 $p = c$ 经营。解开伯川德悖论有多种方法，如引入差异化、生产能力约束，引入时间维度的多阶段竞争及对需求函数加以限定等。

考虑存在产品差异性，企业 1 和企业 2 分别选择价格 p_1 和 p_2，消费者对企业 i 产品的需求函数为：$y_i(p_i, p_j) = a - p_i + bp_j$，其中 $b > 0$，表示企业 i 的产品作为企业 j 的产品的替代的情况，是产品的多样化指数。假定两企业生产没有固定成本，边际成本均为 c，$c < a$，且两个企业同时行动进行价格竞争。假定两企业的收益函数等于其利润额，分别选用价格 p_1 和 p_2，则利润分别为：

$$\pi_1(p_1,\ p_2) = y_1(p_1 - c) = (a - p_1 + bp_2)(p_1 - c)$$

$$\pi_2(p_1,\ p_2) = y_2(p_2 - c) = (a - p_2 + bp_1)(p_2 - c)$$

一阶最优条件为：

$$\partial\pi_1/\partial p_1 = a + c - 2p_1 + bp_2 = 0,\ \partial\pi_2/\partial p_2 = a + c - 2p_2 + bp_1 = 0$$

反映函数为：

$$p_1 = (a + c + bp_2)/2,\ p_2 = (a + c + bp_1)/2$$

二阶条件：

$$\partial^2\pi_1/\partial p_1^2 = \partial^2\pi_2/\partial p_2^2 = -2 < 0$$

得均衡解：

$$p_1^* = p_2^* = (a + c)/(2 - b),\ y_1^* = y_2^* = (a - c + bc)/(2 - b),$$

$$\pi_1^* = \pi_2^* = ((a - c - bc)/(2 - b))^2。$$

企业 1 和企业 2 产品的多样化指数 $b \in (0, 2)$，当 $b=0$ 时，产品是独立的。当 b 由 0 到 2 的过程中，多样化指数越来越大，各企业的产量越来越大，均衡价格也随之上升。此外通过改变边际成本的函数形式（如线性或非线性）可以得到以下结论：在进行价格竞争时，降低边际成本或边际成本系数，才可能使总利润增加，单方面价格或产量的变化不一定能增加利润。这里需要强调的是同质产品的价格竞争最终导致企业的零利润，但是在有产品差异存在的情况下还是会在特定时段内提高生产者的效用，特别是对中小企业来说降价通常是一个有效的竞争策略，就是对那些规模庞大的企业，价格的适当变动会暂时缓解生产能力过剩和库存的压力。

第二节　产业组织的市场进入与退出

产业组织理论不但要研究既定市场内企业（又称“在位者”）之间的关系，还要研究外来企业（又称“进入者”）进入该市场时或在位者退出该市场时相关企业间的关系、行为和由此产生的后果。产业组织中市场进入和退出的核心内容是壁垒问题。进入和退出壁垒涉及完全竞争市场与不完全竞争市场的效率和福利、进入与创新、集中度与规模和效率等问题。这些既是产业组织理论的基本内容，也是科学制定产业组织政策的理论依据。

一、自由进入与退出下的均衡

能够自由进入和退出市场是一个企业具有竞争力的源泉。新竞争者进入市场的威胁和行动会限制在位者，使其减少不利于消费者的经营行为。竞争者的加入，使得原有的市场结构发生变化，改变产业某些环节的经营模式，推进技术创新，从而使产品更具有竞争性。尽管人们已经对厂商自由进入和退出市场的重要性给予了原则上的统一，但是在实际经济活动中仍然存在大量的壁垒阻碍这种“自由性”。壁垒的产生更多地来源于“成本”，这个“成本”包括经济学上所讲的固定和边际成本，以及这些成本的扩展。以下用简单的自由进入退出下的均衡来简要说明这种“成本”对厂商数量的影响以及厂商数量对单个厂商的收益和总收益的影响。

本节的自由进入退出下的均衡模型是对简单古诺模型的扩展：假设市

场上生产相同产品的企业有 n 个，每个厂商的成本函数为 $C=F+cq$，其中 F 为固定成本，c 为边际成本，市场的总需求函数为 $Q=(a-P)S$，其中 S 为市场规模系数。利用古诺模型的解法可以求出在以上条件下每个厂商的利润为：

$$u_i(n,\ c,\ F)=S((a-c)/(n+1))^2-F \tag{1}$$

此时的市场价格为：

$$P=(a+nc)/(n+1) \tag{2}$$

市场内厂商的数量：

$$n=\left[(a-c)\ \sqrt{S/F}-1\right] \tag{3}$$

由公式(1)可以看出，每个厂商的利润和市场规模成正向关系，与成本和厂商数量成负向关系。其中，厂商数量对每个厂商利润影响更大，这一点不但可以从(1)的表达式中看到，也可以从计算结果体现。具体结论是：相对于市场中存在 $n-1$ 个厂商的情况，第 n 个厂商加入后，总产出的增加量只是第 n 个厂商产量增加的 $1/n$。这个时候原有的 $n-1$ 个厂商有动机对第 n 个厂商的进入进行阻止，这种阻止条件就形成了进入壁垒（当然壁垒的产生还有其他原因）；对于第 n 个厂商来说，进入动机也非常明显，即如果进入市场顺利，成本很小，则其收益非常可观（其中一部分收益是从其他 $n-1$ 个厂商那里获得的，这部分收益的获得来源于其进入前比较成熟的市场环境）。

由公式(2)可以看出，市场上产品的价格会随着厂商数量的增加而降低，这种趋势会使整个市场接近完全竞争的局面。如果壁垒存在，这种效率的改进趋势就会因此而减慢或根本被阻止，社会福利就会损失。

公式(3)表明市场中存在企业的数量是和成本成反相变动的，这也解释了壁垒的存在会加剧垄断产生。此外，厂商的数目是市场规模的增函数，但是由于价格竞争加剧，通常在位企业的均衡数量变化程度要小于市场规模的变化程度，这也解释了如果进入成功，进入者会“享用”现有的市场规模，市场不会立即得到拓展，因此在短期内（或者长期内）进入者是在“蚕食”在位者的市场利润，这也是为什么进入者会遭到在位者阻止的基本原因。

二、进入与进入壁垒

（一）进入与进入的方式

1. 进入

所谓“进入”是指一个厂商进入新的业务领域，即开始生产或提供某一特定市场原有产品或服务的充分替代品。进入某一市场或产业领域至少包含两个要素：一是进入的程度，反映在市场份额的变化上，即在同一时间内新进入者获得的市场份额减去退出厂商放弃的市场份额；二是进入的速度，即进入一旦发生，以什么样的速度进行。对进入的考察通常从以下四个方面来进行：进入率、净进入率、进入者对市场份额的占有情况即进入的渗透率（进入厂商的销售额占整个市场销售额的百分比）与进入者进入后的生存时间（又称进入者的平均寿命）。

2. 进入方式

一个厂商决定进入一个新的业务领域时，必须对自己将要采取什么样的方式进入进行选择。进入市场有很多种方式，其中较为典型的有以下两大种类：

(1) 模仿与创新。这种进入方式是从技术角度上来定义的。模仿进入是指进入者全部或部分“复制”在位者的经营活动。在这种情况下，新进入者以较低的价格或其他附加的服务作为竞争手段。当进入壁垒不高、生产技术比较成熟、消费者偏好基本稳定时，这种进入方式是比较合适的。然而，从整个产业的角度来看，这种进入对市场结构及其演进不会有太大的影响。创新方式进入是指进入者一开始就以产品差异为战略与在位者展开竞争。当市场正处在上升期，对消费者而言产品差异比价格更为重要，此时创新的竞争优势更为明显。创新进入方式为市场引入新的产品类型或风格，拓展了竞争的空间，对未来市场的发展方向、发展速度以及市场结构的演进和消费者的选择领域都会产生积极的影响。但是，创新的成本会相对较高，而且以创新方式进入市场后被对手模仿的几率很大，这些都是进入者必须考虑的问题。

(2) 建立新组织。从进入者建立新组织的角度看，可以分为全新进入、收购和内部发展（多样化）三种模式。全新进入是一切从零开始，其成功率比较低，但是受到相应的约束(如制度、法律等)少，自主行动空间大。通过收购进入一般比全新进入模式见效快，但是收购规模和方式常常难以准确把握，这也加大了收购失败的可能性。同时，收购还要收到《反垄断法》的审核以及被收购企业股东的同意，因此谈判和审核的时间可能过长，交易成本过高，从而影响进入市场的最终效果。通过内部发展进入模式是指企业多样化经营，这个过程涉及新业务实体的创立，包括生长能力、分销关系、销售网络的建立等。

(二) 进入壁垒与分类

1. 进入壁垒的定义

进入壁垒简单地说就是新企业进入某一市场时所遇到的来自外界的困难和障碍等条件约束。由于进入壁垒在决定企业数量和规模分布上起着决定性的作用，影响着在位者究竟把价格定在高于、低于或等于边际成本的能力。所以进入壁垒是一个重要的产业结构性特征，影响产业竞争程度和绩效。任何可以降低外来企业进入的可能性、进入的范围以及进入的速度因素或原因都属于进入壁垒的范围。最基本的进入壁垒产生于市场自身的基本条件，而不是仅仅由于法律、政府规制、技术或其他方面的原因造成的。不同时期、不同产业的进入壁垒差别很大。虽然经济学对进入壁垒的产生和影响等问题分歧很大，但是有一点已经达成共识，这就是进入和进入壁垒是影响市场份额和集中度的决定因素。

2. 进入壁垒的分类

进入壁垒大体上可以分为两大类，即结构性的、策略性的与政策性的。根据形成原因又可以分为以下三小类：

(1) 结构性(或称之为经济性)进入壁垒。结构性进入壁垒产生于欲进入产业的本身基本特征，即进入某一特定产业时遇到的经济障碍以及克服这些障碍所导致成本的提高，这其中包括技术、成本、消费者偏好、规模经济和市场容量等方面的障碍。如由于技术障碍所产生的壁垒称为绝对成本壁垒；由于消费者偏好所引起的壁垒称为产品差别壁垒；由于在位者生产能力和规模所引起的壁垒则称为生产规模壁垒，等等。

(2) 策略性(或称为行为性)进入壁垒。与结构性进入壁垒不同的是，策略性进入壁垒的最大特点就是即时主动性，即在位企业在面对或感知外来进入威胁时会采取其认为最优的行动来提高结构性壁垒。这种壁垒在企业的定价行为中表现的尤为明显，在位者的定价行为完全是出于驱赶对手的需要，哪怕在此过程中在位者本身也会蒙受一定的经济损失(这种定价行为在下一节中会有具体介绍)。面对在位者的行动，进入者在决策时间和行动选择上都会有一定的修正和改变，这种变化势必会使其进入后的收益降低，此时策略性进入壁垒也就发挥了作用。

(3) 政策性进入壁垒。政策性壁垒是由法律、制度和法规等原因引起的壁垒，具体包括政府将某些产品的生产经营只对少数企业授予特许经营权而不允许其他企业涉足，实行发明创造的专利保护、进口许可证制度、税收壁垒、资金筹措限制制度等。这些政策性壁垒在市场体系不完善的国家更为明显，而且还表现在宏观层面上，如所有制壁垒、跨地区壁垒、跨行业壁垒等。政策性壁垒会对产业组织的市场运行和市场结构产生影响，也是政府对产业实施宏观控制与管理的工具。

三、退出与退出壁垒

(一) 退出

进入的反面就是退出，但并不是所有的进入都可以成功顺利地退出。所谓退出是指一个企业从原来的业务领域中出来，即放弃生产或提供某种特定市场的产品或服务的充分替代品。与进入相同的是，衡量退出也从程度和速度两个角度进行。退出大体可以分为三类：一是全部退出，将固定资产一次性清算出售，结束市场上所有业务，这种方式虽然退出速度快，但是经济损失往往比较大；二是逐步退出，该方式比较缓和，经济代价相对较小，但花费时间多；三是产业内企业间的横向兼并，使得该产业中厂商的数量减少，这在实际上并不是真正意义的退出，只是一种业务的转移。

(二) 退出壁垒

退出壁垒是指当某产业的在位者不能赚取正常利润(或发生长期亏损)而决定退出时所承担的成本，或者说已经投资尚未收回的成本在退出时成为“沉没成本”。形成退出壁垒的原因多种多样，经济因素形成的退出壁垒主要表现为沉没成本，政府的干预、法律等均能形成退出壁垒。

四、关于进入退出壁垒的重要理论介绍

（一）流动壁垒（Barriers to Mobility）

根据经合组织欧洲转型经济合作中心的定义，流动壁垒是指那些阻碍企业进入或退出某一产业、从某产业的某一细分市场转向另一细分市场的所有因素。从这一意义上来说，流动壁垒是包括进入壁垒、退出壁垒和在同一产业内转移壁垒的总称①。凯夫斯（R. Caves）和波特（1977）认为，尽管贝恩的理论模型在不断地得到完善和演变的同时，其实践假设也得到了后来的统计研究证实，但是，进入壁垒理论没有必要限于从无到有的过程，如果能够提出一种一般的适用于产业中不同部分之间流动（包括进入、退出和不同群组的转移）的理论，该理论就显得更为丰富和完善。一个产业的新进入者，既包括全新的企业，也包括该产业内现存的企业。企业可以进入现有产业中的一个或某个部分，也可以由一个部分移到另一部分。大多数市场的内部结构非常复杂，一些在位者已经占据了有利的市场位置和产品空间，足以阻止那些处在不利位置的在位者或新的进入者的侵袭。这种在同一市场内流动的障碍就是流动壁垒，这种壁垒与进入壁垒的特征相同，故此产生进入壁垒的因素同样会产生流动壁垒。

流动壁垒概念从一个重要方面拓展了进入、退出壁垒的分析。企业进入新的业务领域或退出业务领域时，其选择分为两大类：直接进入（退出）或间接进入（退出）。如果存在流动壁垒，则进入者选择在什么市场位置上竞争、选择什么样的进入（退出）路径就显得至关重要。从企业经营战略上来讲，这种选择就是企业的目标集聚战略或是细分市场的问题。

（二）可竞争理论与潜在竞争（Potential Competition）

1. 可竞争理论

可竞争理论又称“进退无障碍理论”，是相对于传统的完全竞争特别是在

① 参见 OECD, Glossary of Industrial Organization Economics and Competition Law, Paris, 1993, p. 58。

自由进入条件下完全竞争在理论上的发展。可竞争理论克服了在其之前产业组织理论中市场结构与企业行为的单向逻辑关系。从具体目标讲,可竞争理论就是企业可以自由地、无任何损失地进入或退出某一行业,这实际上是完全竞争概念的推广和具体化。鲍莫尔等人认为可竞争理论是分析资源有效配置的最好基础,是产业组织理论的新研究领域,对制定公共政策很有帮助。

可竞争理论从多方面讨论了进入和退出的问题,但其结论只对完全自由的进入退出才成立,其要满足以下三个前提条件:① 进入是完全自由、没有任何限制的,新进入企业能够很快代替原有企业;② 进入是绝对的,在原有企业作出反应之前进入就已完成;③ 进入是可逆的,即退出也是完全自由、没有任何成本的,也就是沉没成本为零。这三个条件的假设要求很强,由此推导出来的结论与现实情况相差很远。依照其结论,在可竞争市场上,由于存在潜在进入者的威胁,在位企业必须努力降低成本、增加创新、扩大经营规模、提高效率,从而在改变市场结构的同时,也影响经济运行绩效。所以,市场结构、企业行为和运行绩效之间形成了一个双向的关系,这种重视企业行为的分析范式被称为“厂商主义”。依次推理,如果在市场上新老企业面对的成本和需求条件相同,新企业完全可以采取任何手段与老企业进行竞争或实行“打了就跑”(Hit and Run)的策略,即在经济规模上生产,只要价格比在位者稍有降低。便可实现进入,在在位企业通过降低价格作出反应之前已经完成退出。因此,问题的关键不在于经济规模的大小,而在于进退是否自由和方便,即沉没成本的大小。判断壁垒的高低是沉没成本,即使某一行业只存在一家垄断企业,由于潜在进入的压力较大,该行业仍然是可竞争的行业。反之,没有自由的进入与退出,不管市场结构如何,都会存在某种程度的垄断。

2. *潜在竞争与效率*

根据可竞争理论,良好的生产效率和技术创新的市场运行绩效产生,是在新古典的完全竞争的市场结构之外,并不需要有许多的竞争者存在依然是可以实现的。这种市场结构可以是寡头垄断市场,甚至可以是独家垄断市场,条件是只要保持市场的自由进出,不存在沉没成本,潜在的竞争压力就足以迫使任何市场结构条件下的企业都不得不采取竞争性行为,否则,就会招致进入者的袭击。可见,可竞争市场中竞争是随时存在的,也就是说,无论何种市场结构中在位者都必须遵守竞争性市场的“价格—产量”决策原则,不然就会被取而代之。正是由于潜在的进入威胁,而不是在位者之间的竞争,使得可持续条件下在位者的价格和市场地位达到了市场均衡，由此产生有效率的市场结构进而产业组织就成了一种内生的结果。依照可竞争市场理论，政府的竞争政策是不应该重视市场结构的，应该重视是否存在充分的潜在竞争压力，而确保潜在竞争压力的关键是尽可能地降低沉没成本。为此，鲍莫尔等人认为，政府的公共政策着眼点一方面应放在积极研究能够降低沉没成本的新工艺、新技术上；另一方面应该放在排除一切不必要的人为进入退出壁垒上。虽然，可竞争市场理论有一定的局限性，但是其所倡导的重视潜在竞争作用的观点，对产业组织理论的发展以及对政府规制政策思路和措施的改进都起到了很大的作用。

（三）沉没成本（Sunk Cost）

沉没成本是那些一旦投入、承诺了专用用途就不能收回的成本。沉没成本产生的原因在于某些经济活动需要专用性资产，这部分专用资产几乎不能再作别的用途。此外，专用性资产的二手市场的作用非常有限。沉没成本并不一定都是固定成本，也有如律师费用、税收、市场调研所耗费的时间和精力、广告支出以及研发费用等。泰勒尔（1997）指出，固定成本与沉没成本的差别只是程度的问题，并非本质问题。可竞争理论的关键在于如果存在沉没成本，企业就会面对退出壁垒。因为，自由的、没有成本的退出是可竞争市场存在的基本条件，这也就是说沉没成本是可竞争市场上唯一造成进入（退出）壁垒的根本原因。如果没有沉没成本，规模经济、产品差别等均不构成进入成本①。

第三节　企业市场行为与管理

企业的市场行为是指企业在市场上为实现其目标而采取的适应市场环境要求不断调整其战略和策略的活动，具体包括定价行为、并购行为、促销行为

① 关于沉没成本更详细的论述可以参见以下的文献：简·泰勒尔：《产业组织理论》，北京：中国人民大学出版社，1997 年，第 402—456 页；保罗·杰罗斯基、理查德·J. 吉尔伯特、亚历克西斯·杰克明著，崔小刚译：《进入壁垒和策略性竞争》，北京：北京大学出版社，2004 年，第 25—52 页；H. Demsetz, *Why Regulate Utilities*, Journal of Law and Economics, 1967(11): 55 - 65; R. Caves and M. Porter, *From Entry Barriers to Mobility Barriers*, Quarterly Journal of Economics, 1977(9): 241 - 267。

等。企业的经营目标是其市场行为的动力和价值导向。企业行为受到市场结构和特征的制约,同时也作用于市场结构,进而改变市场结构的状态和特征。这种影响和改变会对社会经济运行效率和公平产生重大影响,因此必须对企业的市场行为进行适当的管理。在管理企业市场行为的活动中,政府起着绝对性作用(其他组织也可以实施这种管理,例如行业协会),政府的管理活动是市场正常运行的先决条件。

一、企业的市场行为

(一) 定价行为

价格是企业最基本的竞争手段,因为其在竞争过程中极易操作,效果非常明显,其他竞争手段如质量、技术、广告等都是价格竞争的延伸或变异,都不能脱离价格独立存在。企业在制定价格的时候,除了经济学中为人所熟知的完全垄断价格、完全竞争价格以及垄断竞争价格之外,还有其他一些行为如限制进入定价、掠夺性定价与价格歧视等均为常见。这些价格行为都是企业为了实现其经营目标所采取的策略行为,受到许多因素的影响。

1. 定价影响因素

定价影响因素包括以下三个方面:

(1) 满意的利润率。由于企业受到内外多种因素的影响和制约,追求利润最大化只是一种理想状态。企业可以选择的是追求自己满意的利润率。满意的利润率所决定的定价行为是一种稳健的行为。

(2) 单目标最大化。企业经营目标往往是其所有者权益或经营者权益的一组最大化集合:利润最大化、销售额最大化、资产最大化、规模增长最大化等。但是“最大化”会受到各种资源的约束,此时企业定价决策更多考虑的会是关键的单一因素。

(3) 多目标效用最大化。企业的经营目标是一个目标体系。在这个体系中虽然利润是核心目标,但除此之外还包括企业相关者关系的和谐、社会责任、企业竞争和长期发展等,这些目标在经济活动中的地位会发生此消彼长的变化。从长期角度看,企业定价行为是一个多目标效用动态的判别、分析和权衡的过程。

2. 限制进入定价

限制进入定价是指在位企业通过制定低于诱发进入的价格来防范新企业的进入,这个价格水平使得潜在进入者意识到进入市场后,预期回报将与克服进入壁垒以及遭到报复所付出的代价相抵,从而放弃进入。需要指出的是,这种对限制进入价格的解释并没有考虑到竞争对手之间的互动性。如果考虑到企业之间的互动,尽管在位企业向潜在进入者发出行业"定价"壁垒信号,但是这种信号的可信程度的大小会决定进入者是否进入或者进入速度的快慢。如果在位企业的生产成本没有优势,那么一旦进入者真正进入,则在位者会很快失去其掌控的市场份额,这就是所谓的"连锁店悖论"①的理论分析基础。但是,现实竞争中限制进入定价还是可以发挥一定作用的,其原因在于存在很大程度的信息不对称,这种信息不对称会使在位者发出的信号具有一定的可信度。

3. 掠夺性定价

掠夺性定价是指一家企业为使现有市场上竞争企业退出市场而降低价格,待竞争对手退出后在位企业再重新提价的定价行为。在掠夺性定价中出现的价格下降一般是暂时性的。与阻止进入定价不同的是,掠夺性定价并不直接针对那些尚未进入市场的企业,而主要是为了驱除或消灭现有的竞争对手,并对潜在进入者产生一种威慑效应,使其不敢轻易地进入市场,从而垄断市场。由于掠夺性定价中价格水平的降低并非来自效率的提高和成本的节约,仅仅是战略行为,因而降低价格也不可避免地使己方企业承受一定时期的经济损失,一旦对手退出市场,实施掠夺性定价的企业就会迅速提高价格以弥补之前的损失。针对掠夺性定价,竞争对手可以通过事前签订长期合约、稳定客户和价格以及在遭受到掠夺性定价时采取适当减产或转产的策略。此外,如果市场具有较强的可竞争性,企业进退市场的壁垒较小,遭受到掠夺性定价的企业可以采取"多次进出市场"的策略。掠夺性定价策略的成功,依赖于实施者必须具备比竞争对手更明显的竞争优势,如规模优势、成本优势、技术优势以及品牌优势等。信息不对称程度也会通过竞争企业对实施掠夺性定价企业的信念而间接地影响该战略的实施。

① 关于限制定价的更详细解释请参见:Paul Milgrom and John Roberts, *Limit Pricing and Entry under Incomplete Information: An Equilibrium Analysis*, Econometrics, 1982(50), 443-460。

4. 价格歧视

价格歧视又称价格差别，是指企业向不同的消费者，以不同的价格出售完全相同的产品。价格歧视主要分为三种类型或称为三级价格歧视：

(1) 一级价格歧视或称为完全价格歧视，它是指企业根据消费者的最大支付意愿，对每单位商品索要不同的价格，以剥夺消费者的全部剩余，将其变为企业的利润，这种价格歧视要求企业对每个客户的最大支付意愿都能够完全了解。

(2) 二级价格歧视是指企业依据产品购买数量设定不同的价格，分批定价销售。

(3) 三级价格歧视是指根据不同消费群体对价格敏感程度的差异，对不同的产品或不同市场进行差别定价，其前提是不同市场或消费群体对同一产品具有不同的需求价格弹性，并且商品转卖能被有效地组织与控制。

企业能够成功实施价格歧视的前提条件是：① 企业必须拥有一定的市场力量(将价格定于边际成本之上)，不然企业就难以向任何顾客索取高于竞争价格的价格；② 企业必须知道或能够推断出消费者对每单位商品的支付意愿，这个支付意愿必须因消费者或销量而异；③ 企业有能力阻止或限制支付低价的顾客将其商品转卖给支付高价的顾客。

(二) 并购行为

企业并购是指在市场经济中，由一家企业接办、收购、合并另一家或几家企业而产生的资本集中的经济行为。企业并购大都以优势企业的存续、扩张和劣势企业失去法人资格、产权或归属主体变更为标志。

1. 企业并购的动因

在现实的经济活动中，并购的动因是以各种不同的形式表现出来的。即使同一并购事件往往涉及多种动因，多数企业并购行为是在一个多因素综合体系的驱动下进行的。

(1) 协同效应。所谓协同效应简单地说就是 1＋1＞2 的效应，即并购后的总效益大于之前两个企业独立经营时效益之和。这种效应又称为经营协同效应，被多数学者认为的最大并购动因。经营协同效应主要有生产经济化和非生产经济化两种。前者可以通过扩大生产规模和充分利用生产能力来实现，后者则涉及一般管理费用、广告成本、流通成本等的降低。并购的协同效应不仅仅发生在生产和销售领域,在财务方面也表现得很明显。例如,当A公司并购B公司时,如果A不用现金购买B的股票,而是按一定比例把B股票换成A股票,由于在整个过程中,B公司的股东既没有收到现金,也没有实现资本收益,这个过程就应该是免税的。在不纳税的情况下,A公司实现资产的流动和转移,实现了资产所有者追加投资和资产多样化的目标。

(2) 企业扩张。企业扩张通常有两个途径:一是投资新项目;二是并购。虽然两者都能够实现企业的扩张,但是并购具有投资新项目所没有的优势:首先,并购可以发挥被并购企业存量资产的作用,并可以大大缩短企业扩张部分的建设周期,以及在比较短的时间内实现资本集中;其次,并购可以利用被并购企业已有的人才、技术和管理经验,可以降低并购企业进入自己原来不熟悉行业的学习成本;再次,并购可以绕开或降低进入壁垒,迅速获得本土优势;第四,并购还可以减少用于研发和推广的费用。

(3) 追求垄断利润。企业可以通过并购来扩大市场占有率,以减少国内竞争和国际竞争对手,从而形成垄断并使企业通过控制价格获得垄断利润。由于垄断破坏了市场竞争,影响宏观经济效率的提高,所以西方国家通常制定反垄断法对能够造成垄断的并购进行限制。

(4) 不确定与节约交易成本。企业所处环境的不确定性越强,企业的交易条件变化的频率越高,风险也就越大,交易费用也就越高。并购虽然不能完全消除不确定性和经营风险,但是却可以通过外部交易条件的调整,将不确定性部分转化为确定性,从而降低交易成本。例如,并购后,并购企业和被并购企业原来的市场交易关系将转化为内部交易关系;大批采购和销售合约有利于同交易伙伴达成较为稳定的长期协议,也有利于提高企业与协作方履行的安全性和及时性。

(5) 实现战略动机。并购是实现企业经营发展战略的重要手段。企业发展的战略动机大体可以分为:分散单一化经营的风险,实现多样化经营的动机;产业转移的动机,即当企业所处的行业产品处于产品寿命周期的成熟期和衰退期时,企业考虑向新行业转移。明确的发展战略是企业并购成功的基础保障,而并购是实现发展战略的有效、快捷和稳健的途径。

2. 并购的特征与类型

(1) 并购的特征。企业并购发生的最明显特征是全部或主要部分的生产要素在企业间发生流动(如果仅有一项要素或次要要素的流动,则称为购买),这是并购发生的物质特征。但是要素流动并不是并购发生的充分条件,要素的产权变化必须发生。如果在全部或主要部分的生产要素发生流动过程中没有伴随产权转移,那么这种要素流动也可能是租借或行政性合并或重组。只有全部或基本产权归属发生实质性变动,才构成优势企业的扩张和劣势企业法人资格的丧失或归属权主体的变更,即发生了并购。除了以上明显的特征,企业并购还涉及生产和技术上的专业改组和人员调配,这个过程是并购各方重新适应、磨合,形成有机整体的过程。

(2) 并购的类型。按照不同角度划分,并购具有不同的形式,按照从企业市场关系的变化可以分为横向并购(又称横向一体化)、纵向并购(又称纵向一体化)和混合并购;从并购出资方式可以划分为购买式并购、承担债务式并购、吸收股份式并购、控股并购以及杠杆式并购(又称举债式并购);从并购方式使用的手段有协议并购、要约并购等;从并购企业的行为来划分有善意并购和恶意并购。

(三) 促销行为

企业的促销行为是一种重要的市场行为,包括许多方面的内容。在此主要分析企业产品差别化行为、广告行为和多样化经营行为。

1. 产品差别化

产品差别化是指在某个产业内产品对卖方而言具有替代关系不完整的程度。产品差别性越大,竞争可能性就越小,垄断性就越强;产品差别越小,则竞争可能性就越大,垄断性就越小。由于产品在质量、性能、服务等方面与众不同,从而可以利用顾客对品牌的忠诚而降低其对价格的敏感性,避开同产业内竞争对手的价格和数量的竞争。企业的产品差别化行为也会遇到风险,这种风险来自成本,因为差别化行为势必会增加企业的运营成本。如果企业不能长时间化解或降低这种增加的成本,那么就会转移到消费者身上,这有可能迫使其选择替代产品,企业也会随之失去市场份额。

2. 广告行为

广告是企业向消费者提供产品信息、介绍产品性能、激发其购买的一种行为。长期的广告行为渐渐会使部分消费者对这种产品产生特殊的偏好,影响其购买决策。不同企业采取的广告策略不同,收益也有差别,企业往往会将信息沟通扩展到广告上来。例如,在产品成长期的广告策略重点是扩大广告宣传范围、巩固和继续开发宣传渠道,以赢得现有顾客的信任和开发潜在顾客的兴趣。

阅读资料

L. Benham(1972)通过研究禁止广告的地区商品的价格,论证了广告在宣传商品、告知消费者的同时培育了价格竞争。同时,广告能够增强行业的进入壁垒,由于原有企业通过广告宣传,已经使其品牌深入人心,并培育起一定的产品忠诚群体。新企业要与其争夺客户,就必须投入更多的成本,这在 K. Galbraith(1967)和 R. Solow(1967)的著作中找到论证。李克克、唐小我等(1999)也指出广告增加了现有厂商的市场力量,使其收取较高的价格。G. Butters(1977)给出了广告的社会成本函数,即 $A(\Phi)=c's=c'N\ln(1/1-\Phi)$,其中 c' 表示发送一个广告的成本,$\Phi\in(0,1)$ 表示至少有一个消费者获得广告的概率,N 为消费者的数量。他指出只有在消费者没有接到其他广告的前提下,一个广告才能增加社会剩余,同时垄断竞争的均衡会导致太多的广告和过少的搜索过程以及均衡价格的分散。

G. Grossman 和 C. Shapiro(1984)拓展了 Butters 广告模型,将广告与环形城市模型结合,分析了在寡头垄断相互作用中的广告问题。泰勒尔抽象掉 Grossman 和 Shapiro 模型中的企业进入问题,集中讨论广告对企业个人需求的影响。该模型沿用了 Hotelling 的线性城市模型,即假设有两个企业坐落于长度为 1 的线段两端,消费者以 1 的密度均匀分布在此线段上,他们通过消费单位商品获得总盈余 $\overline{S}$,为单位距离支付的开支为 t。正如 Butters 广告模型中描述的那样,当且仅当消费者只有从一个对应企业接受到一个广告时,他才能消费一个单位的产品,$\Phi\in(0,1)$ 表示至少有一个消费者获得广告的概率,广告技术仍然采用 Butters 广告成本函数,但为了简化暂设定 $A(\Phi_i)=a\Phi_1^2/2$,最大广告开支为 $a/2$。

由 Hotelling 的线性城市模型得到在充分信息情况下,企业 1 的需求函数为:$(p_2-p_1+t)/2t$。在本模型中,企业 1 的需求分为两部分:① 没有接到企业 2 广告的消费者 $1-\Phi_2$,这些消费者是企业 1 开发的潜在客户群;② 接到企业 2 广告的消费者 $\Phi_2\times(p_2-p_1+t)/2t$,这些消费者是需要和企业 2 进行争夺的。因此,在存在广告情况下企业 1 的需求函数为:

$$D_1=\Phi_1\left[(1-\Phi_2)+\Phi_2\left(\frac{p_2-p_1+t}{2t}\right)\right]$$

在 $p_1=p_2=p$,$\Phi_1=\Phi_2=\Phi$ 的情况下,需求弹性是:

$$\varepsilon_1 = \frac{-\partial D/\partial p_1}{D_1/p_1} = \frac{\Phi_1 p}{(2-\Phi_1)t}$$

可见需求函数是 Φ 的递增函数,随广告递增。如果两企业同时选定价格和广告水平,即此博弈是完全信息静态的,则企业 1 的博弈过程描述为:

$$\max_{p_1,\Phi_1}\{\Phi_1[(1-\Phi_2)+\Phi_2(p_2-p_1+t)](p_2-c)-A(\Phi_1)\}$$

求解一阶条件(p_1, Φ_1 不相关)得:

$$p_1 = \frac{p_2+t+c}{2}+t\times\frac{1-\Phi_{21}}{\Phi_2} \tag{1}$$

$$\Phi_1 = \frac{1}{a}(p_1-c)\left[1-\Phi_2+\Phi_1\left(\frac{p_2-p_1+t}{2t}\right)\right] \tag{2}$$

式(1)右边的第一项是充分信息情况下的反映函数,第二项是存在潜在客户群的条件下的额外加成,两项加总后可以看出价格比充分信息条件下有所上升。式(2)表示广告的边际成本等于广告的边际收入。如果博弈是对称的,且 $a \geqslant t/2$,解式(1),(2)得:

$$p^c = c+t\times\frac{2-\Phi_c}{\Phi_c} = c+\sqrt{2at}$$

$$\Phi^c = \frac{2}{1+\sqrt{2a/t}}$$

$$\Pi = \frac{2a}{(1+\sqrt{2a/t})^2}$$

由以上模型及其结果得到以下结论:

(1) 均衡价格 p^c 大于从分信息条件下得价格 $c+t$,这是由于信息分散程度低而引起需求弹性低。此外价格随产品横向差异 t 和广告成本 a 一起变化;

(2) 广告成本越低,横向差异化越大,企业越乐于做广告;

(3) 企业的利润、运输成本以及广告成本是一起增长的。在 p 和 Φ 给定的情况下,a 增加得直接后果是减少企业的利润,企业势必会减少广告的投放量,进而增加了产品差异化程度,这会导致产品价格的整体上涨,这也解释了为什么有些人建议对广告进行限制的原因。

除了以上所述的广告成本会对企业之间竞争带来影响外,广告密度也是与企业收益有密切关系的。但是,广告和利润并不是总成正比的,利润不会产生广告,广告也不会催生利润,这两个变量是同时受外生变量所控制,在以上模型中是 a 和 t。如果

t增加，广告和企业利润同时增加，这与事实相一致；如果广告成本增加，则广告减少，企业利润增加，两者之间是负相相关。以上的分析表明，那个外生变量起的作用大，完全取决于在抽样中的显著程度。

3. 多样化经营

市场经济的不断发展为企业带来了新的发展空间，利益的多元化必然带来经营的多元化，而正确地选择多元化的经营模式就成为企业间争夺市场、相互竞争的内在要求。多元化经营是企业为某一市场提供产品和劳务的同时又进入其他市场。换言之，就是企业为获得最大的经济效益和长期稳定经营，开发有发展潜力的产品，或通过吸收、合并、参股其他行业的企业，以充实产品系列结构，或者丰富产品组合结构的市场行为。多元化经营在本质上与产品差异有区别，产品差异意味着同一市场的细分化，在本质上是同一产品，但不是进入新的异质市场。而企业从事多元化经营必须对经营项目投入新的经营资源。由此可见，实行多元化经营战略，主要是为了解决两个方面的问题：一是分散风险，企业以本行业主业为中心，用副业的形式向其他领域扩展；二是为有效利用经营资源，在资源可利用前提下，向有关联的领域渗透发展。多元化经营的模式大致有横向多元化、纵向多元化、多向多元化和复合多元化。其中，多向多元化是指虽然与现有的产品市场领域有些关系，但是通过开发完全异质的产品、市场来使业务领域多元化，而复合多元化是从与现有的业务领域没有明显关系的产品、市场中寻求成长机会的策略，可进一步组合为四种类型，即资金关系多元化、人才关系多元化、信用关系多元化、联合多元化等。

二、政府对企业市场行为的管理

在市场经济条件下，企业行为主要受到市场机制的驱动。但是，政府对企业市场行为的管理是市场有序运行的先决条件。政府对企业市场行为的管理主要有对垄断行为的管理、竞争行为的管理、价格行为的管理以及技术监督的管理。其中，对垄断行为的管理在第二章和第六章有比较详细的介绍，这里就不再赘述。政府对竞争行为的管理包括对企业并购和促销行为的管理。

（一）政府对市场竞争行为的管理

市场尽管有要求公平竞争的规则，但本身却缺乏及时校正不公正竞争的机制。这就需要具有权威的政府进行协调。政府对企业竞争行为的管理包括两个方面：一是对有效竞争给予保护和支持；二是对无效竞争给予限制与制裁。

1. 政府对有效竞争的保护和支持

政府所保护、支持的有效竞争是指有利于促进企业改善经营管理和提高技术水平，使资源能够得到有效利用的竞争。这些受保护的竞争主要包括：① 正常的降价竞争。商品价格是其价值的货币表现，要降低价格首先必须改善生产技术和经营管理水平，不断提高劳动生产率。企业在竞争过程中降价出售，一方面体现了竞争性企业技术水平和劳动生产率的提高，另一方面也大大有利于消费者。② 质量竞争。在同等价格下，企业可以通过提高产品质量，以争取消费者，占领市场。③ 服务竞争。同一价格、同一质量的产品，由于服务态度、服务质量、服务方式的不同，市场竞争效果也将不同。④ 新产品竞争。优质、新型产品的不断涌现，体现了企业科技水平的不断提高，社会资源的合理利用。政府应通过支持企业进行新产品开发，鼓励新产品竞争，使企业从更多方面满足市场需求和资源的充分利用。政府应采取各种措施如社会保障、物质奖励、信贷、税收等杠杆手段支持企业开展有效竞争。

2. 政府对无效竞争的限制与制裁

政府对于企业无效竞争的限制主要表现在以下方面：一是限制过度的产品替代竞争。产品替代对于促进产品更新、技术更新和原材更新有重要作用。但是产品替代应有合理限度，否则会造成社会资源的浪费。政府对企业产品替代过程进行调节，对于过度的产品改型、花样翻新进行必要的限制，以减少社会人力、物力、财力的浪费。二是限制过度的产品销售竞争。过度的销售竞争从宏观角度看，会造成财力的巨大浪费。如企业广告费用的开支过大，将增加企业销售费用、加大产品综合成本，这最终会转嫁到消费者身上。政府应对此给予合理干预，把企业销售费用控制在一定的、合理的幅度内，以减少资源浪费。三是取缔非法竞争。政府应对一切违反法律、法规及市场规则的竞争行为，如欺诈、暴力、色情、窃取对方商业情报等，给予直接性、强制性干预和制裁，以维护市场秩序和优化市场环境。

(二) 政府对市场价格行为的管理

政府对企业价格行为管理的目标主要有三个方面：一是控制和影响企业

的价格决策行为；二是控制生产、进口或供应结构，改善和增加市场有效供给；三是控制市场总需求及需求结构，使总供给与总需求、供给结构与需求结构相适应。

政府对价格行为管理的手段包括以下几种：一是行政控制。对一些生产和需求波动性较大、价格容易大涨大落以及对消费者生活有重大影响的商品和服务，实行目录化行政控制；二是政策指导。依照法规制定基本的价格政策，如物价总水平的控制政策，缩小工农产品剪刀差政策等，确立执行这些政策的行政规范，如必要的限价政策和保护价格措施等；三是制度约束。政府有义务帮助企业建立适合市场经济发展要求的价格管理制度；四是基本金调节。通过建立价格调控基金，在物价剧烈波动时，起到平抑物价稳定市场的作用。

（三）政府对企业市场行为的技术监督管理

政府对企业市场行为的技术监督管理主要包括标准化管理、产品质量管理和计量管理。

1. 标准化管理

政府对企业的标准化管理重点是利用行政、法规和经济手段推行以下标准：一是产品标准，即对产品结构、规格、质量和检验方法所作的理化技术规定，它是一定时期和一定范围内具有产品约束力的技术准则；二是方法标准，即为提高工作效率，保证工作结果和必要的准确一致，对生产、技术和管理活动中最佳的方法作出统一规定；三是管理标准，即为合理组织、利用和发展生产力，正确处理生产、交换、分配和消费中的相互关系以及行政和经济管理机构，使其计划、监督、指挥、协调、控制等管理职能科学实施而制定的标准。

2. 产品质量管理

产品质量管理的重要措施是建立和推行产品质量认证制度。该项制度是保证产品质量符合国家标准、维护消费者权利的一种有效方法。产品质量认证分为产品合格认证和产品安全认证。前者是指以认证产品标准为依据，要求实施认证的产品在质量上符合认证标准的全部要求；后者是指依据安全和产品标准中安全性能项目所进行的认证。政府对产品质量管理的目标是，逐步按照国际规范，积极推广质量认证制度。政府要求企业获得产品质量认证并使用认证标志的基本条件有：认证产品能正常批量生产；认证产品的质量经承担认证检验机构实地检测，证明符合认证标准要求；该产品的生产企业质量保证能力经注册检验员检验,证明符合国家"质量管理和质量保证"标准及补充要求条件;接受认证单位的监督等。政府对企业质量管理的另一项措施是推行质量保证制度。质量保证制度是指企业在产品质量方面对用户所作的一种担保,它主要体现生产厂家与用户的关系,政府在其中起到监督和仲裁的作用。

3. 计量管理

政府部门的计量管理的目的是在全国范围内保证计量单位统一,量值准确可靠,以有利于产品零部件互换、商品交换和信息交流。政府计量管理的具体任务包括:① 为保证单位统一,国家应规定统一的单位制;② 为实现全国量值准确,应由国家组织建立国家法定计量单位的计量基准和各级标准;③ 研究科学的计量方法,制定计量器具的检定规程;④ 组织计量技术在工业生产和经济活动中的推广应用以及组织全国计量网和实施计量器具的强制管理。

第四节 中间型组织的分析

在产业组织的不断演进中,中间型组织已逐渐成为当今最具活力的经济活动主体之一。作为一种特殊的产业组织形式,中间组织在协调特定交易方面,比纯市场组织和纯科层组织更具有效率。本节从产业组织角度对中间组织的有关问题进行分析,涉及中间组织的内涵、运行模式、结构演进以及竞争优势等问题。

一、中间型组织的内涵

在科斯开创"现代企业理论"比较分析的框架里,企业与市场被看作是资源配置的两种主要的制度安排,企业是在权威机制作用下的等级性计划协调,市场则是价格机制作用的自动协调,企业的本质是价格机制的替代物。这种"企业与市场"的二分法,虽然提高了人们对这两种制度安排的特性认识,但却忽视了现实经济中经济组织形态的多样性和复杂性,忽视了在企业和市场之间存在的大量的中间组织。而在中间组织中,价格机制和权威机制同时存在。

所谓中间组织，是在信息技术的支持下，企业之间基于核心能力，建立在信用基础上，以合作为目的，依靠价格机制和权威机制共同配置资源，具有相对稳定且普遍存在的一种契约安排①。中间型组织更为广义的定义是通过企业与市场的相互渗透，并借助于一定的纽带融合生成的、相对稳定独立并普遍存在的体制性组织形态。这种体制性组织形态不是层级组织和完全竞争市场某种简单的折中或重叠，它具有自己一些独特的特征，主要表现在：

(1) 从结构特征看，它借助于一定的纽带，通过企业纵向等级结构与市场横向平行结构的相互渗透与融合，生成纵横交叉的协调结构，各交易主体间具有相对独立性和稳定性。所以，中间型组织一般比市场组织稳定，比企业组织松散。

(2) 从效率特征看，它融合了企业组织权威机制的有计划性和市场价格机制的竞争性和效率性的优点。一方面，它克服了市场失效，防止交易费用过大；另一方面，它又克服了一体化的组织失效，防止组织成本过高，从而达到交易费用和组织费用的最小化和效率的最大化。

(3) 从分布特征看，在纯市场组织与纯企业组织之间的经济体制组织系列谱上，它通过一定纽带的衔接广泛分布，生成与分布位置遵循组织结构效率优先和适应性原则，并与企业和市场相互渗透融合的程度密切相关。

(4) 从演进特征看，在一定的信息、知识和时空结构下，它相对稳定地存在。随着现代的信息技术和组织知识的飞速发展，中间型组织有效地改变着组织结构的边界，朝着更富有弹性和效率的方向演进，使整个组织制度更好地适应世界的发展。

二、中间型组织的运行模式、形态和机理

(一) 中间型组织的运行模式

1. *以地理空间为纽带的中间型组织*

这类中间型组织的理论最早可以追溯到马歇尔(1920)的产业区理论，A. 韦伯(1929)和胡佛(1971)的经济集聚理论。近期的则有波特的企业集群

① 参见臧旭恒、徐向艺、杨蕙馨：《产业经济学》，北京：经济科学出版社，2005年，第248页。

理论(1998),上述可统称为企业集群理论。在社会经济生活中,企业在行业和空间上的分布也具有与生物集群相似的特性,倾向于在特定的区位空间集聚。波特给企业集群下的定义是:"集群即指在某一特定区域下的一个特别领域,存在着一群相互关联的公司、供应商,关联产业和专门化的制度和协会。"企业集群的产生与发展根植于当地特定的以信任和承诺为基础的社会人文环境,并形成错综复杂的社会经济网络关系。长期专业化的分工与协作,会导致企业间建立长久稳定的交易关系,能够有效地进行计划协调;同时,大量的同质企业间竞争又保持了市场机制的充分作用。空间距离的接近和特定社会文化制度的支撑,大大节约了交易成本,使中间产品的交易效率高于群落之外的交易。所以,它不仅获得了"专业化经济",还实现了马歇尔所说的"外部经济"和胡佛的"集聚体规模经济",从而形成了一种共生体状态。正如克鲁格曼(1995)强调的,经济发展过程中"区位是重要的",依赖于特定地理空间形成的企业集群,它遵循了生物群的产生、繁衍与演进的规律要求,是一个有机生成的过程。这类组织,在纯企业与纯市场之间的组织系列上,相对靠近纯市场一端。

2. 以产权为纽带的中间型组织

产权是形成中间型组织另一重要的纽带,这类组织形式主要表现为各种类型的企业集团。现代企业组织的结构经历了U型、H型和M型的发展,严格地讲,H型和M型并不是一般的企业组织结构形态,而是一种企业集团形式,它具有以下一些特征:一是多法人。企业集团往往是由多个法人组成的企业联合体,内部各成员都有各自独立的经济利益;二是多层次。企业集团可以划分成横向联合和纵向联合的企业集团,也可以从持股关系和比例划分出核心层、紧密层、半紧密层和松散层等;三是多纽带。除了以控股、参股所产生的资产纽带联系外,还包含经营、技术、人事、合作契约等联系纽带,但产权纽带是最为基本的纽带。通过股权结构确立的企业与企业之间,具有一定科层性质(控股关系)和一定市场交易(独立企业)的企业集团就构成了一个有组织的市场。一方面,作为控股公司或集团总部能通过一系列的产权调整和契约安排行使一定程度的行政权威,使母公司与子公司之间协调行动,减少市场交易中高昂的交易费用;另一方面,在企业集团内部引入了市场机制,通过各个具有独立法人地位的子公司细化利益主体单元,减少了科层组织的层次,降低纵向一体化后所增加的组织成本。

3. 以各种契约关系为纽带形成的中间型组织

这里所指的契约主要是指各种狭义的关系性契约，通过此种契约所形成的中间型组织形式主要有分包、长期合作、特许权安排、战略联盟、卡塔尔、价格同盟等，有时它们也被统称为网络组织。现代网络组织理论认为，规制企业行为的既不是由企业内部要素、也不是由供求所导致的价格机制所决定的，而是由企业间关系所控制的。企业间活动是互补的，资源具有依赖性，所以企业间的活动需要协调，但这种协调不是通过政府计划，也非通过一体化为一个集团型企业来协调，而是通过企业间多元化的契约安排来协调。

关系性契约的形成是企业间长期重复博弈的结果。有限理性、机会主义和市场信息的不对称等因素的存在，签订一份完全的契约常常是不可能的或成本很高，而长期契约关系的维持和交易的重复博弈，使交易双方信息趋于对称，从而降低了市场交易成本，促使企业间形成相对安全稳定的各种关系性契约。相对于自由市场中的一次性交易，具有关系性契约的各企业之间，因为追求长期合作收益的最大化而降低了采取各种机会主义行为，此时声誉机制有效地发挥了作用。通过契约关系的纽带，在市场关系中引入了企业科层组织的行政协调机制，这时，市场不再只是基于价格机制等市场原则，在很大程度上也是以组织原则为基础的"有组织结构的市场"。

相对于依靠产权为纽带的中间型组织，以关系性契约为纽带而形成的中间型组织的稳定性和凝聚力相对来说要差得多，一般与彼此间契约关系的稳定性呈正相关分布。

（二）中间型组织的现实形态

(1) 战略联盟。指具有共同战略利益的企业在开发市场、共同使用资源、实现竞争优势的过程中，通过契约或习惯性联系而实现的一种松散性组织形式，包括股权式联盟和契约式联盟。

(2) 松散型企业集团。当战略联盟变得更为紧密时，就可能演变为企业集团。从联系的紧密程度上，可以将企业集团分为紧密型企业集团和松散型企业集团。从组织形态上讲，紧密型企业集团接近一体化组织的企业，松散型企业集团则是中间型组织。

(3) 企业集群。指在地理上比较接近、同处于特定的产业领域并具有共性和互补性的企业和其他相关机构群体集合。

(4) 协会、商会等产业和经贸范围内的体制性组织，其专业性较强。

(5) 研究开发、管理咨询等中介服务机构，是数量较多、规模较小的一类中间型组织。

(6) 非政府组织(Non-Government Organizations，简称 NGO)。NGO 是现代社会公众参与社会各项活动的一种组织形态。它是成长于市场外部，但对市场交易活动以及资源配置具有影响的中间型组织。

(7) 新产业区。一种"柔性生产综合体"，是区域边界富有弹性的综合经济系统，类似于中国国内的一些开发区、加工区等。

中间型组织形成基本依赖于三条主要纽带即地理空间、产权和契约关系。而在现实中，这三条纽带常常交织在一起，相互交叉和补充，共同发挥作用，但一般有主次之分。

(三) 中间型组织的特殊机理

1. 中间型组织自身具有组织优化特性

中间型组织是一种组织实体。这种组织实体的功能主要是为建立其他组织之间的联系而存在的。中间型组织适应了现代组织形态日益多元化发展的要求，在以个人或企业为基本单元的组织形态的改变、单元性组织功能不断延伸时，中间型组织是融合单元组织体延伸功能形成的新组织体，并形成对市场交易以及资源配置具有调节作用的机制。

2. 中间型组织从市场本身的组织特性中产生影响

市场也是一种组织形态，组成市场这个组织的一些要素本身又是组织，所以，市场可以被看作一个内部有许多组织集合形式的巨大型组织，对交易以及资源的配置和调节，是市场作为组织运行的动态过程。从组织体的角度去分析市场，就会观察到，市场并非是独立于企业的一种存在，没有企业和其他单元组织，也就没有市场。在将市场作为一种组织形式和组织过程分析时，自然会引出对中间型组织作用的分析。因为，从市场自身的组织性可以观察到，交易和资源配置过程既不单纯是市场和企业两方作用的过程，也不是市场、企业和政府三方作用的过程，而是有中间型组织广泛参与的过程。事实上，这一思路还能解释下述现象，即使政府既不干预企业也不干预市场，但企业和市场仍然感到被干预。因为实际上，是由于政府干预了影响企业和市场的中间组织，而中间组织又将这种影响传导到企业或市场。这也反映出中间型组织对市场也存在负向作用。

3. 中间型组织的存在降低了经济运行成本

现代经济是法制经济，其交易过程主要依赖法律和其他规则的规制。执行这些规则显然也需要支付必要的成本，虽然人们承认这是必要的，但也希望有些社会规则可以在一般的习惯、承诺等信用层次上就能执行。中间型组织通过组织契约对成员的约束，使得意愿型成本等社会规则的执行成为可能。事实上，社会约定而非法定的规则是大量存在的，中间型组织使得这些约定维持在还不到法律规则的边际状态，由此降低了社会规制的成本。

意愿型成本支付，是指在资源配置中，有交易主体愿意支付成本而又不直接索取相应的回报。中间型组织的意愿性成本支付，节约了资源配置过程的直接成本。由于人力资源的可再生性，这些意愿性成本还可以再生产出来，能够持续供给。其中，能够提供意愿性成本支付的典型中间型组织就是 NGO。NGO 组织的效益体现为整个社会以及参与者本人对自己社会价值的评价上。

4. 中间型组织能够形成外部经济

中间型组织，既有内生于经济活动，也有外生于经济活动的，其共同之处是，通过对地区社会信用关系的强化，从而节省交易成本来实现改善整个经济活动环境，实现外部经济效应。中间型组织的发展，扩展了相关组织中个人、企业和其他机构的社会关系网络，网络促进和提升了成员的信用程度，而信用的强化和提高又反过来维持和推动了社会网络关系的拓展和延伸，使成员的社会关系成本这种特定的、非市场化的资本价值不断增值。

三、中间型组织的演进

（一）中间型组织的萌芽

从 19 世纪 40 年代开始，由于市场的扩大和市场不确定性的增加，以及运输技术和通信技术等的迅速发展，导致了现代企业的产生。新兴工业产业对巨额资本和新型企业组织的需求，呼唤着股份公司这种新的企业组织制度的出现和大企业生产体制的诞生，进而推动了企业规模的扩张。在此背景下，企业间合作也逐渐发展起来。

现代企业之间的合作包括市场合作和组织合作两种形式。市场合作产生于市场环境不确定性的增加和市场供需矛盾的加剧。面对不确定的市场环境,企业为获取较稳定的利润,结成各种公开的或默契的价格或产量联盟。尽管从消费者角度看,企业之间的市场合谋尤其是价格联盟,无疑会降低消费者福利水平,从而降低资源配置效率,然而从社会整体利益和效益看企业的市场合谋或卡特尔也并不是一无是处。

工业经济条件下的企业间合作还包括组织协调与合作,随着技术水平的提高和企业规模的扩张,市场交易成本逐渐增大。为节约交易成本,同时也为了降低市场的不确定性,日渐扩张的企业组织强化了对市场组织的替代,由此导致多种具有合作性质的"复合体企业"的出现,如企业集团、企业外包制、纵向一体化组织和特许连锁经营等。因此,不应当忽视这一时期企业之间存在的各种组织形式。竞争、垄断与合作是工业经济条件下企业相互关系的三维行为特征,只是这一时期企业的合作行为表现得不太充分和普遍,并且往往与垄断行为相混杂。

(二) 新经济下中间型组织的兴起

在经济全球化和网络经济为特征的新经济条件下,产生了企业战略联盟,虚拟企业等新的中间组织形式,传统的中间组织,如合资企业、连锁经营、业务外包等,也借助信息网络技术和全球市场得到进一步发展,并形成新的更大范围和更高效率的合作网络。企业的经营战略由竞争转向竞合,企业间合作不再是零和博弈,这导致大量新型企业间合作模式的不断涌现,中间组织也发展起来。

1. 合作是网络经济的内涵

20 世纪 90 年代以来,互联网和现代通信技术的迅猛发展催生了网络经济。这种新经济形态具有如下特点:一是网络外部性。当一种技术产品对某一用户的价值取决于该产品用户数量时,就称该技术产品具有网络外部性。这样,处于同一网络的结点企业数量越多,给每个企业带来的价值就越大,这种价值是一种合作效应,是处于同一网络的不同企业之间的合作所产生的一种效用。二是系统竞争性。在网络经济中出售互补产品公司的地位同样重要,所以,组成联盟、扶持伙伴和保证兼容成为此时关键的商业决策。三是联结体经济。如果说工业经济时代的规模经济性主要来自资产专用性和不可分割性,那么,网络经济条件下的规模经济型则主要来自联结体经济的信息产品共享性。具体表现为减少信息交换的成本,削减信息产品的库存费用,并创造出更有价值的信息。网络经济的特点促使企业在变单纯的竞争关系为竞合关系,从而产生协进化效应。

2. 企业经营以满足顾客需求而获取利益为基本出发点

需求的多元化是当前顾客需求的最主要特征之一。在新经济条件下,生产者主权相应地转化为消费者主权,客户至上成为企业经营的基本原则。与此同时,企业产品异质性也对企业由单纯进行价格竞争转向全面合作具有重要影响。消费者需求的多元化、个性化和产品、市场的异质性进一步提高,对企业生产经营提出新的要求,在这种情况下,企业组织结构开始向着扁平化、弹性化、虚拟化、网络化和多元化的方向发展。适应顾客需求的合作生产、合作经营或进行合作式竞争,则成为企业更为理性的选择。

3. 技术溢出效应促进企业合作创新与技术进步

新经济条件下,企业合作创新表现出不确定性、融合性和难度进一步增大的新特点。在创新过程中,知识溢出将生发出新的技术创意,导致企业之间对新技术的学习效应,由此使传统的封闭式技术创新模式越来越不适用。通过合作创新,可使人们对研发项目产生的外部正效应加以内部吸收,使合作企业分享创新成果,从而决定了企业合作创新动机的增强,并且这种合作创新有利于增加社会福利。这在一定程度上可以解释欧美等国对价格合谋行为限制较严,而对于企业间共担研发成本,共享研发成果的合作创新行为却予以支持的现象。

因此,与以往工业经济时代明显不同的是,企业不是以价格竞争作为经营主题和追求经营收益的一种手段,也不是基于生产过程的自然分工或是基于价格垄断和市场瓜分,而是将通过合作来实现自己的经营目标上升为一种基本经营理念和行为方式,并愈益转化为企业的一种自觉、自愿和主动的行为方式,新经济条件下中间组织得以兴起。

四、中间型组织的竞争优势

(一) 速度优势

中间型组织的速度优势就是指其能够迅速、准确地满足快速变化的市场需求。迅速是指中间型组织对市场和竞争的变化具有动态适应性，能够在第一时间反映市场需求的变化。准确则是指中间型组织能够有效地满足变化了的市场需求。首先，中间型组织的特殊运行模式决定了其对市场变化能迅速反映。其次，在先进信息技术支持下，信息在中间型组织中的高效传播决定了其满足需求的准确性。

阅读资料

关于中间型组织速度优势的模型分析

假设某中间型组织处于某一成熟制造业，其网络共有 n 个结点（即 n 个成员企业），从原材料购进到产出最终产品共经历 m 个环节（S_1，S_2，…，S_m），每个环节都有 n/m 个成员企业（$n > m > 0$），这些成员之间属于相互竞争的同类产品生产者。同时网络中每个结点既是信息的接收者又是信息的发出者。

假设信息传递依次经过 S_1，S_2，…，S_m m 个环节，由于每个环节 S_i，$i=1$，…，m 都存在 n/m 个同类产品生产者，在价格机制的作用下，将从 n/m 个生产者中筛选出最有效率的一个 $S_{i\max}$ 与下一个环节进行合作。各环节最有效率的生产者 $S_{1\max}$，$S_{2\max}$，…，$S_{m\max}$ 就构成一条信息传播的通路。

假设以信息在传播过程中有无损耗来定义信息的有效性，那么信息发生损耗就称为失效信息，不发生损耗则为有效信息。假设网络每个结点信息有效的概率为 p，失效概率为 q，且 $p+q=1$。由于每个结点既是信息的接收者又是发出者，在每个环节 S_i 中，每个结点的信息都将在 n/m 个结点间共享，这样部分失效的信息就会被有效信息剔除，信息在共享中实现了纠偏，且被纠偏 n/m 次，因而经过这一环节，信息失效的可能性就会大大降低，其概率为 $q^{n/m}$，即 n/m 个 q 的乘积，因为 $0<q<1$，所以 $q^{n/m}<q$。那么整个网络信息传播有效性的概率就等于 m 个环节有效概率的乘积，$P=\left(1-q^{\frac{n}{m}}\right)^m$，求极限 $\lim\limits_{n\to\infty}\left(1-q^{\frac{n}{m}}\right)^m=1$。这说明作为开放性网络的中间型组织在信息传播方面富有效率，且网络规模越大，信息失效的可能性就越小。高效传播的信息确保了中间型组织在满足迅速变化的市场需求上的准确性。

（二）研发优势

中间型组织内企业间的竞争式合作以及知识、技术在网络中的共享，使研发成为中间型组织的内在要求。网络中知识的溢出是知识能够共享的前提，而知识溢出或流动的难易是由知识的特性决定的。中间型组织存在两种形式的合作关系,为知识的溢出创造了有利条件:一种是正式的合作关系,企业与其他企业、研发机构结成长期稳定的研发合作关系;另一种则是非正式的合作关系,即基于共同的社会文化背景基础上建立的人与人之间的社会关系。在企业专业化进程中,由于存在知识溢出,部分知识因为能被轻易模仿而快速传播并被多数人掌握,而另一部分知识则因难以模仿和溢出性差而被保留在企业内部,这部分知识就是企业的核心能力。对企业来讲,拥有关键性的有价值的隐含经验类知识越多,则企业越有竞争力。因此,成员企业间竞争的关键就是阻止自己的核心能力被模仿。而企业内部研发成为企业避免核心能力丧失的唯一途径。中间型组织成员企业间的研发合作协议将“移植”这种途径,保障企业间合作研发的顺利进行。原因在于:其一,成员企业间共性技术的共享可以看作是研发企业流向其他企业的收益损失,所以共性技术研发企业的研发积极性将会降低,通过在成员企业间建立研发协议将有助于缓解这种现象。其二,成员企业之所以愿意参与合作研发,在于如果没有合作机制,单个企业可能会由于研发实力不足而导致共性技术落后,而共性技术是成员企业后续研发的基础,最终会导致企业竞争力的丧失。因而从长期看,合作研发是不可或缺的。

(三)协同优势

既然网络内各成员企业相互依存、优势互补,那么通过资源整合,合作者将会比独立行动获得更多的效益。协同效应是指:企业间能力的联合所产生的价值大于企业各自独立利用这些能力所产生的价值之和。成员企业选择合作或不合作是对合作效益与不合作效益的理性选择,当且仅当合作效益大于不合作效益时,选择合作才是合理的。在经济理性条件下,各个企业会“利己”地选择能够带来更高效益的合作行为,又因为网络中成员企业中后行动者在自己行动之前能观测到先行动者的行为,因而只要有一个成员企业选择了合作,其他成员企业也会因“利己”目的而选择合作。最终不但提高了每个成员企业的效益,同时也带来整个网络总效益的提高。

这种合作能否顺利实现要归根于成员企业的信用情况,建立在良好的信任基础上的合作才是协同效应产生的根源。正是由于成员企业的相互合作,放大了集体生产率,使某一特定区域内成员企业的信誉提高,从而吸引更多的消费者,在这一区域就会产生区位品牌优势。同时,由于人力资源和物质资源在网络内的自由流动必然会降低搜寻和交易资源的成本，所以，企业在合作中追求协同优势的同时必然带来成本的节约，从而使中间型组织比一体化企业更具有成本优势。

(四) 规模经济优势

规模经济存在的前提是专业化经济和广大的市场。专业化经济是与每个经济主体生产活动范围的大小有关的经济效果。专业化经济是分工的结果，当分工发生在企业内部时，引起单一产品或企业水平的规模经济。如果一种商品的生产效率会因为运用中间产品而提高，那么分工将发生在企业之间，由于每个企业从事专业化活动而产生参与企业整体水平的规模经济。换言之，由于整个中间型组织网络内的专业化协作，将会导致网络内部单位产品的长期平均成本大幅度降低，实现了规模基础上的收益递增。专业化基础上形成的中间型组织更容易获得分工经济效应。所有经济主体的专业化经济合起来就是分工经济，它与经济主体之间依赖程度加大的潜力有关，所以分工经济是另一种社会网络效果，而不是规模经济纯技术概念。

第五节　网络经济下的产业组织分析

网络化已经成为当前产业组织发展的主要趋势之一，企业间的网络结构和关系是企业长期合作与竞争的结果，是市场和企业组织相互结合的产物。通过依托网络组织(显性或隐性的)，企业获得了一类“无形资源”和一种解决冲突的手段。网络经济条件下的产业组织是产业经济学的新内容，主要研究网络经济条件下的市场结构特征、企业行为策略选择和市场运作绩效以及政府公共政策的实施。

一、网络经济的含义与特征

(一) 网络经济的含义

对网络经济的理解可以从狭义和广义两个角度。狭义的网络经济是指基于计算机网络的经济活动，如网络企业、电子商务，以及网络投资、网络消费等其他网上经济活动。广义的网络经济是指以信息网络为基础或平台的、信息技术与信息资源的应用为特征的、信息与知识起重大作用的经济活动。对网络经济还可以从经济形式的不同层次来理解。从宏观层次看，它是不同于农业经济和工业经济等传统产业组织的一种新的经济形态，与以往经济形态不同，它正在或将以智能化信息网络作为最重要的生产工具，并使信息成为同物质、能量相并列甚至更为重要的资源。从中观层次看，网络经济是指发展到互联网阶段的信息产业，也就是网络产业。它又分基础设施层、应用基础层、中间服务层和商务应用层四个层次。从微观层次看，网络经济就是新型的网络企业、网络市场，包括居民的网络投资、网络消费等微观经济活动。

（二）网络经济的主要特征

与传统经济相比，网络经济主要有以下特征：

(1) 无时限经济，即不受时间因素的制约，可以全天候连续运作的经济。网络经济从根本上摆脱了全球时区划分的限制。

(2) 全球化经济，即不受空间因素制约资源能够全球运行的经济。各国经济的相互依存性空前加强，资源在全球实现配置的利用。

(3) 虚拟化经济。计算机网络为经济活动构筑了一个虚拟世界即网络空间，使网络经济可以在网上网下虚实结合，同时并存，互为促进。

(4) 速度型经济。借助于信息的快速传输，经济活动的节奏大大加快，产品与技术更新周期缩短，创新速度加快，速度成为决定企业竞争胜负的关键性因素。

(5) 创新型经济。创新是网络经济的灵魂，网络经济条件下的技术创新主要是指包括网络技术在内的信息技术的创新，它是一种横向(相关的或互补的技术)蜂聚式创新和纵向(上游技术和下游技术)层叠式创新相结合的综合集成式创新形式。除了技术创新之外，还包括制度创新、组织创新和观念创新等。

(6) 竞合型经济。信息网络特别是计算机网络的应用，既扩大了企业间竞争与合作的范围，又加快了竞争与合作之间相互转化的速度，还改变了传统经济条件下企业竞争的方式，使竞争合作成为企业间新的主导型关系形式。

二、网络经济的主要效应

网络经济的内涵在于社会经济运行的网络化。网络不再仅仅是一种信息交流的渠道和模式，而已成为一个吸纳和承载人们生产、生活和工作的新的平台，它是一种从根本上有别于传统经济的新的经济运行方式，由此导致网络经济出现许多新的不同于以往经济社会的运行规律。

(一) 经济外部性

前已有述，由于用户数量的增加，原来的用户免费得到了产品中所蕴含的新增价值而无须为这一部分价值提供相应的补偿时产生了网络经济外部性。可以把网络外部性理解为网络规模扩大过程中的一种规模经济，不过这种规模经济与产生于供给方面的传统规模经济是不同的，它产生于市场的需求方面，因而也成为“需求方规模经济”。

网络外部性产生的根本原因在于网络自身的系统性、网络内部信息流交互性和网络基础设施独占性。首先，无论网络如何向外延伸，新增多少个网络节点，它们都将成为网络的部分，因此整个网络都将因为网络的扩大而受益；其次，在网络系统中，网络内的任何两个节点之间都具有互补性；最后，网络的基础设施，如铁路、公路、港口、通信设施等，一般都具有投资巨大、投资周期长、独占性强和使用期限长等特点，这些都决定了网络外部经济性的长期存在。

Katz 和 Shapiro(1985，1986)给出了较为清晰的网络外部性的分类，即直接网络外部性和间接网络外部性。直接的网络外部性是通过消费相同产品的市场主体的数量所导致的直接物理效果而产生的外部性。具体地说，由于消费某一产品的用户数量增加而直接导致的网络价值的增大就属于直接的网络外部性。通信网络，如电话、传真机、在线服务、E-mail 等，都是体现直接网络外部性的典型例子。间接的网络外部性是随着某一产品使用者数量的增加，该产品的互补品数量增多、价格降低而产生的价值。如作为互补商品的计算机软硬件，当某种特定类型的计算机用户数量提高时，就会有更多的厂家生产该种计算机所使用的软件，这将导致这种计算机的用户可得到的相关软件数量增加、质量提高、价格下降，因而获得额外的利益。

(二) 边际收益递增

边际收益递减是工业经济条件下物质产品生产过程的普遍现象，但在网络经济条件下，这一规律不再完全适用，经常表现为边际收益递增，主要原因是：

1. 网络经济下的边际成本随着网络规模的扩大而递减趋势

信息或网络产品的成本主要由三个部分构成,即网络建设成本、信息传递成本与信息收集、处理和制作成本。其中,网络建设成本和信息传递成本在网络长期使用过程中基本为零,虽然信息收集、处理和制作成本在随网络使用人数增加而增大,由此网络运行的边际成本是呈现明显下降的趋势。

2. 信息或网络产品较高的固定成本和极低的边际成本

信息或网络产品分为硬件类和软件类。其中硬件类产品与传统产品较为相似,所以只分析软件类产品即可。软件类产品的生产与传统产品极为不同。作为一种知识性产品,软件的生产要求有非常高的初始投入;而一旦第一个单位的产品研制成功,以后各单位产品的生产只不过是对第一单位产品的简单复制而已。

3. 网络经济中存在较强的学习效应

学习效应也称为"干中学"(Learning by Doing)或"用中学"(Learning by Using)。学习效应所实现的收益递增主要来自两个方面:一是来自工作中经验的积累;二是来自信息知识的累积增值和传递效应。在信息经济条件下,信息知识不仅作为投入要素被更有效地使用,而且在使用过程中,还可产生作为附加产品的新的信息和知识,它们可以被再次作为投入来开发新的产品或改进现有产品,从而产生新的收益。

4. 网络效应

网络经济中的消费行为具有显著的连带外部正效应,即网络效应,从而导致边际收益递增。例如,当CP/M、DOS与Macintosh在市场中竞争个人计算机操作系统的市场份额时,DOS系统通过与IBM公司联手而取得了竞争优势:装备了DOS系统的IBM计算机的销售量的增加,使软件商品倾向于用DOS语言编写软件;DOS软件的流行使更多的消费者倾向于选择装有DOS操作系统的计算机以方便软件的使用。在这一正反馈过程中,DOS操作系统的拥有者——微软公司,获得了明显的收益递增效应。

(三)正反馈与需求方规模经济

正反馈的含义是使强者更强、弱者更弱,从而引起极端的结果,在市场上表现为一家公司或一种技术支配或主宰市场。与之相反的现象是负反馈,即强者变弱、弱者变强。在传统经济中,负反馈起支配作用。当然,工业经济时代也存在正反馈效应。事实上，几乎每个产业在发展的早期都要经过一个正反馈阶段。通用汽车公司比小的汽车公司更有效率，主要就是因为它的规模经济效应，这种效应刺激了通用汽车公司的进一步发展。这种正反馈来源于生产的规模经济，是一种供应方规模经济。基于供应方规模经济的正反馈有其自然限制，超过这一点，负反馈就起主导作用，这些限制通常来源于管理大组织的困难。在网络经济时代，正反馈处于支配地位。在正反馈很强的市场内，竞争的结果通常是市场只有极少数的企业存在。与工业经济时代的正反馈相比，网络经济中的正反馈是一种需求方正反馈，它与供应方规模经济不同的是在市场足够大的时候需求不分散，具有“蜂窝效应”，微软的 Windows 以及在其支持下的 Office 软件就是最好的例子。

(四) 范围经济性

网络经济条件下的单个企业借助于信息网络技术，靠自身的力量拓展产品的生产经营范围，进行多元化经营，从而能够有效地实现范围经济。同时，消费者需求日趋多元化和小型化，企业通过多元化经营，可以更迅速地实现与市场的对接，及时满足市场需求，增强企业的市场地位，这也促进了企业范围经济性的实现。信息化程度越高，网络连接能力越强，信息知识产品在生产过程中投入比重越大，从而由此产生的范围经济性也就越明显。

三、消费者预期与临界网络规模

由于存在网络外部性，每个消费者的效用取决于购买同样产品的其他消费者的人数，即网络使用者的规模。消费者的效用函数是相互依赖的，这就意味着购买者必须预期他将要购买的组件可能性、价格和质量，以得到尽可能大的网络外部效应。此时，需求水平便取决于消费者对网络规模的预期。以下是对消费者预期均衡的简要分析①。

假定有一项受网络外部性影响的新技术拥有 100 万个消费者，每个消费者对产品的评价值为 n，n 是其他使用该技术的消费者的数量(若 n 的值很大，就近似于网络规模)。换句话说，n 值越大，每个购买者对产品的评价值就越

① 参见刘易斯·卡布罗：《产业组织导论》，北京：人民邮电出版社，2002 年，第 297 页。

高。具体说来，即是每个消费者愿意为产品支付n^e，而n^e就是网络的预期规模。

假定每个消费者预期不会有其他消费者加入该网络，则$n^e=0$，此时将没有消费者愿意为加入该网络付费，因为这时净收益小于零。由此可见，对于任何一个正的价格，没有消费者愿意加入该技术的用户网络将是一个纳什均衡，或称其为预期实现均衡(Fulfilled-expectation Equilibrium)，均衡价值n等于预期价值n^e。若假定每个消费者预期其他消费者都加入该网络，这意味着每个消费者都愿意为新技术付出999 999元，假如价格低于这一数值，即可得到第二个纳什均衡，即每个消费者都愿意加入新技术的网络。因此，在价格0到999 999元之间存在两个纳什均衡：一个是所有消费者都购买新技术，另一个是所有消费者都不购买新技术。这就说明，当存在网络外部性时，对于某一个给定的价格，可能存在多种需求水平，而需求水平又取决于消费者对网络规模的预期。

倘若价格是900 000元，预期会出现零使用者均衡，还是100万使用者均衡呢？若价格是900元又会如何呢？严格地说，在两种情况下，两种均衡都有可能出现，但从直觉上看，价格高时似乎少量使用者的均衡更有可能出现；价格低时则大量使用者的均衡更有可能出现。假定价格是900 000元，在此情况下，消费者只有在肯定至少有900 000名(100万中)的其他消费者也愿意购买时才会前去购买该项新技术；但若价格是900元，则消费者只要肯定至少有900名(100万中)的其他消费者愿意购买同样的技术就足够了。

在现实中，这种技术博弈并不局限于一个时期内，而是随时间的推进而展开的。假定价格是900元，即使大多数消费者对于出现大量使用者均衡的机会持悲观态度，还是有可能有900名的消费者真正去购买的。一旦这种情况发生，对于其他消费者而言，购买同样的技术就成为优势战略，因为这时已经有900名消费者购买了该技术，将来网络的规模至少是900名，因此可以预期市场将迅速趋于大量使用者的均衡。也就是说，网络市场趋于大量使用者均衡取决于使用者的数量高于给定的最低值(本例中当价格为900元时，使用者为900名)。一旦高于该最低值，需求将通过自我加强机制继续增长，直至达到大规模网络的均衡。该最低值就被称为导致网络建立的购买者临界水平或称关键数量。可以得知，价格越低，超过最低值，即达到临界水平的可能性就越大。

这一结论的经济学含义：在竞争市场中，定价时将主要考虑成本因素，技术进步促使成本不断降低。这时，预期初始均衡为高价格和小规模网络，或根本不存在网络,即零使用者均衡。随着时间的推移,成本和价格都在下降,一旦达到临界规模,需求便趋于大规模网络均衡。在垄断市场或某一企业具有较大市场力量的市场中,以上分析预示着成功的战略是制定较低的价格,以获得累积效应,也就是说,取得超过临界规模的需求并将其推向大量使用者均衡。由此也说明,在网络效应很强的市场中,较大的用户基数是一项值得精心维护的资产,因为导致少量使用者均衡的危险总是存在的。在这种市场中,任何一种技术产品要在这个产业中生存下去,都必须形成一定的网络规模。尤其是当一种新的技术产品进入市场时,虽然与已有产品相比它在技术上具有优势,并且确实对消费者产生了一定的吸引力,但是要真正得到其认可,还要考虑其他一些重要因素。对于后进入市场的企业而言,就需要采取一系列竞争战略,如催促产业链的形成、进行差异化竞争、不断提升产品质量等,来积极地引导消费者,培育自己的竞争优势。

四、产品兼容性(Compatibility)及其效应

(一) 兼容性的含义及其实现方式

产品兼容性是指一个"系统"中两种组件结合起来工作的能力。当两种产品结合起来共同提供服务没有成本时,它们是兼容的。"系统"产品互补件之间的兼容程度直接影响网络规模(用户基础)的大小,从而影响用户对该网络产品采用的速度,进而对这一市场的竞争与市场绩效产生重要影响。Farrell and Saloner(1987)区分了三种兼容性:物理兼容性(Physical Compatibility)、通信兼容性和习惯兼容性(Compatibility by Convention)。物理兼容性是指物质产品在物理或电磁学上被设计安装在一起,它是通过物理产品性质的标准化来实现的。通信兼容性是指两种物质设备彼此通信交流的能力,一般通过特定的通信标准来实现。而在习惯兼容性情况下,协调产品设计的收益不是表现在物质上,如标准时间和货币等。产品兼容性的实现方式有两种:标准化和加装适配器。标准化方式是事先通过设计使产品遵守某种共同的标准或协议实现产品之间的兼容或"互操作",它是一种事先的兼容。适配器是使组件连接起来"工作"的产品或软件程序,一旦使用适配器获得兼容性,就成为一种事后的兼容。

(二) 产品兼容性的效应

1. 实现更大的网络效应

产品之间的兼容性程度直接影响到该产品的网络效应的实现程度和范围。当所有用户在同一个网络中时,网络规模最大化,实现的网络收益也最大。

2. 减少或消除停滞效应(Stranding Effects)的影响

若产品是兼容的,一个消费者在选择某种产品时,不必担心其选择的产品将来会被其他消费者"抛弃"而从市场上消失。

3. 对产品多样性效应

对单个组件的品种,兼容性降低了产品之间的差异,减少了产品品种的多样性,从而减少了组件品种的数量。而对完全系统的品种来说,兼容性则通过允许消费者从不同系统中对不同的组件进行混合配对,增加了产品多样性,也增加了消费者能够选择的、利用不同组件组成的系统数量。

(三) 产品兼容性与企业竞争

从直观上看,如果各种同类技术或产品之间是兼容的,它们将拥有相同的网络价值,此时,谁的成本低,谁的竞争优势将更大。但如果各产品之间不兼容,网络外部性很强,那么如果一种产品成为标准,它将垄断整个市场,或称赢者通吃(Winner Takes All)。可见,兼容性决策在网络市场上对厂商之间的竞争是极其重要的。下面通过一个模型分析兼容性在企业决策中的重要性①。

考察一个简单的两阶段博弈,在第一阶段,企业决定是否使其技术具有兼容性。如果达不成协议,则将展开"标准之战",随之其中一种技术被采纳为标准。在第二阶段,展开产品市场的竞争。若先前达成了兼容性协议,则每个企业赚取双寡头垄断利润 π^D;若先前没有达成协议,那么在标准之战中取胜的企业将赚取垄断利润 π^M,失败者的利润为零。

考虑第一种可能情况:兼容性之战是为了吸引消费者,为此企业需要花费资源,这时准备了较大花费的企业将赢得竞争。在标准之战中取胜的企业的收益是 π^M,即标准制定者在第二阶段的利润。标准之战本质上如同拍卖,出价最高的参与者赢得拍卖,竞争结果类似于伯川德竞争,企业将其出价提高

① 参见刘易斯·卡布罗:《产业组织导论》,北京:人民邮电出版社,2002 年,第 309 页。

到 π^M。最后，赢得拍卖不会获得正的净收益，收益 π^M 刚好弥补为得到它而付出的代价，输赢双方都以净收益为零告终①。不论双头垄断利润 π^D 有多低，达成兼容性协议对企业来说都意味着更有利的结果。

再考虑第二种可能的情况：选择流行的标准是由一系列企业无法直接控制的条件决定的，如消费者恰好偏好某种技术并购买该技术，随之产生一种示范或滚雪球效应，或政府的某些管制政策等给予某一种标准初始优势，并在自我加强的动态过程中得以巩固。在本模型中，假定不兼容意味着每一种技术被采纳为产业标准的概率为 50%。

如果企业选择兼容，情况与前面一样，双方以获得双头垄断利润 π^D 而告终。如果双方不同意其技术互相兼容，其中一种技术被选为标准的概率为 50%，并获取垄断利润 π^M，另一种技术的收益为零。平均而言，每一个企业所得到的利润为 50% π^M。由此可得到以下结论：当且仅当 $50\%\pi^M > \pi^D$ 或 $\pi^M > 2\pi^D$ 时，采取不兼容才是较优的，这是一个普遍成立的条件：成为一般时间的完全垄断者要比一直做双寡头垄断者中的一员更有利。这一结论在产品市场竞争激烈的条件下表现得更为明显，因为这时 π^D 比 π^M 低得多。

概括以上分析，可得以下结论：如果标准竞争很激烈，那么企业偏好兼容；如果产品市场竞争很激烈，那么企业偏好不兼容。

以上有关标准竞争的模型分析建立在一种较特定的环境之中。特别地，标准竞争的一个可能效果是减少产品市场规模。有时两种不兼容的标准互相竞争，较优等的标准退出市场，而较次等的标准却留给消费者，原因是消费者对选择哪一种标准变得疑惑，他们宁愿哪一种都不选。当新技术试图取代现有技术时，消费者"简单"地选择继续使用较落后但确定的技术意味着过度惰性占了优势，也说明现有技术的合理存在导致标准之战的潜在成本是高昂的。

五、标准竞争与企业竞争策略

（一）标准与标准化

从一般意义上说，兼容标准是为确保具有互补性的产品之间，甚至特定产

① 这个结果的成立建立在只有赢家支付投标价的基础上。例如，如果与投标价相关的战略是使用补贴，则上述结果成立。但在实际投标中，无论是否中标，都要支付此时所指的"投标价"。在这种情况下，标准之战的输家就会以净收益为负而告终。

品的不同零部件之间的兼容性。在网络经济学中,标准化问题是由网络外部性和产品兼容性引发的,因而也被狭义地理解为兼容性标准,如泰勒尔认为,标准是“选择一种对每个人都适用的特定技术”①。兼容性标准的作用就是使不同的技术或产品能够协调起来发挥作用。标准化是某种标准得到确认、推广并受到市场承认的过程,意味着相关网络中消费者数量的增加,同时意味着消费者收益的增加。

(二)标准化对竞争的影响

1. 标准化扩大了网络外部性

标准化增进了兼容性或互联性,通过扩大网络为用户产生更大的价值,促进了良性的网络效应:一是使更大的网络中的成员得以分享信息,而不需要进行格式上的转换;二是间接的影响,共享数据的能力吸引更多的消费者使用这种格式,进一步扩大了已有的网络外部性。

2. 标准化减少消费者的不确定性

标准化减少了消费者面临的技术风险,这将有利于促进新技术的普及。特别是那些拥有许多支持者的标准更是如此,标准能够提高这种技术的可信度,相反,对于不兼容的产品来说,消费者会产生疑惑或恐惧心理,因为害怕被锁定(Lock-in)在一个不兼容的、没有前途的产品中,这将延缓这种产品的采用。

3. 标准化导致市场外的竞争转入市场内的竞争

因为标准化减少了锁定,把竞争中心从争夺市场统治地位转移到争夺市场份额。企业竞争目标不再是市场,而是同一标准下的市场内竞争。在共同标准存在情况下,不太可能出现大胆的渗透定价,但是却很可能出现标准锁定。对消费者来说,最不利的结果之一就是:接收了一个被广泛预期为开放的标准而被锁定在其内。

4. 标准化使竞争从功能之争转向价格之争

由于许多产品都具有共同的功能,而这共同的功能的数量取决于标准具体到什么程度:标准越具体,每位生产者就越难在遵守标准的同时将自己的品位差别化,即降低了每个供应商将产品差别化的能力,从而加剧价格竞争。

---

① 简·泰勒尔:《产业组织理论》,北京:中国人民大学出版社,1997年,第539页。

5. 标准化导致独家扩展功能的竞争

随着时间的推移,供应者会产生很强的在保持一定程度向后兼容的同时,通过开发独家扩展功能使自己与众不同的动机。扩展标准的竞争也会造成产品的不兼容,给消费者带来一定的麻烦。对于那些具有独家权利的拥有者来说,可以利用这些权利来控制技术的发展,从而限制竞争者对技术标准进行扩展的能力。那些发起或建立了一种产业标准的企业又会尽可能地控制其发展。

(三) 标准竞争

当两种新的不兼容技术相互争斗、都试图成为事实上的标准、以获得市场垄断地位时,就称其在进行标准竞争。标准之争是具有较强网络外部性和正反馈的网络市场中所独有的现象。微软的IE与网景的Navigator浏览器之间就曾爆发过激烈的标准之争。

1. 标准竞争中的竞争优势——关键性资产

标准之争是具有较强的网络外部性及正反馈的网络市场中重要的企业行为,对网络经济条件下企业的发展和市场地位具有重要的影响。对一个企业来说,成功地进行标准竞争的能力取决于对以下关键资产的掌握:

(1) 对用户安装基础的控制。用户安装基础是指购买和使用某一产品的用户人数。产品的网络效应取决于网络规模,即用户基础的大小。对安装基础的控制可以用来组织合作性的标准设定,依次参与标准竞争。

(2) 知识产权。拥有能控制有价值的新技术或界面的专利权或版权的公司将处于有利的地位。

(3) 创新能力。具有较强的创新能力能够使企业获得在将来进行独家扩展的能力,从而在标准竞争中处于一个强有力的地位。

(4) 先发优势。如果企业事先已经做了大量的产品开发工作,并且在学习曲线[①]上比竞争对手走得更远,企业就会处于一个更为有利的地位。

(5) 生产能力。企业如果是一个低成本生产者,由于规模经济或制造能力,就会处于较强有力的地位。成本优势可以帮助企业在标准竞争中生存或

① 关于“学习曲线”的详细介绍参见何盛明、刘西乾、沈云:《财经大辞典》,北京:中国财政经济出版社,1990年。

获取市场份额。

(6) 互补产品的力量。如果企业生产的产品是市场的一个重要的互补产品,企业就将会有很强的动机来推广产品,这自然会有利于使企业处于一个领先的地位,因为新技术被市场接受将刺激企业生产的其他产品的销售。

(7) 品牌和声誉。仅仅有最好的产品是不够的,企业还必须让顾客相信其有实力获得竞争优势。经历和声誉在标准竞争中可以起到重要的作用,可以加强消费者对企业的预期。因此,培育自己的品牌和声誉在网络市场中很重要。

2. 企业在标准竞争的策略

(1) 先发制人策略。先发制人策略就是建立一个早期的领导地位。一旦一种技术在安装基础上拥有绝对的领导地位,那么即使是一个更高级和更便宜的技术,要想对原技术构成威胁也是很困难的。其中,能够迅速地建立一个巨大的安装基础将是很重要的,并且要使用户也认识到这一点。在微软的 IE 和网景的 Navigator 浏览器竞争初期,微软曾首先通过 ISP(网络服务提供商,Internet Service Provider)渠道分销自己的浏览器。它和美国在线、CompuServe、Prodigy、AT&T、Netcom 等签订合同,使 IE 成为这些 ISP 的"首选浏览器"。由于消费者在选购浏览器的时候倾向于听从其 ISP 的建议,因此这些捆绑销售对市场份额产生了实在的影响。

(2) 吸引互补产品的供应。企业总是希望通过自己产品的互补品在市场上广泛地流通,从而加强自己产品的地位。当然,企业可以自己生产主产品的互补产品,但是如果这种生产成本很大时,厂商更多的是希望去影响互补品生产商的决策。尤其是当这些互补品生产商的决策在很大程度上受其关于主产品未来的市场规模、网络大小决定时。因此,影响互补品生产商的决策,既是建立一个新的网络技术的需要,又是击败已有标准的有力工具。

(3) 加强预期管理。在网络产品销售中,预期是使顾客决定是否购买的关键因素。预期管理有两方面的效果:一方面是积极效应,即承诺推出新一代产品,增强消费者预期;另一方面可能也会产生消极效应,如果这种承诺是不可信的,将会使自己的声誉受到影响。网景就曾声称计划将其浏览器安装在 1 亿个桌面上,还宣布有 100 家业内伙伴将把 Navigator 与其产品捆绑。而微软同时也宣称 IE 将是未来的浏览器,并说明它计划将 IE 与 Windows 操作系统进一步整合。他们这样做的目的都是为了影响消费者的预期,使消费者在摇摆不定的抉择中放大选择自己的机会。

(四)政府在标准化过程中的公共政策选择

在公共政策层面,确定是否要标准化是困难的,而确定哪一种技术或标准可能更困难。此时,政府公共政策面临选择的时机问题。如果政府行动过早,那么它就只能基于某一种标准相对较好的有限信息进行决策;而如果政府等待时间过长,那么产业就有可能已被锁定在一种特定的可能不是最好的标准上。因此,政府干预的最佳时机如何确定就成了一个十分重要的问题。此外,针对网络外部性可能导致的过度惰性,即新旧技术的转换过于缓慢的问题,政府的公共政策也可以发挥一定的作用,以克服这一问题。一般说来,政府需要对参与双方进行协调,促使产业技术实施转换。但这时仍存在以下难题:从社会角度看,政府一般很难掌握一切相关的信息。因此,有关转换以及转换的时机是否最优,将是考量政府公共政策选择能力的另一种标准。

本章小结

产业组织理论是产业经济学中理论性较强的部分,本章主要对其理论来源和应用进行系统的介绍。通过这种“非技术性”的分析使原来较为“枯燥”的理论叙述变得容易被接受。现实中的产业组织问题大体可以分为四类:市场进入和退出、企业新的市场行为、中间型组织以及网络经济下的产业组织问题。这四类问题结合相应的研究方法便形成了产业组织的理论体系和研究范式。

产业组织理论的研究方法大体上可以分为两类:实证方法学派和推理方法学派。这两个派别在产业组织理论发展过程中都曾分别占据主导地位,产业组织研究方法的演进具有明显的阶段性。自 20 世纪 90 年代以来,两类研究方法出现了融合的趋势,同时还在不断吸收其他学科的研究成果从而使产业组织学在理论和实证方面的成果迅速增加。

产业组织理论不但要研究既定市场内企业(又称“在位者”)之间的关系,还要研究外来企业(又称“进入者”)进入该市场时或在位者退出该市场时相关企业的关系、行为和由此产生的后果。企业的进入和退出市场涉及经济运行的效率和福利、创新、集中度与产业规模等问题。企业在进入和退出市场中通常或多或少地会存在“壁垒”。其中,进入壁垒可以分为结构性的、策略性与政策性的,而退出壁垒则和沉没成本关系密切,沉没成本是由资产专用性引起的。关于进入和退出壁垒的相关理论还包括流动性壁垒、可竞争市场理论以及沉没成本理论等,这些理论对分析企业进入、退出以及市场效率问题非常有帮助。

企业的市场行为是指企业在市场上为实现其目标而采取的适应市场环境要求不断调整战略和策略的活动,具体包括定价行为、并购行为、促销行为等。企业的市场行为是受其经营目标的指导并受到市场结构和特征制约的,同时也作用于市场结构,进而改变市场结构的状态和特征。企业行为会对社会经济运行的效率和公平产生影响,因此必须对企业的市场行为进行适当的管理。在管理企业市场行为的活动中,政府起着绝对性的作用,是市场正常运行的先决条件。管理分为:垄断行为的管理、竞争行为的管理、价格行为的管理以及技术监督管理。

中间型组织在协调特定交易方面,比纯市场组织和纯科层组织具有更高的效率。中间型组织是通过企业与市场的相互渗透,并借助于一定的纽带融合生成的,相对稳定独立并普遍存在的体制组织形态。这种体制组织形态不是层级组织和完全竞争市场某种简单的折中或重叠。中间型组织的特殊机理决定了其在竞争中的优势地位,这种优势地位使得其组织形式不断进行演化。中间型组织有三种形成模式:以地理空间为纽带、以产权为纽带和以各种契约关系为纽带。中间型组织的特殊机理决定了其在竞争中的优势。

网络经济条件下的产业组织问题主要研究网络经济条件下的市场结构特征、企业行为策略选择和市场运作绩效以及政府公共政策的实施。网络经济是指基于信息和网络技术而发展起来的,以计算机互联网在经济领域得到普遍应用为主要特征的经济形态。网络经济的运行具有外部性、边际收益递增、正反馈与需求方规模经济以及联合体经济等规律。消费者对网络经济的需求依靠其对网络产品的期望,这种期望又产生了“临界规模”。产品的兼容性是网络产品的显著特征,这种兼容性导致网络经济下的竞争不同于传统产业的竞争。由外部性和兼容性而引发的标准竞争是网络经济中企业竞争的实质。标准及标准化对市场的参与者、企业的战略和政府的公共政策的制定与选择都产生了重大的影响。

主要名词

实证方法	规范分析	静态分析	动态分析
比较静态分析	古诺模型	伯川德模型	进入壁垒
退出壁垒	流动壁垒	限制进入定价	掠夺性定价
价格歧视	协同效应	标准化管理	产品质量管理
计量管理	中间型组织	网络经济	外部性
正(负)反馈	需求方规模经济	消费者预期	临界网络规模
兼容性	标准	标准竞争	

复习题

(1) 产业组织有哪些主要研究方法?

(2) 什么是进入壁垒? 进入壁垒有哪几类?

(3) 什么是流动壁垒? 流动壁垒与进入壁垒的关系是怎样的?

(4) 潜在竞争是如何在可竞争市场中发挥作用的?

(5) 企业的市场行为有哪些? 政府从哪些方面对其进行管理?

(6) 什么是中间型组织? 中间型组织的竞争优势有哪些?

(7) 网络经济的主要特征是什么?

(8) 简述网络经济下企业在标准竞争中的策略。

思考作业题

(1) 试述产业组织理论两个研究学派的最新进展。

(2) 如果古诺模型中企业的数目由两个变为 n 个,此时在其他条件不变的情况下,结果会随 n 值变大而接近完全竞争,试对这一结论进行证明。

(3) 试述产业组织理论的渊源及其发展。

(4) 掠夺性定价和限制性定价的区别是什么？试列举现实生活中的价格歧视行为。

(5) 现实中的中间型组织有哪些？它们是怎样运行和发挥作用的？

(6) 什么是产品的兼容性？产品兼容性是怎样在竞争中发挥效用的？

第四章　产业结构

结构是事物实体组成部分的构成比例或关联关系的归纳表述，结构的变化，不仅意味着事物内部关系的变迁，同时也会外化为事物功能的改变以及同环境相互作用关系的改变。因此，对结构的分析既是研究事物内部组成因素(要素)特征的基本手段，也是认识事物动态运作轨迹和趋势的基本方法。所以，对产业结构的研究，是制度安排和政策制定的前提和重要条件。产业结构的状况，既是社会经济发展水平的标志，又是社会经济发展的决定因素，实质上是产业与产业间及产业内部的经济技术关系；产业结构理论是研究产业间及产业内部的经济技术联系及其联系方式的理论。本章讨论产业结构及其一般演进理论、产业结构调整与优化、产业关联这三个基本问题，关于产业结构软化的问题将在第九章中进行详细的介绍。

第一节　产业结构及其一般演进理论

一、产业结构的含义

产业结构概念的应用始于 20 世纪 40 年代。开始应用时这一概念的意义和定位还很混乱：产业结构既可以用来解释产业间和产业内部的关系，也可以用来解释产业内企业间的关系结构以及地区间产业分布。产业组织理论创始人贝恩在 1966 年出版的著作《产业结构的国际比较》中，将产业结构解释为产业内的企业关系。20 世纪 50 年代中期日本在制定经济发展战略的讨论中，产业结构这一概念被用来概括产业之间的关系结构。直到 20 世纪 70 年代初，日本的经济学家极力做出一些澄清，认为产业结构单指产业间的关系结构。随着对产业经济研究的逐步深化,产业结构的概念和研究领域也逐步界定下来。按照研究的内涵和外延的不同,对产业结构的研究有“广义”和“狭义”之分:广义的产业结构是指产业间的技术经济联系与联系方式;狭义的产业结构是指国民经济各个产业之间以及产业内部的比例关系和结合状况,主要研究构成产业总体的类型、组合方式、各产业间的本质联系、各产业的技术基础、发展程度及其在国民经济中的地位和作用。

二、产业的划分

产业的正确划分与分类,是产业经济理论研究的基础,也是进行产业结构分析的前提。通过对产业发展的总结,产业分类主要有以下五种方式。

(一) 两大部类分类法

两大部类分类法思想首先由马克思提出并进行了详细分析。马克思在对社会再生产过程进行分析时,对物质生产领域中的社会总产品进行了剖析,根据产品在再生产过程中的不同作用,从实物形态上把社会总产品分为两大部类:第一部类的生产资料生产和第二部类的消费资料生产。两大部类分类法思想是对社会再生产过程的高度概括和科学抽象,但也正因如此,它很难成为一种实用的分类方法。

(二) 三次产业分类法

由英国经济学家费希尔(A. G. D. Fisher)和克拉克(C. Clark)创立的三次产业分类法是产业结构研究中最重要的分类法之一,它不仅是一种方法,同时也是一种理论。

三次产业分类法就是把全部经济活动划分为三类:第一类产业(Primary Industry),一般指和人类初级生产阶段相对应的农业和畜牧业;第二类产业(Secondary Industry),一般指和工业大规模发展阶段相对应的、以对原材料进行加工并提供物质资料的制造业,包括制造业、建筑业、运输业、通信业和煤炭业等;第三类产业(Tertiary Industry),一般指以生产非物质产品为主要特征的、包括商业服务在内的服务业,包括金融、商业、饮食等公共服务以及科学、卫生、教育、政府等公共行政事业等。

三次产业分类法使人们对社会经济活动的认识更加全面，为经济统计和管理工作提供了现实和便利的方法，同时也为认识和划分社会经济活动提供了一种富有价值的思路，但其本身也存在着一定的局限性。在其理论基础方面，社会再生产过程被描述得过分笼统和简单；在具体划分现实经济活动上，还存在不少难以自圆其说的矛盾；内容上过于庞杂，把性质上相距甚远的部门行业混杂在一起，难以分析第三产业的变化实质等。

（三）标准产业分类法

为统一世界各国国民经济统计口径，便于彼此间的比较，联合国于 1971 年颁布了《全部经济活动的国际标准分类索引》。该索引提供了产业结构研究的经济统计基础。

标准产业分类法首先将全部经济活动分为十个大项，每个大项又分若干中项，中项下分若干小项，小项下又分细项，形成大、中、小、细四个层次，从而将全部经济活动准确地表示出来，其十大项目是：① 农业、狩猎业、林业和渔业；② 矿业和采矿业；③ 制造业；④ 电力、煤气、供水业；⑤ 建筑业；⑥ 批发与零售业、餐馆与旅馆业；⑦ 运输业、仓储业和邮电业；⑧ 金融、不动产业、保险及商业性服务业；⑨ 社会团体、社会性和个人服务活动；⑩ 不能分类的其他活动。

标准产业分类法与三次产业分类法在思路上保持了一致性，它具有规范、精确的特点，因而更宜于进行应用分析，也为管理活动以及跨时期、跨国界的比较提供了极大的方便。

（四）农轻重分类法

所谓农轻重分类法，是指将社会经济活动中的物质生产分成农、轻、重三部分。“农”指的是大农业，包括种植业、畜牧业和渔业；“轻”指的是轻工业，其产出主要是消费资料的产品，如纺织业、食品业、印刷业等；“重”指重工业，主要指生产生产资料的工业，如钢铁工业、石油工业、煤炭工业、电力工业等。农轻重分类法是马克思的两大部类分类法在实际工作中的应用，它虽然在某些方面对两大部类分类法作了一些修正和改进，但同样还存在着其本身的缺陷，这种分类方法主要是针对主要物质生产领域的，而对非物质生产领域存在着涵盖面不全的短处。在经济发展和科技的进步,生产不断地融合的今天,传统的农轻重之间的界限越来越模糊。因此,该分类方法只能适用于工业化发展程度较低的阶段,其应用价值日趋减少。

(五)其他产业分类法

在产业经济理论文献中,还有一些根据不同的标准和不同分析目的所进行的产业分类。

霍夫曼分类法,是由德国经济学家霍夫曼(W. G. Hoffmann)在对工业化过程进行分析和考察时运用的产业分类法,将产业划分为消费资料工业、资本资料工业和其他工业。

生产要素分类法,即指按生产要素密集程度,将产业划分为劳动密集型产业、资本密集型产业、技术密集型产业和知识密集型产业。

四次产业分类法,是在三次产业的基础上,增加一项信息产业作为第四产业的分类方法。

产业构成要素分类法,即根据产业经济基本构成要素将产业划分为物质产业、位置产业和内容产业。

各种产业分类方法的产生,都有一定的理论价值或实践意义。但同时,每一种具体的产业分类方法也都存在一定的局限性和特殊使用范围。

三、产业结构演进的一般规律

在商品经济的发展过程中,随着科技进步和生产社会化程度的提高,以及分工的深化与市场深度广度的扩展,产业结构的演进也会表现出一定的规律性。人类社会进入 20 世纪后,经济增长和结构转换加速,其对经济增长过程的影响明显加强,与之相应的是产业结构演变理论亦随之日益发展和不断完善。众多经济学家从经济发展史的角度研究产业结构方面的演变,揭示了经济发展、人类需求变化与结构转换之间的关系,对产业结构转换的趋势和意义进行了较为详细的描述和预测。

(一)经济发展与产业结构的演变——配第—克拉克定律

在产业结构理论中,最著名的学说就是配第—克拉克定律。该定律是英国经济学家科林·克拉克在威廉·配第的研究成果基础上,深入分析研究了劳动力在三大产业间分布结构的演变及趋势后得出的,同时提出了一些带有普遍性的经验总结。这一理论有三个重要的前提:第一,该定律是以若干国家在时间推移中发生的变化为依据。这种时间系列意味着一个国家的人均国民收入一般是要变化的。也就是说,这种时间系列是和不断提高着的人均国民收入水平相对应的。第二,该定律首先使用了劳动力这一指标,考察了伴随经济发展,劳动力在各产业中的分布状况所发生的变化。后来,克拉克、库兹涅茨和其他人又以国民收入在各产业的实现状况,对产业结构作了进一步研究,发现了一些新的规律。第三,克拉克产业结构的研究是以三次产业分类法为基本框架。根据以上三点,克拉克搜集和整理了若干国家的统计资料,按照年代的推移,分析劳动力在第一、第二、第三产业之间移动的趋势,得出了如下结论:随着经济的发展和人均国民收入的提高,劳动力首先由第一产业向第二产业移动;当人均国民收入水平进一步提高时,劳动力便向第三产业移动。劳动力在产业间的分布状况为:第一产业将减少,第二、三产业将增加。克拉克认为,劳动力在产业间的移动是由经济发展中各产业间出现收入(附加价值)的相对差异造成的。人们总是由低收入的产业向高收入的产业移动。这不仅可以从一个国家经济发展的时间序列分析中得到印证,而且还可以从处于不同发展水平上的国家在同一时点横断面比较中得到类似的结论,人均国民收入水平越高的国家,农业劳动力在全部劳动力中所占的比重相对来说就越小,而第二、三产业中劳动力所占的比重相对来说就越大;反之,人均国民收入水平越低的国家,农业劳动力所占比重相对越大,而第二、三产业劳动力所占比重相对越小。

导致劳动力产业间移动的深层原因主要有以下三点:

(1) 第一产业国民收入及劳动力的相对比重趋于减少的原因:① 第一产业主要是生产生活必需品,而生活必需品的需求特性是当人们的生活水平、收入水平达到一定程度后,个人收入中用于支付必需生活品的比例减少,从而导致第一产业的需求收入弹性趋于减少。随着这种消费结构发生的变化,国民收入在三次产业间的分配也发生了变化。在第一产业的国民收入份额减少的情况下,第一产业的劳动力也相应地减下来。② 在第一产业和第二产业之间,如农业和工业之间,其技术进步可能性有很大差别。由于第二产业的技术进步较第一产业更为迅速,随着投资的增加,劳动生产率的提高,其在国民收入中的相对比例中处于有利地位。而第一产业由于其技术进步的困难性和生产周期长的特点,投资出现报酬递减效应,使其在国民收入增长中处于劣势地位。③ 第一产业本身也会提高劳动生产率。而第一产业具有低收入弹性的特点,这必然释放出大量劳动力转入第二、三产业,从而导致农业劳动力相对比重减少。

(2) 第二产业国民收入的相对比重上升的原因:第二产业不仅因人们的消费结构的变化趋势使其收入弹性增大,而且国民收入中支出于投资部分的增长也在不断扩大。随着技术的进步、投资的增加、生产的扩张、新产品的涌现,人们的生活方式发生了转变,耐用消费品在消费支出中的比重不断上升。由于需求高增长的产业较易维持较高的价格,从而获得较高的附加值,导致该部分产业收入弹性增大。因此,整个国民收入的支出结构的演变都支持着第二产业的高收入弹性,第二产业在全部国民收入中所占比重上升。

(3) 第三产业劳动力相对比重上升的原因:随着人们收入水平的不断提高,个人收入中用于支付生活必需品的比例趋向减少而用于服务消费的支出不断增加,这导致第三产业需要大量的劳动力来满足这种消费结构的变化。另外第三产业较其他产业具有更高的收入弹性,由此导致第三产业国民收入的相对比重不断趋于有利地位,并吸引劳动力向第三次产业转移。

(二) 库兹涅茨提出的产业结构演变规律

美国著名经济学家、"GNP 之父"库兹涅茨在继承克拉克研究成果的基础上,对产业结构的演变规律作了进一步探讨,阐明了劳动力和国民收入在产业间分布结构演变的一般趋势,从而在深化产业结构演变的诱因分析方面取得了突出成就。库兹涅茨把三次产业分别称为"农业部门"、"工业部门"和"服务部门"。他从国民收入和劳动力在产业间的分布两个方面,对伴随经济发展的产业结构变化作了分析研究,收集和整理了二十多个国家的庞大数据,根据对各产业中相对国民收入变化趋势所作的分析,得出以下结论:

(1) 农业部门创造的国民收入占全部国民收入的比重与农业劳动力占全部劳动力的比重一样,均处于不断下降之中,且比较劳动生产率①低于 1,而第

① 比较劳动生产率又称相对国民收入,它表示某产业的国民收入的相对比重与该产业的劳动力的相对比重的比值,用公式表示为:某产业的比较劳动生产率=该产业的国民收入的相对比重/该产业的劳动力的相对比重。

二和第三产业的相对国民收入则大于1。并且从时间分析来看,农业相对国民收入下降的趋势说明,在劳动力相对比重和国民收入相对比重下降情况下,国民收入相对比重下降程度超过了劳动力相对比重下降程度。因此,在大多数国家农业劳动力减少的趋势仍然存在。他认为,农业劳动力相对比重的减少是农业实现的国民收入相对比重减少的反映,是任何国家在经济发展一定阶段上的普遍现象。

(2) 工业部门国民收入相对比重上升是普遍现象。但工业部门劳动力相对比重的变化,由于不同国度工业化水平的不同而有所差异,总体上是略有上升或大体不变。这表明,相对国民收入(比较劳动生产率)是上升的。特别是进入20世纪以后,在欧美各发达国家里,劳动力的相对比重一直保持着大体不变的状况。反映了工业化达到一定水平以后,第二产业不可能大量吸收劳动力。但同时,相对国民收入唯独第二产业是上升的。这说明,在一个国家的经济发展过程中,第二产业对国民收入特别是人均国民收入的增长上有突出贡献。

(3) 服务部门劳动力相对比重是上升的。但在有些国家,出现了国民收入相对比重与劳动力相对比重上升不同步的情况。这说明第三产业具有很强的劳动力吸收特性。但是由于各国经济发展水平不同,劳动生产率提高的水平并不相同。一般地说,在工业先进国家里,第三产业是三个产业中规模最大的产业,无论是劳动力的相对比重还是国民收入的相对比重都会占据一半以上。

(三) 工业结构的重工业化——霍夫曼定理

德国经济学家霍夫曼对第二产业内部结构的演变规律作了开拓性研究,其代表作是《工业化的阶段与类型》。他根据近20个国家的时间系列数据,分析了制造业中消费资料工业和资本资料工业的比例关系,即消费资料工业的净产值和资本资料工业的净产值之比,其比值就是霍夫曼比例。公式为:

霍夫曼比例 = 消费资料工业的净产值/资本资料工业的净产值

霍夫曼定理是指在工业化的进程中,霍夫曼比例不断下降的规律。霍夫曼根据霍夫曼比例的变化趋势,把工业化的过程分成四个阶段(如表4－1所示)。

表 4-1 霍夫曼对工业化阶段的划分

霍夫曼系数的范围	工业化阶段
5.0(±1.0)	第一阶段
2.5(±1.0)	第二阶段
1.0(±1.0)	第三阶段
1以下	第四阶段

(资料来源：芮明杰：《产业经济学》，上海：上海财经大学出版社，2005年，第198页。)

霍夫曼认为，在工业化的第一阶段，消费资料工业的生产在制造业中占有统治地位，资本资料工业的生产是不发达的；在第二阶段，与消费资料工业相比，资本资料工业获得了较快的发展，但消费资料工业的规模，显然还比资本资料工业的规模大得多；在第三阶段，消费资料工业和资本资料工业的规模达到了大致相当的状况；在第四阶段，资本资料工业的规模将大于消费资料工业的规模。

(四) 雁行发展理论①

雁行形态发展模式(Flying Geese Paradigm)是由日本经济学家赤松要(Kaname Akamatsu)1932年在《当代日本产业结构研究》中提出的，该模式是表明后发工业国为了弥补与工业发达国家在产业结构上的差异而采取的一种参与国际分工实现产业结构高度化的发展模式，即"进口——国内生产(进口替代)——出口"的发展模式。第一阶段，工业发达国领先进行某产品的开发与生产，后发工业国由于工业起步晚，国内市场上生产要素供给条件不具备，成为产品进口国，形成"导入期"。第二阶段，后发工业国经济起飞条件逐步满足，通过引进技术或设备等，逐步完善生产要素的供给，产品实现了国内生产替代进口，形成"进口替代"。第三阶段，在国内需求结构与国内重工业化进程的相互作用下，随着对技术的引进、吸收和规模经济的形成，开始具备比较成本优势，产品得以出口国外市场。

① 关于雁行模式的较为详细的介绍请参见杜奇华、冷柏军编著：《国际技术贸易》，北京：高等教育出版社，2007年，第70—72页。

(五) 产品生命周期理论①

弗农认为工业先行国的产业结构演变模式要与国际市场的发展变化紧密结合,并通过参与国际分工来实现本国产业结构升级。产品循环顺序是"新产品——国内市场形成——出口——资本和技术出口——进口——更新的产品",从而带动工业结构由劳动、资源密集型向资金、进而是技术密集型演进。这一过程可分为"导入期"、"成熟期"、"标准化期"。第一阶段,创新国率先进行新产品的开发与生产,并在国内消费。该阶段的产品性质是一个知识密集型的新产品。第二阶段,创新国随着生产规模的扩大,开始向后发工业国家出口,随着技术在世界范围的普及,进口国开始能生产同类产品与创新国进行竞争。该阶段的产品性质已演化为资本密集型产品。第三阶段,标准化时期,国外生产成本大大下降,创新国逐步放弃该产品的生产,转向进口,同时开始研发更新更高级的产品。该阶段的产品性质已转化为劳动密集型产品。

四、产业结构演进的影响因素

显而易见,产业结构演进是一个由多因素综合作用所决定的经济过程。影响产业结构演变的因素主要包括以下几个方面:

(一) 需求结构

需求结构是制约产业结构需求中最主要、最直接的因素,需求结构的变化促使生产结构和供给结构都发生变化,导致产业结构变化。需求结构包括消费结构、投资结构、消费与投资比例结构三个方面。

1. 消费结构

在需求结构中,对产业结构变动影响最大的是消费结构。这是因为消费结构不仅直接影响着最终产品的生产结构和生产规模,而且间接影响中间产品的需求,进而影响中间产品的产业结构。个人消费和劳务的需求种类及其比例、各类需求种类的数量及其变动幅度等直接影响生产消费品资料的产业

① 关于产品生命周期理论的较为详细的介绍请参见杜奇华、冷柏军编著:《国际技术贸易》,北京:高等教育出版社,2007年,第63—65页。

构成。消费结构的变动主要受经济发展程度、收入水平、人口结构和消费物价水平等因素的影响。

2. 投资结构

投资结构是指投资在国民经济各部门、各行业、各地区之间的分配情况和比例关系。不同方向的投资是改变已有产业结构的直接原因,新的需求投资将形成新的产业而改变原来的产业结构;对部分产业追加投资,将推动这部分产业以更快的速度扩大,从而影响原有产业结构;对全部产业投资,但投资比例不同,同样会引起各个产业发展程度的差异,导致产业结构的相应变化。

3. 消费和投资比例结构

消费和投资的比例关系直接决定了消费资料产业和资本资料产业的比例关系,消费和投资比例的变化直接引起消费资料产业与资本资料产业的比例变化。在工业化过程中,存在着生产资料产业增长更快、比重逐渐增加而消费资料产业增长相对缓慢、比重相对缩小的产业结构变动趋势,这正是消费与投资比例结构变化的结果。

(二)供给结构

1. 自然条件和资源禀赋

一个国家的自然条件和资源禀赋对该国产业结构的形成与发展有着引导性的作用,也是制约产业结构的重要因素。一般情况下,气候条件优越、水资源丰富、土地广阔肥沃的国家和地区,农业在产业结构中处于重要地位;旅游资源丰富的国家和地区更适合发展旅游服务业;石油、煤炭和矿产丰富的国家和地区资源开发型产业会占相当大的比重;而自然资源匮乏的国家和地区往往只能建立以加工制造业、知识密集型产业或服务业为主体的产业结构。但是,自然资源状况对工业部门结构的影响是相对的。随着科学技术的进步,原料利用率得到提高,许多原来难以利用的资源得到开发,在一定程度上改善了自然资源的状况。此外,通过国际贸易可以弥补国内资源的短缺,缓解自然资源对一国产业结构的制约。

2. 资本供应状况

资本是产业维持和扩张的基础条件;资本的供应和使用情况是制约产业结构的重要因素,资本供应的总量、充足程度、增长速度、价格水平等,直接影响产业的形成和发展。此外，资本量充足、资本价格低，就有条件调整不合理的产业结构，拉长短线产业，促进产业结构的科学、合理和高级化。

3. 劳动力资源

劳动力是最主要的生产要素，劳动力的数量、素质和价格是决定和影响产业结构形成和变动的主要因素。劳动力资源丰富、廉价的国家和地区更适于发展劳动密集型产业；而劳动力素质高的国家和地区在发展知识技术密集型产业方面拥有相对优势。而劳动力价格昂贵的国家和地区通常以资本和技术密集型产业为主导。

（三）技术进步

技术进步是影响一个国家产业结构变化的主要因素之一，也是产业演进的根本动力。一个国家的产业结构表现为一定的生产技术结构，生产技术结构的进步与变动会引起产业结构的相应变动，并通过主导产业扩散效应的作用推动相关产业同步变动；技术进步不断拓宽劳动对象，促进产业部门细化、新的产业部门产生；技术进步还不断引发人们的新需求，成为新产业部门成长的动力。

1. 技术进步推动产业结构高度化

技术进步是产业结构高度化的决定性因素。科技进步直接改变产业的技术基础和生产的技术条件，推进产业结构的高度化，即由劳动密集型产业为主向以资本、技术密集型产业为主的演进，由第一产业为主向第二、第三次产业为主的演进，由农业经济社会向工业经济社会、知识经济社会的演进。

2. 技术进步影响需求结构

技术进步开发出新产品，使消费品升级换代，实现了“产品”引导消费需求结构变化；技术进步降低能源消耗，增加可替代资源，开发新资源，改变生产需求结构；技术进步能减少生产成本、改善产品性能、提高产品质量，有利扩大市场需求。

3. 技术进步影响供给因素

技术进步能改善自然环境、保护自然资源、开发新的资源，形成新的比较优势，改进资源供给状况，从而降低成本、增加收入、扩大积累，改善资本供给状况；技术进步还可以提高劳动力的素质从而改善劳动力的供给，技术进步通过供给因素的变化，促进产业结构的变动。

4. 技术进步改善产业结构水平

技术进步除了推动产业结构高度化之外,还可以提高社会分工和专业化的程度、形成新兴产业、增强传统产业的生命力、促进出口产业的发展等,从而提高产业在国际市场上的竞争力。

(四) 国际贸易和国际投资

产业结构不仅受到国内因素的影响,还受到国际因素的制约。影响一个国家产业结构状况及其变动的国际因素主要是国际贸易和国际投资。

1. 国际贸易对产业结构的影响

国际贸易使社会分工打破国别界限,促进了资源、产品、技术、劳务等在国家间的流动,有利于各国发挥其比较优势,获得比较利益。国际贸易对产业结构的影响是通过资源、商品、劳务的出口和进口,刺激本国需求增长和增加国内供给来影响本国产业结构,或为本国发展同类产业创造有利条件,从而对国内同类产业或相关产业的发展起推动作用,推动本国产业结构高度化。

2. 国际投资对产业结构的影响

国际投资也是影响产业结构变动的重要因素。国际投资分为本国企业对外投资和外国企业对内投资两种。对外投资会使本国产业对外转移,而外国企业对内投资则会促使国外产业对内转移,两者均会引起国内产业结构的变化。特别是外国直接投资会对国内产业结构的变动产生深远影响:首先,外资企业产品品种和数量的变化会直接改变原有的产业结构;其次,外资企业中间产品的供应结构和最终产品的销售结构的变化会直接影响国内产业结构的变化;最后,外资企业的技术创新会间接地影响国家或地区的产业结构。

五、产业结构变动的趋势

(一) 生产要素密集型产业地位变动趋势

按照生产要素的密集度不同,产业可以划分为劳动密集型产业、资本密集型产业、知识技术密集型产业等三种类型。这三种不同类型的产业在产业结构或国民经济中所处地位并不相同,分别代表着生产力发展层次、社会进步程度以及经济效益水平，它们的组合会形成不同类型的产业结构。在生产力要素主导下，存在着劳动密集型产业为主，然后转向以资本密集型产业为主，最后以知识技术密集型产业为主的演变规律。

（二）产业结构高加工度和高附加值化趋势

制造业结构表现出以原材料工业为中心转向加工、装配工业为中心的发展趋势，存在着原材料工业增长速度慢、所占工业比重下降、加工工业增长速度快、所占工业比重上升等现象。制造业中，对劳动对象的加工程度（即加工的次数、环节、持续的过程的长短等）有高低的不同，其新增加的价值也有大小的差别。存在产业的加工度提高和附加值增加，高加工度和高附加值产业在产业结构中越来越占优势地位、起主导作用的演变规律。日本的制造业内部结构变动正说明了这一点。

非制造业中，高加工度和高附加值同样成为一种趋势，虽然它们之间的表现形式有所不同。服务业的深度开发，越来越切合消费者的实际需求，使之为此服务的物质性产品价值远远超过其原有的价值，增值的效果显著。

（三）新兴产业不断取代传统产业，并成为主导产业

主导产业是指一国产业体系中处于主体地位，发挥引导和支撑作用的产业。主导产业是变动的，因此，不同经济发展阶段的主导产业也不同。代表着技术进步和社会发展的新兴产业会不断取代传统产业，成为新的主导产业。客观上，主导产业不同，产业结构也就不相同。从这个意义上讲，主导产业转换的过程也是产业结构变动的过程。

（四）产业结构由低级向高级演进的趋势

按照目前的共识，产业结构发展水平，可分为初级结构、中级结构、高级结构等三个不同等级的类型，存在逐步演变的客观必然性。产业结构的这种演进规律存在的原因，不仅在于任何事物都存在由低级向高级发展的规律性，更重要的是三次产业比重变动规律、生产要素密集型产业地位变动规律、产业结构高加工度和高附加值化规律和主导产业转换规律共同发挥作用的结果。农业为主、第一产业为主、劳动密集型产业为主、低加工度和低附加值产业为主的产业结构，都属于初级结构；工业为主、第二产业为主、资本密集型产业为

主、较高加工度和较高附加值产业为主的产业结构，都属于中级结构；第三产业为主、知识技术密集型产业为主、高加工度和高附加值产业为主的产业结构，都属于高级结构。

总趋势是：在三类产业中，第一产业比重不断下降，第二、三产业比重上升。但到一定阶段后，第二产业比重呈下降趋势，而第三产业则上升。这是从大量实证材料中得出的一般趋势和规律。但具体"到一定阶段"是指什么时候，说法不一，每个国家的情况也不同。

第二节　产业结构优化与调整

一、产业结构优化的概念

产业结构优化是指各产业协调发展、产业总体发展水平不断提高的过程。具体来说，产业结构优化就是指产业间的经济技术联系的数量比例关系由不协调不断走向协调的合理化过程，以及产业结构由低层次不断向高层次演进的高度化过程。这一合理化过程从本质上反映了一个产业结构系统的聚合质量，它具体表现为系统的产出与市场需求间的关系、各产业之间的协调、对资源利用转化效率等方面的平衡。产业结构高度化初指产业结构中重化工业的比重逐渐占主导地位的现象，而现在则泛指产业结构系统根据产业结构演进规律，不断由低级向高级演进的过程。

产业结构的合理化和高度化是相辅相成的两方面。合理化是高度化的基础，没有产业结构合理化，高度化就失去了基础条件，非但达不到产业结构升级的目的，反而有可能发生结构的逆转；而产业结构高度化则是合理化进一步发展的目的，产业结构的合理化本身就是为了使产业结构向更高层次的转换，失去了这一目的，合理化也就失去了存在的意义。

二、产业结构优化的标志和衡量

由于产业结构优化包括产业结构高度化和合理化两大方面内容，因此产业结构高度化和合理化的标志及衡量方法也就是产业结构优化的标志和衡量方法。

(一) 高度化的标志及其衡量

1. 产业结构高度化的标志

(1) 高加工度化。产业结构由以加工程度比较低的轻纺工业、原材料工业为重心向以加工程度较高、较深的制造业和知识加工业为重心发展的趋势。

(2) 高附加值化。增值效益明显的附加值较大的产业在产业结构中越来越占优势、所占产业整体比重越来越大的发展趋势。

(3) 技术集约化。产业结构中的主体产业技术水平越来越高,技术基础越来越先进,技术密集型产业比重越来越占主要地位。

(4) 知识化。知识成为产业发展的决定因素,生产和传播知识的产业在产业结构中占有重要地位。

(5) 服务化。产业间彼此的服务功能加强,为其他产业提供服务成为提供产品的替代理念;服务性产业在国民经济中所处的比重越来越高并产生强烈的作用,趋向成为主导产业。

2. 产业结构高度化的衡量

对一国产业结构的高度化程度,常用两种衡量方法①:

(1)"标准结构"法。该方法是通过比较一国的产业结构与世界上其他国家产业结构的平均高度,来确定该国产业结构的高度化程度。库兹涅茨在研究产业结构的演进规律时,不但通过时间序列数据对产业结构的演进规律进行了研究,而且还通过横截面的数据对经济发展阶段与产业结构的关系进行了研究,提出了经济发展不同阶段产业的"标准结构"。这种方法,为了解一国产业结构发展到何等高度提供了比较的依据。可以此为参照,了解一国经济发展到哪一阶段以及产业结构高级化的程度。库兹涅茨的"标准结构"如表4-2所示。

用与库兹涅茨相似的方法,其他学者也提出类似的"标准结构",如钱纳里的"产业结构标准模式"、"钱纳里—塞尔昆模型"等等。

---

① 杨公朴、夏大慰:《产业经济学教程》,上海:上海财经大学出版社,2002年,第120页。

表 4-2 库兹涅茨的“标准结构”(%)

	1964 年币值的国民生产总值的基准水平(美元)								
	<100	100	200	300	400	500	800	1 000	>1 000
产值部门构成(部门产值占国内生产总值的比例)									
1. 第一产业	52.5	45.2	32.7	26.6	22.8	20.2	15.6	13.8	12.7
2. 制造业	12.5	14.9	21.5	25.1	27.6	29.4	33.1	34.7	37.9
3. 基础设施	5.3	6.1	7.2	7.9	8.5	8.9	9.8	10.2	10.9
4. 服务业	30.0	33.8	38.5	40.3	41.1	41.5	41.6	41.3	38.6
劳动力部门构成									
5. 初级产业	71.2	65.8	55.7	48.9	43.8	39.5	30.0	25.2	15.9
6. 制造业	7.8	9.1	16.4	20.6	23.5	25.8	30.3	32.5	36.8
7. 服务业	21.0	25.1	27.9	30.4	32.7	34.7	39.6	42.3	47.3

(资料来源：杨公朴、夏大慰：《产业经济学教程》,上海：上海财经大学出版社,2002 年,第 121 页。)

(2) 相似性系数法。该方法是通过计算结构相似系数,将一国产业结构的高度与参照系进行比较,从而确定该国产业结构的高度化程度。设 A 是被比较的产业结构，B 是参照系数，U_{Ai} 和 U_{Bi} 分别是产业 i 在 A 和 B 中的比重,则产业结构 A 和参照系 B 之间的结构相似系数 r_{AB} 为：

$$r_{AB}=\frac{\sum_{1}^{n}U_{Ai}U_{Bi}}{\left[\sum_{1}^{n}U_{Ai}^{2}\sum_{1}^{n}U_{Bi}^{2}\right]^{\frac{1}{2}}}$$

中国学者曾利用相似性系数,以日本为参照系,对中国产业结构的高度化进行过估计,认为中国产业结构中的劳动力结构(1992)与日本 1930 年的结构高度相似(相似性系数达到 0.984 6);而产值结构(1989)则与日本 1925 年的水平基本相等(相似性系数为 0.926 8)。

(二) 合理化的标志及其衡量

1. 产业结构合理化的标志

(1) 各大类产业之间、各大类产业内部的具体产业部门之间数量比例平稳,投入产出均衡,生产能力能够充分发挥,社会扩大再生产能够顺利进行。

(2) 产业结构与需求结构相适应,并随需求结构的变化而变化,投资需求和消费需求能够得到较好的满足,减少以至消除供求不平衡的状况。

(3) 产业结构与资源结构相协调,充分有效地利用国内外资源,科学地参与国际分工,发挥本国的比较优势,取得比较利益。

(4) 产业类型构成恰当,新兴产业、主导产业、传统产业等得到适度发展。产业发展的同时,能够保护环境,节约资源,实现人口、资源、环境与经济的良性循环。

总之,一旦产业结构合理化时,表现为能充分有效地利用本国人力、物力、财力以及国际分工的优势,使国民经济各部门协调发展,社会的生产、交换和分配顺畅进行,社会扩大再生产顺利发展;使国民经济持续稳定地增长,社会需求得以实现,实现人口、资源、环境的良性循环。

2. 产业结构合理化的衡量

衡量产业结构是否合理的方法,主要有以下几种①:

(1) 市场供求判断法。这是依据各产业的产品或劳务在市场上的供求情况来衡量产业结构是否合理的方法。具体来说就是:当市场上出现较长时期内某个或某些产业部门的产品或劳务严重供过于求或供不应求时,或者某个或某些产业的生产能力与市场对某产品或劳务的需求严重不符时,表明产业结构不合理;只有在各个产业的产品或劳务的供求基本平衡、没有严重过剩和短缺或者部门生产能力与市场需求相适应的情况下,产业结构才是基本合理的。

(2) 需求相适应判断法。这是根据产业结构是否与需求结构相适应,并能否随着需求结构的变化而变化来衡量产业结构是否合理的方法。具体做法是:分别计算每一个产业产品的需求收入弹性和生产收入弹性,若两者相等,则表明该产业与社会需求是相适应的;如果所有的产业的需求收入弹性与生产收入弹性都相等,则说明整个产业结构与需求结构是相适应的,产业结构合理。

(3) 结构效果判断法。这是依据产业结构变动引起国民经济总产出和总利润的变化来衡量产业结构是否合理的方法。如果产业结构变化引起国民经济的总产出相对增长、总利润相对增加,则表明产业结构在朝着合理的方向变动;若产业结构变化引起国民经济的总产出相对下降、总利润相对减少,则说

① 苏东水主编:《产业经济学》,北京:高等教育出版社,2005 年,第 294 页。

明产业结构在朝着不合理的方向变动。

(4) 影子价格分析法。这是依据影子价格来衡量产业结构是否合理的方法。影子价格是与实际市场价格不同的,“用线性规划方法计算出来的反映资源最优使用效果的价格”①。按照西方经济学的理论,当各种产品的边际产出相等时,表明资源得到了合理的配置,各种产品的供需平衡,产业部门达到最佳组合。所以,通过计算各产业部门的影子价格与产业总体的影子价格平均值的偏离程度可以衡量产业结构是否合理,偏离越小,产业结构越趋于合理。

三、产业结构优化的机制和措施

(一) 产业结构优化的机制

1. 以市场机制为基础

产业结构不断优化的过程也就是资源在产业之间配置不断优化的过程。社会化大生产条件下的社会经济运行机制主要分为市场经济和计划经济两大类。这两类机制同时也是产业结构优化的机制。实践证明,目前生产力水平下,市场机制是比计划机制更为有效的资源配置方式。因此,产业结构优化机制应以市场机制为基础。

市场机制通过价格的涨跌影响消费者利益得失的作用,会使得生产过剩的产业因亏损而压缩生产,生产不足的产业因盈余而扩大生产,从而促进产需结合、供求平衡、比例协调,实现产业结构优化。市场机制也可以通过竞争作用,一方面会使得传统落后的产业萎缩、衰亡,或采用高新技术进行更新改造;另一方面也会使得有需求有前途的产业、新兴产业、高新技术产业发展壮大;而且还能推动技术进步,提高产业发展的技术水平和运行效率,从而促进产业结构的高度化。

2. 以政府调控为辅②

由于市场机制也存在着事后性和盲目性,难以解决公共部门和自然垄断行业的发展、外部不经济、贫富分化等问题,为了弥补其不足,产业结构优化需

---

① 《中国大百科全书》(经济学Ⅲ),北京:中国大百科全书出版社,1988年,第1170页。

② 参见魏农建:《政府经济作用定位的分析》,《上海经济研究》2002年第3期,第24页。

要政府辅之以必要的调节和控制。政府对产业结构形成和优化实行调控的主要任务是：投资发展公共部门和某些自然垄断行业，支持和扶植新兴产业、高新技术产业、环保产业、保护和高效利用资源的产业和短线产业的发展，为市场机制更好地发挥作用创造有力的经济、社会环境和制度条件，促进产业结构的效率水平提高。

（二）产业结构优化的措施

政府促进产业结构优化的途径和措施有：

（1）正确选择主导产业，以更好地带动其他产业的发展，促进产业结构的升级。

（2）合理调整产业结构，纠正比例失调、结构失衡的偏差，促进产业结构合理化。

（3）鼓励技术创新，推动技术进步，提高产业结构的技术水平，促进产业结构的高度化。

（4）实行制度创新，为市场机制作用的充分发挥和产业的发展奠定良好的制度基础，保证产业结构的优化。

（5）制定合理的产业结构政策，区别对待主导产业、弱小产业、新兴产业、衰退产业。

第三节　产业关联应用模型与实证

一、产业关联的概念及其实质

产业关联又称产业联系，是指产业之间在经济技术上的数量比例关系，主要包括产业之间的投入产出、供给需求的数量关系。产业关联理论和方法主要存在于20世纪30年代美国经济学家里昂惕夫开创的投入产出理论体系中。

在一般的经济活动过程中，各产业都需要其他产业为自己提供一定数量和质量的要素供给。同时也把自己的产出作为一种市场需求提供给其他产业进行消费。正是由于这些复杂的供给与需求的关系，各产业才得以在经济活动中生存发展。若某一产业没有其他产业为其提供各种要素的供给,或其产出不能满足其他产业的消费需求,则显然该产业不能长期正常地生存下去。因此产业关联的实质是各产业相互之间的供给与需求关系。

二、产业关联的方式

产业之间的关联,虽然是由供给和需求所维系的,但这种维系方式却因各产业在产业链中的位置不同而有所差异。根据产业链间位置的差异,可将产业关联方式分为以下三种:

(一)前向关联

前向关联是指通过供给联系与其他产业部门发生的关联。当 A 产业在经济活动过程中需要吸收 B 产业的产出时,对 B 产业而言,它与 A 产业的关系就是前向关联关系。如对钢铁业而言,与汽车制造业的关系就是前向关联关系。

(二)后向关联

后相关联就是通过需求联系与其他产业部门发生的关联。即当 C 产业在经济活动过程中向 B 产业提供了产出,则对于 B 产业来说,它与 C 产业的关系便是后向关联关系。如对钢铁业而言,与采掘业的关系即为后向关联关系。

(三)环向关联

经济活动中的各产业依据前后向的关联关系组成了产业链。而此产业链通过复杂的技术经济关系联系往往会形成一个“环”。例如,采掘业→钢铁冶炼业→采矿设备制造业→采掘业。这种环状的产业关联一般被称为环向产业关联关系。

三、产业关联的研究方法——投入产出分析法

(一)投入产出分析法的含义

投入产出分析法(简称投入产出法),是研究经济系统各个部分(作为生产

单位或消费单位的产业部门、行业、产品等)间表现为投入与产出相互依存关系的经济数量分析方法。在研究过程中,它把一个地区、国家甚至整个世界的经济活动视为一个完整的系统,力图根据观测到的经验数据描述产业经济体系的运行状况。由于该方法最初是从各国对国民经济各部门的活动进行统计和计量中产生的,因此也被人们称为部门联系平衡法。

1. **投入产出表**

投入产出表也称里昂惕夫表或产业联系表,是全面记录和反映在一定时期(通常为一年)内,国民经济中各产业的投入来源及其产品去向的图表。如果将一个国家作为一个独立的经济系统,则系统的各个组成部分,即各个不同产业的基本经济职能就是向社会提供各种产品和劳务。各种产品和劳务的生产是由各个不同的企业通过各自独立的生产和经营活动完成的。在此过程中,企业为了生产必须购进一些投入物,这些投入物包括来自其他产业的原料、设备等;另一方面,各产业的产出物又成为其他部门的投入物。投入产出表就以矩阵的形式,将一个经济体系中所有部门各种投入的来源和所有各类产出的去向简明扼要地概括出来。下面是一个简化了的投入产出表。

表 4-3 基本投入产出表

投入＼产出		产业部门				总产出
		农业	工业	建筑	其他	
产业部门	农业	X_{11}	X_{12}	…	…	X_1
	工业	X_{21}	…	…	…	X_2
	建筑	…	…	…	…	…
	其他	…	…	…	…	…
总投入		X_1	X_2	…	…	$\sum X$

(表格来源:根据相关资料整理)

投入产出表横向各项代表产出,表示每个部门的总产出在各部门的分配情况,或者是说各部门对总产出的需求。如,农业的总产出是 X_1,它分别作为农业、工业、建筑业和其他产业的投入物 X_{11},X_{12},……。

投入产出表的纵列代表投入,它说明了每一部门生产一定数量的总产出需要多少部门的产品作为它的投入物。如,农业部门生产总产出是 X_1,需要农业、工业、建筑和其他产业投入 X_{11}，X_{12}，……数量的其他产品。

投入产出表的重要特点是其与国民收入核算方法保持一致。因此投入产出始终是相等的。表中每一项数字的数值都依赖于各经济部门的全部投入产出关系。计算表中每一个数字都等于解一个联立方程组，在这个方程组中，有多少部门就有多少个方程。所以，可以说，投入产出表清晰地反映出各产业复杂的数量联系。

2. **投入产出模型**

投入产出模型是由系数、变量的函数关系组成的数学方程组。建立该模型一般分两步：一是依据投入产出表计算各类系数；二是依据投入产出的平衡关系，建立投入产出的数学表达式，即投入产出模型。

(1) 直接消耗系数和完全消耗系数。直接消耗系数又称投入系数，是指生产单位产品对某一产业产品的直接消耗量，它反映了各产业间的直接联系程度。如果用 a_{ij} 表示第 j 产业产品对第 i 产业产品的直接消耗系数，即生产单位 j 产业产品所消耗的 i 产业产品的数量，那么有：

$$a_{ij} = \frac{X_{ij}}{X_j} \text{或} a_{ij}X_j = X_{ij}(i,\ j = 1,\ 2,\ \cdots)$$

直接消耗系数描述了一种生产过程中对其他产品的直接消耗，反映了产业之间的直接联系。但对于某种产品的生产而言，它不仅在直接生产中消耗其他各类产品(投入物，下同)，而且在间接生产过程中也要消耗这些产品。为提高数据的精确性和科学性，人们借助于直接消耗系数，计算出生产一种产品对某种产品的完全消耗系数，以真实地描述生产一种产品所消耗的其他产品的全部数量。

一种产品对某种产品的直接消耗和全部间接消耗的总和被称为完全消耗，相应的，直接消耗系数和全部间接消耗系数的总和就是完全消耗系数。完全消耗系数能够全面、深刻地反映各产业之间的内在联系。通常以 b_{ij} 来表示 j 产业产品对 i 产业产品的完全消耗系数，a_{ij} 代表直接消耗系数，$b_{ik}a_{kj}$ 代表一种产品通过中间产品 $k(k = 1,\ 2,\ \cdots)$ 对于另一种产品的间接消耗量，这样完全消耗系数公式可表示为：

$$b_{ij} = a_{ij} + \sum_{k=1}^{n} b_{ik}a_{kj}(i,\ j = 1,\ 2,\ \cdots)$$

如果用 b 表示完全消耗系数,经过推导可得,由其所组成的矩阵 B 和直接消耗系数矩阵 A 间存在以下关系①:

$$B=(I-A)^{-1}-I$$

(2) 投入产出模型。由于投入产出表中各产业中的投入与产出都是平衡的,所以可以按其行或列建立投入产出模型。基本的投入产出模型是按每个产业所在的行建立关系后再构成的线性方程组。基本投入产出模型为:

$$\begin{cases} a_{11}X_1+a_{12}X_2+\cdots+a_{1n}X_n+Y_1=X_1 \\ a_{21}X_1+a_{22}X_2+\cdots+a_{2n}X_n+Y_2=X_2 \\ \vdots \\ a_{n1}X_1+a_{n2}X_2+\cdots+a_{nn}X_n+Y_n=X_n \end{cases}$$

也可以用矩阵形式表示为:

$$AX+Y=X$$

式中

$$X=\begin{bmatrix} X_1 \\ X_2 \\ \vdots \\ X_n \end{bmatrix} \qquad Y=\begin{bmatrix} Y_1 \\ Y_2 \\ \vdots \\ Y_n \end{bmatrix}$$

将上述基本投入产出模型进行变换,即以总产品表示最终产品或最终产品表示总产品,则可得到以下两种变换模型:

第一种模型,将总产品表示最终产品的投入产出模型。把基本的投入产出模型移项得:$Y=(I-A)X$,其中 $(I-A)$ 称为里昂惕夫矩阵,经济含义为:矩阵中的纵列表明每种产品的投入与产出关系;每一列都说明某产业为生产一个单位产品所要投入各相应产业的产品数量,负号表示投入,正号表示产出,对角线上各元素则是各产业的产品扣除自身消耗后的净产出。显然,上述投入产出的矩阵变换,通过矩阵 $(I-A)$ 把 X 与 Y 的关系解释出来,即揭示了总产品与最终产品之间的相互关系。

---

① 本式的推导过程为:由 $B=A+BA$,移项并提出 B 得 $B(I-A)=A$,两边同乘 $(I-A)^{-1}$ 有 $B=A(I-A)^{-1}=[I-(I-A)](I-A)^{-1}=(I-A)^{-1}-I$。

第二种模型,是按最终产品表示总产品的投入产出的模型。该模型把产品表示为最终产品的线性组合。这一变换形式可以直接由 $Y=(I-A)X$ 导出。这实际上是把各部门的最终产品作为已知数,求解各部门的总产出。如果 $(I-A)$ 的逆矩阵存在,将 $Y=(I-A)X$ 两边同乘,则有 $X=(I-A)^{-1}Y$,这里各部门的总产出被标识为各部门最终产品的线性组合,组合在量上的关系是由逆矩阵 $(I-A)^{-1}$ 的元素确定的。

(二) 产业关联程度及波及效果

1. 产业关联程度

产业关联程度是一个反映产业体系内在质量的概念,反映一个经济体系中各产业之间的相互依赖程度。产业关联紧密、结构相对协调的国家,一般也是经济比较发达的国家;而那些产业关联松散、结构失调甚至畸形发展的国家,则一般是经济比较落后的国家。可以充分反映产业关联程度的指标有以下几个:

(1) 前向关联度和后向关联度。由于各产业在产业经济整体中所处地位不同,其前向关联和后向关联的效应也不同。不同部门的前向和后向关联效应可以通过前向关联效应和后向关联效应的两个公式测定。

前向关联效应的测算公式:

$$L_{fi}=\frac{\sum_{j}^{n}X_{ij}}{Z_i}$$

式中,L_{fi} 是产业部门前向关联指数;Z_i 是中间使用和最后使用的商品 i 的产值总数;X_{ij} 是产业 i 对产业 j 提供的中间投入。

后向关联效应的测算公式:

$$L_{bi}=\frac{\sum_{j}^{n}X_{ij}}{X_j}$$

式中,L_{bi} 是产业部门后向关联指数;X_j 是产业 j 的总产值;X_{ij} 是产业 j 为生产总产值 X_j 而从产业 i 获得的中间投入。

(2) 中间投入率指标。产业关联程度高低,反映在生产过程中就是中间产品使用的多少。大量使用中间产品的生产过程是专业化程度提高和生产复杂化的表现。所以,部门间中间产品的交易,反映了部门间联系的内容。

在部门层次上,可以用“中间投入率”和“中间需求率”来反映产业间的相互依赖程度。中间投入率是各部门的中间产品投入和最终产品投入之比,它反映了该产业为生产单位产值的产品需要从其他产业购进的投入物在其总投入中所占的比重。以 E_{ij} 表示产业 i 对产业 j 的投入率, Z_{ij} 表示产业 i 对产业 j 的中间投入量, M_j 表示产业 j 的中间投入总量,则有:

$$E_{ij} = \frac{Z_{ij}}{M_j} \times 100\%$$

中间投入率越高,产业 j 对产业 i 依赖程度越高,反之亦然。

中间需求率是各产业部门对该产业产品的中间需求占该产业所能提供的中间产品总量的比重。以 F_{ij} 表示产业 i 对产业 j 的中间需求率, N_j 表示产业 j 所能提供的中间产品总量, Z_{ij} 表示产业 i 对产业 j 的中间需求量,则:

$$F_{ij} = \frac{Z_{ij}}{N_j} \times 100\%$$

中间需求率越高,则产业 j 对产业 i 越具有原材料的性质,即 i 产业越依赖于产业 j, 反之亦然。

(3) 直接关联系数和完全关联系数。运用投入产出表,可以计算出某产业的直接消耗系数和完全消耗系数。这里所指的所谓“消耗”,只是关联的另一表达方式,它们所反映的只不过是产业间依存关系的内容,因此,直接消耗系数和完全消耗系数,又可以称之为直接关联系数和完全关联系数,前已有述,在此就不再重复介绍。

2. *波及效果分析*

投入产出法不仅可以用来研究产业之间的比例关系和关系结构的特征,还可以利用投入产出表推算出来的参数,研究表中某些数据发生变化时对其他数据发生的影响,这就是波及效果分析。

波及效果发生的依据主要是正在与各产业之间发生的相互关联。当运行中的产业某一方面发生变化时,必然会因为各产业的相互作用关系传导到其他方面。分析这种传导性大小就是波及效果分析的核心内容。波及效果分析一般考察两种情况:

(1) 当经济的其他方面保持不变，由最终需求发生变化时所引起的国民经济的各产业部门的变化，即最终需求变化对整个国民经济或国民经济某一方面所产生的影响。在分析最终需求变动对产业的影响作用时，通常使用生产诱发系数概念。

生产诱发系数是用来测算各产业部门的最终需求项目（如消费、投资、出口等）对生产的诱导程度。某产业部门的生产诱发系数等于该产业的各种最终需求项目的生产诱发额除以相应的最终需求项目和所得的商。即：

$$W_{iL}=\frac{Z_{iL}}{Y_L}\ (i,\ L=1,\ 2,\ \cdots)$$

式中，$Z_{iL}=(I-A)^{-1}X_{iL}$，W_{iL} 为第 i 产业部门的最终需求项目 L 的生产诱发系数，Z_{iL} 为第 i 产业部门对最终需求项目 L 的生产诱发额，Y_L 为各产业对最终需求项目 L 的合计数额，X_{iL} 为第 i 产业部门项目 L 的最终需求。

(2) 考察某一产业变动对其他产业所造成的影响，即由一个产业的变化所引起另一产业或其他产业的变化。任一产业的生产活动通过产业之间的相互关联，必然影响和受影响于其他产业的生产活动。一个产业影响其他产业的程度被称为影响力，把受其他产业影响的程度被称为感应度。根据里昂惕夫逆矩阵 $(I-A)^{-1}$，可以计算出这两个系数。$(I-A)^{-1}$ 横行上的数值就是反映该产业受到其他产业影响程度即感应度系数的系列，它表明其他产业最终需求的变化而使该产业生产发生变化的程度。横向系数的平均值可看作该产业受其他产业影响的平均程度。纵列上的数值反映的是该产业最终需求的变化对其他产业的影响程度即影响力系数系列，也就是由于该产业最终需求的变化而使其他产业生产发生相应变化的程度。纵列系数的平均值是该产业对其他产业施加影响的平均程度。通过把里昂惕夫逆矩阵中某一产业的横行和纵列系数的平均值与全部产业横行和纵列系数的平均值相比，可以计算出该产业的感应度系数和影响力系数。

$$\text{某产业的感应度系数}=\frac{\text{该产业逆矩阵横行系数的平均值}}{\text{全部产业逆矩阵横行系数的平均值的平均}}\quad(1)$$

$$\text{某产业的影响力系数}=\frac{\text{该产业逆矩阵纵列系数的平均值}}{\text{全部产业逆矩阵纵列系数的平均值的平均}}\quad(2)$$

某产业的这两个系数若大于 1，就是该产业的感应度系数或影响力系数在全部产业中局于平均水平以上;反之,若小于1,则说明产业感应度系数或影响力系数处于平均水平以下。

本章小结

产业结构是产业经济学的重要内容,对产业结构的分析,重点是揭示伴随着经济发展,产业结构演变的规律以及动因。对产业结构的界定可以从狭义和广义来进行:广义的产业结构是指产业间的技术经济联系与联系方式;狭义的产业结构研究的是构成产业总体的产业类型、组合方式,各产业间的本质联系,各产业的技术基础、发展程度及其在国民经济中的地位和作用。产业的分类方法主要包括:两部类分类法、三次产业分类法、标准产业分类法以及农轻重分类法等。这些分类方法在一定程度上体现了产业结构演变和发展的一般规律。在产业结构演变过程中,需求与供给结构、技术进步、国际贸易与投资等因素起到了重要的作用。

产业结构优化是指各产业协调发展、产业总体发展水平不断提高的过程。产业结构优化包括产业结构高度化和产业结构合理化。产业结构高度化是指产业结构系统根据产业结构演进规律,不断由低级向高级演进的过程;而产业结构合理化则是从本质上反映了一个产业结构系统的聚合质量,它具体表现为系统的产出与市场需求间的关系、各产业之间的协调以及对资源的转化效率等方面。

产业关联是指产业间在经济技术上的数量比例关系,主要包括产业间的投入产出、供给需求的数量关系等。产业关联的方式包括:前向关联、后向关联和环向关联三种。研究产业关联的典型方法是20世纪30年代美国经济学家里昂惕夫开创的投入产出法。投入产出法是研究经济系统各个部分间表现为投入与产出的相互依存关系的经济数量分析方法。投入产出法的表现形式是投入产出表,通过对投入产出表中各个变量之间数量关系的分析可以得到衡量产业结构的主要系数指标,这些指标是:消耗系数、里昂惕夫矩阵、前后关联度、中间投入率、关联系数、诱发系数、产业感应度系数以及产业影响度系数等,这些指标系数是在分析产业结构问题时的主要依据。

主要名词

产业结构	两部类分类法	三次产业分类法
标准产业分类法	霍夫曼定理	配第—克拉克定律
产业结构高度化	产业结构合理化	产业结构优化
标准结构法	相似系数法	影子价格
产业关联	前向关联	后向关联
环向关联	投入产出法	消耗系数
里昂惕夫矩阵	中间投入率指标	关联度
产业感应度系数	关联系数	产业影响度系数

复习题

(1) 产业划分主要有哪几种方法?

(2) 影响产业结构演进的主要因素是什么?

(3) 简述产业结构高度化和合理化的主要衡量标准。

(4) 简述产业关联程度与波及效果衡量的主要指标。

思考作业题

(1) 产业结构演进的一般趋势是怎样的?

(2) 试述产业结构高度化和合理化之间的关系。

(3) 里昂惕夫矩阵是怎样表示某部门的产出需求对其他部门的影响的?

第五章　产业布局

本章从区域分工、区位理论、均衡与非均衡理论和公平与效率理论等不同角度进一步阐述产业布局的原理，着重介绍产业布局研究中经常使用的一些数理分析工具，并提出产业布局中主导产业的选择方法。此外，就产业集聚对交易费用的影响进行一些理性的分析，对产业集聚与产业布局同区域经济效应之间的联系进行探讨。

第一节　产业布局的原理

产业布局是人类从事社会生产和经济活动的地域体现，是一个国家或一个地区产业各部门、各环节在地域上的动态组合和分布比例。产业布局理论是研究产业空间分布规律的科学，是对产业布局现状进行理解性思考及采取何种区域产业政策的理论依据。产业区位理论和产业集聚理论是产业布局理论的核心。本节分别从区域分工、区位理论、均衡与非均衡理论和公平与效率理论等不同角度深入阐述产业布局的原理。

一、区域分工的一般原理

区域因素差异决定了各个区域分工的有利和不利条件，各个区域为了获取更大的经济利益，必然充分利用各个区域的有利条件，并通过国际竞争，促使可流动性的区域因素在空间转移，充分发挥各自的区域优势。因此，所谓区域优势的实质就是指区域分工过程中的有利条件。区域分工理论是研究利用区域差异进行专业化生产与贸易以求得比较利益的理论①。由于研究者研究重点的不同,形成不同的学派。

(一) 绝对优势、比较优势和动态优势理论

绝对优势理论来源于英国古典经济学家亚当·斯密的区域分工学说,斯密从工厂手工业作为主要经济基础的时代特点出发,认为分工是提高劳动生产率的重要途径,并从家庭联系到整个社会,论证了地域分工的理论。斯密认为,进行国际间的分工,使资本投入到最有利的部门,从而使各国都能充分利用本国的土地、气候、资源等"绝对有利的生产条件"去进行专业化生产,生产和别国相比成本更低,劳动生产率最高的产品,并进行国际贸易,各国就能以较少的耗费收到较多的收益。所谓"绝对有利的生产条件",即生产成本绝对低,因此被称作绝对优势理论,也称绝对利益论或绝对成本学说。

比较优势理论来源于英国经济学家大卫·李嘉图的国际分工理论。在《政治经济学及赋税原理》一书中,李嘉图提出了一种新的比较优势理论,与绝对优势理论不同,认为不一定都要求具有生产条件上的绝对优势。一个国家的某种商品,只要在生产条件上具有相对优势,成本相对低些,就可以专门生产。与斯密的国际分工论不同,李嘉图的理论依据不是生产上的绝对优势或成本上的绝对差别,而是生产上的相对优势,成本上的相对差别,所以,这一理论叫做"相对成本论"或"相对优势论"。

动态优势比较原理,是上述两种静态比较优势原理的发展和完善,其基本点是:地区比较优势不是一成不变的。其实质是用进化的、动态的观点来看问题:某一时期具有比较优势的产业,随着时间推移,原先赖以高速增长的优势条件,可能会不断恶化以致丧失,此时,新产业的优势可能正在或已经形成,这时就不能囿于原有产业不放,而需要放眼新产业、利用新产业;相反,有的产业,原先发展的条件并不好,但随着时间的推移、主观的努力,不利条件向有利方面转化,发展势头大,前景看好,对这类产业,就应有意识地加以培育、扶持。这就是动态比较优势理论。

总之,动态比较优势理论,借助客观事物"变"是经常性的、"不变"是暂时的进化论思想,科学地表示了产业发展及其布局的辩证法。

---

① 在全球化环境里,比较利益往往呈现出一种过渡快、时间短的相对状态。

（二）生产要素禀赋论

1977 年，诺贝尔经济学奖获得者瑞典经济学家 B. 奥林(B. Ohlin)，以新古典理论作为自己的地域分工和国际贸易理论的基础，抛弃了古典学派以生产商品所花费的劳动来决定价值的命题，代之以价格差异分析，提出了用生产要素禀赋比率理论来解释比较优势利益获取的原因。根据生产要素禀赋比率理论，在同种商品不同区域生产函数不变的情况下，比较优势的产生有两方面的原因：一是各个区域生产要素禀赋比率的不同；二是不同商品需要的生产要素搭配比例不同。

奥林在地域分工理论发展中的重要贡献首先在于其以相对价格差异学说补充了斯密和李嘉图等地域分工论，不仅使区域分工理论更趋完善，而且还使之成为当代国际贸易理论的权威。依照奥林的理论，根据生产要素的构成就能将所有商品大致分为劳动密集型、资本密集型、土地密集型、资本密集型与知识密集型的产品，从而使价值链型的区域分工与国际贸易现象得以解释。其次，在以局部均衡为基础的特殊区位论的基础上，创立了以一般均衡为基础的一般区位论。奥林认为：在土地、劳动力、资本三个生产要素中，除土地不能自由流动外，如果劳动力和资本可以自由流动，则古典区位论所讨论的只能是局部均衡问题；如果三个要素都不能自由流动，则生产要素价格比率的任何变化都会破坏已有的均衡关系，导致新的均衡关系的形成，这就构成了一般均衡的区位问题。地区之间生产要素分布的不均衡，取决于自然条件和自然资源、财产占有情况、交通运输条件、经济和社会的稳定程度以及生产要素的供求关系等。生产要素分布不均，引起其相对价格差异；而生产要素相对价格的差异，又会引起商品相对价格的差异；商品相对价格差异，会引致绝对价格差异，最后导致地域分工和国际贸易的产生。

（三）供给可能性理论

供给可能性理论认为，初级产品和加工品的地域分工是由自然资源供给的可能性决定的。因此，它是一种在比较优势差别很大的情形下的垂直分工理论。由于自然资源并不是在任何区域都存在的，而且又是在特定的产业部门使用，所以，自然资源供给的可能性决定初级产品的区域专业化，从而也就决定了初级产品与加工地域分工格局。

(四) 技术差距和产品周期论

技术差距论认为地域分工和国际贸易是可以以技术差距为基础的。这一学说,是对奥林的要素禀赋比率论中的生产要素概念不包括技术要素,各国的技术都处于同一水平的理论的挑战。技术差距论者把技术因素作为一个新的要素引进要素禀赋比率理论,从而拓展了生产要素禀赋比率的范畴。但是技术差距论指出,一个国家能长期垄断一种技术知识的情况很少。发明和革新可以在一定的时期内给予一国以绝对利益,但在不久之后,其他国家会进行模仿,发明的革新很快会扩散到其他区域,从而各区域的生产函数又达到同样的水平,各区域的技术差距区域缩小或消失。

弗农(R. Vernon)从产品周期的角度概况和阐明了技术差距与地域分工和国际贸易的关系。他把产品的生命周期分为三个阶段:第一个阶段是新产品的产生阶段;第二个阶段是产品的成熟阶段;第三个阶段是产品的标准化阶段。他还指出,随着产品周期阶段的更替,分工和贸易格局会发生相应的变化。在产生阶段,由于技术革新尚未扩散到其他区域,会产生一种建立在技术差距之上的完全专业化的垄断性贸易;在成熟阶段,一方面由于采用大量生产、大量销售的方法,实现了规模经济,因而新产品开发区面临着其他区域的竞争;在标准化阶段,由于新技术已经纳入机械设备之中,技术要素的重要性减弱,而劳动力价格要素的重要性增强,产品生产逐渐从技术先进区域向落后区域转移,落后区域最终成为这种产品的专业化生产区域①。

产品周期理论揭示了由于彼此间技术要素的差异,不同区域会在产品的不同周期阶段实行分工和贸易。技术要素丰富的区域是新产品开发的发源地,往往在产品生命周期的生成期、成熟期实行专业化生产;而技术要素不足、但廉价劳动丰富的区域,往往在产品生命周期的标准化生产阶段进行专业化生产。因此,产品周期理论阐明了技术要素与分工和贸易的关系。

(五) 协议性区域分工理论

协议性区域分工理论是日本知名经济学家小岛清提出的。1961 年,林德曾提出“代表性需求理论”,即收入水平接近,需求格局类似的工业区域间的贸

① 参见“产品贸易周期理论”。

易理论。小岛清在分析林德的代表需求重复理论之后指出:“即使在消除了比较优势差距的极端状态下,还应该有为了向以较优技术水平为基础的生产函数转移的分工,或为了互相获得规模经济的分工,这种分工不能指望通过价格机制自动实现,所以需要通过贸易当事国的某种协议来加以实现。‘协议性’一词还要作广义的理解。像拉美中部共同市场统一产业计划那样,由国家间的计划决定的分工,就是我所说的协议国际分工的典型例子。”

二、产业布局的区位理论

不同的产业部门,由于其生产函数和其他技术经济特点的差异,在空间布局过程中,都有一定的区域集中倾向,这种倾向就是产业的区位指向。这种理论最早发端于西方。西方古典区位理论主要由经济学家杜能奠基,经过阿尔弗德·韦伯及后人较为系统的研究,在19世纪末开始建立。区位是指企业从事生产经营活动的地理位置,区位理论讨论的核心问题是企业根据什么原则和因素确定其最优区位。杜能在他的巨著《孤立国》中提出,距离以城市为代表的消费市场的远近对农作物的布局有重大影响,并计算出各种农作物组合的合理分界线,并将其假设的孤立国分成六个同心农业圈层。

韦伯继承了杜能的思想,认为运输费用决定着工业区位的基本方向,理想的工业区位是生产和分配过程中所需要运输里程和货物重量最低的地方。韦伯在运输费用之外还增加了劳动费用和聚集效益,并把这两个因素分别看作是工业区位选择的两次修正。杜能和韦伯提出了三个一般性区位因子:运输费用、劳动费用和聚集力。当然,在现实中,除了这些因素外,还有其他因素,这些因素对产业布局起着制约作用,由此决定不同产业有不同的区位指向,如运输指向型,或称运输成本最低点指向型,它是指在产品完全成本构成中,运输所占份额较高的运输密集型产业有向运输成本最低的区位移动的倾向;再如,资源指向型,产业中耗用资源多的部门会向资源丰裕且价低的地区倾斜和移动。此外,还有劳动指向型、技术指向型、资本指向型等。不同的产业应根据其自身特点,根据各种生产要素密集度和禀赋比率不同,取舍适应自己发展规律的区位指向。可以说,产业的区位指向是产业布局的区位机制。

以上主要是从产品成本因素分析。随着经济发展和市场规模的扩大,韦伯以后的研究者发现,最小生产成本并不能完全最终确定企业的最优区位,成本最低也不完全意味着利润最大化，市场因素对产品价格的影响越来越大，为此，克里斯泰勒创立了中心地理论，他认为高效的组织物质生产和流通的空间结构，必然是以城市这一大市场为中心，并由相应的多级市场构成相应的网络体系。廖斯进而又考察了市场规模和市场需求结构对产业区位的影响，这样区位分析由生产扩展到市场，而且从单个厂商扩展到整个产业。

西方古典区位论在一百多年的发展中不断得到补充和丰富，但其理论的基本特征可以归纳如下：首先，它的研究宗旨是为了各个企业或部门寻找最佳的生产区位，不管是研究运输成本、劳动费用，还是市场因素、需求结构，都体现出寻找最佳区位实际上是在寻找一种比较优势，并且随着经济发展，比较优势也出现依次替代但最终是为保证企业的利润最大化；其次，这种区位研究无论是从运输成本和工资着手，还是从利润和产品销售范围着眼，都是以完全竞争市场机制下的价格理论为基础的，属于古典微观经济学范畴。

三、产业布局的均衡与非均衡理论

现代产业布局理论主要围绕均衡与非均衡的区域发展理论展开，其中代表性的理论有四种。

（一）新古典均衡区域增长理论

以均衡概念为基础形成的新古典区域增长理论长期在区域经济增长分析中占有统治地位，作为一般经济增长点理论延伸，其基本假定仍是：完全竞争、充分就业、技术进步、规模收益不变、要素在空间自由流动且不支付任何成本、生产要素仅包括资本和劳动。新古典经济理论认为，给定一个不均衡的区域经济状态，只要存在完全的竞争市场，仅依靠市场即可实现区域的共同增长。

（二）谬尔达尔—赫希曼的非均衡区域增长理论

1957 年，瑞典经济学家谬尔达尔（G. Myardal）在《经济理论和不发达地区》一书中首次提出“循环累积因果论”，并指出：“市场经济的力量正常趋势与其说是缩小区域间差异，不如说是扩大区域间的差异。”他认为在发达地区和不发达地区间的要素流动中，不仅仅是劳动，而且资本也会从不发达地区流向发达地区。在市场力量的作用下，发达地区经济表现为一种上升的正反馈运动，不发达地区经济表现为一种下降的正反馈运动。在这种循环过程中，存在着扩散和回流两种不同的效应，扩散效应是指发达区域到不发达区域的投资活动，包括供给不发达区域发展的原材料或购买其原料和产品。回流效应是由不发达区域流向发达区域的劳动力和资本，它将引起不发达区域经济活动的衰退。在循环累积因果过程中，回流效应总是大于扩散效应相对应的极化和涓流效应，他认为在市场力量作用下，极化效应总是处于主导地位，如果没有周密的经济政策干预，区域间差异会不断扩大。谬尔达尔—赫希曼的理论动摇了新古典学派的区域均衡增长理论，并引发了一场关于均衡增长与非均衡增长的大论战。

（三）威廉姆森的倒U形曲线

1965年，美国经济学家威廉姆森发表《区域不平衡和国家发展过程：一个描述过程》，将区域理论研究由不切实际的假定转向实证分析，并根据世界24个国家截面和实践序列资料，对区域增长的趋势进行了系统的实证分析，指出随着国家经济的发展，区域间增长差异呈倒U形变化（如图5－1所示），即在国家经济发展的初级阶段，随着总体经济的增长，区域差异逐渐扩大，然后区域差异保持稳定，但当经济进入成熟增长阶段后，区域差异随着总体经济增长而逐渐下降。

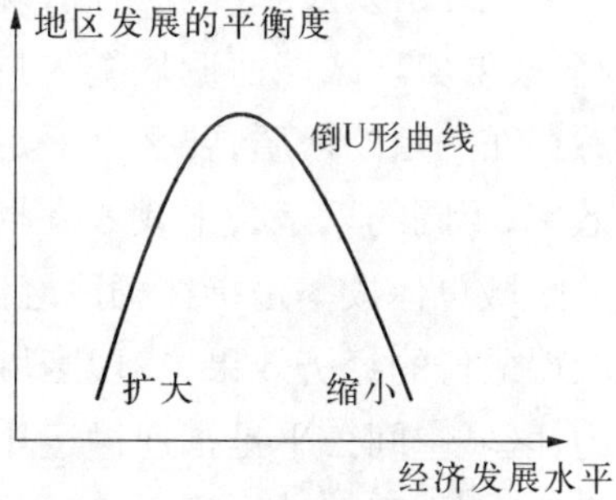

图5－1　威廉姆森的倒U形曲线

（四）佩鲁的增长极理论

法国著名经济学家弗朗索瓦·佩鲁（F. Perroux）于1985年发表《发展极概念在经济活动一般理论中的新地位》一文，对增长极理论作了准确的论述，其基本思想是：增长并非同时出现在所有的地方，它以不同的强度首先出现于一些增长点或增长极上，然后通过不同的渠道向外扩散，并对整个经济产生不同的影响。增长极概念是该理论的核心，佩鲁认为，它是由主导部门和有创新能力的企业在某些地区或大城市聚集而形成的经济中心，这些中心具有生产、贸易、金融、信息决策及运输等多种功能，并能够产生吸引或辐射作用，促进自身并推动其他部门和地区的增长。佩鲁主张政府应积极干预区域布局，通过强有力的政府计划和财政支持来主动建立增长极而带动落后地区的发展。增长极理论作为一种政策工具,在法国、意大利等国的区域规划和发展战略制定中得到了普遍应用。

四、产业布局的公平与效率选择理论

上述理论对区域经济发展和产业布局虽然作出了重大贡献,但也有其局限性,例如,以均衡理论为中心的新古典区域增长理论的假设是不能成立的。而谬尔达尔—赫希曼的非均衡区域增长理论开辟了非均衡分析的起点,但把非均衡增长绝对化了,且非均衡理论都是以市场机制的完全作用为条件,事实上,区域经济发展和产业布局是市场和政府共同作用的结果。更为重要的是,均衡与非均衡更多的是提示和描述了问题的表象,其实质是公平与效率的关系问题,即空间公平与总体效率的兼容与选择问题。

区域经济发展和产业布局,既要实现国家整体实力的增强,即总体效率的提高,又要实现区域协调均衡发展,即空间公平。在工业化任何时期,这两者必然存在一定的矛盾,要么以一定的非效率换取公平,要么以一定的非公平换取效率,不同的只是公平或效率损失的程度大小而已。

区域总体效率是指在国民经济发展过程中,通过资源的空间有效配置,旨在取得最佳的经济效果,实现区域经济的持续增长,从而增强整个国家的经济实力;区域空间公平是指通过运用各种手段逐步缩小区际差异,旨在取得最大社会公平,实现区域之间的相对均衡发展,从而提高整个社会的和谐程度。

一般认为,资源的有效性使得资源必须得到合理配置,资源配置不仅有生产过程的配置,还包括地域的配置,如何实现有效的地域配置就是区域总体效率问题。衡量区域总体效率同样应该是通过运用各种手段逐步缩小区际差异,旨在取得最大社会公平,实现区域之间的相对均衡发展,从而提高整个社会的和谐程度。衡量区域总体效率的指标主要是一国宏观经济目标,如经济增长速度和国民生产总值,国民生产总值越大,国民收入提高越快,这就表明区域总体效率的提高。一般而言,形成有效率的区域资源配置在市场竞争条件下会是个自发的过程,不同的区域条件形成各自的区域配置,在没有干预的情况下,这种配置将是有效的。

但是,有效率的区域配置并不能完全带来空间的均衡协调,有效率的资源配置在利益驱动下通常会造成资源的不均衡分布，从而造成区域的不均衡，也即空间不公平。单从公平角度考虑，区域空间公平只能是结果的公平，在发展过程中必然经过不公平的阵痛。衡量区域公平的指标鉴于公平设计的社会意义及价值判断因素太多而不易数量化，但就其经济含义而言，则可采用衡量区域收入公平与否的指标——基尼系数。

区域政策的主要目标是实现区域总体效率与空间公平的兼容，但两者的关系如何才能准确地描述，以公平换效率或以效率换公平如何界定？区域经济过程中公平与效率的替代关系如图 5－2 所示。

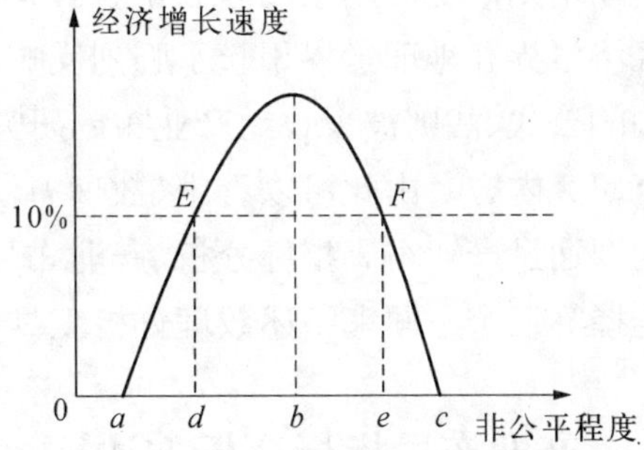

图 5－2　公平与效率替代模型

图 5－2 中，横轴表示区域经济的非公平程度（可用基尼系数代表），纵轴表示整个经济的增长速度（一般为 GNP 速度），曲线（即公平与效率替代曲线）用 EP 表示：当区域经济几乎接近均衡点 a 时，经济增长处于停滞状态；当区域经济的不均衡程度比较低，如在 a 与 b 之间时，不均衡的扩大会带来较快的经济增长；当区域经济不均衡达到 b 点时，经济增长速度就达到不可能再加快的极限，而过了 b 点之后，不均衡的扩大反而会引起经济增长速度的下降，如果不均衡程度超过了 c 点，甚至会出现负增长。

区域经济非均衡与增长，即公平与效率的替代曲线首先说明无论一国经济在什么阶段，经济增长总会带来一定的不均衡。事实上，即使在发达国家也仍存在区际收入水平的较大差异；其次，该曲线表明两者的替代关系是非线性的，同样的经济增长速度可能对应两种不同的不均衡程度，如不均衡度在 d 和 e 点都可以实现 10％的增长，但在 d 点显然要比 e 点更好，能够在较低的不均衡状态下实现较高幅度的增长。政府协调区域经济发展的主要任务应以较低的不均衡实现较高幅度的增长。

第二节　产业布局的数理工具应用

产业布局研究是在吸收多学科理论与方法的基础上形成的。由于产业布局研究需要量化说明最优区位，古典区位理论的创始者们一开始就特别重视定量分析。杜能是第一位将各种经济变量之间的关系应用一套方程式具体表现出来的学者，也是第一个用微积分做经济推理的学者；韦伯对运输成本、劳动成本和聚集对工业最优区位的影响也是通过定量分析而展开研究的；而克里斯塔则广泛应用了高等数学、几何学的方法来研究产业布局，其研究成果在经济学界和地理学界引起了强烈反响，直接引发一种潮流，许多自然科学中有用的公式、法则被吸收到产业布局研究中，极大地改变了产业布局研究方法乃至研究内容。由此可以看出，数理方法在产业布局中的应用相当广泛。本节主要通过产业布局指标分析、产业布局模型分析和产业布局区域主导产业的选择等三个方面来阐述数理分析工具在产业布局中的应用问题。

一、产业布局指标分析方法

指标分析方法即对各种空间经济指标进行计算、分解、对比与判断的方法，包括单个指标分析方法与复合指标分析方法。主要的单个指标分析方法有区位商、集中系数、地理联系系数、集中指数、联系指数等，主要的复合指标法则是偏离—份额分析。

（一）区位商（Location Quotient，LQ）

区位商是反映各产业专业化程度的指标。计算公式为：

$$LQ_{ij}=\frac{\dfrac{e_{ij}}{e_{nj}}}{\dfrac{E_{in}}{E_{nn}}}=\frac{e_{ij}E_{nn}}{e_{nj}E_{in}}$$

式中，LQ_{ij} 为 j 区域 i 产业的区位商，e_{ij} 为 j 区域 i 产业经济水平（如产值、就业等），e_{nj} 为 j 区域所有产业的总水平，E_{in} 为全国范围内 i 产业的经济水平，E_{nn} 为全国总经济水平。

一般说来：$LQ_{ij}>1$，表明产业 i 在 j 区域专业化程度超过全国，属于地区专业化行业，i 行业具有比较优势，该产业或其产品可以对外扩张或输出，LQ 值越大，专业化水平越高；$LQ_{ij}=1$ 时，表明 j 区域 i 产业的专业化水平与全国相当；$LQ_{ij}<1$，说明 j 区域 i 产业的专业化水平低于全国，需要从区域

外引进该行业或输入 i 产业的产品满足区域内的需要。

区位商是个相对指标,不能完全反映各产业的地位,且需要准确综合区位各产业的比重值,才能够较好地反映“区位商”应用价值。所以,进行区位商分析时,必须妥善处理好产业部门划分问题与采用哪个指标主要衡量区位经济水平的问题。

(二) 集中系数(Coefficient of Concentration,CC)

集中系数是区域中某一产业的人均产值或产量与全国相应产业的人均产值或产量之比。它也是反映专业化程度的指标,计算公式为:

$$CC_{ij} = \frac{\dfrac{e_{ij}}{P_j}}{\dfrac{E_{in}}{P_n}}$$

式中, CC_{ij} 为 j 区域 i 产业的集中系数, e_{ij} 为 j 区域 i 产业的产值, P_j 为 j 区域 i 产业的人口, E_{in} 为全国 i 产业的产值, P_n 为全国总人口。若 $CC_{ij} > 1$,则说明 j 区域 i 产业比较集中。

(三) 地理联系系数(Coefficient of Geographical Association,GA)

地理联系系数反映两个经济要素在地理分布上的联系情况。计算公式为:

$$GA = 100\% - \frac{1}{2}\sum_{i=1}^{n}|S_i - P_i|$$

式中, GA 为地理联系系数, $1 > GA > 0$; S_i 为第一要素占全国或全区域的百分比; P_i 为第二要素占全国或全区域的百分比。如果两个要素在地理上的分布比较一致,联系比较密切,则该系数值就大。

(四) 集中指数(Index of Concentration,IC)

集中指数说明某种经济活动在空间上的集中程度。计算公式为:

$$I_c = 100 - \frac{H}{P} \times 100$$

式中, I_c 为集中指数, H 为某经济活动之半径所在地域的人口数, P 为全国总人口。I_c 不会超过 100，I_c 也不会小于 50；越大，说明经济活动越集中。

(五) 联系指数(Index of Connectivity)

联系指数反映运输网中各个节点的联系程度。计算公式为：

$$R=\frac{L-(N-1)}{\frac{N(N-1)}{2-(N-1)}}$$

式中，R 为联系指数，N 为运输网中的节点数，L 为运输网中的实际直接联系数。$100\geqslant R\geqslant 0$，$R$ 越大，区域运输条件越好，比较不同地区的 R 值可清晰地区分运输布局的区域差异。

(六) 偏离—份额分析(Shift-Share Analysis)

偏离—份额分析方法是一种将区域经济增长进行分解以研究区域产业结构、竞争力等所作出的贡献的指标分析方法，它将被研究的区域增长与标准区域(通常为国家)的增长间的差分解为两个分量，即产业结构分量与竞争力分量。其关系可表示为：

区域经济增长＝全国分量＋产业结构分量＋竞争力分量

可从绝对增量与增长率两方面建立上式的数学表达式：

$$DY_j=Y_j^t\times S^*+\sum_j[Y_{ij}^t\times(S_i^*-S^*)]+\sum_j[Y_{ij}^t\times(Y_{ij}^*-S^*)]$$

$$Y_j^*=S^*+(G_j^*-S^*)+(C_j^*-G_j^*)$$

式中，Y_{ij}^t 为 t 时期 j 区域 i 产业的经济活动水平，DY_j 为 j 区域 i 产业的经济活动水平，Y_j^* 为 j 区域的经济增长率，Y_{ij}^* 为 j 区域 i 产业的增长率，G_j^* 为假定的区域增长率：

$$C_j^*=\frac{\sum_j[Y_{ij}^t\times(S_i^*+1)-Y_j^t]}{Y_j^t}$$

偏离—份额分析运用简单，易于理解，只需少量易取得的数据，不需要复杂的调查，其结果简单明了。但它也有一些固有的缺陷，如可能低估了产业结构的影响，其结果在一定程度上与产业分类有关等。

除以上分析外，指标分析方法还有基尼系数分析①、霍夫曼指数分析②等。

二、产业布局模型分析方法

模型分析方法就是将所要研究的产业布局问题用抽象的、简洁的数字语言表达出来，并进行分析与预测的方法。模型分析方法主要有经济基础模型、投入产出模型和线性规划模型等。

（一）经济基础模型（Economic Base Model）

经济基础模型建立在经济理论之上。经济基础理论的基本内容是：任何地区的经济活动都可以根据产品销售市场的特征分为基础产业与非基础产业两大类。基础产业的产品或劳务主要是面向区外的，因而也称为输出产业。非基础产业是面向区内市场的生产与服务活动。基础产业影响并决定着地区的总体发展，而非基础产业只是总体发展的条件与结果。两者间存在着一种稳定的关系。

假设：令 C 为区内本地产品的消费倾向，Z 为非基础产业产值，X 为基础产业产值，Y 为区域总产值，则由：$C=\frac{Z}{Y}$ 可得：

$$Y=\left(\frac{1}{1-C}\times X\right)$$

利用这一公式可以预测产业变化对区域经济产生的乘数影响。经济基础模型结构简单，需要的数据少，建模所需的时间短、费用省，便于分析和理解，但也存在几个不易解决的概念问题与技术问题，如怎样识别不断变动着的基础与非基础产业，如何科学地反应消费倾向的变化等。

---

① 基尼系数(Gini Coefficient)是测度财产、产品、市场、教育等资源分配均衡与否的常用指标之一，在计算时通常结合洛伦茨曲线(Lorenz Curve)，故非常直观。具体方法是计算洛伦茨曲线与绝对平均线(45度线)所围成面积和绝对平均线(45度线)与横坐标(横坐标为厂商数量比重，最大刻度取1，即100%；纵坐标是市场份额比重)所围成面积的比值。基尼系数越大，厂商规模的差异越大；反之，基尼系数越小，厂商规模越小。需要强调的是，相同的基尼系数并不代表厂商规模相同。

② 德国经济学家霍夫曼在其1931年出版的《工业化阶段和类型》一书中提出了著名的霍夫曼系数或称之为霍夫曼比例，即计算消费资料工业的净产值与资本资料工业的净产值之比，并以此提出了工业化四阶段理论，这四个阶段的霍夫曼系数分别为5、2.5、1、<1，在第四阶段资本生产已经超过消费资料的生产。工业的这个发展规律也被称为霍夫曼定理。

(二) 投入产出模型(Economic Base Model)

前已有述,投入产出理论认为,任何经济活动都是与其他经济活动互相依存、互为条件的,一种产业的变化会引起一系列产业的变化。投入产出分析就是通过编制反映这种依存关系的投入产出表,建立投入产出模型以研究各种经济活动、社会在生产环节数量依存关系的方法。其一般模型为:

$$X=(I-A)^{-1}Y$$

式中, X 为总产值列向量, I 为单位矩阵, A 为直接消耗系数矩阵, Y 为最终产品列向量。

在该式的基础上,可建立多种实用的投入产出模型,如区域投入产出模型、区域间投入产出模型等。投入产出模型可用于模拟空间经济政策,预测产业布局政策,规划产业发展等;但在实际应用时会遇到一些问题,主要有产业与产品划分、资料收集与系数不变等问题。

(三) 线性规划模型

线性规划模型可用于解决两类问题:资源在空间上的最优分配和最优利用问题。线性规划模型由目标函数和约束条件两部分构成。一般线性规划模型可表示为:

$$\max(\min)f=\sum_{j=1}^{n}C_jX_j$$

$$\begin{cases}\sum a_{ij}X_j<b_i & i=1,\ 2,\ \cdots,\ m\\ X_j\geqslant 0 & j=1,\ 2,\ \cdots,\ n\end{cases}$$

以上的目标函数和约束条件含义为:某种经济活动,其共同利用 m 种有限资源 $b_i(i=1,\ 2,\ \cdots,\ m)$;每单位 j 活动需占用或消费 i 资源的量为 a_{ij};每单位 j 活动的产出(或成本)为 C_j;X_j 表示经济活动水平,模型的求解变量为 $X=(X_1,\ \cdots,\ X_j,\ \cdots,\ X_n)^T$。

线性规划模型体现了效益原则,在产业布局效益分析中用途很广,可用于研究资源最优利用与分配、工农业最优布局、交通运输最优布局、资源开发利用的最佳规模等。它具有多种优点:模型的具体形式有很大的灵活性,形式简单,易于理解,有通用的解法等;但它也存在一定的局限性,如不能研究非线性问题、多目标问题、动态问题等。

除上述模型外，常用的产业布局模型还有经济计量模型、多目标规划模型、非线性规划模型、动态规划模型、模糊规划模型等。这些模型因各有其优缺点，在产业布局研究中往往结合使用。

三、产业布局区域主导产业的选择方法

区域主导产业的选择就是政府根据产业结构的总体规划，确定一定经济时空下的主导产业和在此基础上的产业发展序列，从而实现产业结构的合理化和高度化，此过程是通过选取产业选择基准、具体产业选择实施路径以及约束条件检验来实现的。

其中，主导产业的选择基准是指选择所依据的原则和标准。可用的指标体系如下：① 市场潜力。所选取的评价指标有需求收入弹性系数、市场占有率、产品净调出能力等。② 相对优势度。指标包括：比较劳动生产率、年技术进步速度、创汇能力、产业经济效益。③ 产业规模指标。包括以专门化率表示的产业规模指标和以产业扩张弹性表示的产业规模指标。④ 产业关联度指标。可用感应度系数来表示。

而区域主导产业的选择过程是一个定性分析与定量分析相结合、地区条件与全国布局相结合的反复比较的过程。其具体步骤如下：① 确定经济区划的层次与方案，作为区域主导产业分析的空间基础；② 以综合经济区为单元，分别计算出约 40 个产业的四组评价指标，用几何平均法汇总，求出各综合经济区的综合评价值；③ 根据地区经济所处的阶段及地区具体条件，按各行业综合评价值的顺序，选出靠前的 8—10 个行业；④ 进行区间评比筛选，根据全国综合平衡、国家产业政策、产业布局指向及地区的有关条件，选择该地区发展条件最好的产业，列为主导产业；⑤ 作进一步分类调整，在产业分类更细的级别上，明确入选的主导产业。

至于约束条件检验的限制，通常包括：就业水平和就业结构、资金需求量和来源、输入产品需求量及其结构、资源需求量及污染允许量等。

（一）主导产业的选择基准

在选择区域主导产业时，可依据以下这些基准：需求弹性标准、部门间的

供需标准、生产率上升标准、产业关联标准、增长后劲基准等，其中产业关联标准、部门间供需标准、需求弹性标准与生产率上升标准最具有代表性。

1. 产业关联标准

产业关联标准又称为赫希曼标准，是美国发展经济学家艾伯特·赫希曼在其著作《经济发展战略》中，依据投入产出原理，对产业间关联度与工业化的关系所作的进一步研究，认为对资本相对不足和本地市场相对狭小的发展中国家或地区，应当优先发展后向关联度较高的最终产品。

2. 部门间供需标准

依据产业部门间供需关联程度来确定主导产业的标准是由美国经济学家罗斯托提出，他认为主导产业的建立要有足够的资本积累和投资，这就要求地区的净投资率从5%左右提高到10%，为了实现这个条件必须鼓励和增加储蓄，减少消费，同时引入外资，保证充足的市场需求以至于吸收主导产业的产出。

3. 需求弹性标准与生产率上升标准

日本产业经济学家筱原代三平在其1957年发表的题为《产业结构与投资分配》的论文中提出以"收入弹性"和"生产率上升率"作为日本产业结构的基准。他在分析中指出产品的收入弹性基准是基于社会需求结构对产业结构的影响，而生产率上升率则是从社会供给结构对产业结构的影响来说的，两者不是孤立无关的，而是存在着内在联系的。通过对收入弹性系数的观察，生产高收入弹性产品的产业由于人均收入增加对其需求带动较多。从供给同价格的关系来看，需求高增长的产业就较易维持较高价格，从而获得较高的附加值，这势必使这些产业在产业结构中占有更大份额。同时，这也说明产品的收入弹性是一个判断产业发展前景和对经济带动度的一个重要指标。另一方面，生产率上升率较快的产业，即技术进步速度较快的产业，大致和该产业生产成本的下降速度一致，所以，这个产业就有可能在相对国民收入上占有越来越大的优势，资源有必要向这个产业移动。

总体上来说，主导产业选择的基准可以定位：需求收入弹性大；供给弹性大；劳动生产率高，能够体现技术进步的方向，具有技术升级潜力；对相关产业的波及效果明显；有较强的国际竞争力的产业。

(二) 主导产业的选择路径

在动态经济环境中，较为合理地选择主导产业可依据下列三个步骤进行：

1. 选择主导产业的单项指标计算

为了细化产业选择基准,增加定量研究的深度,依照不同的指标,对一定时期的区内产业进行比较,选择出潜力大、比较优势明显、产业规模适度、产业关联度高的高增长率产业。

(1) 收入弹性基准和生产率上升率基准:

① 收入弹性和生产率上升率。与生产率上升率指标相比,收入弹性指标相对复杂。产品的收入弹性可以写成 $E_i = \frac{\Delta X_i / X_i}{\Delta Y / Y}$,其中 ΔX_i 为需求或产值的增量,X_i 为产业 i 的产值或上一时期得到满足的需求,ΔY 和 Y 分别为国民收入增量和前时期国民收入值。收入弹性指标的计算是依据投入产出法①,具体过程如下:

首先,部门 i 的总产出等于其中间产品的完全消耗系数 r_{ij} 乘以最终产品 Y_j:

$$X_i = \sum_{j=1}^{n} r_{ij} Y_j (i, \ j = 1, \ 2, \ \cdots, \ n) \tag{1}$$

第二步,在舍去固定资产折旧和区际间产品流动因素后,区域内国民收入总量恒等于社会最终需求总量,由 $\sum_{i=1}^{n} \alpha_{ij} X_j + V_j + m_j = \sum_{i=1}^{n} \alpha_{ij} X_j + Y_j$ 和 $X = (I - A)^{-1} Y$ 可得出:

$$X = [(I - A)']^{-1} D \tag{2}$$

进一步有:

$$\Delta X = [(I - A)']^{-1} \Delta D \tag{3}$$

其中:$X = \begin{bmatrix} x_1 \\ x_2 \\ \vdots \\ x_n \end{bmatrix}$, $D = \begin{bmatrix} D_1 \\ D_2 \\ \vdots \\ D_n \end{bmatrix} = \begin{bmatrix} V_1 + m_1 \\ V_2 + m_2 \\ \vdots \\ V_n + m_n \end{bmatrix}$, $\Delta X = \begin{bmatrix} \Delta x_1 \\ \Delta x_2 \\ \vdots \\ \Delta x_n \end{bmatrix}$, $\Delta D = \begin{bmatrix} \Delta D_1 \\ \Delta D_2 \\ \vdots \\ \Delta D_n \end{bmatrix}$;

由(3)两端右乘矩阵 C, 则有:

$$\Delta XC = [(I - A)']^{-1} \Delta DC \tag{4}$$

① 收入弹性的计算也可以采用回归方法,这在计量经济学的教材中都有涉及,本文就不再进行详细介绍。

其中：行向量 $C=\left[\frac{\sum D_i}{X_1\sum\Delta D_i},\frac{\sum D_i}{X_2\sum\Delta D_i},\cdots,\frac{\sum D_i}{X_n\sum\Delta D_i}\right]=\frac{\sum D_i}{\sum\Delta D_i}\left[\frac{1}{X_1},\frac{1}{X_2},\cdots,\frac{1}{X_n}\right]$，$V$ 代表劳动报酬，m 代表社会纯收入。

令 $E=\Delta XC$，$\mu_i=\frac{\Delta D_i}{\sum\Delta D_i}$，$\mu_i$ 为第 i 部门(或产业)国民收入增量与国民收入增量之比，由此可得：

$$\Delta DC=\begin{bmatrix}\frac{\sum D_i}{X_1}\cdot\frac{\Delta D_1}{\sum\Delta D_i}, & \frac{\sum D_i}{X_2}\cdot\frac{\Delta D_1}{\sum\Delta D_i}, & \cdots, & \frac{\sum D_i}{X_n}\cdot\frac{\Delta D_1}{\sum\Delta D_i}\\ \vdots & \vdots & \cdots & \vdots\\ \frac{\sum D_i}{X_1}\cdot\frac{\Delta D_n}{\sum\Delta D_i}, & \frac{\sum D_i}{X_2}\cdot\frac{\Delta D_n}{\sum\Delta D_i}, & \cdots, & \frac{\sum D_i}{X_n}\cdot\frac{\Delta D_n}{\sum\Delta D_i}\end{bmatrix}$$

$$=\sum D_i\begin{bmatrix}\frac{\mu_1}{X_1}, & \frac{\mu_1}{X_2}, & \cdots, & \frac{\mu_1}{X_n}\\ \vdots & \vdots & \cdots & \vdots\\ \frac{\mu_n}{X_1}, & \frac{\mu_n}{X_2}, & \cdots, & \frac{\mu_n}{X_n}\end{bmatrix}\tag{5}$$

再令 $K=\begin{bmatrix}\frac{\mu_1}{X_1}, & \frac{\mu_1}{X_2}, & \cdots, & \frac{\mu_1}{X_n}\\ \vdots & \vdots & \cdots & \vdots\\ \frac{\mu_n}{X_1}, & \frac{\mu_n}{X_2}, & \cdots, & \frac{\mu_n}{X_n}\end{bmatrix}$，则有：

$$E=[(I-A)']^{-1}\Delta DC=\sum D_i[(I-A)']^{-1}K\tag{6}$$

由(6)可以看出，产业 i 的需求收入弹性取决于两个重要因素：产业 i 在生产过程中对其他部门的中间产品的消耗水平和产业 i 的单位产出对国民收入总增长的贡献份额。由于产业 i 的国民收入与最终需求之间具有具体确定的数量关系，因此产业 i 在一定时期内的需求收入弹性可以近似用产业 i 的产值变化率与社会最终需求变化率之间的比例表示。

② 某个产业部门的生产率上升率也可以用投入产出表计算出来，其中最简洁的方法是：先根据不同时期的部门平均工资水平，确定各部门的实际职工数，然后对部门净产值及部门总产值比较，求出一定时期的部门人均净产值和人均总产值，再将不同时期的劳动率进行比较，即可求出不同时期内各部门生产率的变化率。

(2) 产业市场潜力。产业市场潜力主要是指市场占有率，其公式表示为：

$$\rho=\frac{Q_1}{Q_2}\times\frac{AQ_1}{AQ_2}$$

式中，ρ 是产业的市场占有率，Q_1 和 Q_2 分别代表所研究区域及其高层次区域该产业的年销售额，AQ_1 和 AQ_2 分别表示所研究区域及其高层次区域该产业的人均销售额。ρ 越大说明本区域内该产业产品的市场容量越大，其市场潜力越大，由此该产业被确定为主导产业的可能性就越高。

(3) 产业比较优势度。产业的比较优势度是指由产业的区位优势所产生的相对优势，其衡量指标包括：比较劳动生产率、年技术进步速度、创汇能力、产业经济效益等，其中比较劳动生产率在使用时非常简便。比较劳动生产率的表达式可以写成：

$$\eta=\frac{Y_1/Y_2}{L_1/L_2}$$

式中，Y_1 和 Y_2 分别表示该产业的国民收入和区域国民收入总额，L_1 和 L_2 是该产业的劳动力总数和区域劳动力总数。$\eta>1$，说明产业的劳动生产率高于全部产业劳动生产率的平均值，该产业是具有比较优势的部门，η 值越大，比较优势就越明显；反之，比较优势就越小。

(4) 产业规模。主导产业往往是具有相当规模的产业，因为较大的规模可以支持生产、销售和研发等活动的规模效应。产业规模有四层含义：一是绝对产业规模；二是相对产业规模，即某产业占区域全部产业的比重；三是在较高层次区域中相同产业的相对规模，即某产业占较高层次区域相同产业的比重；四是产业产品的输出规模。只有这四个产业规模都较大，才有可能成为区域主导产业。衡量产业规模常用的指标是产业专门化率，其公式可以表述为：

$$Z=\frac{g_1/g_2}{Q_1/Q_2}$$

式中，g_1 和 g_2 分别表示所研究区域某产业及其较高层次区域同产业的净产值，Q_1 和 Q_2 分别代表两个区域内的全部产业的净产值。$Z>1$ 说明该产业是所研究区域的专门化部门，Z 值越大，说明这个产业在所研究区域中专门化程度，即集中度越高，这个产业的产品输出规模越大；$Z\leqslant 1$，则表明该产业不是这个研究区域的专门化部门。

(5) 产业关联度。主导产业与其他产业相互联系的方式有两种：影响力和感应度，前者是主导产业对其他产业的影响程度，后者是主导产业受其他产业的影响程度。这两个指标分别用 Y 和 G 表示①，由此可以得到波及效果系数 $B=(Y+G)/2$，其中 B 越大，说明该产业与其他产业的关联性越强，其发展对区域经济的带动作用越明显，这个产业也就越应该成为主导产业。

2. 综合指标的计算

综合指标是对同一产业部门的市场占有率、比较劳动生产率、产业专门化率以及波及效应系数进行加权平均或几何平均，具体表达式为：

$$T=\sum_{i=1}^{4}\alpha_i X_i$$

式中，X_i 代表某产业的以上四个方面指标值；α_i 代表四个指标重要性程度的权重，$\sum_{i=1}^{4}\alpha_i=1$，如根据对主导产业重要性程度的贡献大小，市场占有率、比较劳动生产率、专门化率和波及效果系数的权重可分别取 0.2、0.25、0.35 和 0.2。综合指标的几何平均值的表达方式是：$T=\sqrt[4]{\prod_{i=1}^{4}X_i}$，其中符号与加权平均式中的含义相同。

(三) 区域经济对主导产业选择的约束条件

依照相关指标体系选择出来的主导产业还必须与具体的区域经济状况相结合，这个结合过程是决定主导产业能否持续发展的关键。因此，在确定和发展主导产业的过程中，明确区域限制要素就成为必须完成的工作。需要明确的是，对这些限制因素的研究是建立在投入产出模型基础上的。

1. 对就业水平和就业结构的分析

首先，以国民经济各部门的平均工资率(e)去除投入产出表中工资和福利

① 这两个系数在本书的第四章第三节有过介绍，在此就不再进行详细表述。

项的价值量(W),由此求出各部门的劳动力数量(L),即:

$$L_i = \frac{W_i}{e_i}\ (i = 1,\ 2,\ \cdots,\ n) \tag{1}$$

进而,各部门的劳动力系数可以表示为:

$$\eta_i = \frac{L_i}{X_i}\ (i = 1,\ 2,\ \cdots,\ n) \tag{2}$$

式中,X_i 是 i 部门的总产出。最后,确定国民经济各部门的综合就业系数及其就业结构,具体表达式为:$\Delta X_i = \sum_{j=1}^{n} r_{ij}\,\Delta Y_j$。结合上式(2),可以得到:

$$\Delta L_i = \eta_i\left(\sum_{j=1}^{n} r_{ij}\,\Delta Y_j\right) \tag{3}$$

由式(3)可以求出国民经济各个部门的综合就业系数。这个系数在部门之间进行横向比较时可以直观地说明各产业就业水平影响力的大小。在进行主导产业的选择时,如果区域内劳动力供给严重不足,则可以优先选择就业系数低的产业。式(3)清楚地表明产业在某个区域能否持续迅速发展的条件之一就是在劳动力供给总量的限制下,劳动力需求结构与供给结构能否保持平衡。如某区域若拟以高科技产业作为其主导产业,即便在该时期该区域内有适量的人才储备,但是在人才结构上存在一定的缺陷(如高级专业技术人才丰富,但相应的管理人员和熟练的配套工人不足),那么这个主导产业也很难在短时期得到发展,其对经济总量的贡献也是非常有限的。

2. 对区域输入量和输入产品需求结构的分析

在开放经济的环境下,在确定主导产业时必须考虑区域输入产品数量和结构的问题。正如在区位理论中,杜能和韦伯等人早已证明的那样:运费总是与产品总量成正比,在其他条件不变的情况下,运费的增加必然导致区域经济效益的下降。因此,在选择主导产业的时候,对那些可能会引起输入量完全消耗水平过高增长的产业应该采取十分谨慎的态度。

根据投入产出表中输入产品的完全消耗系数矩阵,可进行 i 部门产出增长对输入品完全消耗量和结构的分析,其具体表达式为:

$$\Delta A_j^* = \sum_{i=1}^{j} r_{ij}^*\,\Delta X_j \tag{4}$$

$$\begin{bmatrix}\Delta A_1\\ \vdots \\ \Delta A_n\end{bmatrix}=\begin{bmatrix}r_{1j}\\ \vdots \\ r_{nj}\end{bmatrix}\Delta X_j,\ (i=1,\ 2,\ \cdots,\ n) \tag{5}$$

式中，ΔA^* 为对输入品的需求增量向量，r_{ij}^* 为输入品的完全消耗系数矩阵。很明显，当产业部门 i 输入品结构中存在某些产品由于国内生产和外汇等限制条件而导致供应不足时，对这个产业的发展就应该保持谨慎。

3. 对资金需求量和资源需求量的分析

由于投入产出表中不能反映出部门 i 在生产过程中对资金的完全占有或资源的完全消耗情况，所以不能直接从其中推算出产业增长和资金完全占有或资源完全消耗的关系。解决这个问题的方法是：先根据给定的资金或资源产出系数去建立外生系数矩阵；再根据投入产出表的完全消耗系数去求解。表 5－1 是一个简单的假设外生系数矩阵。部门 1 在生产过程中每增长一个单位总产出需使本部门的资金占用增加 1.0 单位，相应的需使部门 2 的资金占用增加 2.5 个单位，总计 3.5 单位；部门 2 的情况则是总计 2.0 个单位。这个表格也可以表示资源消耗的情况。故此，产业部门生产对资金的完全占用和资源的完全消耗可以用公式写成：

$$I=\Delta K=\sum_{i=1}^{n}C_i\Delta X_i \text{ 或 } N=\Delta N=\sum_{i=1}^{n}N_i\Delta X_i \tag{6}$$

式中，$C_i=\Delta k_i/\Delta X_i$ 是部门 i 的资金占用系数或称之为资金产出系数，$N_i=\Delta n_i/\Delta X_i$ 是部门 i 的资源消耗系数或称之为资源产出系数。由 $\Delta X_i=\sum_{j=1}^{n}r_{ij}\Delta Y_j$，式(6)可以转化成为：

$$I=\Delta K=\sum_{i=1}^{n}\sum_{j=1}^{n}C_i r_{ij}\Delta Y_i \text{ 或 } N=\Delta N=\sum_{i=1}^{n}\sum_{j=1}^{n}N_i r_{ij}\Delta Y_i \tag{7}$$

表 5－1　外生系数矩阵

部　门	1	2
1	1.0	0.7
2	2.5	1.3
合计 C_i 或 N_i	3.5	2.0

（资料来源：安虎森：《区域经济学通论》，北京：经济科学出版社，2004 年。）

根据式(7)的计算,如果产业部门 i 的发展所需的资金占用量或资源消耗量明显超过实际可供量,那么这个产业将很难成为该区域的主导产业部门。

4. 对污染状况的分析

在选择主导产业过程中,对环境污染的分析是非常重大的问题。对其进行测算可以使用两个方法：建立外生系数矩阵和修正投入产出表的方法。修正投入产出表的方法的依据是污染是生产过程中的"产品",与其他产品相比唯一的不同是污染给被消费者带来的是负效用。修正投入产出表的具体思路是在标准的投入产出表中增加 m 行和 m 列,具体见表(5-2)。其中,$\sum_{i=1}^{m}\sum_{j=1}^{n}E_{ij}$ 表示消除污染部门的总消耗,$\sum_{i=1}^{m}\sum_{j=1}^{n}F_{ij}$ 表示消除污染部门形成的污染,$\sum_{i=1}^{m}\sum_{j=1}^{n}P_{ij}$ 表示生产过程中形成的污染量,$\sum_{i=1}^{m}R_j$ 表示最终需求领域内产生的污染。由此能够得到生产与使用平衡方程式(8)与污染平衡方程式(9)：

$$\sum_{i=1}^{n}X_{ij}+\sum_{i=1}^{m}E_{ij}+Y_i=X_i \tag{8}$$

$$\sum_{i=1}^{n}P_{ij}+\sum_{i=1}^{m}F_{ij}+R_i=Q_i \tag{9}$$

污染生产系数可以写成：

$$p_{ij}=\frac{P_{ij}}{X_j} \tag{10}$$

在给定最终产品 Y 及最终需求领域所产生的污染数量 R 时,由 $X=(I-A)^{-1}Y$ 可得：

$$Q=(I-A)^{-1}Y+R \tag{11}$$

式中,$Q=[Q_1,\cdots,Q_m]^T$,$P=(P_{ij})$,$R=[R_1,\cdots,R_m]^T$,或者 $Q=\sum_{k=1}^{n}\sum_{j=1}^{n}P_{ij}r_{kj}Y_j$。

式(11)和 $Q=\sum_{k=1}^{n}\sum_{j=1}^{n}P_{ij}r_{kj}Y_j$ 为研究产业发展和污染之间的关系提供了相对较为精确的数量分析方法,这也为区域主导产业的确定提供了科学依据。

表 5-2 修正后的投入产出表

	计量单位	产业部门										最终产品及最终需求领域产生的污染	合计
		生产部门					消除污染部门						
		1	2	…	n	合计	1	2	…	m	合计		
产业部门	1	X_{11}	X_{12}	…	X_{1n}	$\sum_{j=1}^{m} X_{1j}$	E_{11}	E_{12}	…	E_{1m}	$\sum_{j=1}^{m} E_{1j}$	Y_1	X_1
	2	X_{21}	X_{22}	…	X_{2n}	$\sum_{j=1}^{m} X_{2j}$	E_{21}	E_{22}	…	E_{2m}	$\sum_{j=1}^{m} E_{2j}$	Y_2	X_2
	…	…	…	…	…	…	…	…	…	…	…	…	…
	n	X_{n1}	X_{n1}	…	X_{n1}	$\sum_{j=1}^{m} X_{nj}$	E_{n1}	E_{n2}	…	E_{mn}	$\sum_{j=1}^{m} E_{mj}$	Y_n	X_n
合计													
污染部门	1	P_{11}	P_{12}	…	P_{1n}	$\sum_{j=1}^{n} P_{1j}$	F_{11}	F_{12}	…	F_{1n}	$\sum_{j=1}^{m} F_{1j}$	R_1	Q_1
	2	P_{21}	P_{22}	…	P_{2n}	$\sum_{j=1}^{n} P_{2j}$	F_{21}	F_{22}	…	F_{2n}	$\sum_{j=1}^{m} F_{2j}$	R_2	Q_2
	…	…	…	…	…	…	…	…	…	…	…	…	…
	m	P_{m1}	P_{m2}	…	P_{mn}	$\sum_{j=1}^{n} P_{mj}$	F_{m1}	F_{m2}	…	F_{mm}	$\sum_{j=1}^{m} F_{mj}$	R_n	Q_n
合计													

（资料来源：陈锡康、李秉全：《投入产出参考资料》，北京：中国广播电视大学出版社，1983 年，第 144—145 页。）

通过以上"标准——路径——筛选"过程可以看出：主导产业在区域经济发展过程中的作用和地位并不是恒定不变的，主导产业在相当大程度上是由区域条件限制的。这种限制决定了主导产业选择的转化和产业本身的发展，说明了不同区域的主导产业是完全可以差异化和互补的，这是由区域的需求弹性和资源禀赋的不同决定的。

第三节　产业集聚的交易费用分析

产业集聚是现代产业空间布局的一种重要现象。在产业集聚区域，同一产业或相关产业的企业集聚在一起,使得该区域的经济呈现出非常强劲的发展趋势。产业集聚现象的发展,一方面引起了中国地区间经济差异,另一方面也有助于在国际市场上提升中国的产业竞争力。企业生产产品或服务的目的是交易,产业集聚必然会给企业间或产业间的交易费用产生影响。

威廉姆森给交易下的定义是:当一项物品或劳务越过技术上可分的结合部而转移时,交易就发生了。这里,技术上可分的结合部是指:技术上不可分的实体之间发生联系的区域。任何交易都是通过合约关系进行和完成的,这些合约可以是书面的,也可以是口头的,还可以是默认的。它们都包含有规范交易如何实现的治理条款。这些条款的内容规定着交易双方的行为方式、利益格局和条件发生变化时的再谈判规则及其决策程序,由此形成了一系列不同的治理结构。因而,合约成为分析交易最基本的方法。经济组织承担的问题,是设计能够与交易的特征相匹配的合约及治理结构,以节约交易费用,实现组织效率的最大化。

由于交易费用是从合约角度定义的不同组织、不同制度的运用费用,因而,交易费用是运用经济制度的费用,也可以认为,交易费用是由于产权不清所导致的摩擦。具体来说,交易费用包括事前的和事后的两个部分。事前的交易费用包括协议的起草、谈判的费用以及保障协议被执行所需要的费用。事前的交易成本之所以存在,是因为在签订契约时,交易双方对未来的不确定性都没有把握,因而,需要事先规定双方的权利、责任和义务。而要事先明确这些权利、责任和义务是要花费成本的,这种成本的大小又取决于某种产权结构的事先清晰度。事后的交易成本包括四种形式:

(1) 当事人想退出某种契约所必须支付的费用;

(2) 当交易者发现事先确定的价格有误,进而改变价格时所引起的交易双方产生矛盾所产生的费用;

(3) 交易双方发生纠纷需要诉诸某种治理结构时,建立和运转这种治理结构的成本;

(4) 为了使承诺完全兑现而引起的监督和约束成本。

威廉姆森将交易费用的存在和高低归结为三点:资产的专用性、交易的不确定性和交易的频数,这是描述交易性质的三个维度。

资产专用性是交易所涉及的一个最重要的维度。当一项耐久性投资被用于支持某些特定的交易时,所投入的资产即具有专用性。在这种情况下,如果交易过早地终止,所投入的资产将完全或部分地无法改作他用,因此,在投资所带来的固定成本和可变成本中都包含了一部分不可挽救的成本或沉没成本。所以契约关系的连续性意义重大,契约双方中有一方投入了专用资产时,一旦另一方采取机会主义行为提前终止交易,投资一方就可能蒙受损失。因此,契约的或组织的保障可以大大降低交易费用,这就是经济联系紧密的上下游企业间追逐纵向一体化的内在动力。

不确定性是交易所涉及的第二个维度。不确定性的意义在于使应变性的、连续性的决策成为必要。当交易受制于不同程度的不确定性时,对治理结构的选择就有了重要意义,因为不同的治理结构有不同的应变能力。不确定性可分为两类:一是初级的不确定性,指的是由于自然的随机变动和消费者偏好的不可预料的变化所带来的不确定性;二是次级的不确定性,这是由于缺乏交流引起的,即一个决策者无从了解别的决策者在同一时间所作出的决策和计划。此外,威廉姆森特别指出了另一类不确定性即行为的不确定性,它产生于人的机会主义行为,这种行为的可能方式千差万别而无法预测。

交易发生的频数是交易的第三个维度。一种治理结构的确立和运转是有成本的。这些成本在多大程度上能被所带来的利益抵消,取决于在这种治理结构中所发生的交易的频数。多次发生的交易,较之于一次发生的交易,更容易使治理结构的成本被抵消。

企业是产业集聚的根本载体,产业集聚的竞争优势也主要来自于企业。按照基于资源的企业理论的观点,企业核心的竞争能力来自于其特有的、稀缺的而且外部成员不可模仿的资源和能力,这类资源和能力就是企业的战略性资源。处于产业集聚之中的企业,其特有的战略性资源主要包括基础设施、产业氛围、社会资本以及特有品牌和技术等,这些资源也被称为产业集聚的固定性资产要素,这些因素形成产业集聚的吸引力,但本身不随着集聚的扩展和内部契约的变化而变化。这些要素会随着时间的积累所形成的公有性资产,逐渐地嵌入集聚内部,具有外部组织不可获取的特性。它的一个突出特征就是正的外部性效应,能够为集聚的内部企业带来孤立企业所无法获取的各种收益,因而推动着企业的成长以及新企业的加入,从而形成更大范围和数量的集聚。

通过产业集聚获取规模经济和范围经济来降低成本是产业集聚形成和发展的主要原因之一。产业集聚的成本优势既包括单纯意义上的生产成本,也包括运输费用、产品搜寻成本等各种成本。产业集聚成本优势的发挥离不开对上述各项成本的节约，产业集聚应积极为上述各项成本有关的经济活动提供便利，通过组建专业化的统一市场、建立企业间信任机制、专业劳动力的引进和培养等措施，为产业集聚发挥成本优势创造条件。

韦伯认为，工业所在地的空间位置由成本因素决定，成本优势可吸引工业的选址。韦伯将区位因素分为区域性因素和集群因素两类，其中区域性因素即最初引起区域性分布的一般因素，主要是交易成本构成因素。韦伯对这些成本因素进行层层剖析，最终将一般区域因素归于运输成本和劳动成本两项。韦伯认为，运输成本不仅影响工业的最初分布，同时也影响到工业能否在一个地区集聚。这是集聚力和分散力都博弈达到均衡的最终结果，它产生了单位产品一定数量上的交易成本的节约。如果来自集聚的交易费用节约大于运输成本的增长，集聚就会出现。因此，根据运输成本—区域性因素—集聚这一逻辑关系，运输成本构成是集聚的基本要素，运输成本通过工业区而影响集聚。

规模经济可以分为技术上的和金融上的两类。如果因为企业技术进步，产出的增长速度大于投入的增长速度，则企业获得了技术上的规模经济。如果产出增加时，平均收益上升或平均成本下降，则企业获得了金融上的规模经济。韦伯所说的集群经济指后一种。韦伯的集群理论也可以看成是由横向兼并引起的。横向兼并能实现生产规模的快速增长和扩张，降低单位产品成本，形成金融上的规模经济或形成范围经济，显然也能引起集聚经济。

单个企业的收益递增可能是内生的，或由于扩张生产使分摊于单个产品的固定成本降低，或由于联合生产的优势而获益，投入要素可以共享，形成有集中管理的优势，两种生产过程之间存在互补性等。但也存在外部规模经济：某种行业在一个或几个地点集中生产从而降低了该行业的成本，而行业中的单个企业规模仍然较小，这时规模经济存在于行业内而非单个企业内部。这是源于企业决策的相互影响而导致的外部经济。据此，可以将规模经济分为内部经济和外部经济两类。外部规模经济也与集群密切相关。例如，当一个产业的规模扩大时，上下游企业利用集群，通过合资、合作或建立联盟等方式共同进行生产、销售等价值活动，可以压低原材料价格和运输成本；建立共同销售中心，形成零售、批发市场，降低集群的企业成品的运输、库存费用，从而使平均成本明显降低。

范围经济也有内部和外部之分，都与集聚密切相关。集聚导致专业化分工,不仅满足了市场个性化和多样性需求,而且企业可以根据生产的需要,在一个界定的区位上,通过建立起来的网络关系进行交易,利用空间距离的接近以及互为依托存在的供应链关系降低交易成本。同时,共同的产业文化和价值观,以及共同的地域文化,有利于企业间建立以信誉为基础的企业网络和社会网络,使双方容易达成交易且不便毁约,还可节省企业搜索市场信息的时间和费用,这种网络化形成的节约,称为外部网络经济。

第四节　产业集聚的区域经济效应

无论是理论研究还是现实的经济规划和发展,产业布局和区域经济都交融在一起:产业布局及其引发的产业集聚必须在一定的区域范围内进行,研究产业布局和产业集聚离不开区域经济分析,同时,产业布局和产业集聚问题的研究又是区域经济问题的深化。

一、区域的划分与区域的特征

区域通常指地表连续的经济地带,但有时也指行政区域或自然地理区。区域是经济学和地理学通用的概念,现已广泛应用于各个领域,如自然区域、经济区域、社会文化区域、综合区域等。此处,区域是社会生产地域分工的表现形式,它和社会生产地域分工一样是客观存在的。同时区域在理论上又是由抽象思维构成的概念,任何标定的区域界线,往往是研究者一种理论上的假定。区域是社会生产地域分工发展到资本主义阶段的产物,属于历史性的范畴。在区域的形成和发展过程中,根据不同区划原则可以划分出均质区域、节点区域和计划区域三个系列。

均质区域指区内各种变量一致性最大且区际分异最大的地表连续的地段。这里所指的各种变量即各种均质因子的差异,它们可指特定地区的自然资源条件、地形和气候,也可指特定地区的社会经济因素。这种划分遵循均质方法,强调的是各种均质因子的一致性。然而,随着社会生产力的发展,经济技术对区域特征的作用日益加强,自然因素的作用则相对减弱。而且,区域内部各要素往往处于不同发展阶段的时间序列之中,因此,区内各要素的差异性往往大于其均质性。第二次世界大战后，伴随区域规划的广泛开展，节点区域法逐渐取代均质区域法而成为一种主导性的区域方法。

节点区域又称极化区域，是指一群虽然异质但在功能上的关系却极为密切的地区。区内不同部分通过围绕区域增长极的相互关联而相互依存。所谓极化是指极化区域内增长的极点如磁铁般对经济活动的吸引过程。这种区域内部相互关系或共同利益得以实现的基础，是功能一体化，而不是均质化。节点区域方法在性质上是一种较为抽象的方法，因而在经济研究中颇有价值，但由于有关资料收集困难，且政府倾向运用管理区域，因此，这种方法在应用中有一定的难度。

计划区域一般指实际存在的管理区域，它是为了一定的管理目标而创造的、实际的政府计划、政策的实施地区。一般情况下，计划区域与极化区域是大致协调的，极化区域是计划区域理想的地理单元。但由于极化区域随着时间的变化范围不断变化，因此，在时间上要保持计划区域与之协调有一定的困难，由于计划区域的资料易于收集，而且通常政府部门惯于使用，所以计划区域在经济分析中被广泛采用。

上述三种方法已经成为区域经济学中界定区域时普遍遵循的规范。在社会主义国家中，有的经济学家把区域定义为以大中城市为中心具有全国意义专业化的地域生产综合体。

经济学中关于区域的概念迄今尚无确切的并为人们普遍接受的定义。在众多定义中影响较大的定义是美国区域经济学家胡佛(E. M. Hoover)于1970年给出的：区域是基于描述、分析、管理、计划或制定政策等目的而作为一个应用性整体加以考虑的一片地区，它可以按照内部的同质性或功能一体化原则划分。

区域作为介于国家和企业之间的一个中间性概念，与国家相比，具有以下重要特征：

具有更大的开放性。区域是自然要素与人为要素组合而成的一个相对独立的系统，虽然划分标准各异，但各种类型的区域总表现为一定的地理单元或空间概念。因而，区域不可能是一个封闭系统，它不仅要向区外输出其专业化产品，而且要从区外输入必需的商品，可见区域是一个开放的系统，它与其他区域必须经常保持密切的相对稳定的技术经济联系，所以说，它比国家更具开放特性。

具有更突出的非均衡性。区域之所以相对独立地存在,是由于区域具有区别于外部环境的独特的地方化特性。这种地方化特性来源于生产要素的区际差异,并集中体现在区域优势上。因此,区域本身就是垄断的产物,优势的聚集就形成区域的非均衡特性。

具有经济上的不可分性。从国际贸易角度看,国家往往有各种各样的人为障碍,如关税、进口配额与数量限制等,而区域间的贸易则没有①。因此,区域市场是全国统一市场的一个重要的组成部分。

具有权能上的局限性。区域政策制定者通常缺乏国家政府所拥有的政策工具,如关税、外汇管制、租税、货币发行权等。可见区域的自主权明显弱于国家。

具有二元性。区域一方面应该是国家一个特殊的经济上尽可能完整的地区;另一方面,它由于自然特点,以往的文化积累和居民及其生产活动能力的结合而成为国民经济总链中的一个环节。它既有一定的相对独立的综合性,又在全国经济中具有相互依赖性。

二、区域经济效应的存在条件

产业布局及产业集聚是客观存在的社会经济现象,也是人们的意志、特别是区域产业政策作用的结果。同样,区域既是客观实体,又是人们观念上的空间概念。产业布局会直接影响到区域经济的发展,而区域经济发展的状态优势是新的产业布局的依据和出发点之一。两者是一种相辅相成的辩证关系,既然区域经济是产业布局的依据,那么区域经济效应存在的客观条件又是什么呢?

概括而言,区域经济效应存在的客观条件主要有:

(一)资源的稀缺性和生产要素的不完全流动性

资源的稀缺性是经济学研究和现实经济发展面临的条件,对区域经济而言,倘若某一资源要素在这一区域是丰富的,那么在另一区域该资源要素必定是相对稀缺的。区域经济和一般经济一样面临如何分配有限资源的选择。要

① 至于地区封锁等地方政府违背经济规律或常规的行为举动,不属于此处的讨论范围,可见后文。

素的不完全流动性是区域经济效应产生的关键因素,假定生产要素在空间能够完全自由流动,各个要素的供给会从资源丰富地区流向稀缺地区,以致生产要素价格、交易费用和收入趋于均等化,经济活动整合为一,区域经济效应也就无从谈起。

生产要素的不完全流动性包含两层含义:其一,生产要素不是都能够流动的,其中有些能够流动,如劳动力、资本、技术等,有些则是不能流动的,如土壤、矿藏、水文、气候等自然条件;其二,生产要素的流动性是有限的或是不完全自由的,这种流动的约束来自许多方面。首先是制度因素,不同国家,不同制度,不同的利害关系,其政策就会不同,这就造成了生产要素流动的国际障碍。一个国家在不同时期对不同地区的生产要素的流动作出限制性政策,就会形成生产要素的国内障碍。其次是区域间的利益动机。由于利益所迫,区域之间会不同程度地采取地方保护主义,对区域内的资金、人力、技术和资源的外流作出种种限制,以便保护地方利益。还有文化传统和宗教习俗的限制。正是由于生产要素具有不完全流动性①,所以区际之间可以组织分工、某些部门的专业化生产乃至形成产业集聚,这也是不同区域之间具有不同的比较优势的原因之一。若是生产要素在空间上能够完全自由流动,那么就会使要素价格、交易成本和收入区域均等化,这样区域经济效应也无从谈起。

(二)空间成本因素和经济活动的不可分性

空间是有距离的,距离的传输不仅要耗费时间,而且还要付出费用,克服空间分离的耗费即距离成本,距离成本限制了自然禀赋优势的发挥和空间聚集经济实现的程度,使经济活动局限于一定的空间范围。经济活动的不可分性是由产品生产工序的不完全性、规模经济和聚集经济所决定的,有些产业的技术经济特点决定其产品的生产工序适于在同一地点集中进行,一旦将其不同的生产工序配置在不同的地点组织生产,使其在空间上截然分离,势必引起成本的增加和协作的障碍。在一定的技术条件下,单个企业生产规模在一定限度内增大,可以节省单位产品成本,提高效益,这种企业生产规模报酬递增现象就是规模经济。众多企业适当集中布点,便于加深专业化分工和协作,形

① 这种流动的不完全性,既有制度性原因,也有文化上的原因,更有人性弱点的原因。

成综合生产力,对资源和其他生产要素进行综合利用,才有可能统一建设起比较齐备的基础设施,节约投资并提高其使用效果,可以实现聚集经济效应。此外,它们还使得各种生产要素和经济活动尽可能集聚在一定的空间范围内,形成以城市为中心的区域经济效应。

三、产业布局及产业集聚是区域经济效应问题的深化

一般而言,区域经济发展包括三个主要方面:数量扩张、结构转换和水平提高。数量扩张是指区域国民经济各产业的生产规模在原有基础上的扩大;结构转换是指各产业生产规模伴随生产要素在各产业之间的转移,出现某些产业相对增长较快,某些产业增长较慢的变动现象;水平提高是指经济的生产技术和管理水平的提高。

各国的经济发展实践证明,数量增长与结构转换存在比较稳定的联系,合理的产业布局为产业集聚和地区经济数量增长提供有效的结构效益基础,保持了地区经济持续稳定增长。这说明区域产业布局与结构对产业集聚和经济发展有重要作用,如果在研究区域经济问题时,不具体考察区域的产业布局、结构,区域经济研究就等于纸上谈兵。

区域经济涉及范围较广,还包括如上述的数量扩张和水平提高,以及区域协调等,偏重于产业布局和产业集聚研究主要是出于以下考虑:其一,从产业布局角度研究区域问题最能把握区域经济发展的实质,产业布局与结构中的主导产业代表了该地区的发展方向;其二,市场经济中政府在指定宏观区域政策时,能干预到的最直接层次也是产业层次,这样就能将政府干预产业与市场机制作用产业的两种力量较好地结合在一起。

从国家宏观层次上研究产业总体布局,以求一国最优的资源配置。仅仅根据企业区位指向研究产业布局的方法是不足取的,因为各个企业为了取得最大利润作出的区位决策往往不能实现区域整体效益的最优,甚至导致对区域经济发展不利的后果,因此必须从国家宏观角度和区域整体利益考虑各区域的最佳产业布局和区域间合理分工布局。

考察产业布局首先将产业按功能划分为主导产业、辅助产业和基础产业三大类。主导产业是决定区域在一国地域分工体系中地位和作用的部门,是整个区域经济发展的主导和核心,不同的区域有不同的主导产业;辅助产业是

围绕主导产业的协作配套部门,与主导产业有密切联系,因主导产业的不同而有所不同,可分为前向联系产业和后向联系产业;基础产业是为发展生产和保证生活供应而提供公共服务的部门,包括生产性、生活性和社会性基础产业,这是区域经济的核心,它决定着区域经济的发展方向、速度、性质和规模,其选择合理与否不仅关系到主导产业的产前服务、协作配套和产后深度加工、资源综合利用等发展关联产业,也可以助推形成高效率的区域经济有机体。

阅读资料

产业集聚是同类产品生产地集聚,其本质是同一产业供应链集聚。产业集聚是企业与企业密集区之间的中间形式。大型的地域生产综合体和马歇尔集聚是产业集聚的区间边界。现有的产业集聚有四种形态:轴辐式集聚、大企业集聚、企业集群和马歇尔集群。其他的经济区域,如保税区、卫星平台式集聚区等等仍然是环境、资源等区位指向形成的集聚区,与产业集聚有较大的差异。

硅谷的巨大成功给世界很大的启发,各国纷纷建设自己的"硅谷"——高新技术产业园区。其中影响较大的有:法国的索菲亚技术城、英国的剑桥科技园、日本的筑波科学城、韩国的大德科学城、印度的班加罗尔软件产业集聚区等。中国也制定了高科技产业开发区发展计划。1988 年,中国建立了第一个国家级高新技术产业开发区——北京市高新技术产业开发区;从 1991 年到 1996 年,中国建立了 53 个国家级高新技术开发区,工业产值每年递增 90%,相当一部分开发区的产值和利税占当地相应指标的 10%,如中关村海淀科技园的电子信息产业等对中国高新技术产业的发展,以及地区经济的发展都产生了重要的影响,成为各地区经济增长极。建立高科技园区是人们主动促进产业集聚的重要实践。

但是,与"复制"硅谷的预期目标相比,世界上大部分开发区都有较大的差距。在产业集聚实践过程中,人们逐渐发现复制硅谷比想象的要困难得多,而且出现了一些新情况。例如:原以为高新技术产业由于资源依赖程度低,对区位指向因素的依赖性不显著,因此认为它们比较容易复制和移植。这个设想鼓舞了许多的地方政府和机构,在此思想的作用下,世界各国曾经爆发了一场复制"硅谷"模式的热潮,纷纷建设自己的硅谷。然而,实际运行的结果表明高新技术产业集聚模式的移植性差,移植尝试的成功率出乎意料地低。培养和扶持高新区创造能力的难度超出了人们的预期,高新企业的地理集中,并没有自动产生一个创新中心。大量建设、克隆产业集聚的失败案例表明对集聚区的理解还不深入、不系统,产业集聚的实践只是复制了表面的特征,遗漏了其本质特征,还需要做大量的研究工作找到产业集聚竞争力强的本质原因。

案例分析

按照传统的区域经济理论，产业应集聚在资源禀赋丰富、交通便利和劳动力成本低的地方，但现实是许多产业集聚并不以区域的资源禀赋为基础。资源禀赋优势会随着集聚的企业数量增加而削弱，边际效用递减规律会制约区域的集聚程度，因为区域的资源禀赋无论如何丰富，始终是有限的，随着集聚企业增加，集聚地的吸引力降低。在经过一段时间的发展以后，他们大多面临资源枯竭的问题。如果没有及时进行产业结构调整，都不可避免地面临衰退的困境。

实际上，那些不依赖于资源的产业集聚往往可以获得长期的繁荣。在那里，集聚的企业越多，产业的规模越宏大，对企业的正外部效益就越大，对新企业的吸引力就越大。美国几十家地毯生产商集中在达尔顿，而达尔顿在资源或成本方面并不比其他地方有优势，其唯一与其他地方不同之处是它有生产毛绒织物的历史和已经形成集聚的现实。意大利的萨索尔诺最初也无生产瓷砖的有利条件，当时生产瓷砖用的原料和设备都依靠进口。伦敦集聚的金融业也没有多少资源禀赋优势，这里的房租贵、交通拥挤、经营并不方便。

很明显，产业集聚现象已经不能从资源禀赋、交通费用节省、市场指向等传统的区域经济学区位理论得出合理的解释。面对产业集聚现象，经济学、经济地理学等学科提出了各种各样的观点。有人认为导致产业集聚的原因是运输成本的地理分布不平衡，有人认为是信息传递的成本差异，也有人认为是劳动力和资本的规模收益递增等。不可否认，这些观点都有一定的道理，但是，产业集聚已经不仅仅是利用区域内已有资源，更重要的是它调动了区域外的资源。

本章小结

产业布局既是客观存在的社会经济现象，又是区域产业政策作用的结果，它是随着社会经济发展和社会分工而逐步深化和发展的。产业布局总是要把一个个产业及产业的各部门落实到特定的区域，与区域的具体条件结合起来。因此，进行产业布局，首先要根据各地的自然条件、资源状况、现有生产力水平和地区经济的内在联系，进行多层次的经济区域划分，明确今后各地区产业发展重点和产业结构的调整和发展。

产业布局是一个客观的过程，由于地区的自然禀赋、技术水平、资本、劳动

力供给等各方面的差异，再加上各个时期的偶然和不确定性因素，区域发展必将呈现不同的水平，有自身的客观进程。发达国家、中等发达国家和不发达国家的情况也不尽相同，适合于发达国家的产业布局发展模式不可能完全适应于不发达国家。正是由于区域经济中“区域”这一独特的地理因素，决定了区域发展的差异和区域自身存在的客观进程，因此不能“照搬照抄”。当然，有一些规律是普遍适用的，如市场机制作用下的区域经济和产业布局发展必是呈现不平衡扩大；政府采用平衡发展战略必将带来总体效率低下和区域经济的浪费等。

产业布局又是一个主观因素作用的过程。区域在各自特点基础上形成的发展过程中，政府政策选择对其的影响相当大。政府决策部门不仅要考虑区域的禀赋差异，还要考虑国家整体宏观经济的需要，因而会对区域经济发展自然过程进行“重塑”。结果往往有两种：其一，某些区域因得到产业、区域的倾斜政策而迅速成长，成为一国的经济增长中心，而其他区域则受多种条件制约，发展相对迟缓；其二，一国各个经济区域均衡发展，整个经济发展平稳。不难看出，政府主观的区域发展政策选择对区域发展的实际效果影响是相当大的，政府的这两类政策本身并无谁优谁劣之分，而都是可供政策决策部门采用的区域发展政策，只是应用时在不同时期不同情况下会出现不同效果，同时，这两类政策可相互兼容，在经济发展的一定时期能够较好地融合。

主要名词

产业布局	区域分工	区域优势	区域政策
区位商	集中系数	地理系数	集中指数
联系指数	产业集聚	区域经济	均质区域
极化区域	计划区域		

复习题

(1) 产业布局的含义。

(2) 产业布局理论有哪些?

(3) 产业布局研究中常用的数理分析方法有哪些?

(4) 产业集聚的含义。

(5) 用于交易费用中交易性质的三个维度是什么?

(6) 区域经济的发展包括哪几个方面?

思考作业题

(1) 试述影响区域分工的基本因素。

(2) 试述绝对优势、比较优势和动态优势理论,并对其进行分析。

第六章　政府规制与产业政策

本章在分析市场失效原理的基础上，得出政府规制的必要性，从而在规制的含义、目标、主体、实施过程等方面进行必要的探讨，并着重在政府公共物品供给职能上进行剖析，并从各种具体的产业政策入手，阐述了产业政策体系各方面的内容，如含义、特点、作用、目标、原则等，对产业政策的应用效率进行了分析。

第一节　市场失效的原理与规制机制

市场经济的发展过程证实，竞争性的市场力量并不总是在有效运转，市场失效的情况随时会出现，从而对市场机制的正常运行产生负约束，此时，政府行为是规制市场失效的必要和有效手段。通常，政府对经济问题的介入，主要是从两个方面进行的：一方面是通过宏观调控的方式，运用宏观政策工具改变市场参数；另一方面是依法对市场行为进行规制。

一、市场失效的基本原理

在经济学中，市场失效又称市场失败，作为和市场效率相对应的概念，市场失效是市场机制派生出来的经济问题，收入分配不公平和经济波动是市场失效的典型表现形式。在市场经济条件下，市场仿佛是一只“看不见的手”引导和调节着经济活动，在资源配置中发挥着基础性作用。然而，由于信息沟通等诸多障碍，在现实经济运行中“看不见的手”的作用并没有那么完美，这是因为，市场机制的正常运行需要一定的条件。当市场垄断、公共产品、外部效应、信息不对称等存在时就会不能完全实现资源的帕累托配置，也就形成了经济学上的市场失效或市场失效。

(一) 不完全竞争会导致“市场失效”

在现实世界中,广泛存在垄断和其他形式的市场结构,这些市场结构会使企业具有决定价格的能力,其中自然垄断尤为明显。当提供某一商品的固定成本相对高于可变成本、以致在有关需求的范围内平均成本下降时,就出现了自然垄断。自然垄断企业能按低于任何其他市场安排(包括竞争性市场)的成本生产特定的产量。当一个受到严格约束的市场过程导致只有一个企业供给市场的商品,此时如果它按经济意义上有效率的水平来生产,则有可能引致这个企业难以生存;但是,当这个企业是按平均成本而不是按边际成本定价时,由于企业的成本可以被补偿,该企业则能生存下去。

总之,从社会实践角度看,不完全竞争使得资源配置达不到经济学意义上的有效率状态,设计于理性条件下的市场机制就会出现失效。

考察一个市场竞争程度是考察一个市场失效的主要指标。它有三个判断载体: 其一是通过需求弹性判断企业的市场力量。当需求曲线向右下方的倾斜度越大,某企业有用的市场力量越大,则不完全竞争的特征明显,市场失效的潜在威胁越大;其二是行业中的企业数量。一个行业的企业数量很大,则竞争激烈,市场失效的潜在威胁下降,反之也反;其三是产品的差异程度。不完全竞争的市场具有不完全替代的产品,市场竞争的程度取决于它们的替代程度,而对市场的失效程度施加其影响。在“完全替代”的条件下,企业面对的是一条水平的需求曲线,市场失效的程度降低到其替代程度的水平。

(二) 公共物品的提供中存在“市场失效”问题

公共物品是指非排他性和非竞争性的物品,即一个人对某些物品或劳务的消费并未减少其他人同样消费或享受的物品,例如国防、路灯、无线电传播、环境保护、新鲜空气等。公共物品的特性表现为消费的非竞争性和提供的非排他性。

阅读资料

公共物品由私人供给会导致供给不足,这一点可以用以下简单的例子加以严格地说明。设想由 n 个人组成的社区建造一座防洪堤,每个居民要提供沙袋量为 g_i,总

供给量为 $G=\sum g_i$。假定居民 i 的效用函数为 $u_i(x_i, G)$，x_i 是私人物品消费量，$\partial u_i/\partial x_i>0$，$\partial u_i/\partial G>0$，且私人物品和公共物品的边际替代率递减。令 p_x，p_G 为私人物品和公共物品的价格，M_i 为 i 的个人预算约束，则每个居民面临的最大化问题如下：

$$\max_{x_i, g_i} L_i = u_i(x_i, G)$$

$$\text{s. t.}\quad M_i \geqslant p_x x_i + p_G g_i$$

拉格朗日式为：

$$L_i = u_i(x_i, G) + \lambda(M_i - p_x x_i - p_G g_i),$$

最优化的一阶条件：

$$\frac{\partial u_i}{\partial G} - \lambda p_G = 0,\ \frac{\partial u_i}{\partial x_i} - \lambda p_x = 0,$$

由以上两式得：

$$\frac{\dfrac{\partial u_i}{\partial G}}{\dfrac{\partial u_i}{\partial x_i}} = \frac{p_G}{p_x},$$

每个居民选择购买公共物品和私人用品的边际效用之比等于其价格之比。

n 个均衡条件共同决定了公共物品自愿供给量，结果表示为 $g_i^* = (g_1^*, \cdots, g_i^*, \cdots, g_n^*)$，$G^* = \sum g_i^*$。

公共物品社会供给的帕累托最优的求解过程如下：

社会总效用函数：

$$W = \gamma_1 u_1 + \cdots + \gamma_i u_i + \cdots + \gamma_n u_n,\ \gamma_i \geqslant 0$$

最大化问题：
$$\max_{x_i, G} W$$

$$\text{s. t.}\quad \sum M_i = p_x \sum x_i + p_G G$$

一阶条件：

$$\sum \gamma_i \frac{\partial u_i}{\partial G} - \lambda p_G = 0,\ \gamma_i \frac{\partial u_i}{\partial x_i} - \lambda p_x = 0$$

由上式消除 λ 得：

$$\sum \frac{\dfrac{\partial u_i}{\partial G}}{\dfrac{\partial u_i}{\partial x_i}} = \frac{p_G}{p_x}\ \text{（萨缪尔森条件）}$$

对该条件进一步整理得：

$$\frac{\frac{\partial u_i}{\partial G}}{\frac{\partial u_i}{\partial X_i}}=\frac{p_G}{p_x}-\sum_{j\neq i}\frac{\frac{\partial u_j}{\partial G}}{\frac{\partial u_j}{\partial x_j}}。$$

通过和公共物品私人供给的最优条件对比，可以发现帕累托最优的供给总量大于私人供给量，这意味公共物品的私人供给量不足。

非竞争性意味着某个人对一种物品的消费并不妨碍别的任何人对该物品的享用；非排他性是指对一种物品未付费的每个人不可能被阻止享受该物品的好处。因此，对于公共物品来说，市场交换制度不可能起作用，因为卖方将无法阻止不愿支付消费成本的人享用这些物品，也无法保证只有偿付这种物品成本的那些人才能获得该物品。如此，市场将减少那些供应会承受正外部效应的物品和服务的生产，而过多生产那些供应会承受负外部效应的物品和劳务，而最终影响到消费的正常进行。

非竞争性和非排他性的存在，都可能导致市场实现帕累托效率的失败，而非竞争性或非排他性的存在又是公共物品市场失败存在的必要条件。典型的公共物品是私人所不能提供的，因为提供者得不到应有的收益。仅仅依靠市场机制的作用，公共物品的提供将低于正常的与资源最优配置状态相适应的供给量。所以，典型的公共物品供给不能离开政府的作用和产业政策的有效引导。

（三）经济活动外部性的存在可能导致“市场失效”

外部性又称外部效应，是指由经济主体的行为所引起的成本和收益没有全部由该主体承担的一种主体活动结果的现象，有时称之为外部影响或溢出效应。这种效应是在有关各方不发生交换的基础上，价格体系受到外来的影响，或者说，存在没有经济补偿的经济交易。例如，一个火力发电厂不仅生产电力，而且也在生产过程中产生大量导致酸雨出现的物质。不幸的是，酸雨的降临并不限于电厂范围内、或有选择地只降落到消耗电量的人们所住的庭院，而会同时殃及其他许多人。面对这种情况，市场将不可能独自地发挥完美的作用。外部效应在生产和消费上都可能产生。生产外部效应或者影响厂商（生产者对生产者的外部效应），或者影响消费者（生产者对消费者的外部效应);消费外部效应可能影响厂商的活动(消费者对生产者的外部效应),或者也可能影响其他消费者的活动(消费者对消费者的外部效应)。一旦外部性发生时,就无法依靠自由的市场机制——利用价格来实现有组织的、高效率的产品生产。

(四) 信息不完全、不充分和不对称导致"市场失效"

通过市场竞争达到资源的最优配置,需要有完善和充分的市场信息。前已有述,在现实经济活动中,信息总是不完全、不充分的,买卖双方所拥有的信息往往也是不对称的,同时存在过多信息的零效益现象。交易双方的信息占有都不完全,这就可能出现互相欺骗、损人利己的现象,例如,期货市场、危险品(或危险劳务)市场、信息市场本身等都受着许多因素的抑制而无法达到完全信息状态。又如道德风险(行贿诈骗、买空卖空)、逆向选择(如受价格预期影响,买涨不买跌)、广告污染(愚弄、欺骗性广告宣传)等。

所以,在信息不完全、不充分和不对称的情况下,与前述的三种情况一样,市场机制并不能最优地配置社会资源,需要政府政策的引导和调节。

二、政府规制机制

(一) 规制的含义

"规制"和"管制"以及"规管"均源自英语"regulation"一词,三词的含义接近,仅有在不同场合下使用时理解上的细微差别。规制的译法最早见于朱绍文等翻译的日本经济学家植草益所著的《微观规制经济学》一书。植草益指出"通常意义上的规制,是指依据一定的规则对构成特定社会的个人和构成经济的经济主体的活动进行限制的行为"①。美国著名的规制经济学家丹尼尔·史普博耐指出"规制是由行政机构制定并执行的直接干预市场配置机制或间接改变企业和消费者供需决策的一般规则或特殊行为"②。由此可见,规制是指政府对私人经济活动所进行的某种直接的、行政性的规定和限制③。政府

① 植草益:《微观规制经济学》,北京:中国发展出版社,2003 年,第 35 页。
② 丹尼尔·史普博耐:《管制与市场》,上海:上海三联书店,上海人民出版社,2005 年,第 89 页。
③ 肖兴志、张曼:《英日规制改革模式差异及体制成因》,《市场与发展》,2000 年,第 10 期。

规制是具有法律地位的、相对独立的政府规制者机构,依照一定的法规对被规制者主要是企业所采取的一系列行政管理与监督行为①。规制具体是指政府为控制企业的价格、销售和生产决策而采取的各种行动②。规制主体是政府,也可以是其他组织机构,主要指法律法规授权的能以自己名义行使特定行政职能的非政府机构,规制的依据可以是法律,也可以是行政机构制定的法规和规章制度。校正市场失效是政府规制的目的和责任,规制对象是企业等微观经济主体的经济行为。在现代市场经济中,政府的规制行为同样要承担相应的成本。

(二)规制的分类

对应于市场所存在的"失效",政府往往会针对性地采取规制措施。这些措施可以根据政府对市场活动主体行为的限制程度和方式分为直接规制和间接规制。

1. 直接规制

直接规制是政府行政管理机构实施的规制行为,如对自然垄断产业的规制和对金融业的规制等。它主要包括经济性规制和社会性规制。经济性规制是对特定市场中企业定价和市场进入等方面的控制,它直接影响企业的生产决策、供应方式等。经济性规制的对象是存在垄断和信息不对称问题的部门,是以防止无效率的资源配置发生和确保需要者的公平利用为主要目的,通过被认可和许可的各种手段,对企业的进入、退出、价格、服务质量以及投资、财务、会计等方面的活动所进行的规制。经济性规制的主要领域包括公用事业,如电力、城市燃气、自来水等;金融业,如银行、保险、证券等;交通运输业,如铁路、水运、公路运输等。

与经济性规制不同,社会性规制是政府为控制(负)外部性和可能会影响人身安全健康的风险而采取的行动和设计的措施。这包括对制药业、工作安全、产品安全、污染的排放控制、就业机会、国内收入服务、教育等的规制。社会性规制与经济性规制两者的不同在于:后者着眼于传统的价格、进入、市场结构对公用事业等自然垄断产业进行的规制;而社会性规制突破了产业的界

① 王俊豪:《政府管制经济学导论》,北京:商务印书馆,2003年,第45页。
② 《新帕尔格雷夫经济学大辞典》中文版第四卷,北京:经济科学出版社,2005年,第1002页。

限,以保障消费者和劳动者的健康和安全,以及保护自然生态环境和人文环境为目的,对几乎所有的消费者的购买和企业的雇佣决策都有直接的影响。

2. 间接规制

间接规制是政府有关部门通过法律规定的程序所实施的规制行为,如对产品质量和工作环境安全以及对环境污染的规制。环境规制主要是反映总的外部性水平标准的环境法律规制,包括污染排放费、市场交易许可证、技术要求、投入控制和污染排放配额。产品质量和工作场所安全规制主要包括产品质量规制、职业服务质量规制和工作场所安全规制等。

除以上分类以外,政府规制还可以依据所运用的手段分为法律规制、行政规制、价格规制、审计规制、会计规制、金融规制、计划规制和财政税收规制等。

(三) 规制的目标

1. 资源的有效配置

如果一家企业能够以低于两家或更多企业的成本提供市场需求的数量,这家企业就形成了自然垄断。在自然垄断领域的产业中,最大的着眼点是防止垄断企业滥用市场力量。由于将价格确定于边际成本水平之上的垄断价格会损害资源的有效配置,所以限制垄断价格、实行价格管制在一定的环境里能实现资源的有效配置。

2. 收入的公正分配

如果企业支配性地确定价格,在企业理性的促使下,就必然使消费者剩余的一部分成为企业利润而进行收入再分配。所以,从社会分配公正的角度看,就必须限制垄断价格,保护消费者利益。再有,垄断企业在向不同的消费者提供同一产品或服务时,通过价格歧视做法,有可能制定差别价格,从利益分配公正的角度出发,就有必要尽可能地限制某些不合理的差别价格。此外,经营多种服务或事业的垄断企业,也存在通过获取一方事业领域的超额利润来弥补另一方服务领域低利润的可能,即进行所谓内部相互补助(也称作转移定价),来谋求社会的财税补贴。由于这是在不同事业领域的消费者之间进行收入再分配,因此也应从公正的角度出发加以限制。

3. 确保企业内部效率

如果市场结构是垄断性的,由于企业很少受到强大竞争的压力,所以影响企业提高内部效率的积极性。因此有必要采取措施提高企业的内部效率,其措施包括：① 在现有可利用的技术条件下，实现投入物的最优组合所带来的技术效率；② 以最优的发送所带来的配送效率；③ 以最优的生产规模进行生产所带来的生产效率；④ 原材料和产品实现尽可能高的设备利用率所带来的设备利用效率等。

4. 企业财务的稳定化

如果企业不能从长期观点出发，进行适当的投资，不仅会发生供给不足，而且也不能实现企业的发展。因此，规制执行者必须推动企业筹措一定的内部资金和外部资金，以便其能够实现适当投资。

(四) 规制主体与规制实施过程

进行规制的主体通常是国家，据国家内部各部门行使职能的不同，又可细分为权力机构、司法机构与执行机构，其中权力机构主要负责立法，确定是否要对某一产业进行规制，并指定实施机构及其职责。司法机构主要负责解决规制实施中产生的纠纷。实施机构包括政府下属部门或各种独立的规制委员会，这些委员会通常由各方面的专家组成。这几个部门分工不同，权力相互制约平衡，有利于提高规制效率，但由于不同部门可能代表不同利益集团的利益，也会出现彼此相互掣肘的情况，给微观经济主体提供了寻租与游说的更大空间。

规制实施过程主要包括以下阶段：

第一阶段是立法机构通过法律决定是否对某一产业实施规制，由于这一阶段会涉及许多经济主体的利益，如生产者利润、消费者福利及工人报酬等，这些主体在这一阶段就会非常活跃，以各种方式来影响立法过程，包括是否通过这一立法及立法倾向性等。

第二阶段是法律的实施阶段，由立法机构指定的执行机构来完成。这一阶段与第一阶段类似，仍会出现各种寻租与游说活动。任何一项规制活动都不会长久地进行下去，总有一个由无到有、由强到弱的过程。

第三阶段通常将规制由强到弱的过程称为规制的解除，即放松规制阶段。从原则上说，这一过程需要由立法机构通过法律进行宣告，但在实践中，规制的执行机构则掌握着实际控制权。

(五) 规制的执行

执行是规制过程中的一个关键环节，它直接决定着规制目标的实现以及规制社会性任务的完成。规制执行的概念可作广义和狭义两种理解：狭义的规制执行就是指传统的政府执行规制，也就是在规制过程中政府或规制机构为使规制付诸实施以达到预期的目标而进行的活动，在这个意义上，规制执行与政府规制等价；广义的执行是指规制主体执行规制的所有活动，执行者可以是政府，也可以是市场，以下对规制问题的讨论是从广义的角度展开的。

1. 规制的政府执行

一般来说，政府规制是政府部门，特别是政府行政机构运用公共权力，依据有关的法律、法规或法定授权，直接干预市场资源配置或对微观经济主体及其活动进行规范、约束和限制的行为。为达到规制目标，针对被规制者的行为，政府规制机构可以采用不同的规制方式，最常用的规制方式有如下两种：

(1) 传统政府规制方式。传统上政府执行规制的内容主要包括：价格规制、进入退出规制、质量与数量规制、资源和环境规制等，其中最基本的是价格规制和进入(退出)规制。

① 价格规制：价格规制是政府规制市场、调控市场失效的主要手段，在政府规制中占有重要地位，是政府规制的主要方式之一。在被规制产业中，政府从资源有效配置和产品服务的合理供给出发，对产品价格体系和价格水平进行规制。价格规制包括边际成本定价、平均成本定价和次优价格定价。对一般商品来说，则有最高限价、最低限价、统一价格的规定。价格规制的内容有：对垄断行业的价格规制、对保护行业的价格规制、对金融等行业的价格规制、对通货膨胀时期的价格规制、对不正当价格行为的规制和对事业单位收费的规制等。

② 进入退出规制：规制机构通过颁发特许权和配给权，对现有企业或产业的进入进行规范和控制。为此，政府通常采用两种措施：一是对一般竞争性行业的所有微观经济主体实行注册登记制度，只有具备规定条件，经过政府有关部门认可，履行注册登记，领到营业执照，才可以从事经济活动；二是对某些特殊行业(一般是自然垄断行业)实行申请审批制度，只有被赋予特许经营的权力，才能进入该行业。

③ 质量与数量规制：质量与数量规制是政府为了防止自然垄断产业由于竞争不足而致使企业提供的产品和服务质量下降，以及在信息不对称条件下，督促企业建立有关产品和服务的质量标准和不同的层次体系，保障社会权益。质量规制的主要手段有：第一，制定有关产品和服务的质量标准和质量规范

制度,规定有关产品和服务必须达到的最低限度的质量标准体系;第二,在有关产业中建立产品和服务的申报制度,只有达到一定质量标准的产品和服务,才可能通过政府发放许可证或政府认可的方式在一定时期内获准生产经营;第三,建立并强化对有关产业产品和服务质量的专门检查和监督制度,实施对产品和服务质量的行政检查和监督,防止有关产品和服务质量下降,或不合格产品和服务进入市场。数量规制主要是对有害物品生产和供应的规制,如政府对武器装备、政府实行垄断经营的能源、运输服务等进行数量限制,再如对生产和进口烟草、烈性酒等进行数量规制。对进出口商品的数量实行规制,主要是为了保护国内的新兴产业,调节国内生产的供应。

④ 资源与环境规制:资源与环境规制也是政府为了解决负外部性而提出的规制,如资源浪费、环境污染、生态破坏等。政府对自然生态资源的实行规制的措施除了资源税和地租外,主要有:通过资格审查等方式控制使用资源的企业数量;规定资源开采使用的标准;划定资源使用范围,并与企业签订承包合同,监督企业合理开发利用资源。对于环境,政府根据法规对企业排放的有害物质所环境污染问题进行规制,现已经成为政府规制中非常重要的一部分。

(2) 激励性政府规制方式。为了提高企业内部效率,在规制方面给予企业的激励方法有很多,可以归结为两大类:一是通过特许投标制度和区域间竞争等方式,给予企业竞争激励,使企业降低成本,提高经营效率;二是通过价格上限规制,给予企业提高经营效率的诱导,由此获得的额外收入作为企业的报酬。

① 特许投标制度:当市场无法通过竞争实现效率最大化时,政府都会采取进入规制限制竞争。但是,政府如果给予特定企业垄断性的长期经营特许权,由于缺乏竞争刺激,便有可能产生企业不努力提高内部效率的问题。于是,政府通过拍卖的形式,将所给予的经营特许权限制一定时期,在这个期限内令其许诺以优质低价提供产品或服务,禁止其他企业进入该行业,达到规模经济的效果。在特许期结束之后,再由竞争投标方式重新确定特定企业特许权,以此防止因垄断经营而造成的生产无效率和因垄断高价造成的分配无效率。

② 区域间竞争制度:区域间竞争是将被规制的全国性垄断企业分为几个地区性企业,使特定地区的企业在其他地区企业成就的刺激下提高内部效率

的一种方式。对一些自然垄断行业,政府规制一般采用成本加成的价格规制,但由于政府无法掌握企业真实成本,企业会利用垄断地位隐瞒真实成本,造成定价大大高于真实成本。而区域间竞争制度规定一个地区的价格不以该地区的企业成本为定价基本标准,并且不能高于其他地区的实际成本水平(其他地区对比该地区也是如此),最高价格取决于其他地区的实际成本水平。这样,为增加利润企业会不断降低成本,而这个成本又成为下一期的成本标准,这样的循环将不断降低该行业的价格,使之达到一个相对合理的水平。

③ 最高限价制度:最高限价制度在欧洲运用较多,其中最具创新意义的是英国目前采用的由斯蒂芬·李特查尔德(S. Littlechild)1983年设计的RPI-X价格规制。通过把规制价格与零售价格指数、生产效率增长率挂钩,使企业每一年或每一时期价格的变化率不得超过零售价格指数与生产效率增长率相减后的净值。最高限价制度也是一种规制企业价格变动的方法,政府在一定时期内控制了有关产业价格的上涨幅度,而不直接限制企业的利润率水平,以致企业完全可以在给定的最高限价下,通过提高生产效率以谋取更多的利润。

阅读资料

李特查尔德的RPI-X价格规制,是把规制价格与零售价格指数、生产效率增长率挂钩,RPI表示价格指数,即通货膨胀,X是由规制者确定的在一定时期内生产效率增长的百分比。例如,如果某年通货膨胀率是5%($RPI=5\%$),$X=3\%$,则企业提价的最高幅度是2%。这个简单的价格规制模型意味着,企业在任何一年中制定的名义价格取决于RPI和X的相对值。这样企业当期的价格为P_t,则下期的规制价格为P_{t+1}:

$$P_{t+1}=P_t(1+RPI-X)$$

RPI-X模型是一个一揽子价格模型,即这个模型处理的不是由特定企业所生产的某种产品的最高现价,而是企业所生产的各种被规制产品的综合最高现价。各种产品的一揽子价格的综合最高现价通过采取加权平均的形式,而各种产品价格的权数则根据该种产品所创造的收益确定。

在RPI-X模型中,对X值的确定也必须考虑到以下几个因素的影响:① 未来的投资计划;② 资本成本;③ 现存资产价值;④ 预期生产能力变动;⑤ 对需求增长情况的估计;⑥ X对现在或潜在竞争的影响。

RPI-X价格模型限制模型有两个主要优点:① 政府得以在一定时期内控制有关产业价格的上涨幅度,而不直接限制企业的利润率水平,以致企业完全可以在给定的最高限价下，通过提高生产效率而谋取更多的利润；② 操作比较简便，容易控制价格的涨幅。这个限价模型不需要详细评估企业的固定资产、生产能力、销售额等变动情况，又规定了一个相对比较合适的规制时滞，较为有效地防止了诸多不确定因素对价格和企业收益的影响。不过，如何确定一个合理的X值却成为影响这个模型实际应用价值的一个主要障碍，这主要受制于政府的决策能力和对信息的收集与处理能力。

2. 规制的市场执行

在传统观念来看，规制一般都是由政府或者政府组织的机构执行。随着市场经济的发展和政府行政开放性与透明度的加大，无论是在中国的计划体制，还是西方的传统规制理论指导下的实际效果，都无法达到市场的要求，传统领域的政府规制在现代市场经济国家不断受到责难，为使政府“撤出”市场，各国都付出了相当大的努力，“规制市场执行”应运而生，它是指当政府执行规制出现失效、失位时，由市场组织替代政府，依据既定的法律、法规或法定授权，执行规制，达到干预市场资源配置或对微观经济主体及其活动进行规范、约束和限制的目的。规制市场执行是对传统规制执行的替代，为的是让更多有市场竞争能力的市场主体有机会进入这些领域。市场执行规制的形式主要有非政府公共组织和规制服务外包两类。

(1) 非政府公共组织。随着社会经济的发展，一些社会性、专业性强的公共事务，逐渐由国家行政机构转移或下放给非政府公共组织管理或参与管理。非政府公共组织的范围主要有三类：一是社会团体，二是非营利性社会中介，三是民办非企业组织。在它们当中执行规制的公共组织主要是非营利性社会中介组织，如行业协会、商会、行业中间组织等。非营利性社会中介组织可以参与制定行业规章、章程或规制，或者是本行业自律性规范，以替代正式的法规；在政府的授权下可以作出或参与规制政策的制定、审批及许可决策等，也可参与监督、奖惩方面的决策。某些非政府公共组织经法律、法规授权或行政机关委托，具有对规制者的行为进行监督和检查的权力。

(2) 规制服务合同外包。规制服务合同外包，是指政府与私人企业、个人或非营利组织签订关于需要规制产品和服务的合同。私人企业、个人或非营利组织是规制实施者，而政府是安排者并负责向实施者付费。外包具有以下优点：降低政府管理成本、增加效益、减少官样程序、绕过工会限制和政治庇护、增加用户选择、增进服务专业化、提高创新性服务安排的可能性。但也存在不少弊端，如供应机构的低工资水平和工作的不安全感，服务责任的减少和服务质量的下降，外部实施者更少风险和更少创新等。

1988 年英国《地方政府法》就规定，生活垃圾收集、街道清洁、公共建筑清扫、车辆保养维修、地面维护和饮食服务等必须经过竞争性招标安排，这种"外包"取得了非常好的成果。另外，一些规制是要求专业的机构才能完成，如社会认证机构等。如果政府专门组织一个机构执行，必然会增加管理成本。例如，环境监测外包给一些专业机构执行，不用政府花大量的资源去执行；学校办学资格的认定，大大提高了学校的公信力等。但是，为减少履行合同的寻租空间，合同外包的适用范围和具体内容等制度设计要非常慎重。

（六）政府规制与产业政策、宏观调控的关系

从政府规制、产业政策与宏观调控的概念和内容进行考察，可以看出三种手段之间既有联系又有明显的区别。从联系上说，政府规制、产业政策和宏观调控都是政府经济治理结构的组成部分，表现的都是政府对经济生活的干预。从区别上说，宏观调控所体现的是国家对宏观经济领域的干预，作用的对象是宏观经济总量。宏观调控与产业政策、政府规制区别明显。以下重点对政府规制与产业政策的区别作出说明：

（1）从作用的性质来说，政府规制只是规制那些市场机制不能发生作用的特定的产业部门，其作用的性质是弥补市场缺陷，即解决市场失效。产业政策实际上是国家按照自己设计的产业结构来分配资源，其作用的性质是干预市场对资源的配置。

（2）从政策作用的对象来说，政府规制的作用对象是企业的进入与退出、产品的价格、产业利润以及产品的质量、数量等具体的微观的经营行为。产业政策作用的对象是行业和部门，是国家按既定目标在这些部门优化配置资源，所体现的是国家对经济领域中观层面，即产业部门层次的干预。

（3）从作用的稳定性来说，政府规制是针对长期和广泛存在的问题采取的解决对策，是相对稳定的，而产业政策往往是针对某一个或某一时期出现的特殊问题的解决方案，时效性较强。

（4）从表现形式上看，政府规制由一系列具体的法律、规章、条例等组成，而产业政策只是作出方向性与原则性的说明。产业政策是以市场经济规律为基础的利益诱导，依靠财政政策、货币政策来实施，政府规制则需要以强制力为后盾。

（七）中国的自然垄断行业和直接规制政策

中国的自然垄断行业的所有制形式基本上都是较为纯粹的国有性质，所以，一直采取的是高度集中的管理体制，其所有生产经营活动，包括业务范围、价格、产量等都由上级行政指令所决定。长期以来，中国大多数自然垄断产业的产品供给严重不足（包括供给的结构不足），供给量与实际需求量脱节，制约了国家经济的发展。由于中国自然垄断产业带有行政垄断性质，其服务质量的低下更使得消费者的权益难以得到保障，以至于中国的自然垄断产业往往也是服务质量差的一些行业。

自然垄断产业内部管理效率低下，缺乏有效竞争机制，行业内机构臃肿，人浮于事，成本费用居高不下。低效率的运作使其规模经济效益难以发挥出来。改革开放以来，中国对自然垄断产业开始引入竞争机制，实现竞争主体多元化。1994 年中国联合通信有限公司的成立，打破了中国电信独家垄断的局面。在电力部门，把发电、售电与输电、配电分开，在发电和售电领域引入竞争机制。国家为了加快铁路运输事业的发展，缓解运力不足，对于地方支线、专用线路等个别区域实行了较为灵活的投资方式，允许以不同投资方式参与组建铁路运输企业，如广深铁路股份有限公司成立，并在香港上市。铁路路网属于自然垄断，而铁路运输可引入竞争机制。自然垄断产业价格规制也进行了一些改革，定价方式不再仅仅是线性单一价格，改进为包括分时定价、多部收费在内的非线性定价，而且逐步取消了对自然垄断产业的价格补贴。

第二节　政府职能与公共物品供给

一、公共物品供给

由于公共物品的非竞争性和非排他性，导致了以下结果：一是消费者对公共物品的真实偏好无法在市场上准确体现出来；二是公共物品的强“外部性”使“搭便车”现象大量产生。公共物品的供给常常被认为理所当然由政府来承担。其原因在于：一方面，私人在提供公共物品时动力往往不足。这是因为公共物品的非排他性使得它很难以不向那些不愿意支付费用的人提供同样的服务。私人不能从供给中获益，因而提供公共物品的激励程度不足。另一方面，私人提供并收取费用会妨碍公共物品本身的效率。由于它具有非竞争性，增加消费的边际成本为零，最优价格也是零，也就是免费供给。因此，提供公共物品从来都是政府不可推卸的责任。斯密在《国富论》中有关政府应尽义务的阐述中就提道："按照自然自由的制度，君主只有三个应尽的义务——这三个任务虽然很重要，但都是一般人所能理解的。第一，保护社会，使不受其他独立社会的侵犯。第二，尽可能保护社会上各个人，使不受社会上任何其他人的侵害或压迫，这就是说，要设立严正的司法机关。第三，建设并维持某些公共事业及某些公共设施。"

二、公共物品方面的政府职能及其局限性

1974年，科斯在《法和经济学》杂志上发表了《经济学中的灯塔》一文，科斯通过对于英国灯塔制度变迁的详尽的描述，得出："早期的历史表明，与许多经济学家的信念相反，灯塔的服务可以由私人提供。那时船主和货运主可以向国王申请允许私人建造灯塔并向受益的船只收取(规定的)使用费。灯塔由私人建造、管理、筹资和所有。他们可以立遗嘱出卖和处置灯塔。政府的作用局限于灯塔的产权的确定与行使方面，使用费由灯塔的代理人收取。产权执行的问题对他们与对向船主提供货物和劳务的供给者并无二致。产权只有在其调节使用非价格这一点上起着异乎寻常的作用。"由此可以看出，政府在公共物品的提供方面实际上承担着两种职能：一种是产权的界定功能；另一种是作为生产者对于公共物品供给的物质实体承担者，而且这两种职能实际上是可以分割的。

对于经济、社会发展必不可少而市场本身又不能有效供给的公共物品而言，政府显然有其独特的优势，如强大的财政支持、对社会整体利益的宏观考虑、富有权威性的行政权力、各种可供调配的社会资源等等。但是，也必须认识到政府也并非完美，它在提供公共物品过程中同样暴露出了一些问题，正如斯蒂格利茨所言："对那些提议对市场失效和收入分配不平等采取政府干预的人们，经济学家提醒他们也不要忘记政府同私人市场一样是有缺陷的。政府并不是某种具有良好意愿的计算机，总能够作出对社会有益的无私决策。"

政府提供公共物品的经济来源主要是财政支持,它不以利润最大化为目标,因此缺乏降低成本、提高效益的效率动力。政府在提供公共物品时通常处于垄断地位,而且以行政权力作为后盾,缺乏竞争性,从而导致行动迟缓、公共物品和服务的质量低下。客观存在的政府自身利益使其有自我扩张的本性,政府可能以提供公共物品为由,扩大自己的权力。公共物品的提供一般应以公众的客观需求为主要依据,但实际生活中政府与公众之间是存在一定距离的。因此,由政府来提供公共物品并非唯一和最完美的制度选择,政府提供的公共物品是有限的,并且政府进行公共物品供给时存在着低效和无效的弊端,此外市场在纯公共物品的供给上存在着失效并不意味其不能提供其他的公共物品。可以说,提供公共物品虽是政府的重要职责,但并不排斥其他组织能更有效地供给公共物品。针对在公共物品提供上的"政府失效",发挥非政府制度即市场和非政府组织的作用便成为一种基于互补愿望下的必然选择。

三、非政府制度选择的理论依据

以科斯为代表的"市场供给论"者认为只要产权明晰化,不需要政府直接干预经济,以私有制为基础的市场经济就能自发地消除外部性,解决公共物品生产与消费中的"搭便车"问题,从而实现公共产品的有效供给。"非政府供给论"是指公共物品应该由自治组织、志愿组织等第三部门进行供给,代表理论有公共选择学派的代表布坎南(J. Buchanan)提出的"俱乐部理论"模型,即在没有政府强制下,处于私利的一组公共产品的消费者,能够通过自愿协商方式,达成一种联合供给的契约,来解决公共产品的供给问题。只要满足一些严格假定条件,这种方式不仅能够实现各自私利的最大化,而且能够实现集体利益的最大化。另外,奥斯特罗姆提出了多中心公共经济下的效率解①;萨尔蒙等公民社会理论的一些学者,则提出了第三部门公共产品供给的效率模型及慈善经济学模型②。

---

① 文森特·奥斯特罗姆、埃莉诺·奥斯特罗姆著:《公益物品与公共选择》,收录于迈克尔·麦金尼斯主编:《多中心体制与地方公共经济》,上海:三联书店,2000年。

② 莱斯特·M.萨拉蒙等著,贾西津等译:《全球公民社会:非营利部门视界》,北京:社会科学文献出版社,2002年。

四、公共物品供给的非政府制度选择和对策

(一) 市场供给公共物品的方式

具有竞争机制的市场在某些公共物品尤其是在“俱乐部产品”①的供给上可实现高效,其提供公共物品的方式主要有三种：一是私人的完全供给即公共物品的投资、生产以及修缮完全由私人单独完成,私人通过收费的方式向使用者收取费用。二是私人与政府的联合供给,是指在公共物品的生产和提供过程中,私人和政府形成了某种联合,主要由以下几种形式：私人企业通过竞标的方式和政府签订委托合同来提供公共物品。此时,政府仍然是公共物品的供给者,但不是生产者,政府付费由私人企业生产;其次,由政府给予补助和优惠政策进行市场提供,由私人企业生产公共物品,私人企业向消费者收费;再次是特许经营,即某些公共物品通过政府授权由某个或某些私人企业生产,而禁止其他组织生产。三是由私人和社区的联合,即由私人和社区联合来提供公共物品。例如,社区可以通过从私人那里购买一定量的公共物品来提供给社区的成员,或提供一些优惠政策如提供场地来使得私人以较低的价格提供公共物品。

(二) 非营利组织在公共物品供给上的作用

非营利组织能够有效提供公共物品和准公共物品可体现在以下几个方面：其一,虽然非营利性是非营利组织的重要特征,但这并不意味着其不能营利,非营利组织可以运用企业方式运作,作为一个独立的组织来向公众提供服务,向公众收取服务费,从而降低政府投入的总成本,减少政府的成本分摊,提高效率。其二,非营利组织能够以十分灵活的方式,最大限度地满足不同层面对公共物品的需求。公共物品由于公共程度不同,可分为全球性公共物品、国

---

① 俱乐部产品,是指这类产品好比俱乐部里的服务,对于付费加入俱乐部的成员来说,是公共产品;对于非俱乐部成员而言,就不是公共产品。布坎南于 1965 年所提出的俱乐部产品是一种非纯公共产品,它是具有局部排他性和有限的非竞争性的产品。布坎南认为,当新会员加入现有俱乐部时,一方面会分摊生产成本,另一方面又会带来拥挤成本,当新会员的加入带来的边际生产成本(的减少)等于边际拥挤成本(的增加)时,俱乐部规模是有效率的。

家层面的公共物品、地方性公共物品和社区性公共物品以及各种不同类型的社团性公共物品。不同层面的公共物品由不同主体提供应该成为公共物品供给的基本原则。非营利组织具有组织的灵活性和多样性特点，它可以根据不同社会群体、不同社会需求，形成不同的社团组织，以灵活多样的形式满足各种消费需求。其三，非营利组织能够起到拾遗补缺的作用。随着社会的发展，人们对公共物品需求的种类和数量在不断变化。而作为公共物品供给主体的政府并不能完全满足人们的需求，在公共需要不断增长与政府有限供应能力之间必然产生持续的矛盾。公共需求低度满足甚至短缺长期的存在，既严重影响人民生活水平的提高和整个社会福利的增长，同时也会带来一系列社会问题，满足这些社会公共需要成为社会稳定和发展所必须，而非营利性组织可实施这方面的供给。

（三）实现生产和投资主体及模式多元化

对不同类型的公共物品，在其生产经营过程中应适时采取灵活多样的形式。根据公共物品的性质，实现生产和投资模式多样化，具体而言有：政府直接投资；政府规制下的私人投资，即由政府授予企业特许投资权，然后对其价格、数量、利润等方面进行一定的规制；政府与私人共同投资，即政府通过参股、经济资助、财政补贴、优惠贷款、减免税收等方式参与引导私人投资。另外，还可以参照国外相关模式设计，如 BOT 方式（建设—经营—转让）、BOOT 方式（建设—拥有—经营—转让）、BOO 方式（建设—拥有—经营）、ABS 方式（证券融资方式）、PFI（民间主动投资方式）等多种形式，从而提高各级政府公共物品的供给效率。

（四）政府规制革新

在公共物品供给中，政府扮演着极为重要的角色，其在公共物品提供中处于核心地位，不会因其他主体的参与而有所动摇。私人提供公共物品的首要目标是取得利润，“经济人”的本性促使企业只愿意为那些付费的消费者提供相应的公共物品，虽然通过付费的方式可以减轻公共物品非排他性所造成的损失，但是同时也忽视了低收入者对于公共物品的需求，特别是当私人提供优效型公共物品时，这种不公平现象尤为突出。因此，考虑到社会公平的因素，政府在允许私人进入公共物品提供市场的同时，也应该对其进行相应的规制。

鉴于传统政府规制过程中出现的问题，在公共物品有效供给中，政府往往需要进行规制革新，提高规制效率。

1. 激励性规制——信息不对称的规制新模式

技术与需求的变化缩小了公共物品的边界，因而也缩小了政府规制的边界。但为了实现公共物品配置效率和生产效率的统一，仍需对企业的进入、价格以及服务质量等方面的活动进行干预。由于公共物品总是处于动态变化过程中，被规制企业的信息优势往往得以加强，相应的，规制者的信息劣势地位也日益明显，而拥有信息优势往往意味着能够获取更多的“市场租金”。因此，为尽可能地避免规制失效的出现，应引入激励性规制。国外的实践表明，价格上限规制、区域间标尺竞争、特许投标制等激励性规制的实行使企业受到了利润刺激或竞争性刺激，对于促进企业削减成本、提高生产效率以及资源配置效率具有积极意义。

阅读材料

区域间标杆竞争（Yardstick Competition）是将全国垄断企业分成几个地区性企业，使特定的区域企业在其他地区企业绩效的刺激下提高自己内部效益的一种方式。我国的一些行业，如电信、石油以及电力等都不同程度上采取了这种激励性规制方式。在存在多家地区区域垄断企业的自然垄断行业中，政府可以以效率较高的企业的经营成本为基准，也可以以平均经营成本为基准，考虑各地区的经营环境差异定制价格，促进各地区性企业为降低成本，增加利润而展开间接竞争。在现实中，自然垄断行业往往是由多家地区性企业垄断经营的，这样，该行业内企业更不容易达成长久合谋，区域标杆竞争的政策也将更加有效。

Andrei Shleifer(1985)提出了一个区域间标杆竞争的理论模型。在该模型中，作出如下假定：① 在 N 个地区各有一个区域性垄断企业，其经营环境基本相同；② 每家企业在各自市场上的需求曲线为 $Q(P)$；③ 每家企业面对的市场完全分离；④ 各企业投资 R 用于降低成本，达到的平均成本为 c，投资初期的边际成本为 c_0，即企业没有任何投入时的单位成本为 c_0，$R(c_0)=0$，并且满足 $R'(c)<0$，$R''(c)>0$；⑤ 随着企业产量的增加，平均成本曲线和边际成本曲线递减，且边际成本位于平均成本以下；⑥ 政府规制部门为实现社会福利最大化按边际成本指定规制价格，并给予企业 T 数额的一次性财政补贴，来弥补企业亏损。根据以上假设可以推出企业在一定时期内获得的利润 π 可以表示为：$\pi=(P-c)Q(P)-R(c)+T$，约束条件是 $\pi\geqslant 0$。政府部门（通过决定 T 和 p）和垄断企业（通过决定 c）来实现社会福利最大化条件：$R(c^{*})=$

T^*，$p^* = c^*$，$-R'(c^*) = q(p^*)$。这三个式子分别代表：政府给予企业的补贴应该等于企业为降低成本而付出的投资，价格等于边际成本，企业为降低边际成本而付出的努力应处于投入的边际成本与投入的边际收益相等的位置。

以上推出的最优条件在现实经济生活中是几乎无法实现的，原因有三：首先，信息不对称使规制部门并不知道反映成本降低程度的函数 $R(c)$；其次，如果每个企业都偏爱利润，厌恶为降低成本所做的努力 R，在零利润规制政策下都不会为降低成本而努力；第三，补贴政策会使企业热衷与政府讨价还价，失去降低成本的动力。

区域间标杆竞争理论可以使政府在信息不对称的情况下，将企业追求利润的努力与实现社会福利最大化的目标基本统一起来。该理论的关键是要打破企业的价格决策取决其本身的这种关系，政府对所有企业 i $(i = 1, 2, 3, \cdots, N)$ 采取下面的规制政策，令

$$P_i = \bar{c}_i = \frac{1}{N-1}\sum_{j\neq i} c_j,\ T_i = \bar{R}_i = \frac{1}{N-1}\sum_{j\neq i} R_j$$

即规定企业 i 的价格等于其以外企业的平均成本，政府对企业 i 的补贴等于其以外企业为降低成本而付出的平均投资。如此一来企业的利润为：

$$\pi_i = (P_i - c_i)Q(P_i) - R(c_i) + T_i$$

即

$$\pi_i = (\bar{c}_i - c_i)Q(\bar{c}_i) - R(c_i) + \bar{R}_i$$

在这种规制政策下，企业为取得更多的利润，必须使其成本低于其他企业的平均成本水平，为此在投入的边际成本低于投入的边际收益点时，付出的努力程度就要高于其他企业的平均努力程度。而各企业竞相提高努力程度最终会使 T 处在投入的边际成本与边际收益相等的位置，从而将企业追求利润最大化的目标与政府实现社会福利最大化的目标统一起来，这样就通过间接竞争提高了经济效益，降低了规制成本。

实施区域标杆竞争理论的一个重要前提是各地区垄断企业的经营环境相同。但是现实中同一行业的不同垄断企业来说，其所处的地区有很大的不同，经营成本有较大差异。为了使区域间的标杆更具有实际操作性，Shleifer 对之前的假设作了进一步的修正，其基本思路是：令 θ 为不同企业所面临的可观察环境特征向量。政府规制部门运用线性回归方法 $c = \alpha + \beta\theta$ 来估计平均成本 c 对 θ 的回归情况。若以 α' 和 β' 表示被估计系数，则企业 i 被预测的单位成本水平为 $c_i' = \alpha' + \beta'\theta_i$，其中 θ_i 是企业 i 的可观察特征向量。然后，政府部门以 $P = c_i'$ 决定企业 i 的规制价格。由此可见，标杆竞争理论成功实施的关键是选择适当的 θ：如果 θ 几乎包含了企业所有的外部环境特征向量，而且这些特征向量都是可以观察的，那么这种方法就比较有效；否则，这种方法的实施就难以达到预期的效果。

2. 协商性规制——规制者与被规制者的合作博弈

协商性规制是指规制者与被规制者就如何规制进行充分、正面的协商，共同制定规制政策的一种互动性规制形式，它在激励被规制者不断提高效率的同时实现了政府的规制目标。协商性规制明确赋予被规制参与和制定规制政策的权利，改变了被规制者过去被动接受规制的局面，是政府协调模式的组合和帕累托改进的过程。这种方法极大地降低了规制成本，提高了规制效率。

第三节　政府规制的分配效应

一、政府规制的分配

政府规制分配是指政府借助其拥有的制度资源，对市场利益和市场权力进行的组合与调整。这种组合和调整产生的效应被称作“分配效应”。规制政策本质上具有对公民和企业的权利和收入进行分配或再分配的特点，规制的分配效应在解释规制及其变化中扮演着重要角色。这一点可以从规制执行的各种方式中看出，对这些方式的选择可以带来不同的效果，具体采用什么方式进行规制，在很大程度上涉及了不同经济实体的利益。佩尔兹曼(S. Peltzman)从三个方面阐释了对政府规制本质的认识：① 政府规制的实质，是将垄断利润最终归属的决定权授予政府规制当局；② 政府规制条件下，受规制者往往能够对规制结果作出较为准确的预测，致使一个理性的产业显然会花光所有的垄断利润而只保留政府认可的利润；③ 在政府规制条件下，较之不加以规制而言，真正发生明显变化的不是受规制产业的产量和价格，而是收入在各相关利益集团之间的分配。佩尔兹曼通过对市场失效和政府规制的效果进行分析，认为无论规制者是否获得利益，被规制产业的产量和价格并没有多大的差异，其主要差别只是收入在各利益集团之间的分配①。

① Sam Peltzman, *Toward a More General Theory of Regulation*, Journal of Law and Economics, 1976(19): 211－240.

二、政府规制分配的原因

政府拥有向市场分配利益或分摊成本的权力,政府利用的制度资源不仅被用来制约垄断,保护消费者,而且也被用来限制竞争以保护供给者,用来建立市场秩序,防止相互侵害。此外,政府利用倾斜政策所起到的资源配置作用往往比利润更有吸引力,使得市场机制运行所带来的利润几乎完全出于政府的恩惠。同时,如果一些企业具有垄断力量,并且不存在任何外部约束,垄断企业本能地追求自身利益最大化,成为市场价格的制定者,而不是价格接受者,就可能制定出远高于成本的价格以获取垄断利润,最后结果必然扭曲分配效率,损害社会公平。这就要求政府实行价格规制,抑制企业制定垄断价格,维护社会分配效率。

三、政府规制的分配效应①

政府规制俘虏理论(捕获理论)②是以政府规制具有分配效应为前提的。施蒂格勒的这一理论是建立在以下假设基础之上的:政府规制是特定利益集团的一种收益来源,通过政府权力在社会各利益集团之间再分配财富,使一些影响较大的实质性改革,取得突破性的进展③。

施蒂格勒和克莱尔·弗瑞兰德(C. Friedland)所进行的一项著名研究表明:规制仅有微小的导致价格下降的效应,并不像规制公共利益理论所宣称的那样对价格具有较大的下降作用④。同时,到 20 世纪 60 年代,从规制的经验看,规制是朝着有利于生产者的方向发展的,规制提高了产业内厂商的利

---

① 关于政府规制的分配效应的经验研究可以参见杨建文:《政府规制:21 世纪理论研究潮流》,上海:学林出版社,2007 年,第 263—275 页。

② 俘虏理论的基本思想认为,政府规制是为了满足产业对规制的需要而产生的,规制的设计和实施主要是为受规制产业的利益服务的。立法者实际上是被产业所俘虏,执法者也被产业所俘虏。因而,确立政府规制的立法机关或政府规制机构仅代表某一特殊利益集团的利益,而非一般公众。换句话说,政府规制与其说是为了社会公益的目的,毋宁说是特殊的利益集团寻租的结果,也许,在某些时候,政府规制会给一般公众带来一些有益的因素,但这并非政府规制实施的初衷,它充其量不过是规制的意外结果而已。关于"俘虏理论"的更详细介绍请参见廖进球、陈富良:《政府规制俘虏理论与对规制者的规制》,《江西财经大学学报》,2007 年,第 7 期。

③ 施蒂格勒:《产业组织和政府管制》,上海:三联书店,1989 年。

④ G. J. Stigler and C. Friedland, *What can the Regulators Regulate: The Case of Electricity*, Journal of Law and Economics, 1962(5): 1-16.

润。规制成为一种在不同的利益群体中重新分配财富的有效手段，并不完全是公共利益目的的；规制作为分配财富的手段，不是刺激人们把稀缺的资源有效地直接用于发展经济、投资生产，而是花费在利益集团实现收入最大化的需求上。此外，对于间接规制而言，就是界定产权。产权的界定对外部性的解决有很重要的作用，特别是在交易成本为正时，通过明确分配，已界定产权所实现的福利改善可能优于通过交易实现的福利改善。同样，社会性规制也将视为一种不断增长的有效的财富再分配手段。同时，应该看到，政府不是万能的。政府有时会把收入再分配给那些不应该获得的人，即政府产生了外部性，规制外部性是政府在纠正市场失效过程中所引发的福利分配效应。它产生于政府规制机构，是一种政治外部性。在政府再分配领域内，政府往往一厢情愿地推行某些非常不可行的分配政策。政府必须把再分配（无论是税收还是转移支付）置于有形的基础之上，否则，税收和转移支付的变形就不可避免。规制者有可能通过规制政策来达到再分配的目的，而不是仅致力于纠正市场失效，其结果是政府在维护某些人利益的同时也给其他人带来了外部成本。

第四节　产业政策与应用效应分析

一、产业政策的内涵

（一）产业政策的概念和构成要素

产业政策是国家规划、干预和诱导产业形成和发展的一种宏观经济层面的政策。制定该政策的目的在于引导社会资源在产业部门之间以及产业内部优化配置，建立合理的、高效益的产业结构，促进国民经济的持续、快速、健康发展。

产业政策作为国家对经济落实计划管理的一种主要形式，反映国家对经济结构调节的意向。国家计划直接安排重点建设项目的投资，引导社会投资；规划和指导产业发展目标和结构格局，规划产业内部企业规模和市场秩序的发展方向，处理竞争与垄断、规模效益与竞争活力之间的关系；规划和指导产业开发，引进和消化吸收先进技术，推动产业技术创新；规划和指导各地区产业的合理布局。

同时，产业政策也为经济杠杆的具体运用提供了依据，有计划地鼓励什么、限制什么、淘汰什么。产业政策的实施，是社会总供求结构平衡的条件，产业政策的倾斜，又可以有计划地在新的经济关系基础上，使地区产业布局进一步协调起来。产业政策作为宏观经济计划体系的重要内容，包括了产业结构政策、产业组织政策、产业技术政策、产业布局政策和产业发展政策等。

产业政策的构成要素通常包括政策主体、政策对象、政策目标、政策手段。政策主体是政策的制定和发布实施者，中国产业政策由国家发展改革委员会负责制定，国务院发布实施。政策对象是指政策作用的对象和实施的领域，如根据政策的对象领域不同，产业政策还可以分为农业政策、能源政策、对外贸易政策、金融政策、环保政策、中小企业政策等。政策目标是指政策预定要达到的目的。政策手段是指为了实现政策目标所采取的措施路径，包括直接干预（行政手段）、间接诱导（经济手段）、法律规制（法制手段）等。

（二）产业政策同其他经济政策的关系

国外学者通常将产业政策、财政政策和货币政策并称为三大经济政策，这虽然大致反映了三种经济政策具有同等地位的事实，但并没理清它们之间的相互关系。日本学者指出，产业政策与财政政策、货币政策不是并列关系，不应当将它们相提并论。因为三者不遵循统一的分类标准，其着眼点也有所不同。产业政策表明它的作用对象是产业全体，而财政政策和货币政策则表明它们分别以财政手段和金融手段为政策工具，其影响范围是超越财政和金融部门本身的。事实上，产业政策在多数情况下都需要财政政策和货币政策的配合才能付诸实施，也就是说，财政政策和货币政策经常充当实现产业政策目标的基本工具，它们之间是相互交叉、不可截然分离的。

二、产业政策的特点和作用

（一）产业政策的特点

产业政策作为宏观经济政策的重要组成部分，具有以下特点：

1. 预见性

指导产业发展的产业政策就其本质来说是中长期经济政策。它一定要建立在对国民经济长期发展的科学预测的基础之上,把握产业结构的走向,能预见科学技术发展对产业演进的影响,为决策者提供具有前瞻性的信息。

2. 连贯性

产业政策是一种动态的阶段性政策,它既着眼于中近期经济发展,又服务于国民经济发展战略。因此,既要有长期政策,又要有中期政策,还要有短期的实施对策,并根据国民经济的发展和产业结构的转换不断进行调整,使长期政策、中期政策和短期对策有机结合。

3. 引导性

产业政策在表达形式和实施手段上,一般说来都不是强制性的,而是以物质利益机制引导产业部门和企业自觉按产业政策要求行事,以便可能获得更好的收益。但是,产业政策也有一定的约束性,在必要时,国家可以对违反产业政策导向的企业、行业明令淘汰、限期停产或转产。

4. 开放性

产业政策是促进市场经济发展的政策,它尊重市场机制,也依靠市场机制的有效运行来补充和完善自己。一方面,它适度地保护国内新兴产业和欠发育的传统产业;另一方面保护公平竞争、防止垄断,促使企业面对国际国内两个市场,利用国际国内两种资源,积极参与国内外市场竞争。

(二) 产业政策的功能与作用

产业政策有资源配置的宏观导向功能,即具有经济发展规划和中、长期资源配置结构的导向作用;有国民经济运行态势的协调功能,即管理经济运行轨迹的作用;有经济运行机制的组合功能等。经验表明,产业政策的作用主要体现在以下几个方面:

1. 弥补市场失效的缺陷

产业政策形成的逻辑起点,在于政府有责任弥补“市场失效”的缺陷。由于规模经济、公共产品、外部性等市场失效领域的存在,如果仅仅依靠市场机制,就无法避免垄断、不正当竞争、基础设施投资不足、过度竞争、环境污染、资源浪费等现象的发生与蔓延。如通过推行产业组织政策和产业结构政策,政府可以限制垄断的蔓延、促进有效竞争的形成、加速基础设施的建设、治理环境污染和生态失衡、加快教育与科技的发展等。

2. 实现超常规发展，缩短赶超时间

产业政策是贯彻国家经济发展战略的工具。发展中国家在经济“起飞”初期都会遇到基础设施和基础工业薄弱的“瓶颈制约”。这些部门的“外部性”较强，它们对整个经济发展具有重大促进作用，而本身却投资巨大、盈利低、资本回收期长，仅仅依靠市场机制肯定无法在短期内达到经济“起飞”所要求的条件。以产业政策为手段，运用政府的力量推动产业结构优化，就可以在短短的二三十年的时间里走完老工业化国家用一二百年才走完的历程(中国的实践如此)。此外，通过有秩序地扩大对外开放，制定和实施出口导向型产业政策，政府可以有效地促进本国产业参与国际分工，进入国际产业链，从而充分利用后发优势，在技术和管理领域较快地接近国际先进水平。

3. 促进产业结构合理化与高度化，实现产业资源的优化配置

依靠市场机制虽然可较好地实现资源的有效配置，但市场的力量时常是盲目的，其作用也主要是事后调节，因而不可避免地伴随着大量的资源浪费。产业政策作为政府行为，完全可以根据科学预见实现事前调节，避免不必要的资源闲置和浪费，这在产业结构领域中的作用尤其显著。

通过制定和实施产业政策，政府可以有效支持支柱产业和战略产业的成长，可以有秩序、低成本地实现衰退产业的推出和调整，加速实现产业结构的合理化和高度化，实现产业资源的优化配置。

4. 增强产业的国际竞争力

产业的国际竞争力是建立在本国资源的国际比较优势、骨干企业的生产力水平、技术创新能力和国际市场的开拓能力基础之上的。产业政策对增强企业创新能力和开拓国际市场等方面都有重要作用。

5. 在经济全球化过程中趋利避害，保障国家的经济安全

保障国家的经济安全是产业政策在最近十几年间表现出来的全新功能。正如1997—1998年发生在东南亚金融危机所昭示的那样，经济全球化极有可能给没有任何防备的发展中国家造成深重的灾难。在经济全球化过程中，各国政府应当学会以产业政策为武器，尽可能地趋利避害，确保国家的经济安全。

三、产业政策的目标和手段

（一）产业政策的目标体系

1. 以实现经济振兴和经济赶超为总目标

这一目标体系主要包括：① 形成最有利的产业结构形态；② 选择和扶植战略产业，通过重点发展来带动经济全面繁荣；③ 促进技术开发和推广应用，提高产业效率；④ 促进生产集中，实现规模经济效益，防止大量小企业过度竞争；⑤ 协调工业化过程中的各种社会经济矛盾，如缩小城乡差别和地区差别等。

2. 以产业结构合理化和高度化为总目标

这一目标体系主要包括：① 强化社会基础设施建设，改善投资环境；② 组织衰退产业生产力转移，防止产业内部过度竞争；③ 协调经济发展与环境保护的关系，防止公害和环境污染；④ 逐步将出口重点转向发达国家，力争在国际分工中获得更多的比较利益；⑤ 强化对技术创新与科技成果产业化的支持力度，推动新兴产业的发展；⑥ 加强传统产业改造，实现优化升级；⑦ 重视产业布局的合理化，兼顾“充分就业”和“提高生产效率”双重目标，等等。

3. 以增强本国产业的国际竞争力为总目标

这一目标体系包括：① 增加对新兴技术的研究开发和成果产业化的投入，保证产业技术的领先；② 推进国家创新体系建设，促进科技型小企业的发展；③ 加强国家级信息基础设施建设，推进国民经济和社会信息化；④ 扩大知识资本的投入比重，确保经济持续增长；⑤ 扩大科技、经贸领域中国际交流与合作，更多更好地利用国际市场和国际资源；⑥ 在经济全球化过程中审时度势、趋利避害，确保国家经济安全等。

（二）产业政策手段

1. 直接干预

直接干预包括政府以配额制、许可证制、审批制、政府直接投资经营等方式，直接干预某产业的资源分配与运行态势，及时纠正产业活动中与产业政策相抵触的各种违规行为，以保证预定产业政策目标的实现。

2. 间接诱导

间接诱导主要指通过提供行政指导、信息服务、税收减免、融资支持、财政补贴、关税保护、出口退税等方式,用经济利益机制诱导企业自主决定服从政府的产业政策目标。

3. 法律规制

法律规制以立法方式来严格规范企业行为、政策执行机构的工作程序、政策目标与措施等,以保证预定产业政策目标的实现。欧美各国大都采用法律规制的手段,来实现反垄断和反不正当竞争等产业组织政策的目标。

四、产业政策的选择依据

实施产业政策的手段和措施是相互联系、相互补充的。在实践中,应把它们有效地结合起来,共同作用于产业经济的发展。合理的产业政策基于正确划分市场机制和政府管制产业的各自作用边界,有效地发挥其组合功效。产业政策的实施,在于从实际出发,遵循市场经济规律的要求,综合运用经济、法律、行政手段和措施。实施产业政策手段和措施是多种多样的,选择的依据主要有三个:

(一) 产业政策目标

产业政策的手段和措施是为其目标服务的,因此必须服从政策目标的要求。例如,产业政策的目标是发展主导产业,那就要求采取有差别的手段:如实行差别利率、差别税率、特别折旧等。如果产业政策的目标是扶持幼稚产业,则要求政府投资,加强基础设施建设、职业培训等,以便促进这类产业的迅速发展。

(二) 经济运行机制

产业政策作为推动产业发展的外在机制,必须与经济运行的内在机制相适应。一般来说,产业政策机制与经济运行机制是反方向变化的,表现在两方面:一是市场运行机制越落后,产业政策手段运行得越多;二是市场运行机制越不完善,产业政策手段越具有直接干预性。

(三) 经济发展阶段

据罗斯托的观点:一个国家经济成长过程分为准备阶段、起飞阶段、成熟阶段、高额消费阶段等。显然，依据经济成长的各个阶段，产业政策手段的选择是不同的。比如，准备阶段，需要政府出面组织建设社会基础设施，因而较多地采取一些直接干预手段；而在其他阶段，间接诱导手段将会明显增多。

五、产业政策应用效率分析

（一）产业政策应用效率分析意义

产业政策的应用效率分析是指在全面掌握实施信息的前提下，依据特定的标准，对某项产业政策实施的影响、效果进行度量、分析和评价。具体分析可分为：事前分析，旨在正确制定出新的产业政策；事中分析，旨在及时纠正政策偏差，合理调整政策目标和措施，从而改善政策效果；事后分析则以总结现有产业政策的经验教训为主要目的。产业政策应用效率分析的必要性体现在：

（1）产业政策应用效率分析是客观、公正地评价产业政策效果的基本途径。产业政策应用效率分析通常是以资深专家和中立研究机构为主体，由决策者、实施者和政策对象共同参与完成，从多个角度对产业政策的实际（或可能）效果进行公正的分析和评价。

（2）产业政策应用效率分析是及时纠正产业政策偏差、合理调整产业政策目标和手段的前提条件。产业政策应用效率分析作为对产业政策实施当中的可靠信息反馈，有助于决策者全面了解并及时纠正某项产业政策在实施过程中所出现的偏差，合理调整产业政策的目标和手段，以便实现政策收益最大化。

（3）产业政策应用效率分析是实现决策民主化和科学化的必由之路，有助于优化决策程序，保障决策质量，提高行政效率和维护政府威信。

（二）产业政策应用效率分析的原则和一般标准

1. 福利经济学原则：最大多数人的最大福利

新福利经济学以意大利经济学家帕累托为代表，他提出了判断社会经济福利最大与否的标准：当资源在某种配置下不可能通过重新组合生产和分配，使一个人或多个人福利增加而其他人的福利不致减少的状态。真正的“帕累托最优状态"在现实生活中并不存在,任何产业政策都只能接近帕累托最优状态,即只能达到"次优状态"。"帕累托最优状态"虽是一种抽象的理论,但可以作为产业政策应用效率分析的重要原则。当一项产业政策的实施使得大部分受益、而使小部分人利益受损时,如果能采取配套措施,对受损者的利益予以补偿,只要这一补偿明显低于受益者的福利量,那么社会福利总量仍可得到增加,并更加接近帕累托最优状态,也就可以断定该项产业政策是可取的。

长期以来,公平与效率的关系问题一直是福利经济学的核心问题。大量产业政策的实践证明,在公平与效率关系中,"效率"通常是矛盾的主要方面。只有不断提高"效率",才能为实现"公平"奠定可靠的物质基础。以公平为由限制追求效率的政策,往往会导致低效现象的蔓延,并最终使"公平"总是与低效、贫困为伍。而成功的产业政策通常是遵循"效率优先、兼顾公平"的原则,并以增进最大多数人的最大福利为宗旨。另一方面,由于"公平"原则强调机会均等,因而符合公众利益。在产业组织政策实践中,过分容忍垄断和排斥自由竞争都是违背"公平"原则的,其结果极可能是失去竞争动力,致使产业整体效率下降,进而危及公众福利。根据福利经济学观点,有助于实现最大多数人的最大福利的产业政策就是成功的政策;相反,背离最大多数人的最大福利原则的产业政策肯定是失败的政策。

2. 生产力标准

在产业政策应用效率分析中,生产力标准是具有普遍意义的重要尺度。因为无论各国的政治经济体制如何不同,历史文化差异有多大,生产力水平高低都可以成为统一的衡量标准。各国的产业政策虽然多种多样,但它们的共同目标都与"提高生产力水平"密切相关。是否有利于生产力水平的提高,理所当然可以充当衡量产业政策优劣与成败的标准。

3. 综合效益标准

一项产业政策应该既有经济效益,也有社会效益、政治效益和生态环境效益;既有直接效益,也有间接效益;既有短期效益,也有长期效益。因此,进行产业政策应用效率分析,需要全盘考虑各种效益因素,只有这样才可以避免分析的片面和失真。这就需要建立"综合效益标准",对实施某一项政策所涉及的各种"成本"和"收益"进行全面的综合性比较分析,最后以政策总成本和政策总收益的比率,来判别该项产业政策效果的优劣。

成功的产业政策应该是以最小的投入获得最大的综合收益的政策。忽视环境和资源代价,片面追求直接经济效益如产值增长的传统观念显然是不符合“综合效益标准”的。

4. 国际竞争力标准

在经济全球化和世界经济一体化趋势日益显著的今天,产业国际竞争力的增强已成为各国产业政策的核心目标。因此,是否有利于增强本国产业的国际竞争力,必将成为21世纪衡量产业政策成败得失的重要尺度。产业的国际竞争力提升,要求在制定产业政策时,不仅要注重对民族工业的保护和扶植,而且要充分考虑本国的资源禀赋,通过有选择地扩大对国际市场的参与,来发挥本国的比较优势,通过增强本国产业的国际竞争力来实现公众福利最大化。

(三) 产业政策应用效率分析内容

产业政策应用效率分析内容,具体来说,是对产业政策所涉及的各种“成本”和“收益”进行全面的综合比较,最后,以政策总成本和政策总收益的比率,来判别实施产业政策的效果。

1. 推行产业政策的成本

产业政策的推行往往会损害部分企业及各级政府的一些利益,这些利益损失如果没有相应的补偿,将成为推行产业政策时需要付出的额外成本。这些成本包括:

(1) 企业成本。推行产业政策时的企业成本取决于政策手段本身的特点。这些成本可能包括以下几项:

第一,企业的经济利益受损。例如,政府在压缩在建项目缩小基建规模时,企业往往会陷入资金短缺、原材料紧张的境地,造成企业发展的困难。

第二,由于产业政策的执行的环节多,需要企业多次谈判协商,迫使企业支付由于推行产业政策而必需的交易费用。例如,在产业政策的规划下,企业进行改组,则必须进行资产评估、企业领导变更等,这些均成为企业落实产业政策时的成本。

第三,企业自主权减少。如果产业政策鼓励企业组建行政性的企业集团,政府在组建过程中进行多次干预。企业自主权必然会有所减少,构成企业落实产业政策时的特殊成本。

第四,企业需要付出更高的技术和管理代价。在推行发展基础产业、基础设施及高新技术等产业政策时,由于存在较高的技术和规模壁垒,企业需要付出额外的成本以改进生产技术和提高生产规模才能达到产业政策要求的水平。

第五,由于产业政策的推行是以国家权利保障的形式进行的,在产业政策推行中,企业处于政府的监督之下,如果企业的发展目标和政府的产业政策目标有冲突,企业还会付出诸如降低企业家个人威望和企业信誉、受政府监督部门的批评等成本,成为企业落实产业政策的代价。

(2) 政府代价。产业政策的推行不仅牵涉企业的利益,而且关系到各级政府机关的利益,各级政府机关由于具有各自独特的利益和要求,在产业政策落实过程中,中央政府和各级政府的利益要求不完全一致,对该项政策的认同性也会存在很大差异,因而政策推行过程必然伴随着各个政府目标和要求的彼此博弈问题,各级政府往往会在推行产业政策的过程中付出一定的代价。这些代价包括以下几个方面:

第一,基层政府权力缩小。由于产业政策的利益分布不平衡,产业政策的推行很可能会损害一些部门、机关的利益。例如,需要政府机关放权让利的政策措施,各级政府在推行中下放权力,失去一部分财权、物权、事权,使自己的原有实际利益受损。

第二,增加工作量和工作难度。产业政策的推行涉及面广,涉及的组织、企业较多,各级政府在推行过程中必然要增加工作量,增加工作难度。如果产业组织调整的范围较广,往往还要增加财政支出。

第三,部门或基层领导威望成本。产业政策作为中央政府强制推行的政策,往往具有一定的强制性,地方政府由于各种困难难以顺利推行时,还可能受到上级政府的批评和处罚,使行政领导人的威望降低。

此外,产业政策的推行要求具有较强的理论和知识准备,如适当地方特点的主导产业、支柱产业的选择,地方产业布局的优化,衰退产业的退出援助等,都需要具有专门的知识和经验,对企业、地方政府和管理部门提出了新的工作要求,增加管理者的知识成本。

2. 推行产业政策的企业收益和政府收益

产业政策的推行既需要付出一定的代价,也会带来不同的收益。推行产业政策的收益除推动经济发展、增加国民经济发展的潜力和动力等社会收益外,对企业和政府而言,还会带来其他不同的收益。

(1) 企业收益。影响企业落实产业政策的收益的因素主要是政策执行手段的特点,根据政策执行手段的不同,企业落实产业政策的收益可以分为以下几个主要方面:

第一,在产业优惠政策的鼓励下,企业获得直接的经济利益。间接干预型的产业政策是以差别政策诱导企业按照政策鼓励的方向进行投资和发展的,在产业优惠政策的鼓励下,一部分与政府产业发展方向相同的企业将获得政府的各种优惠政策,从而成为企业在产业政策的鼓励和引导下获得的额外收益。

第二,在政府产业援助和保护政策的鼓励下,企业获得更加优越的发展条件。例如,企业发展政府产业政策鼓励的高科技术产业,则不仅能获得政府优惠利率、优惠税率的支持,还可能获得政府订购、企业兼并发展时的特殊许可,甚至政府免费宣传等方面的保护和支持。各国政府在鼓励发展的新兴产业领域还经常进行在土地批租转让、提供法律援助等方面的优惠,从而为企业的发展创造一个比较优越的环境和条件。

第三,通过执行政府的产业政策,企业领导人获得政府颁发的一系列荣誉,提高企业的知名度。特别是在国有企业,政府通常会运用给企业领导人以各种荣誉、奖励的方法发给执行产业政策中表现突出的企业以鼓励,这些荣誉、奖励作为企业的无形资产,不仅有利于企业本身的发展,而且作为一种特殊的激励,也有利于企业领导人权威的提高。

第四,对产业政策鼓励发展的产业中的重点企业,政府还可能通过给予一些经营特权的办法以示鼓励。

(2) 政府收益:在产业政策的推行过程中,不同的部门、地区受益程度是不平衡的,各级政府在产业政策的推行中,获得的收益主要包括以下几个方面:

第一,扩大管理权限。在产业政策的推行过程中,一些主管部门的管理权限会有所扩大,财政拨款增多。

第二,获得上级的嘉奖。产业政策的推行过程中贡献较大的部门和机关往往会获得上级机关的嘉奖,主要领导人的威望因而上升。

第三,社会影响力扩大。在产业政策的推行过程中,从产业政策的制定到执行和监督,对社会各方面都产生深远的影响,主持产业政策制定和监督的政府部门将为社会所普遍关注,社会影响力因而得以扩大。

六、产业政策的类别

产业政策一般包括：产业布局政策、产业结构政策、产业组织政策等。这些产业政策在实施时存在一种内在逻辑关系，即应按：产业布局政策→产业结构政策→产业组织政策→产业技术政策→……的顺序来组织和实施。实施产业政策首先要有一个大体明确的产业布局政策，明确根据资源、市场、技术优势确定的区域分工原则，在此基础上确定不同区域的产业发展方向。产业结构政策必须与产业布局政策配合实施，在区域分工原则的基础上实施产业结构政策是避免重复生产、重复建设、产业结构和产品结构趋同的前提条件。在区域分工的基础上确定国家的战略产业、主导产业。产业结构政策确定以后，还必须有既包括总体原则，又能分类指导的产业组织政策的配合。产业结构政策必须有产业组织政策的支撑，要以反垄断和抑制过度竞争为主要原则，通过进入、退出、价格、数量等方面的规制，在战略产业、主导产业中形成生产适度集中、规模经济水平较高、产品差别化较强的市场结构；形成以企业自组织行为为核心的、以非价格竞争为主要内容的企业行为，进而取得良好的市场绩效，真正发挥出战略产业和主导产业的作用。

因此，就产业结构政策与产业组织政策的关系可以概括为：产业结构政策决定产业组织政策，产业组织政策是产业结构政策在不同产业部门得以落实政策的组织保障。

（一）产业布局政策

1. 产业布局政策的含义

产业布局政策一般是指政府机构根据产业的经济技术特性、国情国力状况和各类地区的综合条件，对若干重要产业的空间分布进行科学引导和合理调整的意图及其相关政策措施。从本质上讲，产业布局合理化的过程也就是建立合理地区分工关系的过程，两者分别从纵向和横向角度考察同一事物（产业空间分布）的两个具体方面。产业布局政策是产业政策体系中的重要内容，同时又是区域政策体系中非常重要的组成部分，侧重于建立和完善地区间的产业分工关系。国家制定产业布局政策起源于西方国家，其中英国是最早采用产业布局政策的国家。日本于 20 世纪 50 年代为促进资源合理配置，避免经济发达地区工业过度集中,开始运用产业布局政策,并相应陆续制定一系列法律、法规,为产业合理布局取得了一定效果。美国是60年代才开始大规模运用产业布局政策来干预区域开发与调控产业布局的。

2. 产业布局政策的分类

产业布局政策主要落实在区域产业布局之上。根据其具体内容不同,可分为:

(1) 区域产业扶持政策。在区域经济发展的各个阶段,一个地区总是存在着一个或若干个主导产业部门,对区域主导产业实施产业扶持政策,实施区域产业倾斜发展,以促进地区产业结构合理化,加速地区经济增长和增强地区经济实力。区域产业扶持政策包括为产业发展创造良好投资环境和政策优惠等。

(2) 区域产业调整政策。区域经济发展到一定阶段,会出现产业结构不合理问题,这时就需要实施产业调整政策。例如,对衰退产业进行区域转移和行业转移,为保护环境而转向低能耗产业,调整有些地区经济存在的严重的"二元结构"问题等,以优化区域资源配置、推动地区产业结构的高度化。

(3) 区域产业保护政策。在区域经济发展中,有些特定的产业在发展初始阶段缺乏应有的竞争力,但从长远考虑,若不保护其发展,将不利于地区经济协调发展。地区产业保护政策一般指为保护某些幼稚产业、排除竞争而实行的壁垒措施等。20世纪80年代以来,中国存在严重的区域产业结构趋同化问题,这与在一定体制、政策导向下地方政府的过度保护有关。因此,客观上存在一个如何正确运用区域产业保护政策的问题。

(4) 区域产业组织政策。在区域经济中,产业的竞争与规模状况也是影响产业合理布局和区域经济发展的重要问题。实施区域产业组织政策,通过削减和补偿措施可在一定程度上调控企业的竞争和规模。所谓削减,即政府在落后地区实施一系列发展政策措施,再加上该地区的资源优势和廉价劳动力等,发达地区的企业就可能在相互优势比较中实现产业的空间转移,由此发达地区企业间的激烈竞争得到削弱。所谓补偿,是指政府在一些条件好的地区再进一步实施优惠政策措施,企业在高层次产业中的竞争必然加剧,规模也会由于政府的效益补偿而得到进一步扩大,如此的高度集中就会形成强大的地区优势。

根据产业布局政策空间地域范围不同,可分为:

第一,国家产业布局政策。国家产业布局政策的主要任务是:① 制定和实施全国产业布局的战略规划;② 划分经济地带和经济区,选择重点建设地区,妥善安排不同时期重点建设地区的转移和衔接;③.确定各产业部门在全国的总体布局与方向;④ 确定国家级经济产业带的发展方向。

第二,地区产业布局政策。地区产业布局政策的主要任务是:① 围绕全国经济发展的总目标和全国产业布局战略,针对本区域的条件和特点,制定本区域的产业布局战略和规划;② 选择本区域内的优势区位和重点经济开发区;③ 对本区域的重要产业进行规划布局;④ 确定区域内部不同规模、不同类型的产业基地的布局。

3. *产业布局政策的手段*

产业布局政策主要是规划性的,同时也包括一定意义的政府直接干预和间接诱导,通常有以下五个方面的手段:

(1) 直接限制手段。直接限制手段是指政府依据法律,运用行政权力对区域产业布局进行直接干预。国外运用比较普遍的直接限制手段是许可证制度。

(2) 政府财政投资手段。政府财政投资手段是指政府为实现产业布局政策目标采取的直接投资手段,主要有以下两种:

一是基础设施投资,主要包括交通运输、邮电通信、能源和水源供应等,还包括基础科学研究、教育、文化、卫生保健、体育设施等。政府对某些地区通过基础设施投资,以改善地区投资环境,从而吸引民间投资。

二是直接投资兴建国有企业。政府通过投资兴建一批大型骨干企业以对某些地区进行开发。如法国在"二战"后,为了达到产业发展和社会发展目标,投资建了较多国有企业,以直接体现政府的产业政策。有些西方国家甚至还将政府办公机构建于目标区域,以此带动目标区域的发展。

(3) 间接诱导手段。间接诱导手段是指政府运用经济手段的诱导来实施产业布局政策,具体手段有以下几种:

一是税收手段。作为实施产业布局政策的有效手段,税收手段主要以减免税为主,以利于吸引各方投资。

二是金融手段。主要包括贷款差别利率、贷款的政府担保,设立中小企业贷款担保基金和产业发展基金等。

三是政府购买。政府通过对商品和劳务的订购,以刺激某些新兴产业的发展和推动落后地区的发展。

四是工资手段。高素质的人才合理流动对实施产业合理布局有很大促进作用。政府允许某些产业和地区实行高工资政策以吸引大量的高素质人才，而高素质人才的聚集，也有利于地区优势产业和地区经济的发展。

(4) 信息疏导手段。信息疏导手段是政府以信息传递来引导产业布局合理化的手段，如政府提供对各个地区经济发展前景的预期、基础设施状况、优惠政策等方面信息的发布，在一定程度上可以引导投资方向。

(5) 组合实施手段。产业布局政策手段的运用，是根据不同政策目标，采取不同的组合来实施政策。在地区发展重点的选择上，可采用的产业布局政策手段主要有：制定国家产业布局战略，规定战略期内国家重点支持发展的地区，同时设计重点发展地区的发展模式和基本思路；以国家直接投资方式，支持重点发展地区的交通、能源和通信等基础设施，甚至直接投资介入当地有关产业的发展；利用各种经济杠杆形式，对重点地区的发展进行刺激，以加强该地区经济自我积累的能力；通过差别性的地区经济政策，使重点发展地区的投资环境显示出一定的优越性，进而引导更多的资金和劳动力等生产要素投入该地区以促进其经济发展。

4. 中国的产业布局政策与实施

(1) 面向 21 世纪的中国的产业布局政策：

第一，正确把握效率和公平的结合区间，实行“区域协调发展，效率与公平兼顾”的区域发展战略目标，这也是中国改革开放以来的二十多年的产业布局政策总体目标。具体来说就是在优先保证发达地区继续提高经济发展水平的同时，也要兼顾不发达地区的经济发展，使其逐步摆脱困境，实现经济起飞。为了使全国各地区能平等地获得发挥地区优势的机会，采取多层面的综合措施，既不牺牲东部发达地区发展速度和效率，又使西部地区获得较多的发展机会与发展资金加快自身的发展。

第二，发挥产业结构政策与地区布局政策的协同作用，同时实现产业结构的优化和地区布局的优化。产业结构政策目标是调整和优化产业要素在产业间的分布，提高产业素质，促进产业结构合理化和高度化。为了使产业要素从空间上进行合理配置与组合和指导地区经济主体的行为、协调地区关系，并使产业结构的调整和优化落实到特定空间，需要制定和实施地区布局政策。因此产业结构政策和地区布局政策两者的目标是一致的，都是为了优化产业要素的配置、提高整体效率，只是两者的实施路径不同，却是“殊途同归”。

第三，加快中西部地区的发展，扎扎实实地推进西部大开发，促进地区协调发展。加快中西部地区的发展是中国在新世纪确定产业布局政策目标的重要取向。实施西部大开发战略，加快中西部地区发展，关系到经济发展、民族团结、社会稳定，关系到地区协调发展和最终实现共同富裕，是实现中国现代化第三步战略目标的重大举措。从地区讲，重点是依托交通干线，发挥中心城市的作用，以线串点，以点带面。从工作讲，重点要突出基础设施建设、生态环境保护与建设和发展科技教育。

(2) 实现产业布局政策目标的主要措施：

一是加速政府职能转变，弱化地方政府作为经济利益主体的功能，强化中央财政，提高中央政府的宏观调控能力。如国家应加大对西部地区财政转移支付和建设资金的投入力度。

二是着手制定地方发展立法，以法制手段明确政府在促进地区发展和国土利用方面的责任、权利和义务，协调中央政府和地方政府在处理区域发展问题时的利益关系。

三是在不发达地区要按照其区域经济特征，实施“据点式开发”和培育新的经济增长极。国家帮助这些地区建立通向周边辐射地区的交通与通信基础建设，从科技、教育与人力资源培训等方面提供重点支持。

四是建立健全地区开发金融体系，引导和促进资金适度向不发达地区流动。国家开发银行作为国家政策银行，应承担起欠发达地区开发资金筹措、投放、监督的责任。在支援欠发达地区经济发展上，财政与银行应当合理分工。银行按照保本经营的原则对项目进行审查和贷款投放，对于无利或亏损，但对于地区发展而言，又是不可缺少的项目，则由财政采取直接投资或对贷款进行贴息的方式进行支援。

五是提倡体制创新，以促进社会主义市场经济体制在空间上全面推进。因为区域经济发展的实践表明，体制因素在地区发展上起着举足轻重的作用。

六是积极稳妥地实施核心产业战略，促进跨地区企业集团的形成。

(二) 产业结构政策

1. 产业结构政策的内涵

(1) 产业结构政策的概念。产业结构政策是指政府制定旨在通过影响与推动产业结构调整和优化来促进经济增长的产业政策。经济现代化过程的核心内容是工业化和城市化[①]，而工业化和城市化进程必须伴随着产业结构的变化。在技术不断进步基础上的产业结构高度化是贯穿现代经济增长全过程的一条主线。日本经济学家认为“产业结构未能实现及时转换，是历史上一些老牌的发达国家趋向衰落的基本原因之一”[②]。产业结构政策既是现代经济增长的内在要求，又是各国经济发展战略的体现。积极制定和实施产业结构政策，不仅是发展中国家实现赶超目标的必由之路，而且也是发达国家保持自身优势地位的重要法宝。

(2) 产业结构政策的基本体系。产业结构政策的宗旨是以技术进步来不断促进产业结构的优化。尽管产业结构政策形式多种多样，但大致可以归纳为产业调整政策和产业援助政策两种基本类型。前者的目标是产业结构合理化，后者的目标是产业结构高度化。产业结构合理化是产业结构高度化的基础，而产业结构高度化又是产业结构合理化的必然结果。各国产业发展的经验表明，技术创新是产业结构优化的根本动力。产业结构的合理化与高度化，都离不开技术创新的支持。没有持续的技术创新，产业结构的合理化和高度化就会失去动力和物质基础。因此，产业结构政策的核心与焦点应当是不断地推动技术创新。从具体内容看，产业结构政策通常包括：幼稚产业保护政策、主导产业选择政策、战略产业扶植政策和衰退产业调整政策等。

(3) 幼稚产业的扶植政策。幼稚产业从长期看符合收入弹性大、技术进步快、劳动生产率提高快的特点，但在目前却没有比较优势。所以，对幼稚产业的扶植反映了政府产业政策的先行性特征。与其他后发国家一样，中国的市场经济体系还不发达，面临建设资金的缺乏和技术的落后，不可避免地需要政府采取必要的产业政策扶持幼稚产业的尽快建立与发展。中国幼稚产业扶植的政策取向是：明确重点扶植的产品及产业，以资金扶植为主要扶植手段，政策扶植和产业合理化并行，以技术进步为主要突破口。

(4) 战略产业的扶持政策。战略产业作为未来的主导产业或支柱产业，必须具备三大基本特征：一是能够迅速有效地吸收创新成果，并获得与新技术相关联的新的生产函数；二是具有巨大的市场潜力，可望获得持续的高速增

---

① 其实，经济现代化的内涵是经济的和谐发展，工业化和城市化只是工业时代现代化的两个标志而已，而生态的平衡与生活质量却是经济现代化追求的终极目标。

② 陈淮：《日本产业政策研究》，北京：中国人民大学出版社，1991年，第798页。

长;三是同其他产业的关联系数较大,能够带动相关产业的发展。战略产业的扶植政策是产业结构政策中的主导方面和关键部分。它的特点是着眼于未来的产业优势,直接服务于产业结构的高度化。国际竞争越激烈,战略产业的扶植政策就越重要。日益重视战略产业的选择与扶植,是面向新世纪各国产业政策的共同趋势。战略产业扶植政策的必要性来自它的上述三大特征。它对于经济新增长点的形成、传统产业的技术改造和整个产业结构的演进,都具有不容置疑的作用。战略产业扶植政策的宗旨,是通过政府强有力的介入,来增强对战略产业的要素投入,再通过战略产业的超常规发展带动整个产业结构向高度化演进。

在制定和实施战略产业扶植政策时,务必重视防止两类失误:

一类是战略产业具体定位选择的失误。在技术更替不断加速的今天,战略产业定位选择比以往任何时候都容易出现失误。因此,必须认真研究和借鉴发达国家的经验教训,并密切关注高新技术领域的前沿动态,据此从核心技术、核心产品的层面,及时对战略产业的具体定位进行反馈式修正,尽量避免全局性定位选择的失误。

另一类是效益低下、资源浪费的失误。国际经验表明,政府为扶植战略产业所作的投入,并不总是同其收益成正比,它往往伴随一定程度的效益低下与资源浪费。避免这类失误的主要对策是:减少违背经济理性效率原则的行政干预;尽可能发挥企业的活力与研究开发机构的自主性;发挥市场机制在政府资源投入中的调节功能;发挥专业机构对公共资金使用的指导、监督、咨询和评估作用。

(5) 衰退产业的调整政策。衰退产业是指经历了幼稚期、成长期、成熟期之后,进入产业生命周期的最后一个发展阶段——衰退期的产业,其一般特征是:产品需求量和销售量大幅度下降,技术进步率下降且创新无望,而由另一新兴产业提供的替代品却同时出现需求与销售额上升的趋势。优化产业结构,不仅需要扶植培育战略产业和幼稚产业,而且需要对衰退产业进行援助和调整。

目前,在世界范围内,援助和调整衰退产业已成为一项重要产业政策。随着产业的发展,产业之间相互依存关系日益紧密,从而由产业萧条和衰退所产生的影响也越来越大。政府制定衰退产业调整政策,其立足点是帮助衰退产业实行有计划、有秩序的收缩、撤让,并引导其资本存量向高增长率的产业部门有效转移。由于预先规划好对劳动力的再就业培训和产业转移的疏导，产业转移对经济和社会稳定的冲击将被大大削弱。

衰退产业调整政策需要掌握的原则：

第一，调整和援助政策的制定要建立在对问题有深入了解的基础上。政府决策不能仅仅依靠某个产业部门对其的困难所作的评价，而要有决策者独立的分析。

第二，调整政策应有全面长远的考虑，而不是权宜之计，应真正帮助衰退产业实行有秩序的撤让。

第三，对衰退产业的援助要讲究效益。为避免浪费更多的财力，应选择适当援助方式，援助要有终止时期。对衰退产业的援助不能增加其他产业的成本，不能以损害其他产业为代价。

第四，坚持面向市场和区别对待的原则。对衰退产业的调整，包括生产能力的撤出和保留，要"有所为，有所不为"。对保留的生产能力，如何实现效益的扩大和产能的重组等，都应根据当时的市场需要和未来的市场发展预期确定。在实现产业调整后，新的产业组合中的行业结构、产品和技术结构等都将根据市场的要求重新安排。

衰退产业调整政策的主要措施包括：① 加速设备折旧；② 市场保护、援助，通过限制竞争性商品进口的增加，为衰退产业的生产调整、资本与劳动力转移，提供一定时间内的保护；③ 促进转产；④ 技术与经营支持；⑤ 转岗培训。

（三）产业组织政策

1. 产业组织政策的含义

产业组织政策是产业政策的重要组成部分，在产业政策体系中居于核心地位。所谓产业组织政策，是指为了获得理想的市场绩效，由政府制定的干预市场结构和市场行为，调节企业间关系的公共政策。产业组织政策的实质是协调竞争与规模经济之间的矛盾，以维持正常的市场秩序，促进有效竞争态势的形成。

产业组织理论研究表明，适度的生产集中和较大的企业规模有利于企业的研究开发与技术进步。这就要求在主要产业部门中形成有效竞争的市场格局：一方面，要使生产适度集中，企业具有较大的起始规模、较宽的经济范围和较高的利润率水平，使企业有进行研究开发与技术进步的实力及分散和承担研究开发风险的能力；另一方面，又要确保产业内企业间的关系是竞争而不是垄断的，以保证企业具有进行研究开发与技术进步的动力机制。要实现上述双重目标，除了靠企业组织自律的长期作用外，还必须靠产业组织政策这种"被组织"的力量来进行必要的规范与制约，引导企业开展有效竞争。从这个意义上看，合理的产业组织政策是产业技术政策发挥作用并取得良好效果的前提。

可见，产业组织政策在产业政策体系中，是承上启下、宏观与微观相衔接的核心政策。既是产业布局政策与产业结构政策的组织落实，又是实现产业技术政策目标的组织保障与前提。

2. 产业组织政策的分类

(1) 从政策取向来分类。各国已有的产业组织政策可分为两大类：

一类是鼓励竞争，限制垄断的促进竞争政策，包括反垄断、反托拉斯和反不正当竞争行为的各种政策及中小企业政策。这类政策着眼于维持正常的市场秩序，限制高度集中和垄断等不正当竞争行为对市场效率的破坏；着眼于市场竞争的相对合理并扶持小企业的发展，客观上为各类企业营造公平的竞争环境。

另一类包括鼓励专业化和规模经济的产业合理化政策，它着眼于限制过度竞争的作用；适用于自然垄断产业的限制竞争政策，如政府的直接规制政策。

这两类政策虽然取向不同，但它们都有法律依据，而且在法理上是相容的。例如，一般产业的合理化政策必须符合《反垄断法》的原则精神，而自然垄断产业中的限制竞争政策则是适用于《反垄断法》的例外原则。

(2) 按政策对象来分类。从政策对象看，产业组织政策可分为市场结构控制政策和市场行为控制政策两大类：

市场结构控制政策，即从约束、调整市场结构方面的禁止和限制垄断的政策，如控制市场集中度、降低市场进入壁垒。

市场行为控制政策，即从市场行为角度防范或制止限制竞争和不公正交易行为的发生，以及诈骗、行贿等不道德商业行为的发生。

3. 中国产业组织政策的实施与手段选择

(1) 中国产业组织政策的实施应注意的问题。中国的产业组织政策仍然处在探索阶段，今后5至15年是中国经济和社会发展的重要时期，是进行经济结构战略性调整的重要时期。配合产业结构政策实施的产业组织政策，一方面，要为推动规模经济显著的、竞争力较强的产业部门实现生产集中，以提高其国际竞争力服务；另一方面，要鼓励中小企业在合适的领域中继续发展，以保持整个社会经济的活力和满足就业需求。

在实施产业组织政策时，应注意：

第一，产业组织政策应该坚持总体原则与分类指导原则相结合，反垄断立法与具体实施方案的结合，既要考虑国际通行的原则与做法，同时要考虑其阶段性实施重点。它们结合的方式与程度取决于发展阶段和内外条件。

第二，没有一成不变的产业组织政策，产业组织政策必须根据变化的情况（技术、市场、国际竞争状况）进行调整。在实施产业组织政策过程中，可以借鉴，但绝不可以照搬发达国家，特别是后起发达国家的产业组织政策，必须从中国的实际出发。

第三，产业组织政策得以有效实施的基础和前提条件是必须存在一种接受合理产业组织政策诱导，并能在实践中校正产业组织政策失误的微观经济基础和健全的市场体系运行的机制。从这个意义上看，培育企业自身组织力量，完善企业自身组织能力，始终是产业组织政策发挥、促进产业组织优化作用的基础性条件。

(2) 中国现阶段产业组织政策的实施要点：

第一，以产业组织政策为核心，实施综合的产业政策。要改变过去产业政策实施过程中政出多门，受地方利益影响较大的状况，强化产业组织政策实施部门的权威。通过政府机构改革来保障产业政策的实施。

第二，加快国有企业配套改革，培育企业自组织能力，在继续深化国有企业改革中同步实施有助于产业组织优化的政策措施。产业组织政策及其实施手段要同国有经济布局调整的战略任务相结合。

第三，坚定实施“抓大放小”战略，在执行中进一步细化这一政策。在中国推行发展企业集团战略，即“集中优先”的产业组织政策，主要是基于竞争性行业出现的过度竞争以及企业规模过小、数目过多的突出问题。“放小”主要是指国有资本从中小企业逐步退出，寻找其他有效的产权安排和经营形式搞活中小企业。政府“放小”的同时实施中小企业政策，通过财政、税收及其他手段促进中小企业发展。着重于积极扶持中小企业在新兴高科技产业及第三产业的发展,尤其是加大对高新技术中小企业的支持力度。

第四,细化微观经济规制政策,对于现阶段中国主要产业部门而言,规制绝不仅仅是对自然垄断的公共生产和服务部门的规制,也包括对一些竞争性产业部门的规制。

第五,在利用外商直接投资的过程中实施有效的产业组织政策。尽量吸引有助于中国产业结构合理产业组织在中国增加、扩大投资。

(3) 产业组织政策实施的手段:

一是控制市场结构,即对各个产业的市场结构变动实行适时监测、控制和协调,维持某种合理的市场结构,改变不合理的市场结构,并防止不合理市场结构的延伸。通常分三类: ① 改善市场结构的政策,如降低市场集中度、分割处于垄断地位的企业、适当降低进入壁垒、减少不合理的产品差别化等;② 预防形成垄断性市场结构政策,如建立企业合并预审制度、对中小企业实施必要扶持等;③ 在某些产业实行直接规制政策,以防止过度竞争损害资源配置效率和社会福利。

二是调整市场行为,即对企业市场行为进行适时监督、控制和协调,以维护市场竞争的公正性,防止并控制垄断势力的蔓延。通常可分三类: ① 禁止和限制竞争者共谋、卡特尔及不正当的价格歧视;② 政府和公众监督,即通过一定的政府和公益组织以及大众传播媒介,对卖方价格、质量实行广泛监督,并经常交流有关信息;③ 对欺骗、中伤、行贿竞争者的不道德或非法的商业行为进行控制和必要的处置。

三是直接改善不合理的资源配置,这主要适用于那些存在着资源分配方面缺陷的产业。通过政府的直接干预,弥补市场机制的缺陷,可以实现这些产业资源配置的合理化。

另外,从有关政策手段的属性来看,实施产业组织政策的手段可以具体化为: ① 司法手段,包括直接的司法判决和以一定法律为根据的政府行政处置,比较常见的有各国所颁布的有关反垄断法案、禁止不正当竞争法案和直接规制政策等。② 经济手段,主要指运用财税政策和货币政策对有关市场结构和市场行为进行刺激或约束,也可以是以特定法律为根据的经济鼓励和处罚措施。这类手段使用繁杂,并且常与政府的产业结构政策、社会福利政策和宏观调控政策结合使用。③ 行政指导,主要包括: 政府通过一定的中介途径如行业协会组织,包括产业联合会、行业联合会和行业专业协会,发挥这些中介组织进行协调性管理和自律性管理的作用,来落实国家的产业组织政策;对大企业的“窗口指导”,它是一种定期在行业中居于领头地位的企业进行对话、交流的制度性活动,通过这些在行业中具有较大影响力的“窗口企业”的行为规范,达到政府影响市场自然配置的结构,实现政策目标要求;信息服务系统,通过政府收集、交换和发布与产业有关的信息,使经济主体了解政府意图,排除对市场了解的不确定性。

(四) 产业发展政策

产业发展政策是政府为了实现一定时期的产业发展战略目标,依据客观经济规律和具体国情而制定的规范和指导产业经济活动的准则。产业发展政策反映了政府对产业发展的调节意向。为了实现产业发展战略目标,就要按照战略指导思想制定各项重大政策,以保证总目标的实现。

在市场经济条件下,政府通过产业发展政策及相应政策手段,对资源配置和利益分配进行干预,对企业行为进行某些限制或诱导,从而对产业发展方向施加影响。

1. 国家产业发展政策的框架定位

国家产业发展政策是以引导、监督、协调、控制等为依据确立的。它的定位应包括三个方面:一是战略产业政策方向,代表着主题演变规律,包括跨国公司、跨省区域及国际大城市、高新技术产业及企业的战略和发展规律,它必须以全球的价值观和国家的安全与发展作为支点;二是制定地方与行业发展政策法规,界定可为与不可为,但“怎样为”则是当事者的事;三是针对企业的发展政策,为企业成长确立社会化生存空间。

2. 地方产业发展政策的框架定位

就中国而言,相对于国家产业发展政策,省、市(县)、镇的产业发展政策应该有这样的空间:省级主要制定竞争型、财政型产业政策,并根据区内流域、大中城市状况,分别制定城市主导的区域性产业发展政策,市、县级应以竞争型和就业型政策为主,乡镇则完全是一种竞争服务型产业政策。税收等杠杆是地方产业发展政策的主题。

3. 行业发展政策的框架定位

严格地说,行业政策是不存在的,它主要是一种规范和服务,起到质量、方向、服务等引导、监督、协调等作用。因为行业作为一种社会性协调组织,缺乏政策调控力度，主要从技术和信用、协作的角度等来定位，它应是国家与地方产业发展政策的一种深化和补充。行业发展政策与国家产业发展政策是一种坐标式关系，各行业所依据的市场标准，应该是与国家“主题政策”配套的。

4. 综合性产业发展政策

在现实经济生活中，具体部门的产业发展政策大多同时包含产业结构政策、产业组织政策、产业布局政策和产业技术政策的成分，具有明显的综合性。例如，中国的对外贸易发展政策目标是：以国际市场为导向，以提高出口商品国际竞争力和充分发挥比较优势为核心，以国内产业结构升级和技术进步为基础，以市场多元化和拓展海外市场为目标，合理利用外资和进口国外要素资源，有效发挥对外贸易对国民经济的支撑和带动作用，实现跨世纪对外贸易的持续高效增长。

(五) 中小企业政策

无论从优化资源配置还是从促进经济增长角度看，中小企业都是一国经济振兴过程中的重要力量，而且在数量上均占有绝对地位，甚至在有些国家或地区，中小企业在相当程度上还成为其经济振兴的主体。由于其本身的规模、影响力以及技术创新与应用等特征，中小企业作用的发挥与大企业不同，但是一种互为补充、互相促进的关系。

1. 制定中小企业政策的依据

(1) 中小企业的不可替代性。中小企业的不可替代性是由中小企业的特点决定的。中小企业规模小，所需投资少，易于创办，经营灵活，易于适应消费者需求的变化，能够及时进行设备更新和技术改造，为发展专业化协作创造有利条件。对中小企业产品的需求也具有明显的不可替代性。中小企业的生产经营范围主要是为生活消费服务的轻工业以及为生产消费服务的制造业。社会化大生产一方面要求生产过程按一定的、内在的技术经济联系，在专业化基础上进行分解；另一方面又要求工业生产过程在专业化分解的基础上进行协作。这是社会化大生产的一般趋势，分解的方向是形成许多小而专、小而精的中小企业。可见，现代经济运行发展中，无论从生活需要还是从生产需要以及从社会化大生产发展的要求看，中小企业都是必不可少、不可替代的。

(2) 保持产业组织内部的竞争活力。在产业内部，保持一定数量的中小企业，并使其健康发展，使大、中、小企业并存，有利于增强产业组织内部的竞争活力。但由于中小企业自身条件的限制,使其在竞争中处于不利地位,因此,中小企业政策除了鼓励中小企业努力克服自身的经济劣势,从而具有与大企业竞争的能力外,还需利用政府力量,为中小企业提供多种援助,给予中小企业在市场上得不到的经济条件,组织中小企业避开大规模生产经营优势领域,利用自身特点,寻求和保护中小企业有利于生存的空间,并帮助中小企业创造一个与大企业在平等基础上进行竞争的环境,从而通过中小企业的发展,使产业组织内部保持竞争的活力。

(3) 中小企业的不利地位。中小企业同大企业的关系,大致有两种情况:一是双方都是同一市场上的卖方或买方,两者为竞争关系;二是双方处于不同产业位置,一方为买方,另一方为卖方。这两种情况下,大企业都可能通过“领袖价格”等垄断手段使小企业处于不利地位。中小企业与大企业相比的这种不利地位,缘于其在劳动力、技术、资本、信息等市场条件上处于劣势。这种劣势往往是制定中小企业政策最主要的依据。

2. **中小企业政策的内容**

根据政策对象,中小企业政策的内容可分为:以所有中小企业为对象的一般政策、以特定中小企业为对象的特定政策。

一般政策是纯粹的中小企业政策,它以全部中小企业为对象,目的在于通过弥补中小企业在劳动力、资本、技术、信息等方面的不利条件,促进其发展,具体政策有劳动政策、金融政策、交易公开化政策和诊断指导政策等。

特定政策指以特定的产业为对象或以特定中小企业群为对象的政策,如以特定的中小企业群为对象的政策,实际上是规模经济政策在中小企业上的延伸,它包括了转包制政策。转包制指由中小企业承包大企业的中间产品,即由零部件发包和承包所形成的大企业与中小企业间的相互联系、相互促进的一种制度。这是现代经济中大、中、小企业间最广泛联系的一种形式。这种制度是社会化生产的必然要求,也是中小企业得以生存发展的重要条件。为防止大企业利用其有利地位和优越的交易条件,采用不正当手段与中小企业进行交易,应通过政策、法令包括通过价格限制、交付货款限制、订货计划限制等,使转包制成为形成大、中、小企业比较稳定和公平合理关系的有效措施。

3. **中小企业政策的实施与手段**

中小企业政策的措施和手段包括金融、财政补贴、信息提供、产品采购等许多方面,不同国家在不同时期,其政策措施有很大差别,可归纳以下几个方面：

（1）在金融方面，建立针对中小企业的专门金融机构和信用制度，由政府投入贷款提供资金，向中小企业发放低息贷款；

（2）在税收方面，减轻中小企业的纳税负担，对采用现代化设备的中小企业采取特别折旧制度，以及为实现特定政策目标的特别减税措施来支持中小企业；

（3）设立财政补助金，对从事中小企业贷款和指导等工作的地方公共团体和中小企业团体，给予财政补助金；

（4）限制大企业滥用市场支配权力，建立中小企业互助团体，防止大企业插手中小企业领域等政策手段；

（5）对中小企业提供技术、市场、经营方面的信息支持和不同产业的现代化规划，以及长远发展计划方面的信息咨询；

（6）产品优先采购，保证中小企业有平等地接受官方订货的机会。

4. 实施中小企业政策的具体方法

（1）资金资助政策，即由政府对中小企业予以财政上的支持，金融机构对中小企业的金融支持，以及通过政府担保使中小企业能够从金融机构获得必要资金。

（2）管理帮助，即通过管理咨询和培训，提高中小企业的管理水平。

（3）订购计划保证，即通过让中小企业直接承包或与大企业分包的办法让小企业能得到国家计划订货的机会。

（4）减轻企业负担，即减轻中小企业的经济和日常文书负担，取消向中小企业索取重复和无关紧要的经济信息的规定。

（5）中小企业政策也包括对中小企业创办的限制，其目的在于利用规模经济，保护资源和生态环境。

5. 加强中国中小企业政策扶持的必要性

中国的国情与发达国家有着一定程度的差别，因此，在中国，加强中小企业的政策扶持显得更为重要，这是因为：

（1）中小企业能够创造更多的就业机会。在随着农村工业化、城镇化的进程加快，就业压力显得越来越大。相对而言，中国属资本欠缺国家，科技实力也显得相对薄弱，在一般情况下，中小企业能比大型企业吸收更多的劳动力。

(2) 中小企业能够更好地利用地方资源。中国具体国情是资源分布不均,特别是许多重要自然资源、农副产品资源更是如此,发展中小企业,对于合理利用资源有着极其重要作用,尤其在经济比较落后地区,充分利用当地资源脱贫致富,中小企业更能显示出优势。

(3) 中小企业在同大型企业的配合上,更是显得不可缺少。随着经济的发展,如果没有中小企业的分工协作,大型企业将难以经济性运作。

(4) 科技的发展使得一些新兴产业生产不必采取集中的生产方式,即可实现良好的经济效益,这也给中小企业提供了良好的发展机会。如美国硅谷、日本筑波科技城、中国北京中关村等高新技术产业区中,中小型企业占据了相当大的份额,成为科技创新主要力量。

从上述分析可以得知,无论是从建立社会主义市场经济多元化主体出发,还是借鉴西方国家的经验教训,都应该从政策上大力扶持、发展适应资源有效配置原则的中小企业。为此,应采取的对策:

一是制定相应的法律来促进中小企业的合理发展。通过立法来规范某些产业中大型和中小型企业的分工协作生产范围,用产业法规来促进专业化生产,以立法形式避免中小企业在原料采购、产品销售方面受到的歧视,保证中小企业不受地区保护主义、行业垄断势力侵害。

二是采取经济手段。这主要是指运用财税杠杆和货币杠杆对有关市场结构和市场行为进行引导或约束,例如对一些技术集约型产业中的中小企业可采取优惠税率的办法来促进其发展。

三是行政指导。政府应通过一定中介途径如行业协会或建立一个中小企业管理部门,以一定的形式,如定期或不定期的信息发布、政府指导性计划等,使企业在充分了解政府政策意图的基础上主动接受政府有关部门的指导,按政府的政策意图从事经营活动。

四是积极扶持中小企业特别是科技型企业。促进中小企业向"专、精、特、新"的方向发展,在国家宏观调控下,充分发挥市场机制的作用,逐步形成大企业为主导、中小企业协调发展的格局。

案例介绍

美国电力行业规制改革

自 1978 年以来,美国就制定法律,鼓励修建分散的热电联产装置。就在这一年,美国政府颁布了新的《能源政策法》，进一步促进发电市场的自由化。而《公共事业管制政策法案》则允许非公共事业公司进入发电和电力批发市场。1992 年修订的《能源政策法》规定各类电力企业都享有平等、开放的进入输电网的权利。自美国开始，以市场化打破垄断成了世界电力体制改革的主要趋势。

改革前，美国的电力工业为联邦和州政府双层管理模式，实行多部门管理，电力工业受政府的管制是相当严格的。在投资体制上，政府只允许拥有电网的公司投资电厂，不允许电力公司以外的投资者介入；在管理上，公用电力公司实行垂直管理，电网不对外开放，在电价机制上不鼓励市场竞争定价。20 世纪 80 年代，美国政府进行旨在引入竞争机制的电力改革。从大方向看，美国采用了电力市场化的模式，即“厂网分离，竞价上网，政府定价”。在发电领域，政府打破投资限制，允许电力公司以外的投资者建发电厂，实行电力工业投资主体多元化。在此政策的鼓励下，美国非电力公司拥有的独立发电商迅速发展起来。在电价方面，政府由不鼓励市场竞争定价，转为鼓励竞争，电网对所有发电厂开放，各发电竞价上网。在管理模式方面，政府打破电力公司垂直垄断经营的状况，发电业务与输电业务分离，组建一批控股子公司，实行输电系统分开管理，输电和配电分开结算。发电企业通过电力市场自由竞争，而输电网则由众多电网经营企业垄断经营，电网经营企业通常不拥有发电容量，只向发电商和电力零售商提供输送服务。发电商的售电价格，通常取决于实时能源市场和辅助性服务市场上的电力采购价格、与零售商及大用户签订的合约价格、输电费用以及输电阻塞价格等；而输电价格须由政府严格管制，并有法律确定收费标准。通过电力市场化改革，美国的电力产业尤其是发电业获得了充分而有效的竞争，市场机制在配置电力资源方面资源发挥作用，提高了电力产业的运营效率，并使电力终端销售价格多年来保持较低水平。

美国电力市场化发端于佛罗里达州电力联合集团的实践，而加利福尼亚州则是美国电力市场化的先锋。加州模式可作为美国电力市场化的现代版本，具有相当的典型性。1998 年 3 月 31 日，加州电力市场正式运行，成为美国第一个允许电力用户选择发电商的州。在加州电力市场化模式中，用户可直接与发电商签订购电合同。而就在 1990 年，由于严厉的环保法及原油价格不断上升，加州的电价很高。为此民众要求改革，引入竞争以降低电价。同时，独立发电商也想获得进入电力市场的机会。加州政府顺应呼声，1996 年，加州州长签署州议会法案“AB1890”。法案规定，建立独立系统运行机构，负责管理和调度加州输电系统，成立电力交易中心，为买卖电力服务，原有三家垄断性电力公司必须通过电力交易中心买卖电力；1997 年 3 月 31 日开始解除对电力市场的管制，并与一周年后实施竞争性电力市场运作。然而从随后到来的 2000 年的 6 月起，加州出现了第二次世界大战以来从未有过的电力短缺,电价飞涨,用户时刻面临着断电的威胁。2000 年 6 月至 9 月,加州政府发布了二级电力警报,号召用户节约用电,在 2001 年 1 月中旬到 2 月下旬,又发布了三级电力警报,进一步号召节约用电。最终,加州政府通过一系列强硬的政府措施使危机得以缓解。

独立发电商是追逐利润的。2000 年,在石油输出国组织再次压产提价,同时天然气价格暴涨至 15 年来的最高位时,独立发电商卖掉了作为发电原料的库存天然气,而不顾及由此可能造成加州供电短缺的结果。垂直垄断被打断,“厂网分离”之后,利益出现了分化。在对发电业放松管制、关注电力生产的同时,电力输送的需求却被忽视了,对电网垄断的管制设计不能起到对电网投资的激励效应。一方面放开了上网电价,另一方面又限制住终端销售电价,且轻易不能提价,同发电业相比,输电业利润空间狭小,无利可图,对资本没有吸引力。资本更愿意流向电厂,而不是电网,由此造成电网逐年老化。电网企业面临生存压力,负债率高资金来源不足,便没有力量也没有愿意去更新设备。其后果,不仅是输电能力不足,且容易引发电力安全问题。在这种情况下,本出于保护消费者利益的价格限定,却反而抑制了企业投资,使消费者的利益受到损害。为缓解电力危机,加州政府不惜出资收购电厂电网,成立电力局,由政府完全控制全州电力的生产、输配和销售。在此过程中,加州政府走向了电力改革的反面。

事实上,具体到加州而言,危机不只在于电网老化和独立发电商对天然气的抛售。在发电方面还另有原因。2002 年加州天气炎热,电力供不应求,电价急剧上涨。发电商们看到这有利可图的机会了,但又认为如此炎热的天气并不是年年都有,所以观望着不敢投资电站。他们甚至说,即使想投资,银行人不敢借贷给他们,因为修建新电站的风险太大。输电企业理所当然地要抗争,要压低发电商的收益以扩大自己的利润空间,使发电厂投资回报没有保障。银行不敢为发电厂项目融资,因此不仅无人投资电网,也无人投资电源。由于这些原因,加州电力系统自电力体制改革以来,十年没有建设新的发电站。在缺电和电价上涨的形势下,加州的电力投资并没有滚滚而来。

本章小结

竞争性的市场力量并不总是在有效运转的,市场失效是市场机制派生出来的经济问题,收入分配不公平和经济波动是市场失效的典型形式。市场失

效产生于垄断、公共产品、外部效应、信息不对称等的存在。在对市场失效进行校正的过程中，规制是必要和有效的。规制主体是政府，也可以是其他组织机构，主要指法律法规授权的能以自己名义行使特定行政职能的非政府机构政府，规制的依据可以是法律，也可以是行政机构制定的法规和规章制度，校正市场失效是政府规制的目的和责任，规制对象是企业等微观经济主体的经济行为。政府规制可以根据政府对市场活动主体行为的限制程度和方式分为直接规制和间接规制。

公共物品具有非竞争性和非排他性，这导致了消费者对公共物品的真实偏好无法在市场上准确体现出来，大量不承担或少承担成本的消费者从中获益。政府在公共物品的提供方面实际上承担着产权界定的功能和公共物品供给的物质实体。但是政府在提供公共物品的过程中同样暴露出了一些问题，如利润最大化动机不足、供给行动迟缓、服务态度差以及权利无法得到有效的约束等。针对在公共物品提供上的“政府失效”，发挥非政府制度即市场和非政府组织的作用便成为一种必然选择。市场提供公共物品的方式主要有三种：私人的完全供给、私人与政府的联合供给以及私人和社区的联合供给。非营利组织能够有效提供公共物品和准公共物品可体现在：非营利组织可以运用企业方式运作；非营利组织能够以十分灵活的方式，最大限度地满足不同层面对公共物品的需求；非营利组织能够起到拾遗补缺的作用。尽管公共物品有效供给需要从一元转向多元，但政府在公共物品提供中处于核心地位不会因其他主体的参与而有所动摇，政府能够进行规制革新，提高规制效率。

规制政策本质上具有对公民和企业的权利和收入进行分配或再分配的特点，规制的分配效应在解释规制及其变化中扮演着重要的角色。这一点可以从规制执行的各种方式中看出，对这些方式的选择可以带来不同的效果，具体采用什么方式进行规制，在很大程度上涉及不同经济实体的利益。规制者有可能通过规制政策来达到再分配的目的，而不是致力于纠正市场失效，其结果是政府在维护某些人利益的同时也给其他人带来了外部成本。

产业政策是国家规划、干预和诱导产业形成和发展的一种宏观经济政策，制定该政策的目的在于引导社会资源在产业部门之间以及产业内部优化配置，建立合理、高效益的产业结构，促进国民经济持续、快速、健康地发展。产业政策的构成要素通常包括：政策主体、政策对象、政策目标、政策手段。政策主体是政策的制定和发布实施者，政策对象是指作用的对象和实施的领域，政策目标是指政策预定要达到的目的，产业政策手段是指为了实现政策目标所采取的手段措施，包括：直接干预、间接诱导和法律规制。产业政策一般包括：产业结构政策、产业组织政策、产业技术政策、产业布局政策等。这几种产业政策在实施时必须存在一种内在逻辑关系，即应按：产业布局政策→产业结构政策→产业组织政策→产业技术政策→……的顺序来组织和实施。其中，产业结构政策与产业组织政策的关系可以概括为：产业结构政策决定产业组织政策，产业组织政策是产业结构政策在不同产业部门得以落实的政策保障。

主要名词

市场失效	规制	直接规制	间接规制
价格规制	最高限价	激励性规制	非营利组织
产业政策	产业结构政策	产业组织政策	产业布局政策
公共品			

复习题

(1) 什么是“市场失效”？市场失效是由什么引起的？

(2) 什么是“规制”？规制可分为哪些种类？

(3) 规制是通过哪些渠道来执行的？

(4) 简述政府规制与产业政策、宏观调控的关系。

(5) 政府在供给公共物品过程中有哪些局限性？

(6) 什么是产业政策？产业政策的构成要素有哪些？

(7) 请对产业布局政策的分类与实施进行简要介绍。

(8) 产业结构政策对战略产业的扶持体现在哪些方面？

(9) 制定中小企业政策的依据是什么？

思考作业题

(1) 试举例说明中国对自然垄断行业的规制。

(2) 政府规制的分配效应体现在哪几个方面?

(3) 产业政策包括哪些内容? 这些政策之间的关系是怎样的?

(4) 产业组织政策的含义是什么? 现阶段中国产业组织政策的要点与实施手段有哪些?

(5) 结合具体事例,试说明产业结构政策对战略产业的扶持体现在哪些方面。

第七章 产业竞争与国家竞争力

竞争，是一种在一定规制下争夺市场份额和市场机会，并导致资源合理流动的经济现象。不论是何种类型或何种水平的竞争，竞争力总是竞争优势的转化形态，反映的是市场主体间相互比较而显示的实力运用程度①，它是一个关于市场主体能力的比较概念。它的横向比较，反映了某市场比较主体与其他组织形态关系中的地位；它的纵向比较，反映了某市场比较主体自身能力运动变化的历程。这种比较，揭示了市场主体能力的强与弱、单一和综合、先进与落后、盛与衰的规律。竞争力同时是一个市场主体能力的综合概念。它是由一系列的价值元素组成的，根据市场主体不同发展阶段，这些元素重新排列组合而成的市场表现，反映了市场主体的教养和素质。产业作为企业的集合体，其竞争力通常是指建立在企业竞争力基础之上的集合，判断的依据取决于产业作为整体的盈利能力和吸引力。本章介绍产业竞争的主要理论、产业竞争力的测度方法、产业竞争力形成的三个层次，产业竞争的四个发展阶段，以及产业竞争力、国家竞争力、国际竞争力、企业竞争力之间的联系等。

第一节 产业竞争的主要理论

一、企业核心能力、企业竞争力和产业竞争力

核心能力理论是近年来西方发展最迅猛的企业理论，其主要内容是企业

---

① 这里的运用程度有两个含义：其一是市场主体对其拥有的竞争优势运用能力和竞争优势发挥的程度；其二是市场主体在运用竞争优势中得到的各种利益水平。

如何利用核心能力来建立持续的竞争优势。核心能力理论的形成,主要有三个方面的背景:一是企业经营实践在全球化环境中出现了新情况;二是传统企业理论无法有效解释一些重要的实践现象;三是传统企业战略理论存在缺陷。

(一)企业实践对传统的理论提出了挑战

传统企业理论把企业作为一种行政性协调机制,或是一种契约组织,强调的都是交易过程中的各种"规制",忽略了企业作为社会经济组织所具有的独特"生产"特性,使得传统企业理论只能使企业处于被动的管制状态。此外,只从边界均衡理论出发而不加选择地利用外部资源,容易造成企业把内部重要的知识信息传递给要素投入加盟者,最终使企业处于被动局面。波特的竞争战略理论实际上是将以结构—行为—绩效(SCP)为主要内容的产业组织理论引入企业战略管理研究之中,为解释企业如何制定战略获取持续超额利润提供了较为可靠的经济学分析方法。然而,波特的竞争战略理论仍有一些缺陷。波特以企业作为最小的分析单元,研究的侧重点却是产业的特性、产业的发展趋势、产业内外相关企业的相互关系和力量对比,并没有更合理地站在成长的角度分析企业战略的制定和实施,在指导企业实践中乏力。

企业联合兼并的历史证明,其内因是企业保持竞争优势持续发展壮大的基石。这一新颖的理论随着产品生命周期日趋缩短和企业经营日趋全球化而迅速崛起。在今天,竞争成功不再被看作是转瞬即逝的产品开发或战略经营的结果,而被看作是企业深层次的实力。在企业取得和维持竞争优势的过程中,内部核心能力的培养和各种能力的综合运用成为最关键的因素,而经营战略不过是企业发挥智力资本的潜能并充分应用到新的开发领域的活动与行为。企业核心能力理论研究基调相对一致,确切地说企业核心能力理论是一系列具有特定联系的理论集合体。核心能力作为企业竞争力的基础,也构成了产业竞争力的基石。

(二)核心能力与核心竞争力

企业竞争力的形成、巩固、创新、变革和企业核心能力的形成、维持与流失密切相关。能力是竞争优势的本质。企业核心能力的培养和各种能力的综合运用成为企业取得和维持竞争优势的最关键性因素，从根本上决定着竞争力的高低，决定着经济主体整体的相对地位。因此，培育企业的核心能力，对经济的发展有着重要的现实意义，也是产业竞争力形成的前提。

从经济学意义上讲，核心是一组相对均衡的对比数据，因此，一般而言，企业的核心能力具有以下基本特征：

作为某组织内部一系列互补的知识和技能的组合，它能够使一项或多项关键业务达到世界一流的水平，必须拥有不可模仿性、不可交易性、资源互补性、归属性和延续性五个条件。

此外，从性质上看，核心能力是取得企业行为绩效的创造力和持续力的总称；从效果上看，核心能力是区别于竞争对手的市场地位；从目的上分析，核心能力创造出企业生存和发展的优化空间。

所以，作为核心能力运用的程度，核心竞争力是组织的积累性知识、整合的技能、动态发展的系统；是建立在核心能力（基础设施、知识产权、销售网络、品牌、信誉、客户等）之上的智力、技术、产品、管理、文化的市场表现；它的形态是结构性和隐性的、非要素性和显性的；其作用是市场主体的研究、开发、制造、销售产品的市场创新能力。

核心能力既是组织资本，又是社会资本。组织资本描述的是使组织提高对所承担任务的协调能力的资产，其基本源泉是信息或知识。社会资本描述的是包括要实现的共同目标，企业中个人意志和相互关联的意志的一个概念。组织资本反映了协调和组织生产的技术内容，社会资本显示了社会环境的重要作用。非常强大的核心能力决定了企业有效的战略活动领域，使企业具有强大的生命力。如果企业能够把这些核心能力充分发挥，并变成价值，就构成了企业的竞争优势。但其是否能够成为竞争力，势必要考虑其转化的环境和条件。

（三）企业竞争力与产业竞争力

产业是由同类企业集合而成的，产业竞争力归根结底要落实到企业竞争力上，缺乏企业竞争力，产业竞争力就失去了根基。因此，企业竞争力是产业竞争力的根本。一方面，企业竞争力的增强有助于区域内产业整体竞争力的增强；另一方面，产业竞争力的提升反过来又促进企业竞争力的进一步提升。如此便可实现产业竞争力与企业竞争力的互动性良性循环。

不同国家或地区产业竞争力的差异，其直接体现就是它们的产业发展现状与前景,因为各种资源配置最终必须落实到各个产业部门,并形成强弱不同的产业整体竞争力,进而决定其创造财富能力的大小。因此,产业越具吸引力,资源优化配置能力越强,就表明产业竞争力越强,也就是说该国家或地区的竞争力越强。

二、产业竞争(力)的主要理论

产业竞争力研究是用比较方法进行的产业业绩研究。对产业竞争力进行全球范围的系统研究,是基于对产业国际竞争力的跨国比较研究。产业竞争力研究的理论体系可以分为视角比较集中的产业竞争力研究理论和视角更为广泛的国家、国际竞争力研究理论两个部分。其中,国家、国际竞争力是指一个国家在世界经济的大环境下,与各国的竞争力相比较,创造增加值和国民财富持续增长的能力。

对产业竞争力研究影响较大的理论包括:比较优势理论、产品生命周期理论、国际生产折中理论。

(一)比较优势理论:产业竞争理论的先导

1817年,李嘉图在完善亚当·斯密绝对优势概念的基础上,把绝对优势演化为比较优势①。他认为只要各国之间存在着生产技术上的相对差别,就会出现生产成本和产品价格上的相对差别,从而使各国在不同的产品上具有比较优势,即使一国在两种产品的生产上都处于劣势地位,相比之下总有一种商品的劣势相对较小一些,也就是具有相对优势。市场机制会把一个国家和资源配置到那些具有较高生产率的产业中去。李嘉图实际上已经指出生产技术的差别是影响产业国际竞争力的因素,在生产技术上处于最有利地位的产业,其商品在国际市场最具竞争力。

比较优势理论在指导贸易实践中存在一些缺陷:首先,该理论对产业决定因素的判断只涵盖了自然资源,而忽略了自然资源之外、对产业的存在和发展有更为重要影响的多种社会经济因素;其次,它是以静态方式解释对优势产业的选择,而现实中一个国家在不同时期的优势产业总是处于变化之中,某些

① 参见李嘉图:《政治经济学及赋税原理》和本书第一章相关内容。

产业的优势还实现了在不同国家之间的转移；此外，该理论在解释资源禀赋差异很大的国家间不同产业间的贸易问题时比较有效，但不能有效解释资源结构近似的国家之间在同一产业内的贸易现象。

比较优势理论及对其缺陷的探讨显示：资源类型、资源差异、资源转移是进行产业竞争研究时需要考虑的因素。

（二）产品生命周期理论：产业竞争理论的要素载体

继比较优势理论之后，美国哈佛大学教授雷蒙德·弗农(R. Vernon)于1966年5月在《经济学季刊》上发表了《产品周期中的国际投资和国际贸易》一文，提出了产品生命周期理论(product life cycle，简称PLC)。他指出需要建立一种动态的理论来系统地解释企业在出口、国外子公司生产和许可证之间的选择。而跨国公司在跨国经营方式上的选择，正是基于各种方式对比较优势及其对提高企业竞争力的作用。弗农认为，产品在市场上的表现呈现周期特征。产品周期可以分为三个阶段，即产品的“萌芽”阶段、“成熟”阶段、“标准化”阶段。

1979年，弗农对产品生产周期理论作了重要修改，以突出跨国公司经营的寡占特征。产品生命周期的三个阶段被重新命名为创新寡占阶段、成熟寡占阶段和弱化寡占阶段。

在创新寡占阶段，创新和本土市场条件密切联系，但不再过分强调美国作为新产品发源地的重要性。出于与研究开发和营销等职能协调的需要，生产活动仍会被安排在新产品发源地。修改中，对成熟寡占阶段的调整最大，他提出，基于稳定世界各地市场份额的考虑，企业会在竞争对手的主要市场处设厂生产，借此强化讨价还价的地位。而当产品进入弱化寡占阶段，由于市场准入障碍弱化，企业面临着新的竞争压力，生产区位更多的是由成本差异因素而不是市场的接近程度和寡占反应所决定。

产品生命周期理论提示我们，在研究产业竞争，特别是产业国际竞争力时，需要考虑区位因素，供给和需求的交互作用、技术优势和垄断优势、市场和企业之间的沟通等方面的影响作用。

（三）国际生产折中理论：产业竞争理论的国际延伸

英国经济学家约翰·邓宁(J. H. Dunning)1977年发表了《贸易、经济活动的区位与多国企业：折中理论探索》一文，由此形成了国际生产折中理论。该理论认为，从事跨国经营活动的企业必须同时具备三个优势：所有权优势、内部化优势和区位优势。如果企业不能同时满足建立以上三个优势，就只有以出口贸易来满足国外市场的需求，以国内生产来满足国内市场的需求。

所有权优势是指一国企业拥有或能够获得的、国外企业所没有或无法获得的资源及其所有权。其主要优势是跨国公司在经营资产方面的优势，跨国公司拥有的所有权的大小直接决定着其跨国经营的能力。然而，跨国公司是否以跨国经营的方式参与国际竞争，不仅取决于其拥有的各种所有权优势，还取决于其将所有权优势加以内部化的意愿和能力。

内部化优势是跨国公司将交易内部化，形成内部市场所产生的特有优势。企业将其优势内部化的动机是为了避免资源配置的外部市场结构不完善、信息不完善或不对称对企业产生的不利影响，从而保持和利用企业技术创新的垄断地位。内部化优势的大小决定着跨国公司将如何选择利用其所拥有的资源(产)参与国际经济运行的形式。

区位优势是指跨国公司在投资区位选择上具有的优势。拥有所有权优势和内部化优势的跨国公司在进行跨国经营决策时，首先面临的是区位选择。如果在国外投资能使跨国公司获得比国内投资更高的利润，则选择国外投资；否则，选择国内投资。

国际生产折中理论提示我们，在进行国际竞争力研究时，需要考虑到国内核心企业的行为对国家竞争力的影响。此外，新增长贸易理论和战略贸易理论也是进行国际竞争力研究时需要参考的。

三、产业竞争力的分析视角①

产业竞争力，多作为一国的产业在世界市场上均衡地生产出比竞争对手更多财富的能力，在经济全球化的发展背景下，表现为一国生产特定产品及其持续创新的能力、占领国际市场和获取利润的能力。与产业国际竞争力相关

① 本处主要分析产业竞争力中的国际竞争力视角，以涵盖对产业竞争力的分析，据此体现学校的专业特色。请注意，在下面有关内容的分析中，对产业竞争力和产业国际竞争力的阐述有时类同。

的理论分别从业绩、结构、影响力等角度提出了自己的研究体系，大致形成了以下五种视角：

（一）产业业绩分析视角

1970 年美国哈佛大学谢勒（Scherer）提出了“市场结构—市场行为—市场绩效”三段论范式，简称 SCP 分析模型。该理论认为，市场结构对市场绩效的决定作用是通过市场行为来实现的，即市场结构决定市场行为，进而决定市场绩效。该理论最初来源于垄断竞争模型，它认为竞争是一个结构问题。

此模型中，市场绩效是衡量产业竞争力的可量化的表现形式，但真正决定绩效的却是市场结构和市场行为两个方面。从产业竞争力研究的角度来看，产业绩效是作为结果来判断竞争力的直观指标，但形成产业竞争力的真正决定性因素是市场结构和产业行为。产业结构是根本性因素，产业行为是有效性因素。例如，一个产业若具有较高的集中度和较高的进入壁垒（产业结构），那么处于该产业中的厂商就能通过提价、创新、差别化等策略（产业行为）获得较高的利润和收益（产业绩效）。由此产生了两个研究产业竞争力的切入点，即产业结构和产业行为。对于产业绩效而言，可以通过调整产业结构、协调产业行为等途径来改善一个国家或地区的国际竞争力。

SCP（Structure-Conduct-Performance）研究视角提供了一个对产业竞争力静态研究思路，但没有提供可供操作的评价方式。

（二）产业价值链分析视角

1985 年，迈克尔·波特①（M. Porter）提出了价值链理论。波特认为，大部分企业都可以被看作是一个由设计、生产、销售、交货等一系列创造价值的活动所组成的集合体。企业所从事的每一项活动都会产生成本，同时也会带来价值增值。因此，企业的总价值包括价值活动和利润两大部分。

将企业创造价值活动根据与其供应方的关系，向其前、后延伸组合就形成了企业价值链。此时，处于产业链上的每个企业的价值链实际上就是一个产

① 希望重视波特对竞争问题的经典描述，参见其 20 世纪 70—90 年代撰写的《竞争战略》（1997）、《竞争优势》（1997）、《国家竞争优势》（2002）三本书，由华夏出版社出版。

业价值链中的链节。产业价值链通过区分并界定企业在一个特定产业内的各种活动来反映企业活动所处产业链节的实际经济效益。

价值链理论通过对产业价值的分解,使各产业链节的价值得到了定量核算。这有利于不同国家或地区的行业根据各自不同的比较优势和竞争优势进行价值链环节的选择,并形成不同国家或地区的生产者在同一价值链上不同环节间的协作与分工。

此外,价值链理论经外延后涉及价值链的转移,即价值链的结构性调整和利润区转移,也为产业国际竞争力研究提供了一个视角。价值转移问题会直接影响一个国家或地区的产业政策,形成产业结构和产业行为的全新格局。

(三) 产业对外支配程度分析视角

这是一种跨产业影响力研究视角。

产业扩散效应模型是一个专门被用来研究产业支配力的理论模型。它通过分析某产业对其前向、后向和侧向产业的作用效果来判断该产业所处的位置。对前向的作用被称为"前瞻效应",即该企业对其他新产业和部门出现所具有的诱导能力;对后向的作用被称为"回顾效应",即该产业对为其提供投入品产业和部门的发展所具有的拉动能力;对侧向的作用被称为"旁侧效应",即该产业对地区经济发展的影响力。产业扩散效应模型在测度产业影响力的基础上对产业的竞争能力和发展潜能进行了评估,成为一种以产业外部关联度分析为主体的理论方法。

以上三个模型可以构成一个比较完整的产业国际竞争力研究体系。SCP理论比较宏观;价值链模型则注重产业或企业内部分析;产业扩散效应模型则把视线由内到外,主要通过考察产业对相关产业的制约力和支配力来分析产业可能的位置和竞争地位。这三个理论虽然各自提出的时间不同、动机不同,但在产业国际竞争力研究中是相互关联的。

(四) 产业吸引力分析视角①

产业吸引力分析采用了五因素分析模型,诞生于迈克尔·波特 1980 年出版的《竞争战略》一书。它主要通过对产业结构和支配力的研究,立足于

① 此处的分析集中于产业竞争力一般的分析,为的是提供一种通用的分析理论工具。

获利角度看产业的吸引力。波特提出的五种竞争力量分别是：潜在进入者威胁力、替代品威胁力、买方讨价还价能力、供方讨价还价能力、产业内现有竞争者对抗力(图 7－1)。从水平方向上看，五因素模型构成一条产业链；从垂直方向上看，五因素模型说明了产业的创新潜力；从整体上看，五因素模型既有产业间分析，也有产业内竞争强度分析，是一个以获利性为最终目的的分析模型。

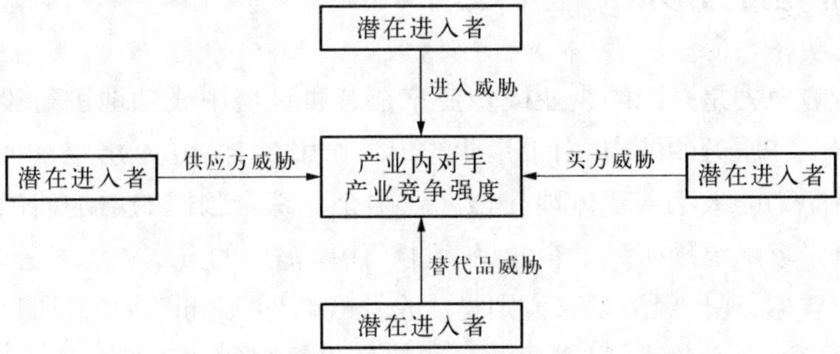

图 7－1 产业国际竞争五力模型

(图来源：波特的《竞争战略》，华夏出版社，1997 年，第 3 页)

(五) 国际竞争力动态分析视角

这也是一种要素分解式研究视角，只是除了要素的一维分解外，又增加了要素层次分解维度。

该模型是波特 1990 年在《国家竞争力》一书中提出的。该模型通过对复杂数据和资料的提炼，总结出决定一国产业竞争力的六大因素，即要素条件、需求条件、相关与辅助产业、企业策略、结构和竞争者、政府和机遇(又称钻石模型)①。后经 A. M. Rugman 和 A. Verbeke 两人的完善，融入 SWOT 模型的四因素分析机理，形成了最终的模型结构。国际竞争力动态模型的构建实际上是以五因素模型为基础的，只不过进行了拓展，更注重产业的整体业绩，增添了政府和变化两大要素。该模型强调系统中各部分的支持作用，而这种支持往往表现为为了达到系统最佳，各组成部分只能退而求其次，选择次优方案。

① 参见下面章节的相关分析。

第二节 产业竞争理论的形成与主要分析方法

一、产业竞争力形成的三个层次

企业竞争力是一国的企业或企业家在各种环境中成功地进行设计、生产和销售产品和服务的能力,由于企业的根本作用在于创造经济增加值,因而一国产业竞争力的大小主要体现在该产业中企业综合创造的增加值的大小上。古典经济学家广泛地研究了企业经营过程中所需要的资本、技术、劳动和自然资源四大要素,现代经济学家们则是从企业战略形式和产品开发、过程或结构的角度分析企业竞争力,但企业的最终目标仍是财富的创造。这种财富创造的堆积,构成了产业的财富数量。

由于研究理论和视角不同,各项研究实际上对产业竞争力的界定是不同的。根据研究范围的广度,可以将产业竞争力的形成分为三个层次:

(一)宏观层次产业竞争力

宏观层次上定义产业竞争力中,比较典型的有美国《关于国际竞争力的总统委员会报告》的定义、OECD的定义、世界经济论坛的定义和瑞士洛桑管理发展学院的定义。

美国《关于国际竞争力的总统委员会报告》中提出:产业国际竞争力是在自由、公正的市场条件下,能够在国际市场上提供好的产品、好的服务的同时,又可以提高国民的实际收入。

OECD在《科技、技术与竞争能力》报告中指出:国家经济的国际竞争能力是建立在国内从事外贸企业的竞争力之上的,但是又远非国内产业竞争力的简单累加或平均的结果。

瑞士洛桑管理发展学院提出:产业国际竞争力是指一国创造增加值从而积累国民财富的能力,并且通过协调以下四对关系而实现其国际竞争力。这四对关系是:资产与过程、引进吸收能力与输出扩张能力、全球经济活动与国内家园式经济活动和经济发展与社会发展。

(二) 微观层次产业竞争力

世界经济论坛提出,产业国际竞争力是指企业所有人目前和未来在各自的环境中以比他们在国内和国外的竞争都更具吸引力的价格和质量来进行设计、生产并销售货物以及提供服务的能力和机会。这是从微观视角出发得出的产业国际竞争力的定义。

此外,还有一些更为狭隘的产业国际竞争力概念。例如,产业国际竞争力指的是一国产品在国际市场上所处的地位,它最终可以理解成"成本"的概念,即如何才能以较低的成本提供同等质量或更优质的产品,或者反过来,怎样才能以同样的成本或更低的成本提供高质量的产品。

(三) 中观层次产业竞争力

迈克尔・波特在《竞争战略》中提出:"一个产业的竞争状态取决于五种基本竞争力量……这些力量因素汇集起来决定着该产业的最终利润潜力。"即产业竞争力与产业的最终利润潜力或产业利润率是一致的。

中国社科院工业经济研究所课题组在《中国工业国际竞争力》一文中提出:"国际竞争力归根结底就是各国产业或同类企业之间相互比较的生产力。从一国特定产业参与国际市场竞争的角度看,特定产业的国际竞争力就是该产业相对于外国竞争对手的生产力的高低。"该文把产业国际竞争力定义为:在国际自由贸易条件下,或者排除了贸易壁垒因素的假设条件下,一国特定产业以其相对于其他国的更高生产力,向国际市场提供符合消费者,包括生产性消费者或购买者需求的更多产品,并持续地获得盈利的能力。

以上不同的产业国际竞争力概念的共同之处是都将产业竞争力视为两个或两个以上竞争主体在追求某一个或多个竞争对象的过程中所表现出来的能力,即竞争力就是竞争主体在竞争过程中所表现出来的能力。这一定义有几个层次:

首先,产业国际竞争力同样是一个相对的概念,没有竞争主体之间的相互较量和竞争,就不存在竞争主体之间的竞争。竞争力是竞争主体的某种优势利用效果,这种优势可能是投入要素方面的优势,也可能是竞争过程中的行为优势,也可能是投入产出的效率,即生产率优势,还可能是竞争主体所处的环境方面的优势等。

其次,产业国际竞争力是指某一竞争主体的竞争力量,是它的某种能力的表现。这种力量可能集中表现在盈利上,也可能表现为组织能力,还可能是销售能力等。但这些竞争力量只有在与其他力量结合后,才能成为产业国际竞争力,因此,产业国际竞争力是竞争主体的综合能力或综合素质的表现。而且,产业国际竞争力是竞争主体吸引获取竞争对象的力量。产业竞争主体发挥自己的能力,将自己的能力转变成实际收益的一个过程,也是对竞争对象的吸引力。此外,产业竞争力最终将反映在竞争主体获得的收益的大小上,是竞争主体最终获得某种收益的能力。

二、产业竞争力经典理论基础及其分析方法

产业的国际竞争力是由产业的竞争优势决定的,而关于竞争优势的经典理论除了李嘉图的比较优势理论外,赫克歇尔(Heckscher)和俄林的要素禀赋理论和波特的"钻石模型"也是重要的。

(一) 赫克歇尔和俄林的要素禀赋理论①

李嘉图等比较优势理论只涉及生产技术产别即劳动生产率差异是导致产业竞争力的决定因素,而且这种差异是由于不同国家之间的不同环境有利于某些产业而无须作进一步的研究。瑞典经济学家赫克歇尔和其学生俄林认为,不同国家的技术大体相同,但它们的资源禀赋拥有量却有所不同。这些禀赋是生产所需的基本投入品。国家在要素禀赋基础上将密集使用它们拥有量丰富的那些要素,从而获得某些产业的比较优势。

要素禀赋理论成功地解释了从事国家间贸易的产业和商品结构,并在这一理论基础上产生了很多试图提高产业国际竞争力的政府决策。政府认识到可以通过各种形式的干预来全部改变或部分改变要素的比较优势,这些政策实施的目的都是为了降低本国企业的相对成本,以取得对国外竞争者的优势。

(二) 波特的"钻石模型"

1990 年,波特发表了《国家竞争优势》一书,提出了解释国家在市场上取

① 参见第一章有关内容。

得竞争优势的“钻石模型”，可用图 7－2 来表示：

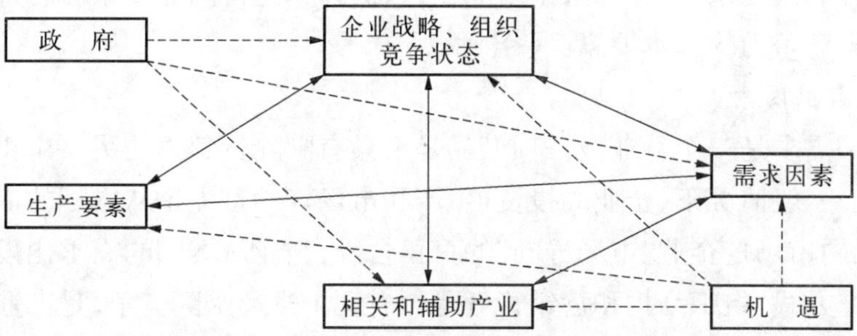

图 7－2　波特的“钻石模型”

(图来源：波特的《国家竞争优势》，华夏出版社，2002 年，第 119 页)

该模型回答了一个国家在某个特定的产业如何获得长久的国际竞争力。波特认为，一个国家的国内经济环境对企业开发自身的竞争潜能有很大的影响，其中影响最大、最直接的因素有六项：生产要素，需求因素，相关产业和辅助产业，企业的战略、组织结构和竞争状态，机遇，政府行为，其中，前四项是决定产业国际竞争力的决定性因素，机遇和政府行为也对产业国际竞争力产生重大影响。在一国的许多产业中，最有可能在国际竞争力中取得胜利的是特别有效利用上述因素的产业。

1. 生产要素

波特把生产要素分为基本要素和高等要素两类。基本要素对企业的竞争力有很大的影响，但随着贸易投资自由化和科学技术的发展，使基本要素的重要性逐渐下降。而高等要素逐渐成为新产品开发、新工艺设计的必要条件，但是，高等要素的供给相对稀缺。高等因素的形成需要一个国家长期大量的人力资本投资，而且需要提供适宜其成长的社会经济、政治法律及文化环境。其中，基本要素包括自然资源、气候、地理位置、劳动力、债务成本等；高等要素包括现代化通信网络、高科技人才、尖端学科的研究机构等，它往往很难在公开市场上获取，因此，高等要素对产业国际竞争力具有极其重要的意义。

波特还把生产要素分为通用要素和特殊要素两类。通用要素是可以为不同行业所通用的生产要素，如高速公路、资金等；特殊要素是指应用面很窄的职业人才、基础设施和专门知识等。特殊要素往往比通用要素在保持竞争优势方面更为重要，因为特殊要素的创造和形成需要的时间和投资更长，而且供给更为有限,公开市场交易不太容易。高等要素和特殊要素是一国某个产业竞争取胜的重要条件。因此,不断的创造、提高和完善高等要素和特殊要素是保持国家竞争力的基本要素。

2. 需求因素

本国需求是一个行业或一项产品是否具有国际竞争力的另一个重要的影响因素。一般情况下,企业的投资、生产和市场营销首先是从本国的需求来考虑的,国内市场是企业"市场导向"的真正含义,企业从本国的需求出发建立起来的生产方式、组织结构和营销管理是否有利于进行国际竞争,是产业是否具有国际竞争力的重要影响因素。

3. 相关产业和辅助产业

一国的竞争优势往往表现为优势产业群。相关产业的优势对一个具有国际竞争力的产业会起到互相促进、扩大优势的作用。日本机械工具业的竞争优势离不开其世界级的数控机床、电动机和其他零部件产业的竞争力拥有。瑞典在钢装配制品产业中的竞争力来源于它的特殊钢产业。意大利制鞋业的国际竞争力受到其供货竞争优势的有力支持。

4. 企业的战略、组织和竞争状态

在不同的国家和不同的行业中,企业的目标、战略、组织方式和竞争状态有很大的差别。产业国际竞争力来源于特定产业中各种竞争优势能够恰当地相互匹配的企业中,国家环境对人才流动、企业战略和企业组织形式的影响决定了该行业是否具有竞争力。另外,国内的市场结构对培育企业的国际竞争力也有很大的影响。

阅读资料

竞争机制的思想产生于西方自由放任的哲学。这种哲学认为,只有每个人对各自利益的自由追求,才是经济发展的根本动力。这里所谓的"经济上的自由",主要包括生产者参加交易方面具有均等机会的权利;消费者具有多数的替代的供给源的权利;以及国民具有不受特定利益集团支配的政府这样一种所谓国民的权利。这种思想的着眼点,主要在于认为经济力度过分集中和政府权力的不断扩大,会带来官僚化、低效率乃至腐败的等弊病,从而不仅损害经济上的民主主义,进而损害他们所谓的政治上的民主主义。

最初从体系上对竞争机制进行阐述的是亚当·斯密。他在《国富论》中,论述了竞争机制是如何使每个追求私利的人都无意识地参加到促进社会全体利益的发展中去，通过看不见的手的作用，创造出一个最优的经济社会。由于竞争机制的作用，资源会自动地从资源分配过剩、价格下跌的产业向资源分配不足、价格上涨的产业转移；同时又不断地从经营不善、效率低下的生产者向效率更高的生产者转移，这样就会自然而然地实现资源在产业中的最优配置和社会福利的最大化。因此，很长时间以来，许多西方经济学家认为，政府不应过多地干预经济活动、政府的作用及政策的规定，应着眼于如何维护正常的市场竞争秩序以及保证竞争机制的正常运行。在他们看来，不受限制的竞争将产生最经济的资源配置、最低的价格和最高的质量，最大的物质和技术进步。因此，没有比竞争机制更优越的社会组织形式了。

当然，也不是任何产业都适用于竞争。比如电力、煤气、自来水、铁道、邮电通信等一些公用事业产业，由于这些产业在生产、配送方面存在着显著的规模经济、网络经济和范围经济以及巨大的沉没成本，在某一区域范围往往是独家企业经营在经济上才是合理的，因此这些产业通常称为自然垄断产业。

5. 机遇

机遇是那些超出产业（企业）控制范围内的突发事件，如技术的重大突破、石油危机、战争等。机遇可以打破现存的竞争环境、竞争秩序，创造出“竞争断层”。这种断层的出现有可能使原来竞争力强的国家丧失竞争优势，也可能使原来竞争力弱的国家后来居上。

6. 政府行为

政府行为通过在资本市场、补贴、生产标准、竞争条例等方面的政策直接影响到企业、产业的国际竞争力。日本之所以从一个企业、产业、国家的国际竞争力均十分弱的国家迅速发展成为世界经济强国，政府行为是个关键因素。

第三节 产业竞争力评价指标与应用

一、产业竞争力的状态性指标及其应用领域

产业国际竞争力评价可分为状态（结果）性指标和竞争力来源（原因）指标两类。所谓状态性指标是指一个国家某个产业或全部产业的国际竞争力现

状，它说明国际竞争力的结果。所谓竞争力来源指标是指用来分析获得国际竞争力来源的相关指标，该指标有时被称为“分析性指标”。

描述一个国家产业国际竞争力强弱的状态性指标，按照指标类型可以分为：市场占有率、利润率和价值增值率三类。

国际市场占有率指标直接反映某产业或某产品国际竞争力的实现状态，用以比较不同国家或地区同一产业或同类产品在国际市场上的竞争能力。国际市场占有率指标是指在开放经济条件下，某种本国产品销售额占该类产品在国际贸易市场上总销售额的比重，也就是某种国产产品的出口额占世界同类产品出口总额的比重，以及在该类产品的主要进口国市场上，从本国进口的产品占进口国总进口额的比重。这一指标计算简单，具有一定的经济分析意义，反映了国际市场竞争中的一国产业所具有的实力。

利润率指标也直接反映了企业和产品的国际竞争实现状态。但是由于企业的利润率指标的统计数据不容易获得，即使得到一些也不一定准确。因此在现实中常常根据产业组织理论中的“集中度—利润率”假说用市场占有率指标来代替利润率指标。

无论是市场占有率指标还是利润率指标都不能完全表明生产国际化和产业内分工与贸易形式下一个国家的产业竞争力状态。利用价值链的分析方法来计算的价值增值量，可以比较准确地说明产业国际竞争力状态。一般来讲，在产业内分工和产业内贸易的情况下，产业内进口物品金额与加工后出口物品金额之比，可以体现产品增加值率和本地化水平。这种计算方法更适合于计算产业的状况。将国内环节的增加值率指标与国外某一环节或其他环节的增值率指标进行比较，就可以体现某国的产业国际竞争力水平，并把握它在国际分工中所处的地位。

具体来说，计算产业国际竞争力相对水平与动态变化的状态性指标有：

（一）固定市场份额模型指标（The Constant Market Share Model，CMS）

固定市场份额模型指的是，一定时期内，本国某产品的出口增长率与为保持该产品原有的市场占有份额应有的出口增长率之差。如果 CMS 值为正，则表明该国该产业在这一时期内的出口竞争力相对于其他出口国有所提高；如果为负，则说明有所下降。这一指标的难点是不容易测算保持原有市场份额而应达到的出口增长率。

（二）显示性比较优势指标（Revealed Comparative Advantage Index，RCA）

显示性比较优势指标是指，在某国市场上，从本国进口的某种产品占该市场某产品进口总额的比重，与从本国进口总额占某国进口总额的比重的商。其计算公式为：

$$R_{is}^{k}=\frac{X_{is}^{k}\Big/\sum_{j}X_{ij}^{k}}{\sum_{j}X_{ij}^{k}\Big/\sum_{i}\sum_{j}X_{ij}^{k}}$$

式中，i 表示产业或产品，s 表示所研究的国家，j 表示出口国，k 表示进口国。R_{is}^{k} 表示 s 国 i 产业在 k 国市场上的显示性优势，X_{is}^{k} 表示 k 国自 j 国进口的 i 产业或产品的总额。

RCA 指标是反映贸易结构与贸易依存状况的指标。一般认为 RCA 指标值大于 2.5 时，表示该产业的国际竞争力具有很强的竞争优势；若 RCA 指标值在 1.25—2.5 之间时，表示该产业具有较强的国际竞争力；若 RCA 指标值在 0.8—1.25 之间，则表示该产业具有一般水平的国际竞争力；若 RCA 指标值小于 0.8，则表示该产业的国际竞争力较弱。

（三）出口绩效相对系数（Index of Relative Export Performance）

出口绩效相对系数表示 i 国 j 商品的出口额占 j 商品世界总出口额的比重与 i 国总出口额占世界总出口额的比重之比。其计算公式如下：

$$R_{ij}=\frac{X_{ij}\Big/\sum_{i=1}^{m}X_{ij}}{\sum_{j=1}^{n}X_{ij}\Big/\sum_{i=1}^{m}\sum_{j=1}^{n}X_{ij}}$$

式中，R_{ij} 表示 i 国 j 商品的出口绩效相对系数；X_{ij} 表示 i 国 j 商品的出口额；i 表示不同国家 $(i=1,2,\cdots,m)$；j 表示不同的产品 $(j=1,2,\cdots,n)$；如果 $R_{ij}>1$，则表示 i 国在 j 商品的生产和出口方面具有相对较高的专业化水平和出口竞争力；如果 $R_{ij}<1$，则表示 i 国在 j 商品的生产和出口方面没有专业化水平和出口竞争力。

(四) 贸易竞争指数

贸易竞争指数表明一个国家的 i 类产品(往往代表了一个产业)是净出口国,以及净进口或净出口的相对规模,它又称为水平分工度指标,能表明各类产品的国际分工状况。其计算公式如下:

$$X_i = \frac{E_i - I_i}{E_i + I_i}$$

式中,X_i 为贸易竞争指数;E_i 为产品 i 的出口总额;I_i 为产品 i 的进口总额。贸易竞争指数 X_i 的取值在 -1 和 1 之间。如果 $X_i = -1$, 则表明该国的 i 类商品,只有进口而没有出口;如果 $X_i = 1$, 表明该国的 i 类商品,只有出口而没有进口。

(五) 出口优势变差指数

出口优势变差指数是将各产品的出口增长率与总的外贸出口增长率进行比较,从而可以确定一个时期内,何种产品具有更强或较强的出口竞争力。其计算公式如下:

$$E_i = (G_i - G_0) \times 100$$

式中,E_i 为出口优势变差指数,G_i 为 i 产品出口增长率,G_0 为总出口增长率。

二、分析性指标及其应用领域

分析性指标用来解释是哪些因素导致不同国家同类产品在国际市场上会具有不同的竞争力或竞争结果。根据产业国际竞争力的决定因素,可把分析性指标分为:产业素质类指标、产业结构类指标和环境制度类指标。

(一) 产业素质类指标

产业素质类指标可以分为直接原因指标和间接原因指标两类。

1. 直接原因指标

直接原因指标指与产业竞争优势有直接联系的一系列指标,按照产生竞争优势的来源,直接原因指标可以分为三类:

(1) 与生产力有关的各项指标。主要有总生产率变化率、劳动生产率、单位 GDP 能源耗量、GDP 增加率与能源消耗增长率、生产成本、产品价格、企业规模指标等。

(2) 与市场营销有关的各项指标。主要有品牌、商标或广告费用等。品牌或商标的国际化已经被人们看作是市场竞争力的一个重要因素,它们是商品特质尤其是差异化产品的识别标志。广告费用指标直接反映企业在市场营销环节中所付出的努力,是影响市场占有率高低的重要原因之一。通过广告费用指标的衡量,可以反映企业或产业在国际市场营销环节的优势状况,成为分析某一产品或产业取得国际竞争优势的重要来源之一。

(3) 与全球性组织管理有关的各项指标。经营管理对产品或产业的国际竞争力有广泛的影响。科学的经营管理,可以提高劳动生产率,降低产品成本;可以促进新产品开发和技术创新;可以促进产品营销,扩大市场占有率。但是这些都难以用精确的数值来表示,而且也不适合分析全球市场的竞争状况。从跨国经营的角度分析,可以用售后服务网点和全球质量保证体系两个指标来反映,因为售后服务网点和全球质量保证体系既是企业组织管理水平高低的直接体现,也是企业竞争力的重要来源。服务网点是保证市场占有率的重要措施;全球质量保证体系对于跨国连锁经营的产品和服务至关重要。从而,在这些产业中,有无全球质量保证体系是能否覆盖全球市场的竞争优势来源。

2. 间接原因指标

间接原因指标是指波特"产业国际竞争力动态分析"模型中起决定作用的四个因素。波特的"国际竞争力动态分析"模型实际上解释了产业国际竞争力间接的、更深层次的原因。因此,把该模型中起决定性作用的四项因素指标化,就可以得到产业素质方面的见解原因指标。这些指标主要包括:生产要素类指标、需求因素类指标、相关产业因素类指标和企业组织、战略与竞争状态因素类指标。

(二) 产业结构类指标

产业素质固然会对各国产业的国际竞争优势产生重要的影响,但它们所带来的竞争优势最终还要取决于如何有效的配置这些素质类生产要素。合理的产业结构能够有效地配置资源,从而使产业创造财富的能力达到最大化。产业结构的合理化和高度化会产生正向的结构效应,使各产业的竞争优势增加。而且一国产业总体的国际竞争力不是单一产业国际竞争力的简单相加，而是各产业之间的有机耦合所形成的结构效应。

产业结构类指标主要包括出口的贸易总量及结构变动、进口的贸易总量及结构变动、工业制成品贸易总量以及结构变动、服务业的领先程度、深加工制成品占货物出口比重、商务服务出口比重等指标。

（三）环境制度指标

某一产业成为具有较强国际竞争力的产业，不仅取决于产业自身的素质，而且与政府部门所创造的适宜的宏观经济环境或与产业所在城市的定位有关。政府部门有利于产业增强国际竞争力的行为主要有培育市场体系、完善市场法规、维护市场竞争、加强基础设施建设、开发人力资源等。

反映政府环境制度类的经济指标主要有政府阻止不公平竞争的程度、财政政策鼓励企业家行为的程度、政府对雇佣和解雇的灵活程度、政府将有关经济政策运用于现实经济中的有效程度、政府透明度、政治体制影响程度、经济改革对长远竞争力提高的适应程度。

表 7-1　全球城市产业综合竞争力排名

城　市	制造业竞争力	制造业竞争力排名	分配性服务业竞争力	分配性服务业竞争力排名	消费性服务业竞争力	消费性服务业竞争力排名	社会性服务业竞争力	社会性服务业竞争力排名	生产性服务业竞争力	生产性服务业竞争力排名
纽　约	0.401	92	0.475	36	0.658	46	0.810	14	0.702	8
都柏林	0.569	35	0.432	50	0.631	52	0.301	98	1.000	1
伦　敦	0.459	74	0.521	29	0.615	59	0.606	54	0.732	7
巴　黎	0.420	88	0.819	4	0.879	4	0.463	80	0.638	23
法兰克福	0.864	3	0.877	2	0.676	43	0.188	108	0.528	67
米　兰	0.810	5	0.556	19	0.766	17	0.317	97	0.582	43
布鲁塞尔	0.444	82	0.542	25	0.505	78	0.862	10	0.646	19
洛杉矶	0.585	32	0.303	87	0.719	26	0.678	40	0.689	10
哥本哈根	0.530	42	0.559	18	0.751	18	0.766	24	0.586	42

续　表

城　市	制造业竞争力	制造业竞争力排名	分配性服务业竞争力	分配性服务业竞争力排名	消费性服务业竞争力	消费性服务业竞争力排名	社会性服务业竞争力	社会性服务业竞争力排名	生产性服务业竞争力	生产性服务业竞争力排名
巴塞罗纳	0.509	53	0.386	60	0.551	75	0.590	57	0.571	49
东　京	0.671	20	0.502	34	0.702	32	0.546	68	0.610	31
圣弗朗西斯科	0.394	95	0.375	64	0.736	21	0.672	41	0.808	2
马德里	0.466	71	1.000	1	0.201	98	0.495	77	0.636	25
罗　马	0.480	65	0.551	22	0.582	70	0.755	27	0.644	21
芝加哥	0.561	37	0.458	41	0.681	41	0.737	30	0.653	17
圣地亚哥	0.502	55	0.316	84	0.738	20	0.728	32	0.686	11
费　城	0.497	57	0.446	45	0.651	48	0.886	8	0.587	40
华盛顿	0.251	108	0.344	75	0.477	83	1.000	1	0.794	5
澳　门	0.458	75	0.458	40	0.841	6	0.620	51	0.383	84
波士顿	0.358	100	0.375	63	0.678	42	0.899	7	0.660	15
汉　堡	0.518	47	0.580	14	0.500	79	0.764	25	0.624	27
慕尼黑	0.708	14	0.792	6	0.422	87	0.517	71	0.685	12
圣何塞	0.849	4	0.280	93	0.632	51	0.585	59	0.637	24
西雅图	0.496	58	0.295	88	0.673	45	0.836	12	0.684	13
重　庆	0.408	91	0.288	90	0.135	108	0.337	93	0.140	105
明尼阿波利斯	0.499	56	0.287	91	0.690	39	0.816	13	0.655	16
首　尔	0.557	39	0.387	59	0.598	64	0.356	90	0.420	83
休斯敦	0.511	52	0.452	42	0.734	23	0.670	42	0.587	40
萨克拉门托	0.477	68	0.236	101	0.770	16	0.801	16	0.612	29
达拉斯	0.576	33	0.374	65	0.706	29	0.580	60	0.679	14
阿姆斯特丹	0.387	98	0.345	74	0.587	67	0.802	15	0.797	4
格拉斯哥	0.741	10	0.391	58	0.579	72	0.643	48	0.580	45
夏洛特	0.495	60	0.405	55	0.734	22	0.592	56	0.773	6

续 表

城 市	制造业竞争力	制造业竞争力排名	分配性服务业竞争力	分配性服务业竞争力排名	消费性服务业竞争力	消费性服务业竞争力排名	社会性服务业竞争力	社会性服务业竞争力排名	生产性服务业竞争力	生产性服务业竞争力排名
菲尼克斯	0.528	43	0.368	67	0.709	27	0.656	47	0.648	18
丹 佛	0.388	97	0.472	37	0.694	37	0.691	38	0.694	9
拉斯维加斯	0.338	102	0.431	51	1.000	1	0.500	75	0.578	47
巴尔的摩	0.522	46	0.452	43	0.613	62	0.927	4	0.536	63
多伦多	0.671	21	0.369	66	0.612	63	0.463	79	0.609	33
苏黎世	0.397	94	0.844	3	0.561	74	0.882	9	0.482	78
柏 林	0.478	67	0.798	5	0.657	47	0.607	53	0.560	53
底特律	0.747	9	0.511	32	0.622	55	0.789	18	0.510	73
纽伦堡	0.751	8	0.565	17	0.486	81	0.578	61	0.629	26
墨尔本	0.682	18	0.377	62	0.597	65	0.587	58	0.483	77
迈阿密	0.432	84	0.556	20	0.779	12	0.703	36	0.610	32
圣安东尼奥	0.447	81	0.356	72	0.824	7	0.728	32	0.589	39
新加坡	0.636	29	0.514	31	0.574	73	0.502	74	0.484	76
赫尔辛基	0.574	34	0.616	11	0.586	68	0.741	29	0.590	38
高 雄	0.523	45	0.544	24	0.893	2	0.514	72	0.255	90
密尔沃基	0.739	12	0.422	53	0.705	31	0.769	23	0.512	72
亚特兰大	0.454	76	0.523	27	0.623	53	0.692	37	0.807	3
奥斯丁	0.490	64	0.288	89	0.698	35	0.776	19	0.645	20
横 滨	0.667	23	0.521	28	0.694	38	0.543	69	0.548	57
哥伦布	0.478	66	0.434	47	0.747	19	0.774	20	0.621	28
日内瓦	0.423	86	0.758	7	0.437	86	0.984	2	0.524	69
大 阪	0.724	13	0.516	30	0.798	9	0.439	82	0.546	58
匹兹堡	0.548	40	0.322	79	0.616	58	0.957	3	0.537	62
堪培拉	0.297	105	0.220	103	0.622	54	0.917	5	0.489	75

续表

城　市	制造业竞争力	制造业竞争力排名	分配性服务业竞争力	分配性服务业竞争力排名	消费性服务业竞争力	消费性服务业竞争力排名	社会性服务业竞争力	社会性服务业竞争力排名	生产性服务业竞争力	生产性服务业竞争力排名
里　昂	0.687	16	0.646	10	0.415	89	0.736	31	0.610	30
波特兰	0.559	38	0.405	56	0.700	33	0.745	28	0.643	22
川　崎	0.871	2	0.548	23	0.585	69	0.500	76	0.523	70
孟菲斯	0.450	78	0.722	8	0.790	10	0.717	35	0.536	64
圣路易斯	0.516	48	0.427	52	0.684	40	0.911	6	0.545	59
印第安纳波利斯	0.603	31	0.479	35	0.675	44	0.756	26	0.575	48
布里斯班	0.423	87	0.327	77	0.707	28	0.686	39	0.531	66
名古屋	0.685	17	0.532	26	0.777	13	0.465	78	0.537	61
辛辛那提	0.512	50	0.419	54	0.783	11	0.771	22	0.605	35
卡尔加里	0.493	62	0.442	46	0.621	56	0.564	63	0.564	51
纳什维尔	0.515	49	0.368	68	0.699	34	0.845	11	0.578	46
上　海	0.449	79	0.317	83	0.215	96	0.242	104	0.280	87
北　京	0.313	104	0.306	86	0.273	92	0.324	96	0.287	85
温哥华	0.511	51	0.433	49	0.650	49	0.567	62	0.561	52
克利夫兰	0.661	25	0.361	69	0.732	24	0.799	17	0.533	65
深　圳	0.536	41	0.237	100	0.196	99	0.197	107	0.222	92
广　州	0.437	83	0.319	81	0.226	94	0.285	100	0.194	97
札　幌	0.452	77	0.575	15	0.774	14	0.562	64	0.569	50
渥太华	0.460	73	0.281	92	0.537	76	0.773	21	0.539	60
迪　拜	0.669	22	0.360	70	0.493	80	0.341	91	0.147	103
仙　台	0.475	69	0.553	21	0.810	8	0.551	65	0.560	54
蒙特利尔	0.704	15	0.385	61	0.618	57	0.549	66	0.517	71
台　北	0.394	96	0.433	48	0.893	3	0.598	55	0.559	55
维也纳	0.763	7	0.569	16	0.530	77	0.663	43	0.603	36

续 表

城 市	制造业竞争力	制造业竞争力排名	分配性服务业竞争力	分配性服务业竞争力排名	消费性服务业竞争力	消费性服务业竞争力排名	社会性服务业竞争力	社会性服务业竞争力排名	生产性服务业竞争力	生产性服务业竞争力排名
悉 尼	0.496	59	0.359	71	0.705	30	0.622	50	0.501	74
埃德蒙顿	0.491	63	0.400	57	0.635	50	0.659	44	0.466	79
利物浦	0.741	11	0.507	33	0.593	66	0.722	34	0.424	82
杭 州	0.415	89	0.270	96	0.203	97	0.377	88	0.202	95
奥克兰	0.495	61	0.323	78	0.697	36	0.614	52	0.593	37
京 都	0.777	6	0.458	39	0.772	15	0.511	73	0.526	68
大 连	0.506	54	0.311	85	0.181	101	0.264	101	0.187	98
苏 州	0.647	28	0.131	109	0.139	107	0.220	106	0.137	106
厦 门	0.655	27	0.170	108	0.109	110	0.143	110	0.114	109
温尼伯	0.612	30	0.461	38	0.614	60	0.659	46	0.440	81
青 岛	0.567	36	0.248	99	0.153	105	0.248	103	0.152	99
天 津	0.472	70	0.351	73	0.196	100	0.298	99	0.150	100
西 安	0.463	72	0.254	98	0.223	95	0.332	95	0.132	107
惠灵顿	0.325	103	0.234	102	0.579	71	0.659	45	0.606	34
釜 山	0.663	24	0.447	44	0.613	61	0.400	85	0.270	89
南 京	0.430	85	0.317	82	0.170	102	0.380	87	0.148	102
珠 海	0.681	19	0.130	110	0.117	109	0.164	109	0.105	110
温 州	0.526	44	0.193	107	0.152	106	0.224	105	0.149	101
里约热内卢	0.198	110	0.260	97	0.442	85	0.438	83	0.276	88
神 户	0.658	26	0.586	13	0.724	25	0.549	67	0.554	56
蔚 山	1.000	1	0.279	94	0.481	82	0.340	92	0.249	91
长 沙	0.288	106	0.201	106	0.246	93	0.384	86	0.198	96
香 港	0.254	107	0.614	12	0.873	5	0.630	49	0.582	44
合 肥	0.414	90	0.321	80	0.165	103	0.419	84	0.128	108

续表

城　市	制造业竞争力	制造业竞争力排名	分配性服务业竞争力	分配性服务业竞争力排名	消费性服务业竞争力	消费性服务业竞争力排名	社会性服务业竞争力	社会性服务业竞争力排名	生产性服务业竞争力	生产性服务业竞争力排名
开普敦	0.246	109	0.667	9	0.467	84	0.541	70	0.218	93
约翰内斯堡	0.353	101	0.274	95	0.377	90	0.450	81	0.463	80
成　都	0.370	99	0.216	105	0.159	104	0.360	89	0.143	104
布宜诺斯艾利斯	0.398	93	0.337	76	0.421	88	0.333	94	0.210	94
开　罗	0.447	80	0.219	104	0.301	91	0.250	102	0.284	86

（资料来源：中国网，发布时间：2006 年 6 月 11 日。）

第四节　产业竞争力与国家竞争力

一、产业竞争力与国家竞争力的关系

前已有述，产业竞争力是一国的某一产业能够比其他国家的同类产业更有效地向市场提供产品或者服务的综合素质。竞争力的内涵非常丰富，在宏观层次上有国家竞争力，在中观层次上有产业竞争力，在微观层次上有企业竞争力。虽然产业竞争力与国家竞争力、企业竞争力有着密切的联系，但它们之间也存在区别。

波特认为国家竞争力的唯一意义就是国家生产力。该国经济繁荣时，“国家竞争力”这个词本身没有意义，他把“国家”作为影响产业和企业竞争力的一个重要因素。波特指出：国家竞争力和产业竞争力之间的关系，也正是国家如何刺激产业改善和创新的关系，国家竞争力依赖于它的产业创新与升级能力。在其看来，产业竞争力决定着国家竞争力，国家又通过“环境的塑造”来影响产业竞争力。从逻辑来看，企业竞争力和国家竞争力是有主体的概念，而产业竞争力属于无主体的概念。因此，在一般情况下讨论产业竞争力时，其暗含的主体就指国家。

一般认为，产业内企业竞争力的增强是该产业竞争力增强的基础，但产业竞争力也并非企业竞争力的简单相加。因此，企业应开展多元化经营，所涉及的范围不止一个产业，而且要从许多企业的个别竞争力转化为一个综合的竞争力，其中最主要的是处理好多元化经营下不同产业间的关系。

产业竞争力的内涵是产业的比较生产力。比较生产力是指一个特指的产业能够以比其他(产业)竞争对手更有效的方式持续生产出消费者愿意接受的产品，并由此而获得满意的经济收益的综合能力。

按照瑞士国际管理发展学院的定义，国家竞争力是一个国家在世界经济的大环境下的各国竞争力相比较，其创造增加值和国民财富持续增长的能力。国家竞争力包括国家经济实力、国际化、政府管理、金融体系、基础设施、企业管理、科学技术、国民素质八大要素。每个要素又包括若干方面，每个方面又由若干具体指标组成。利用这八大要素组成的指标体系，就可以对国家的、地区的竞争力作出评价。

产业竞争力、企业竞争力、国家竞争力之间的关系表现为：较强的国家竞争力必然有比较多的竞争力强的产业和企业支撑，但反过来，个别企业和产业竞争力强并不一定带来较强的国家竞争力。因此，国家竞争力和企业、产业竞争力并不完全一致，在一个国家个别企业或产业有竞争力不一定能说这个国家有竞争力；另外，任何一个国家，即使是那些十分强大的国家，也不可能在所有的产业上都具有竞争力。对于那些产出增长快、技术进步快、技术含量高、市场结构的特征是不完全竞争、存在较大利润空间的产业，国家可以实施提高工资水平，从而增进一国的国民财富，提高人民生活水平，推动国家竞争力的发展；相反，对于那些产出增长缓慢、技术进步缓慢、技术含量低、市场结构特征是完全竞争、进入退出壁垒小、规模收益不变的产业，技术进步只能导致价格降低，收益的仅仅是消费国，因而不利于生产国国家竞争力的发展。

目前，世界经济正在向知识经济发展，企业在国际市场上的竞争力不仅依赖于产品和服务的价格，更为关键的是知识和技术水平，同时，产业升级也在依赖于技术创新的速度。由于知识具有非竞争性和排他性，因此，如果没有适当的制度安排，私人部门创造的传播知识的动机将受到抑制，从而减慢产业升级速度。所以，政府通过制定知识产权保护法支持和激励私人部门进行知识的生产。然而，由于知识具有正的外部性，因此，仅仅依靠知识产权不足以发挥知识的全部效益，此时就需要政府部门直接承担创造和传播知识的责任，从而推动企业和产业竞争力的发展。由此，国家竞争力的发展实质也是一个为企业创造良好发展环境和条件，促进企业间的组合向更优化产业发展并赢得竞争力的过程，企业竞争力、产业竞争力、国家竞争力，在这个意义上得到了统一。

二、产业国际竞争力成长的四阶段学说

任何国家在经济发展过程中，产业的竞争都会表现为不同的形式和特点。波特不仅对影响国际竞争力的诸多因素进行了细致的分析，而且提出了产业国际竞争力成长的四阶段学说，他把产业国际竞争力的成长分为四个一次递进的阶段，即要素驱动阶段、投资驱动阶段、创新驱动阶段、财富驱动阶段。其中，前三个阶段属于产业国际竞争力的上升时期，后一阶段属于产业国际竞争力的衰落时期。

(一) 要素驱动阶段

在此阶段，产业国际竞争力得益于某些基本的生产要素，例如，拥有丰富的自然资源、某些植物生长的特殊有利条件、拥有丰富廉价的劳动力等，都将会形成一定的产业国际竞争力。这些国家对这些产业的竞争主要依靠这些要素，产业的技术层次比较低，而且所需的技术是廉价的和可以广泛使用的，技术主要来源于其他国家，企业还没有能力创造技术。处于这个阶段的国家的企业，虽然依靠丰富的自然资源在一段时间内可以形成一定的竞争力，但经济的发展缺乏生产力持续增长的基础。

(二) 投资驱动阶段

在此阶段，产业国际竞争力优势的确立以国家及其企业的积极投资意愿和能力为基础。企业投资与建设现代化的、高效率的机器设备和厂房，并努力在全球市场上取得最佳的技术，但由于国外不愿意出售最先进的技术，因而这种技术一般低于国际领先水平。这个阶段的企业不仅需要使用外国的技术，而且在竭力改进外国技术。企业具有吸收和改进外国技术的能力，构成由要素导向阶段迈向投资导向阶段的关键。这个阶段的国内需求还不成熟，产业竞争优势的升级主要依靠外国的技术、设备甚至零配件。政府借助政策引导稀缺资本进入特定的产业，并营造一个积极竞争的市场。

（三）创新驱动阶段

在此阶段，企业不仅运用和改进从其他国家获得的技术，而且创造和发明新的技术，技术创新成为驱动产业国际竞争力提高的主要动力。这个阶段的企业不仅从国外获取技术，而且逐步开始创造技术。有利的需求条件和相关产业的发展，使得企业能够持续创新，而且创新能力向更多的新产业扩散。这一阶段的显著特点就是高水平的服务业占据越来越重要的地位。政府的作用也发生了很大的变化。政府直接干预的成分减少，主要在鼓励创造更多的高级要素，改善国内的需求质量，刺激新的产业领域的形成，保持国内竞争等方面发挥作用。

（四）财富驱动阶段

此阶段是国际竞争力衰落的时期，其驱动力是前三个阶段已经获得的利益。一些有实力的企业试图通过影响或操纵国家政策来保护自己的利益；一些企业通过频繁的兼并和收购来改变市场竞争状况，从而增强自己的竞争优势。这一阶段的企业开始失去在国际产业界的竞争优势，它们只注重保持原有的地位而不是进一步增强竞争力。

三、产业国际竞争力的评价原则和方法

产业国际竞争力的影响因素的广泛性、系统性以及产业国际竞争力评价本身的目的性、实用性等特征，共同决定了产业国际竞争力评价指标体系构造及评价过程中必须遵循以下原则：

（一）科学性原则

在产业竞争力评价中，这一原则体现在对产业竞争力概念认识的正确性、评价指标体系设计的合理性、评价方法的逻辑严密性及数据分析的准确性等方面。

（二）可行性原则

产业竞争力评价指标的可行性主要是指标体系的设置要尽量建立在波特的钻石理论的基础上，又要考虑其数据必须有现实的、可达到的收集渠道，同时，指标体系要繁简适中，计算、评价方法简便、明确、易于操作。

（三）过程指标和状态指标相组合原则

过程指标是指那些反映产业竞争力提高过程的指标，而状态指标指那些反映产业竞争能力或竞争结果的指标。由于产业竞争力具有明显的动态性，只从静态角度对其进行考察是不全面的。而只从静态评价产业竞争力时，既要有反映当前产业竞争力状态的静态指标，也要有能反映产业竞争力变化趋势的动态指标。

关于产业竞争力的评价方法有很多，选取不同的指标体系，就会有不同的测度产业竞争力的方法。如竞争结果评价法、影响因素评价法、影响因素剖析法、全要素生产率模型、标杆法等都是在产业竞争理论研究过程中发展出来的评价产业竞争力的方法，每一种评价方法各有优劣。这里选取指标综合评价法作为测度产业竞争力的方法，选取这种方法的一个主要依据就是基于指标数据的可得性。

1. 权重的确定

权重一般由专家调查法确定。通过征求专家意见，得出各项指标的权重系数。各级权重系数之和为 1。两级评价体系中各个指标不同的权重系数，表示该项指标在总分中所占的比重，以此体现评价的导向性、科学性。

2. 评分基数值和评分目标值的确定

产业评价指标体系中的基数值，可根据行业近三年或五年发展的实际平均值，征求专家意见适度调整确定。某一项指标达到基数值则得基本分，达不到基数值则记为 0 分。

评分目标值的确定，国家有要求的，按国家要求确定目标值，其他则按产业发展相关指标的最高值适度调整后确定。该项指标达到或超过目标值则得满分。基本分、满分根据具体情况相机决定，也可以采取专家意见发来确定。

3. 产业竞争力综合分值的计算

指标分数采用百分制。

二级指标分值的确定：

指标分数＝[（报告期数值－基数值）/（目标值－基数值）]×该项二级指标权数

一级指标分值的确定：

一级指标分值＝（一级指标所属的二级指标分值之和＋基本分值）×该项

以及指标权数。其中,二级指标的单向分值以1倍权数记分为上限,以负1倍权数记分为下限,超出则以上下限值记。总分等于一级指标之和。总分越高,说明产业竞争力越强。

四、产业竞争战略

波特认为,一个产业内部的竞争状态取决于五种基本竞争力的相互作用,这五种竞争力共同决定着一个产业的竞争强度和最终利润潜力,其中最强的一种或几种竞争力占据着统治地位并对一个产业战略的形成起着关键作用。据此,波特提出了三种可供选择的竞争战略。

(一)成本领先的产业竞争战略

产业实施成本领先战略,就是指通过实施一系列政策和策略在世界或区域竞争中赢得成本领先地位。它要求企业严格控制管理、营销、研发、制造等活动的成本支出。产业实施成本领先战略有其自身的适应条件,需要根据具体情况进行分析。

1. 稳定的市场需求

由于成本领先战略往往与生产的规模化和销售活动相联系,企业的转换成本相当高,因而要求面对的市场需求必须是相对稳定的。市场需求的稳定性与消费者的认知水平、收入状况和文化环境都有关系,产业在选择成本领先战略时要认真考虑这一市场需求特性。

2. 成熟的产品技术

成本领先战略的选择与产品技术的成熟度密切相关。在产品生命周期的不同阶段,成本领先战略对企业绩效的作用效果由弱变强。在产品进入成长期以后,产品技术逐渐成熟,产品创新的空间相对变小,产业更适合采用成本领先战略。

3. 效果型的产业价值链

与市场需求特性和产品技术特点相适应,产业实施成本领先战略还有赖于运营效率的提高,即产业价值链应是效率主导型的。通过各项经营活动的合理协调,降低系统成本,提高分销效率。

4. 较强的企业资源实力

实施成本领先战略的产业必须有一定的资源实力,保证对生产、销售资源的持续投入，以获得足够的规模优势。

5. 集权型的产业组织结构

成本领先战略要求严密的成本控制、快速或大批量的生产制造和产品分销，战略能否成功实施需要相应的组织能力予以保证。

（二）差别化的产业竞争战略

差别化战略是指将企业提供的产品或服务差异化，树立起一些全产业范围中具有独特性的东西，以便买者将之同其他经营同类产品的企业相区别，并以此在争夺市场的竞争中占据有利地位，并形成在产业中的地位。也就是说，差异化使同一产业内的不同企业的产品减少了可替代性，这就意味着该产品市场垄断因素的增强。在现实经济运行中，企业对反替代性的追求其实一直就没有停止过，甚至期望达到独家垄断的目标，从而获取超额利润。只要有了一定程度的差异性，就有相应的垄断力量，即企业具有在边际成本之上制定价格的能力，而价格与边际成本差别越大，企业的垄断力量也就越强，所获得的利润也就越大，这也是企业实施差别化的根本原因。

将企业的差别化扩展延伸，往往就形成一国产业较之他国同类产业的差异化。

（三）目标集中的产业竞争战略

目标集中战略集中在某个特定的买主集团、生产线的某个区段或某个地区性市场上。这种目标是围绕着为一个特定目标服务而建立起来的，每一项实用政策也是在这种指导思想下形成的。该战略所依据的前提是，企业能比正在更广泛地进行竞争的竞争对手更有效地为其狭隘的战略目标服务。结果，企业或由于更好地满足其特定目标的需要而取得产品差异，或在为该目标的服务中降低了成本，或者两者兼而有之。

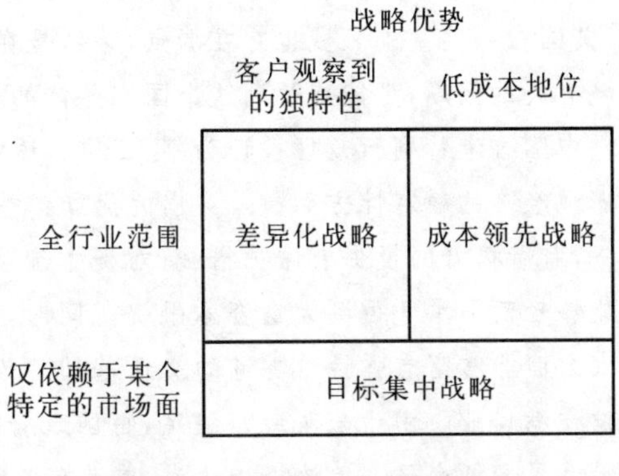

图 7－3　三种产业竞争战略的区别

（图来源：波特的《竞争战略》，华夏出版社，1997年，第 38 页）

实施这三种战略不仅需要不同的资源和技能,同时还存在着程度不同的风险。一般而言,一个产业保持采用其中一种战略作为首要目标对赢得成功通常是十分必要的。我们可以将三种战略之间的区别用上面的矩阵图来进行总结。

目标集中点可选择某种不易受替代产品攻击的目标或选择那些竞争对手最薄弱的目标。采取目标集中战略以后,对赢得市场总占有率会有一些影响,这就要求经营者在获利能力和销售量两者之间进行权衡,从而作出最有利的选择。

阅读资料

2007—2008 年度全球竞争力报告简介

世界经济论坛(World Economic Forum)即将发表的《2007—2008 年度全球竞争力报告》(下称《竞争力报告》)显示,美国从 2006 年的第六位提升到第一位,成为世界最有竞争力的经济体。中国的排名由 2006 年的第 54 位上升至第 34 位,超过印度、俄罗斯和巴西,在"金砖四国"中处于领先位置。

主要发达国家中,瑞士由去年的头名下降一席,位列第二;北欧的丹麦、瑞典和芬兰分别位列第三、第四和第六;德国和英国分列第五和第九;日本排名第八。此外,中国香港特别行政区和中国台湾地区分列第 12 位和第 14 位。

《竞争力报告》认为,美国在非常有效率的生产领域有着大批极精明且富有创新力的公司,而这些公司又受益于极好的大学教育系统以及教育和商业系统在研究和发展方面的良好运行。这些因素的结合在美国极其庞大的国内市场内得到广阔的发展空间。所有这些使美国成为世界上最具生产力和创新潜能的国家。但报告同时指出,美国在一些基础领域也存在弱点,特别是在宏观经济不平衡方面以及一些与制度环境有关的问题,可能威胁到这个国家整体的竞争潜力。

中国香港特别行政区被评为第 12 位。该报告认为香港在劳动力市场、基础设施和宏观经济的稳定性方面有着突出的优点。香港金融市场是世界最优秀的金融市场之一,有着极好的投资者保护措施,对资本流动的限制很少,同时在当地产权投资市场能够轻而易举地得到大量资本融资。同时,香港的劳动力市场在薪酬范围及劳动能力方面非常富有弹性。香港的交通基础建设方面处于世界领先水平,特别是航空运输和港口业。由于宏观经济稳定,特区政府有着健康的预算盈余,同时其政府债务处于世界最低水平。但该报告认为,香港在各教育层次的入学率方面仍有待提高。

中国台湾地区被报告评为第 14 位。该报告认为台湾地区的教育和创新能力极具竞争力。在教育方面,台湾地区的初级和第三级教育入学率在世界所有国家和地区中分别排名第三和第五。而台湾地区的经济创新力从发达的教育系统受益匪浅。

中国被评为第34位，在“金砖四国”中居于领先地位（印度排名第48位，俄罗斯排名第58位，巴西排名第72位），这一排名比去年上升了整整20位。

该报告认为，中国的核心竞争优势在于其非常庞大的国内和出口市场（分别排名世界第二和第一），这使得中国公司能够得到显著的规模优势并节约成本。同时，宏观经济的稳定也是中国的强项，其中包括适当的政府债务水平、高储蓄率和低通胀。

该报告同时指出中国三个明显需要注意的弱点：即金融市场、高等教育培训及公共和私人机构的质量。报告认为，中国金融市场的成熟性只能排名第118位，在银行系统的完善、法制制度建设、对资本流动的限制程度和证券市场规则方面都还比较落后。此外，中国的高等教育发展程度也有待提高。中国中等和高等教育入学率仅排名世界第91位和第80位。在公共机构方面，该报告认为中国在政策制定的透明性、公共预算的应用和司法独立性还有待提高。此外，中国的私人机构和企业目前面临运营效率较低，对小股东利益保护不够，财会审计标准不完善以及企业道德水平不高等。

世界经济论坛是一个非官方的国际组织，总部设在瑞士日内瓦。其前身是1971年由现任论坛主席、日内瓦商学院教授施瓦布创建的“欧洲管理论坛”。1987年，“欧洲管理论坛”更名为“世界经济论坛”。因论坛每年年会都在瑞士的达沃斯召开，故也称“达沃斯论坛”。

（资料来源：《世界经理人数据》ICXO. COM，2007－11－01　08：30）

本章小结

产业竞争力和国家竞争力是当前竞争力研究的热点问题，也是产业经济学研究领域的重要问题。产业竞争力是一国的产业在各种环境中成功地进行设计、生产和销售产品和服务的能力，也指一国特定产业在市场上销售其产品反映出的生产力。国家竞争力是一个国家在世界经济的大环境下，与各国的竞争力相比较，其创造增加值和国民财富持续增长的能力。产业竞争力以产业为研究对象，它包括产业国际竞争力（本章分析的主要对象）和国内区域产业竞争力两个方面。

主要名词

产业竞争力	国家竞争力	国际竞争力	企业竞争力
比较优势	成本领先战略	差别化战略	目标集中战略

复习题

(1) 产业竞争力的含义。
(2) 国家竞争力的含义。
(3) 产业竞争力和国家竞争力之间的联系。
(4) 产业竞争力的测度方法有哪些？如何使用？
(5) 典型的竞争战略有哪些？它们之间有何联系？

思考作业题

(1) 如何评价产业竞争力？
(2) 如何提高我国的企业竞争力及国家竞争力？

第八章 国际贸易与产业链构建

在全球产业转移中，如何通过贸易增长取得产业升级，并尽可能地融入全球产业链，是世界各国产业结构调整的重点问题。本章强调产业升级与贸易增长的联系、加工贸易模式与中国产业链重新构建等问题。目的在于通过对这些问题的分析，更清楚地揭示全球化下的产业融合以及国际贸易因素对产业链提升的趋势，进而明确国际贸易与产业结构优化和产业发展之间的相互关系。

第一节 贸易结构与产业结构

传统的国际贸易理论认为，在国际交换中，一国与他国的交换比例一定要比其国内的交换比例高为好，若不如此，贸易就不可能发生①。实际上这种观点只适用于追求利润最大化的企业和厂商间的贸易。对不发达国家或地区而言，其进出口商品结构大多是缺乏弹性的，实际上很难根据贸易条件的优劣随意调整进出口商品构成。所以，决定一国贸易结构除了贸易条件的优劣外，更为重要的是该国的产业结构。如果一国的产业结构合理高效、不断优化，就可以利用产业竞争力不断提高的过程中创造出来的比较优势或者竞争优势，在国际贸易中最大限度地获得贸易利益。如此，探讨贸易结构和产业结构的理论体系和它们间的关系是必要的。

一、贸易结构的理论

贸易结构（这里主要指对外贸易结构。下同）指构成对外贸易活动要素之

---

① 请关注 15 世纪的重商主义及其观点。

间的比例关系及其相互联系，主要表现为对外贸易商品结构、对外贸易方式结构、对外贸易模式结构和对外贸易区域结构等。本书主要采用的是对外贸易商品结构概念。对外贸易的商品结构是指一定时期内进出口贸易中各类商品的构成情况，从大类看，主要有货物贸易和服务贸易的区分。通常以各种商品在进口总额或出口总额中所占的比重来表示。一国的对外贸易商品结构可以反映该国的资源禀赋状况、产业结构状况以及经济科技发展水平。一个国家应当出口何种产品，又应当进口何种产品以增大本国福利，最终促进本国发展呢？从亚当·斯密的绝对优势理论、大卫·李嘉图的比较优势理论到以保罗·克鲁格曼为代表的新贸易理论，都在为各国间的贸易活动寻求适当的贸易结构提供理论解释。

（一）比较优势理论①

比较优势理论是国际分工与国际贸易发展的理论基础，经历了大卫·李嘉图的古典比较优势理论和赫克歇尔—俄林的生产要素禀赋理论。关于李嘉图的比较优势理论前已有较多的阐述，在这里我们从技术差异角度分析：该理论认为，各国之间开展贸易的基础在于，它们生产同一产品或同质商品的价格差别，价格差别的基本原因是各国生产该商品的成本差别，成本差别的原因是劳动生产率的差别。在生产两种产品的条件下，各国在同一产品生产上的劳动生产率差别又进一步表现为各国在生产同一产品的相对劳动生产率，即表现为生产该产品的机会成本差别。按照“两优择其重，两劣取其轻”的原则选择分工进行贸易便可获得贸易利益。

同样，赫克歇尔—俄林的生产要素禀赋理论认为，在各国生产同一产品的技术水平相同的情况下，两国生产同一产品的价格差别来自产品的成本差别，而成本差别来自生产过程中所使用的生产要素的价格差别，生产要素的价格差别则决定于该国各种生产要素的相对丰裕程度。由于各种产品生产所要求的生产要素的比例不同，一国在生产可以密集使用本国相对丰裕的生产要素的产品时，成本就相对低，从而形成各一国的相对价格优势，进而形成国际贸易和国际分工。可以说该理论是把比较优势从劳动生产率的单一要素扩展到资本、土地、自然资源等多要素。

---

① 参见第一章有关内容。

作为国际贸易理论基石的比较优势理论,表面上研究的是一国进出口的方向问题,严格地说探讨的是开放条件下对外贸易商品结构与产业结构问题。但是,传统的比较优势理论的前提假设条件是相当苛刻的,这需要我们在具体情况下运用联系的、动态的眼光分析考虑问题。

就中国来说,通过国际分工和国内专业化生产,提高劳动生产率,从而花费等量劳动可以获得更多的财富和使用价值,通过出口企业发展的乘数效应可以推动其他产业的发展,从而起到发动机的作用。

(二)国际贸易新理论

由保罗·克鲁格曼撰写的《报酬递增、差异产品和国际贸易》一书中,对不完全竞争理论进行了系统的论述。该理论认为规模经济和产品差异性在现实中的市场上是不完善、也是不对称的。规模经济排除了企业自由进入某些部门的可能性,追求差异产品则意味着企业追求控制产品价格的可能性。规模经济效应要求生产大批量、同质的产品,从而带来市场价格的下降。但是对差异产品的追求要求生产小批量、异质产品。所以,解决这一矛盾的最佳途径是开展国际贸易。

在规模经济发生作用的条件下,生产者和消费者对差异产品的追求是国际贸易产生的原因,对规模经济效应的追求,从而是对获得超额利润的追求是国际贸易产生的动力。而建立在规模经济和差异产品基础上的国际贸易通常是产业内贸易。产业内贸易中,出口方的利益就是不完全竞争厂商获得的市场势力与规模经济利益的总和。

建立在规模经济效果基础上的国际贸易暗含着这样两个重要的假定条件,一是各国之间不存在技术水平的差异;二是各国生产要素禀赋不一定是有差异的,甚至可以说,在参加贸易国家的生产要素禀赋相同的条件下,国际贸易仍然可以存在。该理论意味着,国际贸易的结构是不确定的。

战略性贸易政策理论是由斯宾塞和布兰德、克鲁格曼等人,通过分析和论述在不完全竞争和规模经济条件下的国际贸易格局及其成因时提出的。战略性贸易是指一国政府在不完全的市场条件下,凭借生产补贴、出口补贴或关税保护等政策措施扶持本国特定产业的成长,以增强其国际竞争能力,从而谋取规模经济等额外收益,并借机获得他国的市场份额和分享他国企业的垄断利润,实现本国福利的最大化。也就是说,是通过政府干预把市场竞争构造成市场博弈。从这一理论出发，一国若想改变其对外贸易结构，应选定一些对经济发展具有战略意义、能产生显著外部经济的战略性产业予以扶持，通过产业政策和贸易政策的结合，提高该国的产业及产品的国际竞争力。

有必要明确的是，在实施战略性贸易政策时，应同时回归传统的比较优势理论，即从本国的资源情况出发，选择有效的"战略目标"，较快、较准确地取得成本优势与规模经济效应。

在贸易理论的发展历程中，关于国际贸易理论的分析始终将产业结构作为连接各种因素与对外贸易之间的桥梁。传统国际贸易理论认为，以完全市场结构为前提的专业化分工，使各国在不同产业上具有较高的劳动生产率，分工带来的劳动生产率的不同，导致了产业结构的差异；要素禀赋水平的差异使得各国生产相对充裕资源密集型的产品效率较高，因而各国的产业结构存在差异；而在新贸易理论体系中，不完全市场结构使得规模经济(或边际收益递增)成为可能，边际收益递增使各国能够大规模专业化地生产有限类别的产品，降低了生产成本，增加了一体化世界市场中的产品种类，规模经济导致的各国产业结构差异尤其体现在相同产业中。

二、贸易结构与产业结构相互作用的机制

(一) 对外贸易对产业结构变动的影响

1. 对外贸易结构直接影响着产业结构中开放部门的增长①

由于各产业的要素贸易依赖程度不等，对外贸易结构或多或少会改变各产业的要素供给弹性，使那些受制于国内要素禀赋的产业得到长足的发展；同样，由于各产业对商品贸易依赖程度不同，对外贸易结构也会改变各产业的产品需求弹性，使受制于国内市场容量的产业得到了规模经济效应。因此，对外贸易结构从要素的供给弹性和产品需求弹性两方面同时影响着产业结构的演变。一般后起的国家实行"进口替代"政策，借助进口产品来开拓国内市场，诱发该产业的成长。当该产业发展到一定程度，利用规模经济和国内优势的劳动力资源和自然资源，可使生产成本大幅下降，形成比较效益，开始打入国际

① 海闻：《国际贸易：理论、政策、实践》，上海：上海人民出版社，1993年，第354页。

市场，接着该产品的国际市场形成，需求扩大，从而促使国内产业结构变动。

2. 对外贸易结构直接影响着产业结构的投入产出关系

对外贸易结构与国内流程的结合，直接改变了产业间的供求关系。国内需求结构与产业结构之间差距，一定程度上得到了对外贸易结构的弥补。因为，对外贸易结构不仅通过产业中间需求，而且通过产品最终需求影响着产业结构的供求关系。这样，开放程度越高的产业结构，其与别国的产业结构关联程度越高。这在一定程度上改变了国内产业之间的投入产出关系。本国产业既有可能利用别国产业弥补自身发展的不足，也有可能因依赖外向关联而抑制本国产业的自身发展。因此，一国产业结构的形成和调整必然受到对外贸易结构的影响。比如，理性分析认为，在国内研发新产品，依靠国内市场促进其发展，当国内市场趋于饱和，便尽力向国际市场寻求出口，随着国外市场的形成，进一步推动技术出口和资本输出，国外生产能力形成以后，又在先进技术的基础上，以更低的价格将产品返销国内，因而促使国内该产品的生产萎缩。这时，该产业的资本便流向其他新产品的开发或国内需求大而生产不足的产业。如此周而复始的良性循环，不断推动国内产业结构的演进。

3. 进口贸易对产业结构升级具有推动作用

进口贸易结构与产业结构的升级有着密切的关系。进口对地区经济发展的作用不仅仅局限于维持国际收支平衡，更重要的是发挥进口贸易对地区经济发展与技术进步的推动作用，促进区域产业结构的改变。进口对地区经济增长的贡献主要通过两个层面实现：一方面，为了提升地区的技术水平，向发达地区引进先进技术，实现地区技术水平的跨越式发展；另一方面，为了避免单纯的技术引进造成“技术引进依赖”，适当进口国际同类的产品与本地的产品竞争，促进技术引进后的消化吸收，提高原始创新及集成创新等自主创新的能力，构建产业的竞争优势。

因此，进口贸易推动生产增长属于内涵式的增长方式，对进口贸易的重视，有利于促进地区经济由粗放型向集约型增长方式的转变。

（二）产业结构变动影响出口贸易结构的变化

1. 对外贸易结构是由产业结构状况所规定的

一方面，一国产业结构通过对外贸易结构获取比较利益。一国产业在国际交换过程中，往往出口的是国际价值大于国内价值、在本国具有比较劳动生产率优势的产业的商品；而进口的是国际价值小于国内价值的比较劳动生产率处于劣势的产业的商品，这样，就在国际分工中形成符合本国比较利益的对外贸易结构。

另一方面，一国产业结构通过对外贸易结构反映竞争能力。在国际市场上，产业的竞争实力通过出口额及其比例来表达。产业的竞争实力越强，其出口结构的比例越高，说明本国产业要素转换效率越高；而产业的竞争力越弱，其进口结构比例越高，说明本国产业要素转换效率相对较低。发达国家的经验表明，产业竞争能力的变化是与产业结构高度化趋势相一致的。

2. 利用产业结构升级促进对外贸易增长

产业结构升级可以提升产品在国际市场的竞争能力。大多数的发展中国家有着丰富的人力资源与自然资源优势，在产业建立初期会选择初级产品产业。由于初级产品附加值小，且需求弹性小，市场抗风险能力很弱，发展中国家经过一段时间的发展会选择较优化的产业结构，即加工贸易。加工制造业的产品附加值虽比初级产品产业有所提高，但由于普遍缺乏技术创新能力，产品在国际市场中无明显的竞争优势，市场应变能力依然不强。因此，国家或地区的产业结构必须不断向技术含量高、附加值大的产业结构转化，拥有自主品牌及自主研发能力，使产品、企业、产业具有国际竞争优势。日本、韩国等国家的崛起，就是依靠不断的产业结构升级，推动着国家经济的发展，在国际分工中确立了自身的竞争优势。

3. 各产业国际竞争力的强弱可以改变贸易结构

产业国际竞争力与产业结构有着密切的相关度。前已有所述，产业结构竞争力的概念已经被普遍接受，它主要研究各国各产业所占国民生产的比重及相互间的比例关系对国家竞争力所产生的影响，是产业结构协调化和高度化的综合。产业国际竞争力的强弱首先体现在劳动生产率上，其次则主要体现在产业战略、竞争与机制上。贸易结构既是反映不同产业之间关系的指标，又是反映一个国家或地区外贸竞争力的指标之一。外贸竞争力又是反映一个国家国际化的重要指标，它指一个国家利用本国独有的资源优势：包括技术资源、信息资源和人力资源，以核心产品为龙头，以优势主导产业为基础，结合可用的外部运行机制，而在贸易领域表现出来的综合竞争力。

产业竞争力强，则其在贸易结构中的比重必然趋于上升，相应地外贸竞争力也强。可见，产业结构的优化必然会促进产业素质的提高，提升产业的国际竞争力进而增强外贸竞争力。

第二节　经济全球化下的产业融合

一、经济全球化及其主要表现形式

近年来，随着贸易投资自由化和信息网络技术的发展，在世界经济组织的推动下，经济全球化正在加速发展——通过国际贸易、国际金融和国际投资等全面发展，使得商品和劳务以及各种生产要素实现世界范围内的自由交换和优化配置，促进世界分工向广度和深度迈进，从而影响到全球的社会生产力发展和提高。

经济全球化影响的主要表现形式是：

（一）以生产手段改进为内容的传统经济的二次发展

传统经济（包括第一、第二、第三产业）经过生产手段改进，重现活力，使全球范围内商品和劳务的增长速度、数量和规模达到了更快、更多、更强的水平，使本已狭窄的市场（相对于无限扩大的供给能力）表现得更加拥挤，市场竞争更加激烈。

（二）以信息技术、高新技术为代表的知识经济的出现

以美国为代表的发达国家致力于信息产业，高新技术产业的发展。据世界银行《世界竞争力报告》提供的数字，美国的国际竞争力居于世界首位，其中的一个重要原因是美国加大了对信息产业的投资。从 1994 年到 1996 年的三年间，美国先进技术出口猛增 43%，1996 年的出口额达到了 1 545 亿美元，1996 年美国计算机出口增长 11.6%，软件出口增长 9.7%，通讯设备出口增长 2.7%，总额达到 204 亿美元。目前，计算机技术、因特网已经被广泛应用到世界各地、各个领域，知识经济通过全面而又充分地发挥作用来促进经济全球化和一体化的发展。

(三) 跨国公司实行全球范围内的生产和营销战略

跨国公司以利润最大化为目的,绕过关税壁垒和配额限制,在原材料,劳动力价格相对低廉,产品具有广阔销售空间的国家和地区投资,实现生产要素的最优配置。以全球闻名的“耐克”球鞋为例,其年产量达 9 000 万双, 每年都推出一百多种新产品和新款式,但是公司本身并不设工厂,其工厂被分散在全球四十多个国家。

在经济全球化和信息化的背景下,产业融合是大势所趋。它是在高新技术迅速发展的大背景下,产业提高生产率和竞争力的一种发展模式和产业组织形式;是以产业部门日益细化、产业关联复杂化、部门间交易规模庞大且交易量大增为前提,并对在此基础上形成的产业固定化边界进行一定程度调整的结果。这种调整打破了各种产业原有的边界,导致产业之间更多的相互渗透与融合。

产业融合通过不同产业或同一产业内的不同行业之间相互交叉、相互渗透、相互支撑,逐步形成新型产业形态,进而推进产业的变革与社会生产的发展。

二、产业融合的内涵和外延

人类进入信息化时代以后,对产业融合现象的讨论已持续了近 30 年,但是对产业融合的概念至今尚未形成统一的表述。经济学者、从事实际工作的企业领导者、技术专家往往从不同的角度或出发点来思考产业融合问题。产业是由技术、产品、企业、市场与制度等系统构成的。因此,从系统的视角来加以研究,可以更好地界定产业融合的内涵与外延。从系统的视角看,产业融合内涵是指开放产业系统中,新技术的出现与其影响力扩散引起不同产业构成要素之间相互竞争、协作与共同演进而形成一个新兴产业的过程。它的外延包括技术融合、企业融合、产品融合、市场融合、制度融合等①。

(一) 技术融合

技术融合(Technological Convergence)最早由美国学者罗森伯格(N.

---

① 周振华:《信息化与产业融合》,上海:三联书店,上海人民出版社,2003 年,第 31—34 页。

Rosenberg,1963)在其《1840—1910(美国)机械设备业技术变迁》(*Technological Changes in the Machine Tool Industry*：1840－1910)一文中提出的。所谓技术融合是指不同产业(如自行车、火器等)拥有相似的生产技术(如车床和钻孔技术等),或者更广泛的含义来说是不同产业系统分享共同的知识与技术的过程,这个过程是通过技术的扩散来实现的。技术融合是产业融合的一个核心层次,因为产业融合发生的前提条件是产业之间具有共同的技术基础,能够首先发生技术的融合。在文献中讨论较多的还有数字融合,数字融合思想最早表述来自尼古拉斯·尼格罗庞特(Nicholas NegroPonte)于1978年用三个重叠的圆来表示计算机、印刷和广播技术的交叉。所谓数字融合是指计算机、通信、广播电视和出版等产业采取数字技术后,使得不同的视频信息、文本信息、图像信息与语音信息等都能通过二进制方式(0或1)进行编码,从而引起原本各自独立的信息存贮与传递方式的一体化,即通过同一种终端机和网络传送并显示,使得不同产业之间"互换性和互联性"加强(Milton Mueller,1997)。可见,数字融合主要指数字技术在不同产业扩散后(即技术融合)而引起的不同产业信息产品能够通过不同传输网络进行传输,构成的是不同传输网络的融合。因此,本质上数字融合属于技术融合范畴。

(二)企业融合

企业融合是指不同产业系统中的企业主体在采取并购或战略联盟等互动的过程中,逐步向对方领域扩散,使得不同产业的企业经营业务内容向同一个方面汇合,本质上是企业业务的多元化与趋同化。中国计算机产业、通信设备产业与广播电视制造产业的企业融合就是一个典型的例子。

TCL最初从事通信设备制造产业,1992年研制生产TCL王牌大屏幕彩电,进入彩电制造行业,1998年成立TCL致福电脑有限公司进入计算机产业,2004年已发展为涵盖电脑、通信、消费电子的综合电子信息产业巨头。联想集团最初从事计算机产业,1990年首台联想微机投放市场,1998年联想生产出幸福之家软件,2002年联想成立手机业务合资企业,宣布进军手机业务领域。四川长虹集团最早从事电视机制造,1998年全面进军信息产业,从事数字视听产品、计算机、通信产品、网络产品的研发和生产,2005年9月23日,长虹手机生产牌照通过国家发改委核准,同时获得了GSM、CDMA双网的终端生产牌照。上述实例说明,企业通过多元化可以增强相关产品知识的积累,从而为未来产品的创新奠定基础。但多元化并不是目的,企业从事多元化业务的途径并不能够直接导致产品的融合,进而是企业的融合。只有把多种产品(知识)整合到一个独立的产品中,才能促进产品融合并进而促进产业融合的产生。

(三) 产品融合

产品融合是指不同产业产品通过模块整合或替代等设计活动而引起的产品功能的统一。产品融合按照产品的有形或无形可以分为实体产品融合与服务产品融合,其结果是导致融合型产品的出现。

随着不同产业系统相互作用增强,融合型产品越来越多,如互动电视节目、网络电话业务、网络电视服务、手机电视业务等融合型终端设备产品等等。产品融合对于促进产业系统的演化发展有着重要的影响。一旦融合型产品的出现,就又会反作用于也使用原有系统中的技术、企业、市场等各子系统的演化与发展。因此,产品融合或融合型产品的创新可看作是产业融合产生的重要标志之一。

(四) 市场融合

在经济学理论中"市场"与"产业"的概念内涵在较多的表述上是一致的,产业的提供物往往形成一个交换、交易的市场,因此经常可替换。一些学者在研究产业融合时,也把产业融合称为市场融合。但我们认为,产业与市场在来源、形式上有一致的地方,但是两者的内涵终有差异而不能够共享称呼。

市场是企业采用技术、运用资源来生产产品以满足顾客的需求,一般认为,它由企业、技术、产品、顾客和需求等五个部分构成,因此市场融合是指这五个方面的融合,也可归纳为需求融合和供给融合等两个方面。本书中提到的市场融合主要是指消费者(包括现实与潜在的)市场的融合,即随着技术融合、产品融合的发生,不同产业系统所服务的对象(消费者)向同一点汇合。例如,手机产品最初用于通信功能或语音服务而没有短信功能(数据服务),随着手机短信业务的出现及价格的下降等,寻呼业务的消费群体逐步向手机短信业务转移,从而导致两个市场上的消费群的融合。

(五) 制度融合

制度作为约束企业主体行为的一系列规则,在产业系统中,制度也可以分为宏观与微观两个层次：宏观层次的制度指由政府制定的各项法律法规、产业政策等，这些都对企业的行为有着强制的作用，企业必须遵守与实践；微观层次的制度是由企业主体在互动中提出的标准等，如手机电视标准、IBM360系统设计规则等。对于这些微观层次的制度，企业主体不需要强制执行或遵守，而是通过市场选择来决定。但如果政府把这些原来企业制定的标准上升到宏观层次的制度，则对企业就具有强制性。由此，制度融合是指多个产业中的各项制度向一个新制度方向的汇合过程。

宏观层次的制度融合是产业系统开放性的标志与主要决定因素之一。但在开放性产业系统中，制度融合主要是指微观层次的标准融合等。而且，两种制度之间的分隔并不严格，相互间可以以某种方式过渡。这是因为，制度融合对于不同产业系统的互动有着积极作用，发挥着协调与催化剂的功能。如美国政府颁布的《电信改革法》属于宏观层次的制度融合，它的颁布推动了通信与广播电视等两大产业系统的开放性；而微观层次的制度融合，如TCP/IP协议的普遍采用，促进了电信网、广播电视网和计算机网等网络的互连性与兼容性。

三、产业融合的分类

分类是进行理论研究的基础，科学的分类对于研究目标的实现具有重要的帮助。对于产业融合的研究，许多学者根据不同的研究目的分别从市场、技术、产品、产业、融合的程度等视角进行了不同的分类。

（一）从市场角度分类

从市场角度分类可分为供给方面融合和需求方面融合。

供给方面融合主要是技术融合，需求方面融合主要是产品融合。这两种融合已经在前文有详细介绍，在此就不加以赘述。

（二）从技术视角分类

从技术角度可分为技术替代融合与技术整合融合或互补融合。

技术替代融合是指新技术创新与扩散，替代以前各种的技术，使得之前不相关的产业从技术上变得相关，并促进一个新产业的出现。如罗森伯格提到的钻孔技术、研磨技术、抛光技术等技术的出现并替代火器产业、缝纫产业和自行车产业的技术,从而促进机器工具产业的出现。又如半导体技术的创新并向计算机、通信和消费电子产品的扩散,促进了半导体产业的出现等等。

技术整合融合是指伴随着新技术的出现,并结合已有不同产业的技术,通过整合而促进一个新产业的出现,如PDA(掌上电脑)产业就是伴随手写识别技术的创新并整合进计算机硬件产业、软件产业、通信产业和消费电子产业等产业技术而出现的。

(三)从产品视角分类

从产品视角可分为替代型融合、互补型融合与结合型融合①。

替代型融合是指一个产业的产品通过整合具有相似特征的另一产业中的产品,使得这两种产品具有越来越多相似的特征而引起的融合;或者从消费者角度看,固定数量的用户愿意把两个产业的产品,作为替代品应用于越来越多的任务中或越来越多的用户在完成特定的任务中,把不同产业的两种产品作为替代品,如计算机的大型机与微机产业的融合。

互补型融合是指在技术进步和同一标准化界面的推动下,两个不相关的产品形成互补性产品来获取更大的功能而引起的融合。从消费者角度看,是指固定数量的客户把两种产品联合起来使用,更好地完成一个更大的任务或越来越多的消费者发现其成为完全特定的目标,两种产品是互补的。

结合型融合是指原本各自独立的产品在同一标准束或集合下通过功能渗透完全结为一体的产品融合,即在相互功能渗透的基础上,将原先两种不同的产品A和B结合为一体,形成一种既非A也非B的新型产品。

互补型融合与替代型融合的不同之处在于产品替代型产业融合通常会伴随着技术为基础的融合,而互补型融合则不一定会导致技术为基础的融合,但技术和标准等对互补型融合有着非常重要的影响,特别是标准的出现是互补型融合产生的前提。结合型融合与替代型融合、互补型融合的区别在于后两者并没有消除各自产品的独立性,而结合型融合则完全消除了原来各自产品的独立性而融为一体。

---

① 植草益:《产业融合——产业组织的新方向》,日本:岩波书店,2000年,第24—25页。

四、产业融合的特征

产业融合是一个动态的发展过程,从产业融合内涵与外延的界定中可以看出,产业融合具有以下几个方面的特征:

(一) 开放系统是产业融合产生的前提条件

在封闭产业系统中,“好奇”的出现与新技术的应用只能在系统内部扩散,而不会引起不同产业系统相互竞争与协作,因此不会出现产业融合现象。只有在产业开放系统中,“好奇”的出现与新技术的应用才能够向其他产业系统扩散,为不同企业间的互动、进而带动产业的互动及产业融合创造条件。

(二) 好奇的出现与创新是产业融合产生的诱因

在产业发展过程中,随机因素会导致系统偏离原始的状态。好奇的出现是一种随机因素,是无法预测的,但对产业系统的影响可能是深远的。技术的变革、融合型产品的产生、新企业的出现、消费者行为的变化、产业管制政策的放松等都会对现有产业系统中各要素产生巨大影响,特别是促使企业行为发生变化,导致系统偏离现有状态,为产业融合的产生与发展奠定基础。

(三) 产业融合是不同产业主体间的竞争与协作而产生的

企业是产业的主体细胞,企业的行为直接决定着产业的演化与发展。好奇的出现提供了创新兴趣,同时,增强了企业的竞争能力,促进其他企业进行搜寻与模仿,如跨产业的并购与战略联盟等,从而促进好奇与创新向其他产业系统的扩散,对其他产业系统及其内部构成要素都产生的深远影响。不同系统具有相似的知识基础,如共享技术知识、共享微观层次的制度知识等,这又促进了不同产业的企业之间非线性关系的形成与发展,推动不同产业向同一个方向发展。

(四) 产业融合是不同构成要素共同演进的结果

任何一个产业系统都是由技术、企业、产品、市场及制度等要素构成的。创新的出现与扩散会促进不同产业共享相关的知识,会促进产业系统中其他构成要素的演化。如技术创新与扩散,使得不同产业共享技术知识,推动了企业进行产品创新与战略行为的变革等,从而促进整个产业系统的协调发展与共同演进。反之,如果企业只是共享不同产业的技术创新成果,而没有转换为产品创新,或产业政策制度限制企业进入其他市场,这影响到产业发展的速度。例如,尽管中国信息通信产业技术融合趋势越来越明显,但产业融合发展缓慢,其中一个主要原因在于标准融合的滞后。可见,产业融合是产业系统构成要素共同演进的结果。

(五)产业融合的产生是一个过程

产业融合的产生过程可以分为从无到有与从出现到实现两个过程：从无到有是指不同产业系统由原来的非竞争性发展到竞争性,其标志是融合型产品的出现;从出现到实现是指融合型产品产生后对现有产品的替代,而最终导致新产业的产生,即实现融合。在这个过程中,会涉及产业系统构成要素之间的融合。

(六)产业融合是产业创新的方式之一

产业融合是由新技术出现与扩散并与产业系统其他构成要素共同作用过程中形成的,是企业主体对多个产业构成要素进行重新组合的结果。可见,产业融合是一种新型的产业创新方式,它是一种介于传统的创新——扩散方式与分工创新方式之间的一种创新体例。

五、产业融合的主体

产业融合的主体是指直接推动或促进产业融合产生的主体。在现有的文献中,对产业的定义采用最多的是“生产同类或具有密切替代关系产品或服务的企业集合”,表明了对产业主体的认识具有共识,即企业是产业的主体,企业的行为直接决定着产业的发展。同样,产业融合也是由不同产业系统中企业的相互作用而产生与发展的,产业融合的主体同样是企业。

但并非所有的企业都是产业融合的主体。面对产业融合的发展趋势,越来越多的企业开始进行战略转型,通过并购、战略联盟、成立子公司等方式进入其他产业,进行多元化经营。如在 20 世纪八九十年代,美国 IBM 与 AT&T

分别进入计算机与通信服务领域;1998年,中国TCL、长虹、联想、海尔等纷纷进入计算机、通信与家电产业。尽管这些企业的行为促进了企业融合的发生,但是这些企业生产的是独立的计算机、通信设备与家电等产品,而不是融合多种产品特征或功能的融合型产品,这类企业并不是真正意义上的产业融合的主体。

因此,产业融合的主体是那些从事融合型产品生产与服务的企业,而不是从事多元化经营的企业。如从事手机电视业务或网络电话的企业,或从事PDA产品生产与服务的企业等。尽管从事多元化有助于企业学习与掌握多个产业知识与培育企业的核心能力。但如果没有产品的整体创新,没有把多个产业产品或模块整合到一个产品中,形成一个融合多个产业属性或功能的产品,企业的行为仍然不能直接推动产业融合的产生与发展。因此,企业应把多元化看作是工具或手段而不是目的。在多元化的过程中,应积极把多个产业知识整合到一个产品中,才能真正推动促进产业融合的产生与发展。

上述的论述,引出了关于产业融合实际主体的判断标准问题,这就是产业融合的实际主体必须是具有主体资格以及掌握融合客体——融合产品的企业才是真正的融合主体。

六、产业融合的客体

产业融合的客体是指产业融合主体直接作用的对象或目的物,具体而言,是指融合型产品。

融合型产品是指原来相互独立的产品或模块通过整合而融合了多个产业属性或功能于一体的新产品。融合型产品是对不同产业属性或功能的重新组合而产生的,因此本质上是一种产品创新。而且这种创新的结果具有原来独立产品所不具有的功能,因此是一种梯形创新,它与渐进式创新存在着根本的区别之一是融合型产品的产生会模糊不同产业的属性与边界。

融合型产品是通过不同产品或模块重组与整合而产生。模块是具有一定功能的独立系统。技术变革与设计规则的出现等降低了不同模块或产品的整合成本,从而促进了产品创新的速度。根据产品的有形或无形特征,可以把融合型产品分为融合型实体产品与融合型服务产品两类。

融合型实体产品是指通过对不同产业实体产品中的模块进行整合,融合多种功能于一体所形成的梯形创新产品。如 PDA 产品是通过整合计算机、软件、通信、消费电子等产业不同模块而形成的一个融合型产品,其主要功能在于信息的处理。随着 PDA 整合通信功能以及通信产品(手机)向信息处理功能方面的发展,两者的融合趋势越来越明显。

融合型服务产品是指通过整合不同产业无形的服务业务于一体而形成的梯形创新产品,如手机电视业务、网络电话业务等。对无形服务业务进行整合的基础是编码化与模块化。模块化使得不同服务业务能够作为一个独立的业务而存在,而编码化则使得不同服务业务以统一的存贮方式存在,从而为不同服务业务进行整合奠定了基础。

总之,产业融合的客体是梯形产品创新所形成的新产品,是建立在模块化①分工基础上的。

七、产业融合的推动因素

从当今世界产业融合的实践看，推动产业融合的因素是多方面的。

(一)技术创新是产业融合的基础,是产业融合的内在驱动力②

实践表明,技术创新是推动产业融合的根本原因,技术创新使产业融合成为可能。技术创新开发出了替代性或关联性的技术、工艺和产品,然后通过渗透扩散融合到其他产业之中,从而改变了原有产业产品或服务的技术路线,因而改变了原有产业的生产成本函数,为产业融合提供了动力;同时,技术创新改变了市场的需求特征,给原有产业的产品带来了新的市场需求,从而为产业融合提供了市场空间。

(二)竞争合作的压力和对范围经济的追求是产业融合的企业动因

当技术发展到能够提供多元化的满足需求的手段后,企业为了在竞争中

① 关于模块化的文献请参见胡晓鹏:《企业模块化的边界及其经济效应研究》,《中国工业经济》,2006 年第 1 期;青木昌彦、安藤晴彦:《模块时代:新产业结构的本质》,上海:上海远东出版社,2003 年;盛世豪、杨海军:《模块化:一种新的组织模式》,《科研管理》,2004 年第 3 期;孙晓峰:《模块生产网络研究》,《中国工业经济》,2005 年第 5 期;朱瑞博:《价值模块整合与产业融合》,《中国工业经济》,2003 年第 5 期;朱瑞博:《模块生产网络价值创新的整合架构研究》,《中国工业经济》,2006 年第 1 期。

② 于刃刚、李少红:《论技术创新与产业融合》,《生产力研究》,2003 年第 6 期。

谋求长期的竞争优势便在竞争中产生合作，在合作中实现某种程度的融合。范围经济①是扩大企业所提供的产品或服务的种类会引起经济效益增加的现象，反映了产品或服务种类的数量同经济效益之间的关系。不同产业中的企业为追求范围经济而进行多元化经营、多产品经营，通过技术融合创新改变了其成本结构，降低了其总生产成本，通过业务融合形成差异化产品和服务，通过引导顾客消费习惯和消费内容实现市场融合，最终促使产业融合化。

(三) 跨国公司的发展成为产业融合的巨大推动力

一般说来，只有超巨型的国际直接投资，才能形成并支持跨国生产经营的实力与能力。因此，每一个跨国公司的产生和发展，实际上就是国际金融资本的融合、产业融合的发展史。跨国公司根据经济整体利益最大化的原则参与国际市场竞争，在国际一体化经营中使产业划分转化为产业融合，跨国公司是推动产业融合发展的主要载体。

(四) 放松管制为产业融合提供了外部条件

各国政府的经济性管制是形成不同产业进入壁垒的主要原因。管制的放松导致其他相关产业的业务加入本产业的竞争中，从而逐渐走向产业融合。为了让企业在国内和国际市场中更有竞争力、产品占有更多的市场份额，一些发达国家放松管制和改革规制，取消和部分取消对被规制产业的各种价格、进入、投资、服务等方面的限制，为产业融合创造了比较宽松的政策和制度环境。

八、产业融合的演进方式

在不同的产业领域，产业融合以不同的方式演进，最终将促成整个产业结构的高度化、合理化，并构架出融合型的产业新体系。产业创新研究的权威弗里曼(C. Freeman, 1997)认为，产业创新过程包括技术和技能创新、产品和流程创新、管理和市场创新等阶段。根据弗里曼对产业创新阶段的研究，陆国庆(2001)认为产业的融合和创新经过了技术融合、产品与业务融合，然后到市场

① 范围经济是指单个企业生产多种类产品时的成本，要小于多种类产品分散于多个企业生产时的成本的经济现象。

融合的阶段，最后完成产业融合的整个过程。并且，这几个阶段前后相互衔接，也可能是同步相互促进的。

（一）高新技术的渗透融合

20世纪90年代后，信息技术和生物技术对传统工业的渗透融合，产生了诸如机械电子、航空电子、生物电子等新型产业。电子网络技术向传统商业、运输业渗透而产生了电子商务、物流业等新型产业。高新技术向汽车制造业的渗透产生光机电一体化的新产业。高新技术向传统产业不断渗透，成为提升和引领高新技术产业发展的关键性因素，高新技术及产业发展有利于提升传统产业的发展水平，加速传统产业的高技术化。特别需要指出的是，目前信息技术正在以前所未有的广度和深度渗透到制造业的各个环节中，使制造业的产品和生产过程，以至管理方式发生了深刻、甚至是革命性的变化。

（二）产业间的延伸融合

产业间的延伸融合是通过产业间的互补和延伸，实现产业间的融合，这往往发生在高科技产业的产业链自然延伸的部分。这类融合通过赋予原有产业新的附加功能和更强的竞争力，形成融合型的产业新体系。这种融合更多地表现为服务业向第一、二产业的延伸和渗透，如第三产业中相关的服务业正加速向第二产业的生产前期的研究、生产中期的设计和生产后期的信息反馈过程展开全方位的渗透。金融、法律、管理、培训、研发、设计、客户服务、技术创新、贮存、运输、批发、广告等服务在第二产业中的比重和作用日趋加大，相互之间融合成不分彼此的新型产业体系。

（三）产业内部的重组融合

重组融合主要发生在具有紧密联系的产业或同一产业内部不同行业之间，是指原本各自独立的产品或服务在同一标准束或集合下通过重组完全结为一体的整合过程。通过重组型融合而产生的产品或服务往往是区别于原有产品或服务的新型产品或服务。例如，第一产业内部的种植业、养殖业、畜牧业等子产业之间，可以生物技术融合为基础，通过生物链重新整合，形成生态农业等新型产业形态。在信息技术高度发展的今天，重组融合更多地表现为以信息技术为纽带、产业链中上下游产业的重组融合，融合后生产的新产品表现出数字化、智能化和网络化的发展趋势，如模糊智能洗衣机、绿色家电的出现就是重组融合的重要成果。

九、产业融合的效应

（一）创新性优化效应

产业融合促进了传统产业创新，进而推进产业结构优化与产业发展。由于产业融合容易发生在高技术产业与其他产业之间，产业融合过程中产生的新技术、新产品、新服务在客观上提高了消费者的需求层次，取代了某些传统技术、产品或服务，造成这些产业市场需求逐渐萎缩，在整个产业结构中的地位和作用不断下降；同时产业融合催生出的新技术融合了更多的传统产业部门，改变着传统产业的生产与服务方式，促使其产品与服务结构的升级。产品与服务的不断更新换代转而又带动需求结构升级，从而拉动产业结构升级。

（二）竞争性结构效应

产业融合促使市场结构在企业竞争合作关系的变动中不断趋于合理化。产业融合能够通过建立与实现产业、企业组织之间新的联系而改变竞争范围，促进更大范围的竞争。

在产业融合之前，属于同一产业的企业群在产业内部、企业之间处于竞争关系，从产业的严密定义看，超出产业之外就不能称为竞争关系。但是在产业融合过程中，原先有固定化业务边界与市场边界的产业部门相互交叉与渗透，使产业之间由原先非竞争关系转变为竞争关系。而且，在此过程中还有大量来自其他产业的新参与者，使竞争程度进一步加剧。产业融合开辟了新市场，增强了竞争性和新市场结构的塑造，有利于资源的合理配置、就业增加和人力资本发展等。

在产业融合中发生的一系列企业合并、并购等活动塑造了新的市场结构，新市场活动反映了价值链的一个实质性变化，从简单的信息传输变成为生产、经营和包装，或提供在线服务和交易。自由化和竞争使得信息服务的传输和发送已成为日常用品，并且将其转化为低边际成本、高容量的商业活动，从而改变了当前的市场结构。

传统市场结构理论认为,有限的市场容量和各企业追求规模经济的动向结合在一起,就会造成生产的集中和企业数目的减少。而在产业融合以后,各产业间市场边界的消失以及政府管制的放松会导致市场结构产生两种互逆效应:一方面,某一产业与其他产业的融合使该产业内企业数量迅速增加,并不断有新进入者参与到竞争中来,从而大大降低融合产业的市场集中度;另一方面,消费者需求的个性化与综合化趋势促使企业生产由大规模、标准化逐步向小批量、多品种个性化过渡,规模经济在企业战略中的地位被范围经济所取代,在技术融合与业务融合的基础上,推动企业间的横向购并或混合购并,导致竞争性企业数量减少,从而提高产业的市场集中度。

(三) 组织性结构效应

产业融合不仅导致了企业组织之间产权结构的重大调整,而且引发了企业组织内部结构的创新。产业融合对市场行为的影响集中体现在企业的组织调整策略层面上。企业购并开始从纵向购并向横向购并或混合购并演变,而技术融合的加快是企业从简单购并向复杂购并转变的主要动因之一。

在交易成本的共同作用下,企业组织结构开始由纵向一体化逐渐向横向一体化、混合一体化、虚拟一体化转变。从经济学角度来讲,企业进行纵向一体化是组织通过权衡,认为公司内部交易成本大于外部市场交易成本的结果。而横向一体化注重与外部组织的合作与共存,与外界的交易是非纯粹的市场交易。但在产业融合的情况下,要求企业以最短的时间进入一个相关或非相关的业务市场,进行横跨行业专业经营的能力。企业为了达到快速响应,往往通过企业间的横向联合去把握稍纵即逝的市场时机。而且,技术融合使得企业不同的业务可以在同一运作平台上开展,它们之间可以互补,通过协作发挥出更大的效应。所以,此时的横向一体化是企业自身资源的利用和充分利用外部资源,以便快速响应市场需求的经营模式。在这种模式下,企业通过抓住最核心的东西,进行更大范围的业务整合,从而有利于企业整体利益的实现和竞争优势的形成。

(四) 竞争性能力效应

产业融合有助于产业竞争力的提升。产业之间的竞争其实也就是产业价值链各环节的竞争，没有哪个国家能在所有的环节都具有竞争优势。因此，在附加值最高、发展前景最好的环节上，具有竞争力的国家或地区在产业间的竞争中就会占据优势地位，并在产业的未来发展中长期拥有竞争优势。产业融合使原本分立的产业价值链各部分或全部实现了融合，新的价值链环节融合了两个或多个产业的价值，与原产业相比，融合型产业不仅具有更高的附加值与更大的利润空间，而且为消费者创造了更多、更方便、价值更高的产品或服务，代表了需求发展的必然趋势。产业的竞争力自然就会随着需求趋势向消费主流的转变而逐渐提高。

（五）消费性能力效应

产业融合有助于消费提升：① 产业融合催生了许多新产品和新服务，满足了人们收入和生活水平提高后对更高层次消费品的需求。② 产业融合促进了更多参与者进入和开辟市场，增强了市场的竞争性和新市场结构的塑造。同时，从产业链的延伸和产业间整合所导致的成本（包括规模化生产成本、企业组织治理成本和交易成本）节约，使大批企业极大提升了其价值，这最终会通过收入的增长和价格的下降促进消费。③ 产业融合需要造就一大批复合型高级人才。人才的培养和人力资本投资具有显著的双重经济效应，是在经济发展到一定层次之后促进经济良性循环的助推器。人力资本投资本身是一个有良好劳动力市场前景的高级人才生产过程，本身可以带动就业增加和劳动生产效率提高。人力资本“消费”作为一种经济运行的最终拉动力量，在现代经济条件下能极大地带动生产增长。

（六）区域效应

产业融合有助于推动产业链的转移和区域经济一体化。

产业链的转移通常表示为借助于直接投资在新兴国家（地区）进行生产与经营，以便充分利用这些新兴国家（地区）的可用资源，提供市场融合性的产品。

区域经济一体化是指不同的空间经济主体之间为了生产、消费、贸易等利益的获取，产生市场一体化的过程，包括从产品市场、生产要素市场（劳动力、资本、技术和信息）到经济政策统一逐步演化。区域经济一体化是状态与过程、手段与目的的统一。产业融合打破了传统产业的技术边界、业务边界、市场边界与运作边界，同时也会对打破区域边界，对促进区域经济一体化起到如下重要作用：① 产业融合的发展将促进区域产业结构多元化、复杂化；② 产业融合将提高区域之间的贸易效应和竞争效应，加速区域之间资源的流动与重组，产业融合将打破传统企业之间和行业之间的界限，特别是地区之间的界限，利用信息技术平台实现业务重组，发展新的业务，这将会加速区域之间资源的流动和重组，产生贸易效应和竞争效应；③ 产业融合将促进企业网络的发展，提高区域之间的联系水平，产业融合带来企业网络组织的发展将成为区域联系的主体，有助于打破区域之间的壁垒，增强区域之间的联系；④ 产业融合扩大了区域中心的极化和扩散效应，有助于改善区域的空间二元结构；⑤ 产业融合将促进区域经济一体化的制度建设。

第三节　贸易增长与产业升级

一、贸易增长方式的转变

中国虽然已经成为贸易大国，但还不是贸易强国，出口主要依靠低成本、数量扩张的方式没有根本改变。在国际分工价值链上，中国主要处于加工组装或低端环节和低附加值产品链节上，出口商品具有自主知识产权和品牌的比重低，商品质量、档次和附加值低，采用一般贸易方式出口的商品比重低，加工贸易比重近几年都在 55%左右，高科技产品如数码相机、笔记本电脑等采取 OEM[①] 的比重高达 90%以上。同时，中国战略性资源的进口依存度增大，以数量扩张为主的贸易增长方式，不仅国内资源、环境难以承受，而且受制于国际市场，存在相当大的市场风险。近两年中国外贸进出口持续大幅度增长，基数已经很高，对外贸易额已经突破万亿美元，跃居世界第三位。在此基础上，必须加快转变贸易增长方式，使对外贸易从数量扩张向质量提高和国际竞争力提升转变。具体路径如下。

① OEM 是英文 Original Equipment Manufacturer 的缩写，亦称原始设备制造商，具体是指一家厂家根据另一家厂商的要求，为其生产产品和产品配件，也称为定牌生产或授权贴牌生产，即可代表外委加工，也可代表转包合同加工。

(一) 优化出口商品结构

继续深入实施“以质取胜”、“市场多元化”和“科技兴贸”战略，在提高集约化水平上迈出更大步伐。提升传统出口商品的附加值，支持和培育具有自主知识产权和自主品牌的商品出口。加快形成高新技术产品带动机电产品出口、机电产品出口带动外贸整体出口的格局。继续抓好高新技术产品、软件和医药出口基地建设，加强汽车及零部件、数控机床出口。提高纺织和轻工产品档次，引导有实力的企业到国际市场上参与中、高档产品竞争，提高出口商品竞争实力。努力培育国内具有较强国际竞争力的主导产业，形成出口商品的竞争优势；运用现代化技术和装备改造中国出口优势行业，积极培植新的出口增长点；充分重视服务贸易出口如航天服务、远洋运输、对外工程承包、计算机软件设计与服务等；加强环保产品出口；大力推行品牌战略。

(二) 增强结构优化的带动作用

加工贸易占据中国外贸出口“半壁江山”，要以提高加工贸易品技术含量和增强其对国内经济的带动作用为重点，促进加工贸易的升级，实现加工贸易逐渐向一般贸易的转换。具体包括：① 推进加工贸易产业构成升级，由以往劳动密集型为绝对主导逐步向劳动、技术、资金密集型并重方向发展，提高沿海地区和重点城市加工贸易高技术成分。② 解决加工贸易上游产品进口替代问题，延长加工贸易的加工链条，使加工贸易与本地经济的产业关联程度趋向紧密。③ 为了发挥比较优势，传统产业加工贸易向广大中西部地区转移，沿海地区加工贸易则重点在于优化升级。④ 逐步提高加工贸易技术档次，培育技术先进、规模领先的大项目，以发挥加工贸易的规模经济优势，其配套措施是，对加工贸易上游工业的技术进步予以扶持和鼓励，使之为加工贸易配套的产品供给能力得到较大提高，同时尽快解决加工贸易使用本地产品退税政策，鼓励加工贸易采用本地产品。对于发达地区向中西部地区转移加工贸易也要有相应的鼓励政策，使之能够有效地实现产业结构梯度扩散。

(三) 实施多元化开拓市场战略

扩大市场规模，优化出口结构，必须有多元化的市场拓展作保证。要根据国际贸易格局的变化，调整出口市场结构，在巩固传统市场的基础上，努力开拓新市场。要改变出口市场过于集中亚太地区的状况,逐步实现以新兴市场为重点、以周边国家贸易为支撑、发达国家和发展中国家市场合理分布的格局。

具体来讲,市场多元化的重点是,向纵深拓展欧洲、北美市场,恢复和稳定东南亚市场,积极开发非洲 、南美洲、中亚与南亚市场,稳步扩大俄罗斯和东欧市场。对发达国家市场的开拓,要以商品结构优化为保证,增加技术—知识密集型产品出口,逐步扩大参与水平分工比重,获取更多的比较利益。新兴市场的开拓要适应不同消费层次,根据中国产业结构和地区结构多元化、多层次的特点,针对不同国家和地区制定相应的出口政策,实施多元化开拓市场战略。要强调地区之间、部门之间分工合作和发挥自己的独特优势,在一个短时期内集中开拓某个或几个市场,才能取得成效,真正站稳脚跟。

(四)有效发挥政府在开拓国际市场方面的作用

加入世贸组织后,政府将不能对出口企业直接进行补贴。但政府在以下领域仍能发展重要作用:① 运用国际通用的政策性金融手段如出口信贷、国际贸易保险等支持企业出口;② 通过向企业生产环节上游的资助以增强企业竞争力;③ 为企业提供国际市场的供求信息;④ 通过举办展销会等帮助企业开拓国际市场、降低企业的市场开发成本等。

(五)积极开辟新的国际市场

实施海外投资战略原因有三:① 中国与非洲、南亚、东欧、中亚、南美洲等地区各国之间具有很强的经济互补性。中国部分行业的技术和设备在这些地区有一定比较优势,而且该地区有丰富能源、原材料,技术与资源的互换和互补,意味着中国对这些地区海外投资有巨大潜力和广阔前景。② 面对上述地区日益增强的进口限制,参照跨国公司绕过关税壁垒、直接在海外投资办厂的做法,将中国 成熟产业的技术和产品转移出去建立生产线或加工装配基地。利用当地资源发展加工贸易,带动国内原材料、零部件和半成品的出口,同时带动国内技术和机械设备的出口。③ 中国部分行业生产能力严重过剩,发展海外投资可缓解国内结构性矛盾。在实施海外投资战略时要注意解决与部分发展中国家贸易不平衡问题,在海外投资较多的国家应考虑增加进口国内需要的原材料、原油等产品,以减少贸易摩擦。

（六）实施体制改革推进战略

推进体制改革首先要建立以法制化、市场化为基础的市场运行体系。其次，鼓励更多的企业，特别是高技术企业、民营企业直接进入国际市场参与竞争，以提高出口竞争力、扩大出口规模。第三，深化进口体制改革，遵循 WTO 规则，加快消除非关税壁垒和服务贸易市场准入方面的限制，同时注意建立规范的进口市场管理体制，完善反倾销、反补贴、反不正当竞争等法律法规，创造公平合理的竞争环境、收集市场信息、标准检测、专业展会、培训教育等为一体的公共服务平台，为中国企业加速向高附加值的工序环节迈进提供一个良好的外部环境。

总之，通过以上三方面的努力，会提升中国在跨国公司全球工序分工中的位置，加速国家创新体系的建设，最终实现产业的整体升级。

二、产业升级

（一）产业升级的基本含义

所谓产业升级是指在特定的国内外经济环境和资源条件下，按照一般的产业结构演进规律和产业发展的内在要求，采取一定的措施，不断提高产业的结构层次和发展水平，以保障国民经济长期持续增长的一种经济活动。产业升级伴随着经济发展的整个历程，是经济发展的本质要求和必然趋势，特别是在当今经济全球化的条件下，推动产业升级将促进资源的优化配置，国民财富的积累，科技综合素质的提高，并最终决定一国的国际竞争力和经济地位。

（二）产业升级的实质和主要内容

产业升级实质上是指产业由低技术水平、低附加价值状态向高新技术、高附加价值状态的演变趋势，其核心内容是产业结构的演进，主要包括两种形态的资源配置趋势：一是在等量资本取得等量利润的导向下，资源在国民经济各产业之间的移动；二是在竞争导向下，资源在同一产业内部从低效率企业向高效率企业移动。在产业全球化背景下，产业结构调整与升级的概念也发生了变化。产业结构调整与升级不再仅仅是简单地由劳动密集型产业向资本密集型、技术密集型产业的升级转换，而且还包含由同一产业内部的劳动密集型环节向资本密集型和技术密集型环节的升级转换①。

产业升级主要包括三方面的内容：一是在整个产业中由第一产业所占优势比重逐渐向第二、第三产业占优势比重演进的过程；二是产业结构从劳动密集型特别是初级劳动密集型产业优势比重逐渐向资本密集型、技术密集型产业占优势比重演进的过程；三是产业结构中制造初级产业的产业占优势比重逐渐向制造中间产品、最终产品占优势比重演进的历史过程。

（三）产业升级的内在要求

产业升级是一个动态过程，不同的发展阶段、不同条件下内涵各不相同。但一般而言，产业升级都应具备如下内在的标准和要求：

1. 产业结构合理化

产业结构的合理化是指产业之间协调能力的加强和关联水平的提高。主要体现在：供给结构和需求结构相互适应，产业间与各产业内部之间的协调发展以及充分发挥产业结构效应。要求在一定的经济发展阶段和约束条件下，能够充分利用国际分工的好处和本国的各种资源；资源能够在各产业之间得到合理的配置，最有效地使用；各产业之间能够均衡、协调地发展，能够形成不断地进行产业升级演进的机制；全社会的生产、交换、分配、消费和扩大再生产能够顺畅地进行。

2. 产业结构高级化

产业结构的高级化是指产业结构随着经济的发展和市场的变化，按照产业结构演变的一般规律，不断地向更高的方向演进的动态过程。其一般方向为：① 高加工度化，即工业发展逐步摆脱对原材料的依赖而转向主要依靠技术设备手段；② 知识技术密集化，即工业发展进一步摆脱对劳动、资本的依赖而转向依靠知识技术手段；③ 产业结构软性化，即产业发展更进一步地摆脱物质生产的过程而转向全面的服务化。

3. 产业发展国际化

产业的国际化是当今世界经济发展的必然趋势，通过积极参与国际分工与合作，一国可以引进国外的资金、先进技术和管理经验，有效利用各类生产

① 王述英：《新工业化与产业结构跨越式升级》，北京：中国财政经济出版社，2005年，第43页。

要素和国际资源，培养竞争优势，提高劳动生产率，推动产业发展。例如，第二次世界大战后，日本、德国经济迅速增长的重要原因就是大量引进了欧美的先进技术，积极参与国际竞争，扩大产品出口，突破国内有限的需求约束。通过这些机制的作用，中国可以利用加入世贸组织所带来的国际效应扬长避短，促进产业的升级。

4. *产业素质和竞争力的提高*

不论是产业结构的合理化和高级化，还是产业发展的国际化，都有利于提高整个产业的素质和国家竞争力。较高的产业素质和竞争力表现为：更有效地利用本国资源，使本国优势得到充分发挥，使整个国民经济持续、健康、稳定地发展。

以上四个方面是紧密相连、相互促进的。产业结构合理化是产业结构高级化的基础，高级化是一种更新意义上的合理化，产业结构的合理化和高级化又是产业走向国际化的坚实基础，国际化则是进一步推动产业结构的合理化和高级化的强大动力。同时，三者都必须以产业素质和竞争力的提高为根本出发点，如果没有产业素质和竞争力的提高，整个国民经济都可能在国际竞争中失败，各个产业的发展都会受到严重冲击，产业结构的合理化和高级化以及国际化都无从谈起。

三、加工贸易对产业升级的促进作用

自第二次世界大战以来，国际贸易有了巨大的发展，国与国之间货物、资本、技术、劳动力的流动，对各国的生产和世界经济的发展起到了明显的促进作用。随着经济全球化的不断发展，生产国际化的趋势不断加强，加工贸易顺应了这个历史潮流，成为当代国际分工和国际贸易的一种主要形式。产业升级是一个国家利用外资和发展对外贸易所追求的动态利益。按照跨国公司投资战略的市场导向进行划分，进入中国的 FDI(Foreign Direct Investment，外商直接投资)可以分为两种类型：实施浅度一体化战略的企业(面向中国市场)和实施深度一体化战略的企业(面向国际市场)，后者便是加工贸易的主体。FDI 对中国产业结构升级换代，进而对贸易结构的积极影响中相当大的比重是通过加工贸易投资实现的。因此，考察贸易增长和发展与产业升级的关系，主要通过加工贸易对产业升级的促进作用进行研究。

加工贸易通过以下途径直接和间接地促进了中国的产业升级。

（一）资金供给效应

中国加工贸易始于20世纪80年代东南沿海地区的对外加工装配活动，早期主要是以国内企业为主。由于加工贸易特别是来料加工装配业务非常适合当时中国的国情，中国政府出台了相关扶持加工贸易的优惠政策，因此，加工贸易获得了飞速发展。90年代中期，随着跨国公司全球战略转移和对中国投资的增加（即国际产业链的转移），外商投资企业成为加工贸易的主体。自从1996年以来，加工贸易出口超过一般贸易的出口成为中国主要的贸易出口方式，并且在不断地发展之中。

加工贸易的资金供给效应体现在两方面：一是加工贸易的出口创汇，二是加工贸易FDI对中国的资金注入。

加工贸易的出口创汇表现两个方面：一方面，加工贸易出口的规模增长为创汇提供了外延空间，加工贸易的毛创汇额（即出口额，包括加工贸易进口额和加工费）从1991年324.3亿美元增加到2003年的2 418亿美元，毛外汇收入增加了近7倍；另一方面，加工贸易增值率的提高为创汇增长提供了内涵空间，加工贸易增值率从1991年29.56%增加到2003年48.83%，2001年增值率最高为52.19%，这意味着每1美元出口多创汇0.226 3美元，显示中国加工贸易创汇的质量有明显改善。仅2000—2003年，加工贸易顺差就为中国带来2 300多亿美元的外汇收入。加工贸易的出口创汇，为中国积累了发展资金，为中国的产业升级奠定了坚实的物质基础。这些外汇收入中有相当一部分投资于高新技术产业和对传统产业进行技术改造，促进了中国产业结构的优化和升级。

钱纳里和斯特罗特的关于“储蓄缺口”和“外汇缺口”的两缺口理论认为，在封闭经济环境下，一国的投资仅仅取决于该国的储蓄水平。当投资额高于实际可利用的储蓄水平时，该国会出现资金缺口。投资水平不够，引起经济增长乏力，关键产业得不到快速发展，从而导致产业结构水平日趋不合理，并形成恶性循环。而在开放经济环境下，当发展中国家实现其经济发展目标所需要的数量与国内最大有效供给之间存在缺口时，外国资本的流入会弥补发展中国家的“外汇缺口”和“储蓄缺口”，从而可以提高国内投资水平，进而促进经济增长率的提高。

因此，对于资金短缺的发展中国家来说，外商直接投资是产业发展的重要资金来源。由于中国加工贸易的主体是外商投资企业，加工贸易各项政策和配套设施的完善吸引了FDI资金的投入，使得大多数外商投资企业在华投资大都采用了加工贸易的方式。随着FDI资金流入，国家的税收增加了，国家投资能力明显增强。加上通过大力发展基础设施建设，提供配套设施，为各产业发展提供了良好的宏观环境。合资等多种形式与FDI的合作，提高了国内相关产业的资源运作效率和生产技术水平。同时，加工贸易的发展增加了劳动力的收入，提高了国内的有效需求，经济的全球化和生产的国际化改变了人们的消费观念，促使投资流向收入弹性较大的高技术行业，促进了新兴产业在中国的生根发芽，从而间接地推动了中国的产业升级。

（二）技术转移和溢出效应

技术进步是产业升级的内在动力。技术水平落后是中国产业结构落后的根本原因之一。加工贸易作为中国经济参与国际分工的重要手段，在吸引国外先进技术以及管理经验方面发挥了举足轻重的作用。随着加工贸易的发展，其技术转移和溢出效应越来越明显，一定程度上提高了相关产业的技术水平，直接促进了产业的高级化和国际化，从而实现中国的产业升级。

加工贸易的技术转移和溢出效应主要通过外商投资企业体现出来。2000年以来，中国70%左右的加工贸易进出口活动是由外商投资企业完成的。与国内同类企业相比，外商投资企业掌握了更新的技术，生产更新的产品，同时更注重技术的研究开发。

在中国从事加工贸易的外资企业大体分为两类：第一类是隶属于跨国公司国际生产体系的外资企业；第二类是跨国公司的配套企业，大部分是中小企业。两种类型的企业所产生的技术转移和溢出效应各不相同，第二类企业技术水平较低，在中国投资主要看中中国廉价的劳动力和各种优惠政策，这些企业所拥有的技术水平相对较低，技术转移也主要面向中小型企业和乡镇企业，体现在加工工艺、低水平劳动力的现代企业意识和管理模式方面。第一类企业的技术转移和溢出现象是由跨国公司推动。跨国公司的加工贸易采用两种方式的技术转移，即以直接投资（包括独资和多数股权的合资）形式进行的公司内部化转移和以分包、许可、OEM等形式进行的公司外部化转移。与外部化转移相比，内部化转移的相对优势突出体现为两方面：其一，许多不愿对非关联方出售的有价值的新技术通常只有内部化方式才能获得;其二,内部化转移使子公司更容易获得与转移技术相配套的资金和新的管理与组织技术、营销方法、培训方法及默认知识,这是在技术低成本情况下高速转入为生产力的条件。内部化转移的最大缺陷在于东道国企业受到跨国公司"所有权优势"的控制,并且核心技术难以取得。

通常情况下,跨国公司依据其转移技术的先进程度,由低到高依次采取商品销售、技术贸易和投资的形式。因此,从总体来看,加工贸易投资转移的技术应是相对先进的。根据加工贸易课题组①的企业问卷调查显示,接受跨国公司母公司一般技术水平以上的企业比例有60%,接受国内先进水平的企业数也占了40%以上,如果只考虑第一类外资企业,接受先进转移技术的企业比例肯定更高。这种由跨国公司母公司转移而来的技术提高了加工贸易企业内部的产业技术水平,促进了加工贸易企业的产业升级。

在加工贸易起步阶段,由于中国的技术水平较低,产业基础较差,加工贸易通常从事简单的组装加工活动,国外转移过来的技术水平不高,飞地效应②较为突出。随着技术、资金和其他要素的积累,配套产业逐步发展,长远来看,加工贸易转移的技术会不断提升。因此,没有理由因为发展初期加工贸易的劳动密集型性质而否定加工贸易对产业技术进步产生的积极影响。技术溢出是技术转移的后续过程。研究表明,无论在发达的东道国还是在发展中的东道国,如果能够确定发生了技术转让,技术溢出效应都会或多或少地存在。加工贸易通过技术溢出效应促进中国产业升级的主要方式有以下三种:

1. 技术示范和市场竞争

跨国公司母公司向国内子公司转移的技术对当地竞争者产生了示范作用,当地企业为了提高自身的技术水平,纷纷模仿他们的技术,比如通过对产品进行逆向工程的研究和开发,间接获取生产该产品的技术,提高本企业的生产技术水平。同时,跨国公司加工贸易企业的技术溢出推动了中国的市场竞争,能更直观地给内资企业以压力,迫使其建立忧患意识、赶超意识、更新观念,加强对技术消化、吸收能力,改善资源配置,推动当地产业技术进步。

① 中国加工贸易问题研究课题组:《中国加工贸易问题研究》,北京:经济科学出版社,1999年。

② 飞地效应是指外商投资的加工贸易活动既不使用东道国国内的原材料,也不存在对东道国国内企业的示范效应和扩展效应,仅仅是利用发展中国家的优惠条件和低廉的要素成本。

2. *对配套企业的技术支持和产品要求*

研究发现,一些大型跨国公司的企业在国内零部件、原材料以及半成品的实际采购过程中按照自己的技术规范对国内上游产品生产企业提出产品要求,提供图纸,甚至派出技术人员对上游企业的生产加以指导。国务院发展研究中心"加工贸易问题"课题组调查结果显示,36%的被调查企业对配套企业进行了技术支持,另有近10%的企业正准备提供技术支持。如果扣除不必提供技术支持的企业,这两项指标的比重会更高。由此可见,加工贸易方式下的技术溢出效应不但对国内关联和配套产业提供了技术支持,提高了相关产业的技术水平,而且为这些产业面向国际化铺平了道路。

3. *人力资源的培训和流动*

由于中国的人力资源水平较低,发达国家的跨国公司需要对中国当地的雇员提供培训机会和培训设施。上述"加工贸易问题"课题组经调查发现,85.4%的企业提供了国内培训,21.3%的企业仅提供了国外培训,完全没有提供员工培训的企业只占8.89%,而且培训范围比较广泛,既有对中高级管理人员的培训,也有对高技术人员的培训,还有对普通生产工人的基本操作技能培训,当这些雇员由跨国公司的子公司流向当地其他的企业和自创企业时,他们在跨国公司工作时所学的专业技术和经营管理技术也随之外流,从而产生技术溢出效应。随着跨国投资的加工贸易当地化发展,这种技术溢出效应促进了国内人力资源整体素质的提高,增加了高技术密集型产业的人力资源储备,进而间接地促进了中国的产业升级。通常情况下,外资企业技术与管理人员当地化比例越高、人力培训状况越好、流动性越强、向内资企业流动越多,加工贸易的技术溢出效果越好,对中国国内产业的升级效应也就越大。

(三) 产业关联效应

从产业转移来看,产业关联效应是指某一产业由于自身的发展而引起其他相关产业发展的作用效果,包括后向关联和前向关联。后向关联指由东道国当地厂商为跨国公司提供生产或制造所需要的原材料、零部件或各种服务,前向关联是指从东道国当地厂商为跨国公司提供的成品市场营销服务,半成品、零部件和原材料的再加工及各种服务①。一般认为,后向关联比前向关联

① 杨公朴、夏大慰:《现代产业经济学》,上海:上海财经大学出版,2005年,第50页。

对东道国产业技术升级更为重要。产业关联效应是加工贸易对中国产业升级产生积极影响的关键所在,体现在加工贸易企业对前后向关联企业的支持和配套能力。当跨国公司以加工贸易方式投资某国产业时,从长远利益出发,一般需要在国内发展配套产业,进行当地采购。在加工贸易发展的初期,由于对当地企业缺乏了解并难以建立强有力的信任关系,或服从于跨国公司整体战略,子公司会从国外采购,随着时间的推移和当地化战略的实施以及关联企业的发展,加工贸易的国内采购会稳步增长。通过当地采购,对当地配套厂商产品生产的质量监督和技术援助,跨国公司可以带动配套供应商和分包商的生产发展和技术进步。当本地产业还没有具备配套生产能力时,外资配套企业的进入可以通过示范效应、技术资本和人力资本的投入以及再配套等环节为当地企业培育和发展配套能力提供间接条件。可口可乐公司与供应商的关系能很好地说明外资企业与国内企业之间的产业关联效应。

20 世纪 80 年代初期,可口可乐公司准备将可口可乐罐装线引入中国,希望在中国找到合格的玻璃瓶供应商。按可口可乐公司的技术标准和安全标准,要求玻璃瓶能够承受 32 个大气压的压力。但是在当时,中国玻璃瓶制造企业的产品最高只能承受 16 个大气压。为了在中国形成合格的配套商,可口可乐公司从美国本部请来几位技术和管理专家,考察了中国数家玻璃瓶制造企业,提供提高产品质量方面的咨询。他们从工艺到设备都提出了建议,可口可乐公司还免费提供了部分设备和模具,使这些企业生产的玻璃瓶达到了可口可乐公司的质量要求,成为可口可乐公司在中国的配套供应商。

从长期来看,产业关联效应的大小主要取决于加工贸易企业的产业链条长短和当地企业的供应能力。通常情况下,当地采购率越高、采购产品的技术含量越大、内资企业进入配套体系越多,对相关配套产业升级的积极作用越大。

(四) 出口示范和竞争效应

由于加工贸易是面向国际市场的,通过加工贸易的出口示范作用,国内出口产业逐步了解了国际贸易中的惯例和通行的做法,掌握了国际贸易的操作流程和业务特点,可以有效地解决国际贸易过程中的问题,规避风险,利用国际生产要素和资源,使产业得到迅速发展。加工贸易的竞争效应主要体现在以外商投资加工贸易企业的进入使得国内企业竞争意识的提升和竞争能力的增强方面。加工贸易企业大量进入国内，对国内同类行业造成激烈竞争，由于这些企业的技术水平和管理模式都比较先进，迫使国内企业提高自身技术能力，充分发挥自身特点与它们进行竞争。同时，由于加工贸易企业直接面对国际市场，对国际市场的竞争和风险感同身受，会更加注重产业资源配置和技术能力。

第四节　加工贸易的模式选择与中国产业链

一、加工贸易本质

长期以来，加工贸易无论是在理论界还是在实际应用中都是被定义为一种贸易方式。但近年来，随着加工贸易越来越成为发展中国家进入跨国公司全球生产价值链的有效途径，加工贸易单纯作为一种贸易方式的说法在理论上已经不能解释这种现象。

加工贸易是在二战后国际贸易呈现一系列新特点的情况下产生和发展起来的，而产业内贸易和跨国公司的企业内贸易就是国际贸易一系列新特点中的重要方面。随着经济全球化、一体化的发展，国际贸易方式由过去主要使用本国相对便宜的要素资源直接出口最终产品的方式，逐渐向大量进口中间产品和原材料、然后再加工成成品出口的加工贸易方式转变，加工贸易方式成为产业内贸易赖以发展的重要保障。此外，随着生产国际化趋势的日益明显，跨国公司的企业内贸易主要是通过加工贸易方式进行的。因此，加工贸易在很大程度上体现了产业内贸易和公司内贸易。也就是说，加工贸易的产生是伴随着国际分工形式的不断演变而产生的，在性质上其具有较多的"水平分工"成分而成为一种国际分工的模式。

水平分工的实质是将同一产品的零部件的生产或不同生产工艺过程分布在不同的国家进行，然后统一组装制成成品。因此，加工贸易方式是国际水平分工得以实现的重要手段。随着经济全球化的发展和深化，全球范围内正在进行新一轮的产业结构调整，加工贸易固有的特点将促使其进一步成为很多国家参与国际分工的重要形式。发展中国家通过接受发达国家产业转移而发展的以劳动密集型产业为主的加工贸易是一种初级的"水平分工"模式,而现代迅速发展并成为趋势的高新技术加工贸易则属于一种高层次的水平分工。由于高新技术产品生产仍存在劳动密集的生产环节,发达国家的跨国企业为降低成本,将这些环节转移到劳动力成本低的发展中国家。加工贸易就成为发展中国家进入跨国公司产业内分工的有效途径。

加工贸易作为一种贸易方式已经在发展中国家对外贸易方式中占有举足轻重的地位,它的本质内涵已经成为发展中国家参与国际分工的一种独特方式,在促进发展中国家国民经济与国际经济融合方面发挥着重要的作用。经济全球化使得各种产品的生产已不再只是单纯依靠一国的技术和资源,而必须通过各国的分工协作才能完成。各国为了有效地配置资源、节约成本、提高效益,就必须要参与国际分工,这使得各国的经济贸易联系日益密切,生产的国际化日益扩大。而加工贸易正是这种国际分工的具体体现。

所以,加工贸易实质上就是各国在产品不同生产环节上开展国际分工,并根据各自的生产环节实现产品价值链的增值的活动。

综合以上观点,基本可以总结出一个结论:在经济全球化的现在和未来,加工贸易是一国或地区参与现代制造业国际分工、介入国际化生产的主要生产性贸易方式。从本质上讲,加工贸易是国际分工和国际贸易的一种特殊形式,它根据各国的生产要素禀赋和比较优势情况,在不同的国家完成不同性质的生产工序,以实现资源的优化配置,降低产品的生产成本,提高其产品竞争力。

二、融入全球化生产体系

20 世纪 60 年代以来,为应对日益激烈的产业内部竞争,跨国公司开始了由面向东道国市场的简单一体化战略向在全球范围内建立生产体系的复合一体化战略的转变。在复合一体化战略下,母公司和子公司之间按照各自竞争优势分置于产业价值链的不同位置上,形成相互间的垂直或水平分工,它们共同组成一个以价值增值链为纽带的国际一体化生产体系。在跨国公司组织的国际一体化生产体系中,各国生产能力均被纳入其中,根据它们的产业竞争优势位居全球化产品价值链的一个或数个环节。具备劳动力比较优势的国家集中发展各产业中劳动密集的生产环节,拥有技术优势的国家则集中发展各产业中技术密集的生产环节,它们相互分工合作,共同组成国际生产的全部,产业的全球化态势由此形成。

就国际分工而言，产业内部分工代替产业间分工成为国际分工的主导。在新的分工格局下，特定行业最具竞争力的国家占据具有垄断地位的战略环节，提供着价值链上最多的价值增加量；具有一定竞争力的国家占据不完全竞争环节，提供一定的价值量；而在价值链中不具国际竞争力的国家，只能占据价值链中完全竞争环节，在价值链体系中提供微不足道的价值增加量。

因此，从产业的国际竞争角度看，国际产业分工的内部化使得一国的竞争优势不再体现于最终产品和某个特定产业上，而是体现在该国在全球化产业的价值链中所占据的环节上。在新的国际分工格局影响下，产业内贸易代替产业间贸易成为国际贸易增长的主体，加工贸易成为国际产业分工和交换的必要形式。随着产业内贸易的发展，进口中间产品加工后出口，或者海外加工直接转口，成为各国企业生产和对外贸易中普遍采用的形式。传统意义上完全由一国生产的纯粹“本国产品”的一般贸易出口越来越少，中间产品的贸易规模越来越大，现代广义的加工贸易成为产业全球化背景下国际分工的本质要求和主要实现形式。除特定产业外，任何一个国家都没有必要也没有可能在国内形成某个产业完整的生产链条，只有在成本最优化原则指导下，在成本最低、最具资源优势的国家间进行分工协作，才能在全球化背景下具有强劲的国际竞争力。发展中国家只有以加工贸易的方式参与国际产业分工，在具有比较优势的生产环节形成组装和制造能力，参与国际协作，才能抓住国际分工深化带来的发展机遇，才有可能沿着跨国公司全球产业价值链由低端向高端挺进，实现自身的产业升级①。所以说，加工贸易是产业全球化背景下国际分工的新形式。而对于发展中国家来说，由跨国公司直接投资带动的加工贸易的发展，可使其融入全球化产业生产体系的重要链条。

三、加工贸易产业链

国际范围内产业结构的不断优化，加速了发达国家和新兴工业化国家与地区的低端产业对外转移。由于中国具备劳动力资源丰富且成本低廉以及相

① 深尾京司、细谷佑二：《国际产业政策与跨国公司》，《经济研究》，日本一桥大学经济研究所，1999，50(1)，第23页。

当规模的制造业基础等承接国际产业转移的有利条件，由此促使国际产业以加工贸易链为主要形式不断向中国延伸，从而为中国加工贸易发展提供了更广阔的空间。

（一）"微笑曲线"中的加工贸易产业链及增值率

加工贸易产业链是加工贸易企业通过深加工结转、外包加工及原材料和零部件的国内供给，从单一企业加工向多企业的生产联合体深加工方向转变，逐步形成深度关联、相互配套的产业集群，进而不断实现价值增值的过程。这一过程包括研发设计、加工生产、运输仓储、物流配送、营销及售后服务等各个环节。对国家来说，加工贸易留在国内的加工环节越多，产业链越长，国内增值率（以下简称"增值率"）就越高，对国民经济的发展就越有利。

在加工贸易产业链的环节分配中，可用"微笑曲线"（图 8－1）加以分析。这个理论描述的是，曲线左端（产业链上游）的知识产权开发企业，随着研发和设计的投入，产品增值收益逐渐上升；在曲线右端（产业链下游）的品牌销售企业，随着品牌运作、销售渠道的建立，产品增值收益也大幅上升；而弧底部分的成品装配和低端产品为主的制造业则是"流汗多拿钱少"，技术含量低、产品增值少，而且市场竞争激烈，容易被成本更低的同行所替代。目前中国绝大部分加工贸易企业显然就是处于这个位置。加工贸易产业链上的"微笑曲线"其实就是"增值率（附加值）曲线"，即通过新品开发、品牌创意、行销渠道、运筹能力和提升、工艺、制造、规模的增值水平，也就是要通过向"微笑曲线"的两端渗透来创造更多的价值。

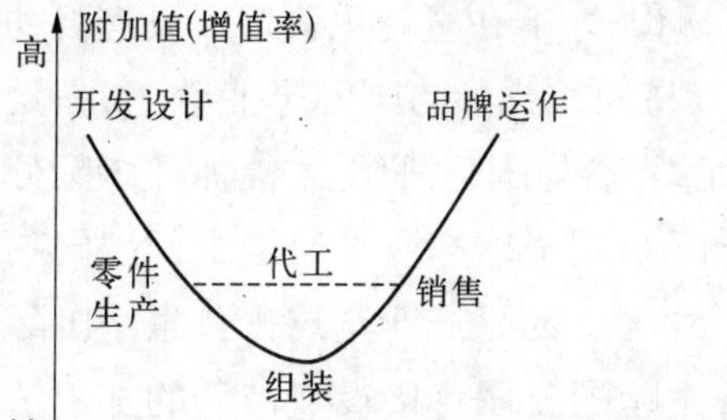

图 8－1　微笑曲线的定义

（图来源：根据微笑曲线原理绘制）

由于处于"微笑曲线"的弧底，中国加工贸易产品增值率始终较低，而由外商控制的产业链上游及下游，其增值收益往往是国内加工贸易企业的十余倍、甚至几百倍。例如，中国每出口一台 DVD 只售 39 美元，却要向外国公司平均支付 19.7 美元专利使用费，占成本 70％的机芯、解码器等关键元器件还要依靠进口，出口产品上贴的又是外商持有的商标。这并不是一个特例，从一双鞋到一张光盘，从一件衬衫到一棵圣诞树，中国几乎所有加工贸易出口产品都在演绎着这样的分配故事。更为严峻的是，“微笑曲线”还在不断地变陡。中国加工贸易产业链的“微笑曲线”弧底加深，反映的是中国劳动力与发达国家技术交换时的相对价格（即交易条件）正越来越处于不利境地，例如2001—2005年中国加工贸易增值率依次为56.8%、45%、47%、46%、52%，数据显示，中国加工贸易增值率上下波动、上升乏力。加工贸易产量的扩大并没有带来增值收益的增加，中国正在陷入加工贸易“微笑贫困”的陷阱。2005年，在国际、国内能源和原材料价格普遍上涨的形势下，中国加工贸易出口额居前200位的商品中，呈量增价减的商品近三分之一。

（二）中国加工贸易产业链面临的主要问题

对外开放的中国已经进入了国际贸易的发展通道。1980年，中国加工贸易进出口总额仅为16.7亿美元，到2005年增加到6 905.1亿美元，增长了412.5倍，加工贸易已成为中国第一大出口方式，对中国国民经济的发展起着重要的推动作用。但由于中国加工贸易企业在国内的产业链较短、增值率较低，引起的相关负效应也十分突出。

1. 加工贸易国内配套能力不足，缺乏长期发展后劲

资料表明，从1996—2005年，中国加工贸易链上的内资企业所占比重从35.5%下降为18.2%，下降幅度较大，且内资企业生产能力主要集中于制造业低端，零部件和原材料过度依赖进口，国内配套能力不足，仅有的一些配套产品，生产企业也多为外商投资企业。以广东为例，2005年广东省加工贸易进出口总值达到2 921.2亿美元，占广东省进出口总值的68.3%，占全国加工贸易进出口总值的42.3%。但是，目前广东地区加工贸易的主要优势更多体现在最终产品总量（值）上，如2005年，广东游戏机出口达到2.9亿台，出口值62亿美元，但广东八成的游戏机是通过加工贸易贴牌组装生产的，企业并不具备生产技术上的优势，研发设计、特殊材料、关键部件及产品销售均严重依赖外方。组装用零配件主要通过跨国集团内部采购和调拨，内资企业难以进入料件配套体系，加工贸易企业产业链自主延伸能力弱，利润掌控能力差，增值收益极低。

2. 加工贸易长期处于产业链低端环节，缺乏可持续的盈利空间

中国加工贸易主要在劳动密集型行业迅猛发展，包括纺织、服装、鞋、家

具、机电产品等。近年来又在电子产品、IT 领域异军突起，虽然新兴行业属于资金、技术密集型，但国内加工企业从事的也只是其中的劳动密集型环节。这一模式可能在较长时期内存在，但其盈利能力却很难持续。挑战来自“谷贱伤农”效应，即具有国际比较成本优势的行业往往也是供给充足乃至过剩的行业，一般以“三低”(低成本、低价格、低档次)维持竞争优势。尽管价格竞争力较强，但贸易增量不增价甚至跌价的情况下，产品增值率会越来越低，还会因产品低价倾销嫌疑招致贸易制裁。而且，加工企业不掌握境外最终销售渠道，难以了解不断变化的市场与产品需求，造成生产导向模糊、新产品研发设计能力丧失。在产业链上下环节的相向压缩下，加工企业被迫在优势环节上精工细作，或者干脆执行“拿来主义”，自己不去研发，上游企业提供什么(样品)就生产什么，这种生产模式必然导致产业环节的边缘化，增值率越来越低。与此同时，因为没有最终销售渠道而掌握不了产品定价权，出口规模越大，也往往意味着买家下单规模越大，买家砍价能力越强，增值率也会越低。如此恶性循环，企业可以不断扩大产能规模，但产业链环节被固化，增值率空间被压缩。

3. 加工贸易的增值率很低，利润大量外流

在整个加工贸易的研发、设计、制造、物流、销售、服务等环节构成的产业链中，中国企业从事的往往是对零件或原辅材料的初级加工、装配和组装等劳动密集型环节，在产业链中技术含量较低，从而导致增值率的提高不大。据统计，在来料加工中，目前中方企业仅能获得占出口总额 5%左右的工料费收入，产品增值的大部分被发包方获得；而在进料加工中，由于发包方控制着原材料采购和制成品销售等产业链关键环节，可以很方便地利用转移价格等手段，使企业利润大量流失。例如，中国制造一个芭比娃娃，国内加工贸易企业仅得 35 美分，美国等外国公司所得则是 20 美元。

4. 加工贸易产业链条短，对相关产业的带动作用弱

现阶段，中国加工贸易最突出的表现是“两头在外”和“大进大出”。“两头在外”的加工贸易模式必然导致大量进口原材料，这会给国内相关原材料产业的发展带来负面冲击；而在“大进大出”模式中，由于外商控制着核心技术和销售渠道，中方只参与简单的加工环节，从而造成中国加工贸易的真正经营主体是外方而非中国国内经营方，因而使中国原有的产业基础不能充分发挥作用，加工贸易的辐射能力和聚集效应未得到充分释放。而且，目前许多加工贸易仍处在“一进一出、单一工序”型发展阶段，普遍缺少带动性强的龙头企业和配

套协作型企业，产品加工程度不深，对产业升级和产品换代的作用不显著。同时，外方为了长期保持技术优势和获取高额收益，往往采取滥用知识产权保护、挑动国内企业价格战等手段，阻碍或割裂国内产业链条的形成，延缓了加工贸易对中国产业发展的带动作用。

（三）制约加工贸易产业链延伸的主要因素

目前中国加工贸易产业链延伸、增值率提高仍然受到诸多因素的制约。

1. 人力资本供给十分缺乏

在经济全球化的今天，特别是资本要素可以高度自由流动的情况下，一个国家在国际产业分工中究竟能够做什么，主要不是取决于金融（实物）资本的丰裕程度，而是取决于人力资本（体现为知识技能的丰富而非人员数量的多寡）的差异，因为金融（实物）资本是可以引进的，而人口的流动却要受到移民的限制。因此，无论是根据国际分工的比较优势原理，还是根据加工贸易“微笑曲线”原理，我们都可以得出这样的结论：那些人力资本比较丰裕的国家可以在产业链中做增值率较高的高端部分，而像中国这样人力资本严重短缺的国家只能做产业链中增值率较低的低端部分。由于中国职业教育和高等教育的普及率相对较低，人力资本供给十分缺乏，能够大量供给的主要是未接受过良好教育的简单熟练劳动力（人力资源），因此缺乏处于国际分工产业链高端（上游的研发）和中端（上游的技术开发、设计及下游的营销）领域里的比较优势和竞争力；即便是在低端部分的中间加工制造环节，中国的劳动生产率也仅为日本的 4.1％、美国的 4.4％、德国的 5.6％、韩国的 9.8％，工业增值率仅为 26％左右，而发达国家则为 40％—50％。

2. 产品竞争优势不足

首先，中国产品质量不稳定。许多国内企业目前仍然存在着管理水平、生产技术落后的状况，从而导致产品质量不稳定，无法达到加工贸易企业的要求。其次，中国大多数企业的国际市场营销渠道不畅，使许多产品的国际知名度很低。而从事加工贸易的企业大多在开发、设计环节就确定了原材料和零部件供应商，这些开发、设计环节多在海外进行，而海外相关设计人员对中国国内产品了解甚少，所以多指定加工贸易企业采用国外生产的原材料和零部件。同时，许多国内产品存在着价格偏高、交货延误、运输缺乏保障等缺陷，转而削弱了其在加工贸易中的国内配套能力。

3. 核心专利技术和自有品牌缺失

据国家知识产权局资料显示,中国 99%的企业没有自己的专利,拥有商标的企业也仅有 40%,国内拥有核心技术自主知识产权的企业仅占万分之三,很多企业"有制造没创造,有知识没产权";在中国发明专利申请中,来自国外的申请占 82%,且技术含量较高;来自国内的申请占 18%,且技术含量较低。而一些拥有自有品牌的国内企业,在"借船"进入国际市场或陷入经营困境时,往往选择用优良的产能换取外商贴牌订单的"便捷"途径,此后自有品牌通常会被外商"冷藏",待国内企业站稳脚跟,再启用自有品牌自主进入国际市场时,这才发现当初外商品牌封杀的深谋远虑,老品牌早已被新市场遗忘,产业链的下伸路径已被封堵。产业链上游的技术壁垒,产业链下游的品牌控制,都使国内加工企业只能在夹缝中求生存。例如,高额的专利费和不断抬升的技术壁垒使中国的 DVD、手机、数码相机等行业都是昙花一现,很快就淹没在增值率急剧滑落的漩涡中。

4. 政策方面的制约

近年来,在加工贸易政策调整中,各部门往往从本部门管理方便的角度出发,更多关注如何防止不法企业利用加工贸易政策"走私"、"骗退税",对于如何鼓励加工贸易延伸国内产业链、提高增值率却考虑得较少。具体表现在以下几个方面:

(1) 无差别政策促生无根产业。中国现行政策并未对加工贸易的技术水平进行甄别,而是将简单工艺加工贸易和高附加值、高科技产品加工贸易不加区别地给予优惠,不能很好地体现国家的产业政策精神,不利于中国的加工贸易向延伸产业链、提高增值率和技术含量的方向发展,客观上也鼓励了外商通过"大进大出"、"快进快出"方式开展"短平快"的无根加工。

(2) 深加工结转存在效率障碍。因为存在着实物监管困难,导致利用国内采购延伸加工贸易产业链及提高增值率在理论上得到了扶持,现实中却存在许多政策性及操作性约束。例如,中国目前深加工结转主要是手册对手册之间的结转,结转效率不高,尤其不太适用于所需零部件种类繁多、购销渠道复杂的加工贸易。

(3) 传统监管理念形成政策瓶颈。无论是高端产业还是传统产业,产业链上研发设计、营销以及后续服务等环节的增值潜力最大,因此在国际分工中也是各国争夺的焦点。然而,中国传统监管理念认为,应以有形物质为监管对象，经营加工贸易的企业应当具备生产能力。在这种观念下制定的加工贸易产业政策，已不适应当前产业链环节外包化的发展趋势。

（4）出口退税政策的逆向激励。在加工贸易领域，出口退税政策存在许多不协调、不配套的地方，使中国每年上千亿美元的配套产品的出口机会因而错失。表现在：一是现行税制加重来料加工税负。来料加工企业在产品出口时只收取加工费，其国内采购不视为出口，不能享受出口退税政策，所以国内供应商没有积极性。二是部门间政策措施不协调。目前海关对出口到加工区、保税区和保税物流中心的加工贸易货物都视同实际出口予以核销，但税务部门只认同出口加工区和保税物流中心予以退税，阻碍了加工贸易产业链向仓储、运输等国内相关产业环节的延伸，抑制了增值率的提升。三是进口料件存在"超国民待遇"现象。加工贸易企业进口料件可以免缴关税、进口环节税，而国内采购料件只能享受部分退税的待遇。在这种情况下，许多原本会使用国产料件的企业也转而进口料件。

四、延伸中国加工贸易产业链提高其增值率的措施

经济全球化和新科技革命不断刷新国际产业分工的新格局，跨国公司进一步将把不同的生产环节、分销网络、供应链管理以及研发、运营中心在全球范围内进行合理配置，这无疑给中国延伸加工贸易链条和提高其增值率带来了新的机遇，同时也给中国相关政策的调整赢得了时间。

（一）制定加工贸易的战略规划

首先，应把引进来（完善投资环境和提升配套能力，引进跨国公司的核心技术和业务）、扎下根（允许加工贸易企业有一定内销比率，使加工贸易企业与本地市场形成密不可分的经济联系）、本地化（鼓励本地企业主导的进料加工贸易）作为不同阶段的目标和任务，创造产业、产品、工序的转型升级和技术进步的良性机制（如开放竞争、加快模仿、主动配套、联合研发、尊重产权）。其次，加工贸易应由加工制造为主逐步向采购、加工制造、分销服务、售后服务以及研发、信息资讯等方向转型升级，沿着价值链逐步由低向高、由简单向复杂、由生产向综合服务和全球运营方向转型升级，其中全球化综合人才的培养和选择机制至关重要。再次，加工贸易的未来转型升级应与科学发展观相一致，

向可持续发展方向转型，尤其要坚决抵制对经济、社会和自然有长期负面影响的投资、生产和服务性活动。

(二) 完善政策提高外资加工贸易企业国内配套程度

把加工贸易进口中间品从境外保税进口，改为从出口加工区外保税进口。这样，一方面使外资加工贸易企业从中国内地境内企业采购的中间品也可以享受免征进口关税和进口环节税等优惠待遇，提高外资加工贸易企业采购国产中间品的积极性；另一方面，国内中间品生产企业还可享受出口退税以及外汇结算等优惠，使国产中间品和进口中间品能够平等竞争。调整加工贸易的产业指导目录、商品及企业分类目录，剔除国内配套能力强的产业、商品，增加国内急需或短缺的产业和商品。制定更加优惠政策，着力吸引跨国公司把更高技术水平、更大增值含量的加工制造环节及高端技术研发中心、国际物流采购中心等转移到中国。

(三) 鼓励合作

凡为加工贸易提供配套达到本企业销售额一定比重的内资企业，其企业所得税可给予减免或返还。完善相关指标体系，建立内资企业为外商投资企业提供加工配套情况的评价考核制度。加大对国内企业的技改投入，提高企业自主创新能力，使中国企业由简单技术和零部件的组装，提升到主要零部件、关键零部件的加工制造，以至升级到高级复杂的知识技术密集型组装环节。扶持、鼓励国内企业通过国际合作以及政产学研联合，有效利用国际市场销售渠道从事加工贸易，充分发挥中国在资源配置、供应链管理以及市场控制等方面的作用，积极扶持国内企业成为加工贸易主体。

(四) 创新加工贸易管理方式

在实现有关部门互联互通和信息共享的基础上，所有加工贸易企业中大力推广电子联网年检和联网监管，实现监管信息化、规范化和便利化，进一步降低企业交易成本，方便企业开展业务。建立保税物流园，实现园内自由贸易，以满足加工贸易企业国际配送和国际采购的需要。完善“大通关”联络协作机制，探索加工贸易企业信誉管理新模式，制定相应标准，使信誉良好的加工贸易企业实现一体化报关模式和其他相关便捷的通关手续。

(五) 重视熟练技术工人的培养

加工贸易的高端环节需要大量熟练的技术工人,政府和企业要逐步建立一套有利于技术工人成长的机制,努力营造一支能够提高中国制造业水平的技工队伍。同时,政府应制定相应的政策措施,鼓励教育部门加大力度,培养更多的技术工人。

五、加工贸易模式选择方向

(一) 产业链升级

如图 8-1,产业链由“研发—零部件生产—组装—销售—品牌”五大环节组成。研发和品牌环节附加值最高,零部件生产和销售环节次之,组装环节附加值最低。品牌和研发往往具有垄断性,是竞争优势的来源,因此跨国公司通常为保持竞争优势而将这些环节限制在公司内部。同时为了集中优势资源,降低生产成本,将附加值低的组装环节转移到具有丰富廉价劳动力的发展中国家,因此中国以劳动力比较优势参与了附加值最低的组装环节。但如果中国加工贸易固守在加工组装环节,将会出现出口越多、价格越低、附加值越低的“贫困性”增长现象。

中国加工贸易必须走“简单组装—复杂组装—零部件生产—产品研发—销售—自主品牌”的产业链升级道路(即图 8-1 显示的从中间向两端延伸),从劳动密集型环节嵌入跨国公司的全球价值链,以“边干边学”的方式沿着价值链上下游延伸,发展自我知识产权和自我品牌,完成产业“蜕变”。

(二) 产业升级

产业升级就是产业结构优化,不断降低劳动密集型产业在加工贸易中的比例,增加资本、技术密集型产业比例。用微笑曲线来描述,就是从产业链 1 跳跃到所有环节附加值更高的产业链 2(图 8-2)。

图 8-2 中,曲线 1、2 分别代表劳动密集型产业和资本/技术密集型产业,资本/技术密集型产业比劳动密集型产业附加值高。近年来中国加工贸易产业结构的改善仅仅意味着开始进入资本/技术密集型产业链的最底端,沿着最

底端向两边延伸的任务还很重。

根据产品生命周期理论，高科技产业在产品的研究开发阶段技术密集，到了第二、第三阶段，产品技术优势丧失而以资本密集为特征，第四阶段变成以劳动密集为优势，这些符合中国资源要素禀赋。因此我们要敢于嵌入跨国公司高新技术产业的劳动密集型环节，再推动产业链升级，向自主研发和品牌发展。

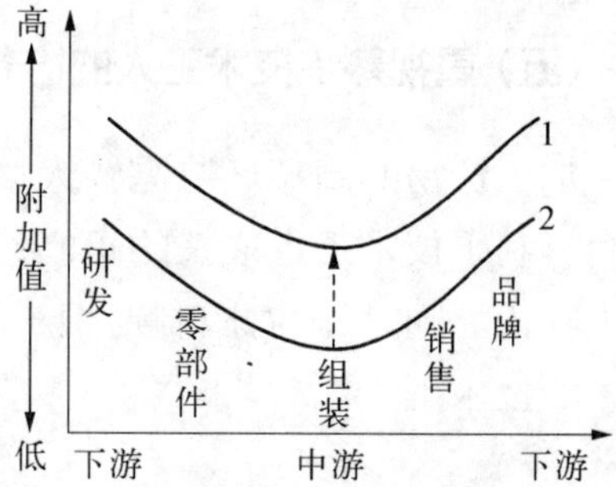

图 8-2 产业微笑曲线的跳跃

(图来源：根据图 8-1 和文中内容整理绘制)

(三) 区域升级

小岛清(Kiyoshi Kojima)的理论建立在要素禀赋理论基础上，从日本国际产业转移的实践中总结出：FDI 应该从具有相对劣势的产业开始，FDI 接受国可以巩固该产业的相对优势，这种产业转移帮助重组劳动国际分工，以互补的形式创造和增加了国际贸易，并且因为相互间的技术差距更小，从边际产业和边际企业开始转移更容易和更具有效率①。这一理论同样适合中国东西部之间的产业转移，因此中国东部应该将渐渐失去优势的劳动密集型产业向中西部转移，既可以腾出资金和较高素质的劳动力发展高新技术产业，又可以让中西部丰富的劳动力转移到劳动密集型加工贸易链中来。

区域升级就是加工贸易逐步向内地转移并逐步实现加工贸易区域间合理分工和多元化，这意味着中国经济更大范围地融入全球生产网络。中国加工贸易的区域升级包括两个方面：一是东部劳动密集型、低附加值的加工贸易向中西部地区的转移；二是东部加工贸易向高附加值的资本/技术密集型产业转化。产业转移是产业结构调整的有效手段，东部加工贸易产业结构的提升主要考虑承接国际产业转移，而西部也应该将产业提升建立在东部产业转移的基础上。但西部加工贸易的承接是否成功决定于以下几个因素：能否在生态环境上承受产业转移的资源使用数量持续性；能否具备优良的投资环境和一定的产业基础；能否适应加工贸易的发展要求，转变政府职能；能否在考虑

---

① Kiyoshi, Kojima, *Macroeconomic Versus International Business Approach to Foreign Direct Investment*, Hitosubashi Journal of Economics, 1983(23): 1-19.

东部产业转移的基础上选择合理的主导产业；能否有效学习东部发展加工贸易的经验，结合西部的优劣势制定合理的加工贸易政策。

（四）主体升级

加工贸易转型升级第四个层次是加工贸易由外商投资企业为主导逐步向国有企业、私营企业广泛参与的多极化方向发展，最终实现国内企业主导。

由于外资企业“无根性”始终存在，如果国内企业没有参与加工贸易的有效升级，中国运用加工贸易带动国内产业提升的目标就无法实现。在参与全球价值链的劳动密集型环节后，国内企业可以沿着“一般供应商—主要供应商—合同制造商—品牌领导者”的路径不断攀升，最终实现产业链的“蜕变”，成为加工贸易的主体。中国深圳当地企业由于紧紧钳住跨国公司价值链并不断升级，目前涌现出一批国内外知名品牌，实现了企业由单一的贴牌生产向自主研发和自主品牌转变，提高了附加值和竞争力。长城计算机就是一个很好的例子，它最初与美国 IBM 公司建立合资企业，为 IBM 生产配套产品，学到了世界领先技术，发展了自己的品牌——金长城，目前已成为计算机领域拥有产品开发和生产能力的国内一流企业。长城公司的发展说明中国企业可以利用加工贸易方式，从跨国公司价值链中间向两端不断延伸，实现自主创新和自有品牌。

（五）培养产业集群

产业集群是加工贸易升级的最高层次，实际上它的成功以前面四个层次升级为基础，最终能否实现有赖于创新氛围、人文环境、经济基础、政府引导和机遇等因素。产业集群可以让企业从三个方面获益：首先，外部规模经济和范围经济使生产成本大大降低；其次，空间上的接近使彼此容易建立稳定的信任关系，加之运输距离短，降低了企业之间交易费用；最后，信息的流通促进知识和技术的扩散，激励创新。

可以通过以下步骤有意识地培养产业集群：第一，选择具备产业基础和创新环境的地方，制定加工贸易产业发展政策，有意识地引导相关产业进入；第二，为产业集群营造一种产业发展所必需的空间环境，包括提供现代化基础设施、促进企业之间及企业与科研机构间的长期合作、提供金融和人才流动服务、成立地方行业协会等；第三，吸引跨国公司特别是将配套企业一并转移的大型跨国公司进入；第四，增强当地配套生产能力，建立供应链体系，完善科研和物流设施。中国加工贸易发达的浙江、广东等地都已经形成一批产业集群，像广东东莞的电子信息产品产业群、浙江绍兴的纺织印染产业群、浙江永康的五金机械产业群等。尽管它们处于整个产业链条中最低端环节，但由于紧紧抓住国际产业链的制造环节不放松，逐步实现了"制造优势—市场优势—技术优势—产业集群优势"的转变。

本章小结

贸易结构和产业结构之间存在相互制约的趋势，对外贸易结构直接影响着产业结构中开放部门的增长，影响着产业结构的投入产出关系，推动着产业升级。同时，对外贸易结构是由产业结构决定的，产业结构的升级同样可以推动对外贸易的增长。

产业经济理论中经济全球化是指通过国际贸易、国际金融和国际投资等全面发展，使得商品和劳务以及各种生产要素实现世界范围内的自由交换和优化配置，促进世界分工向广度和深度迈进。产业融合是指开放产业系统中，好奇的出现与扩散引起不同产业构成要素之间相互竞争、协作与共同演进而形成一个新兴产业的过程，它的外延包括技术融合、企业融合、产品融合、市场融合、制度融合等。产业融合的主体是企业，可以是融合型产品。

贸易增长方式的转变可以通过优化出口商品结构、增强结构优化的带动作用、实施多元化国际市场战略、有效发挥政府作用以及推进体制改革等手段来实现。产业升级是指在特定的国内外经济环境和资源条件下，按照一般的产业结构演进规律和产业发展的内在要求，采取一定的措施，不断提高产业的结构层次和发展水平，以保障国民经济长期持续增长的一种经济活动。加工贸易通过资金供给效应、技术转移和溢出效应、产业关联效应以及出口示范和竞争效应直接和间接地促进了产业升级。

加工贸易是一国或地区参与现代制造业国际分工、介入国际化生产的主要生产性贸易方式，跨国公司直接投资带动的加工贸易的发展，可使其融入全球化产业生产体系的重要链条。中国加工贸易产业链面临的主要问题有：加工贸易国内配套能力不足，缺乏长期发展后劲；加工贸易长期处于产业链低端环节，缺乏可持续的盈利空间;加工贸易的增值率很低,利润大量外流;加工贸易产业链条短,对相关产业的带动作用弱。通过制定加工贸易战略规划、完善政策提高外资加工贸易企业的国内配套程度、鼓励合作、创新加工贸易的管理方式以及培育加工产业贸易产业集群等措施可以有效实现中国加工贸易产业链的延伸。

主要名词

贸易结构	产业融合	技术融合	企业融合
产品融合	市场融合	制度融合	融合型产品
贸易增长	产业升级	产业关联效应	产业链
微笑曲线	水平分工		

复习题

(1) 如何理解产业结构与贸易结构的相关性?

(2) 什么是产业融合? 产业融合有哪些特征?

(3) 试阐述产业融合的推动因素。

(4) 如何实现贸易增长方式的转变?

(5) 如何理解产业升级的内在要求?

(6) 加工贸易的本质是什么?

(7) 加工贸易的选择方向有哪些?

思考作业题

(1) 试结合某一具体产业,对产业融合所产生的效益进行分析。

(2) 举例说明加工贸易对产业升级的推动作用。

(3) 试用“微笑曲线”解释产业链及其增值率。

(4) 结合中国加工贸易的实际情况,分析制约其发展的主要因素。

第九章　技术创新与产业发展

产业发展的本质并不是单纯的产业规模的扩大，也不是通常所说的资源在产业内外的合理配置，而是通过技术创新来实现利用现有资源方法的改进和突破以及不断创造和发现更加适合产业发展的新资源，是一种价值增量的变化。本章将技术创新与产业发展过程中的各种表现特征相结合予以阐述。这些特征包括：产业规模、产业结构、产业增长以及产业升级等。通过分析其间关系，集中展现技术创新在产业发展过程中的强大推力。

第一节　产业规模与技术创新

一、技术创新的概念与特征

技术创新的概念最早由经济学家熊彼特提出，他在1911年出版的《经济发展理论》一书中首次使用了"创新"一词。现代技术创新理论正是在熊彼特创新理论的基础上发展而来的。技术创新是指企业应用创新的知识核心技术、新工艺，采用新的生产方式和经营管理模式，提高产品质量，开发生产的新产品，提供新的服务，占据市场并实现市场价值。技术创新作为一种技术经济活动，主要用以下特征。

（一）创造性

技术创新是把新技术应用于生产经营活动中，本质是创造性的构思和决策过程。科技工作者和生产经营者相互协作、共同努力，将技术创新转化为现实生产力，所应用的技术是前所未有的技术，或是对现有技术的某些重大改变。新技术体现了技术原理的进步、技术结构的更新、生产效益的提高和社会福利的改进。

(二) 效益性

技术创新是促进经济发展的根本动力。技术创新虽然具有较高的风险性,但其对提高经济效益的作用是非常巨大的。成功的技术创新能给相关企业和产业带来巨大的经济收益;同时科技的进步也具有一定的公共品性质,正外部效应明显。所以说,技术创新大大增加了社会福利。

(三) 风险性

技术创新受各种复杂因素的影响和制约,呈现出较强的随机性。由于市场的不确定性和信息的不完全性,加上不同创新主体经验积累的相异性和感知的主观性,使得技术创新活动的努力与结果之间不存在简单的正比关系。国外的经验表明,一半新产品开发项目的成功率只有 1/6,新产品开发成功后引入市场获得成功的只有 2/3①。

(四) 连续性

从技术创新的发展来看,任何技术创新活动都是以前人的创新成果为基础的,而其生命力也往往体现在后续的技术创新成果中。在技术创新的过程中,各个阶段、各个环节都有着内在的联系,表现出不同程度的连续性。

(五) 跳跃性

技术创新的跳跃性是指在技术创新过程中,技术原理的本质改变使技术结构和生产效益得到了质的飞跃。这种跳跃性往往导致技术升级,呈现技术发展的阶段性。例如,晶体管代替电子管,集成电路代替晶体管电路都表现出这种跳跃性。

(六) 规模性

技术创新作为一种科学实践与生产经营实践相互渗透的交叉性实践活

① 汪应洛、贾里群:《技术创新》,西安:西安交通大学出版社,1993 年,第 14 页。

动,所需的各类资源必须达到一定的规模,才可能产生有效率的创新成果输出;同时,对于创新成果的有效利用也必须达到一定规模才能产生经济效益。所以说,技术创新成果的产生和利用都必须具有一定的规模经济。

(七) 动态优化性

技术创新是一个涉及多个经济主体的信息反馈和交互作用过程,这使得创新者必须根据外部环境的变化及时修正自己的决策,以实现动态最优。

二、技术创新的类型

技术创新的外延十分宽泛。根据不同的研究目的,其分类方法也多种多样。其中,主要有以下四种分类方法:

(一) 按内容分类

技术创新按内容分类可以分为产品创新、工艺创新和组织创新。

1. 产品创新

产品创新是指向市场首次推出的在技术上有某种改变的新产品。产品创新能力直接影响着一个国家或企业的科研能力和市场竞争力,因而各国都对产品创新给予高度重视。广义的产品包括服务,所以,产品创新也包括服务创新。随着第三产业的迅速崛起,服务创新的比重正在不断加大。

2. 工艺创新

工艺创新是指对产品生产技术和方法的改进或变革。这包括采用新的原材料或半成品、生产设备的更新与改善、生产工序的改进与变化等。这是在生产过程中的一种技术创新,因此也称为过程创新。工艺创新有利于改进产品质量、降低产品成本、提高生产率,增加产品的综合竞争能力。工艺创新与产品创新密切相关、相互促进。

3. 组织创新

组织创新是设计生产组织方式和相应生产关系的变动,是制度安排上的一种变革。组织创新有着十分广泛的含义,涉及多个领域。诺斯等人的研究表明,组织创新对经济绩效和行政绩效的影响越来越大,它有时直接体现为制度安排。

(二) 希克斯分类

这是一种按照技术创新节约的生产要素所进行的分类，其来自1932年经济学家约翰·希克斯(J. R. Hicks)所著的《工资理论》一书。希克斯假设只存在资本和劳动两种生产要素。技术创新可根据它最初的效果是增加、保持不变或减少资本边际产量对劳动边际产量的比例分类。

1. 节省劳动的创新

指相对于劳动边际产量而言，增加了资本的边际产量，即那种能使产品成本中或劳动所占比重有所减少的创新。

2. 节省资本的创新

指相对于资本相对产量而言，增加了劳动的边际产量，即那种能使产品成本中物化资本所占比重有所减少的创新。

3. 中性的创新

指以同样的比例同时增加了资本和劳动的边际产量，即既不片面于节约劳动，又不偏重于节约资本的创新。

这类分类的意义在于有助于人们分析创新的走向，它也是古典理论分析技术进步的概念框架。

(三) SPRU分类

英国苏塞克斯(Sussex)大学的科学政策研究所(Science Policy Research Unit)在20世纪80年代提出了一种基于技术创新重要性的分类方法。这是一种按照技术创新中技术变化强度进行的分类。

1. 渐进性创新

这是一种渐进的、连续的积累性质的技术改进与小创新。它可能是产品的变形或生产工艺的改进。这些创新常常来自生产第一线，有称之为"螺丝—螺母"型创新。这种创新常常伴随着企业和设备规模的扩大以及产品和服务质量的改进。因此也可以称之为增量技术创新。

2. 根本性创新

这类创新是在市场需求和技术推动下进行研究开发的结果。其特点是在技术上有了根本性的突破，导致产品性能或功能、或生产工艺发生质的变化。它常伴有产品创新、工艺创新和组织创新等连锁反应，可在一段时间内引起产业结构的变化。晶体管代替电子管,集成电路代替晶体管就属于这一类创新。

3. 技术系统的变革

一般要经过多年时间和耗费大量资源才能建立此类创新系统。这种性质的创新将产生具有深远意义的变革,影响经济系统中的几个产业部门,并伴随新兴产业部门的出现。此时,不断有根本性和渐进性的创新,而且还会有相关的技术创新群的出现。合成材料、石油化工等领域的创新群就是典型例证。

4. 技术—经济范式的变更

这种变更既伴随着许多根本性的创新群,又包含有许多技术系统的变更。它是技术优势和经济优势的结合,几乎影响到经济的每一个部门。它的实现不仅会对整个经济行为产生重大影响,而且还会引发组织和社会方面相应的深刻变革,甚至改变人们的日常生活。它的兴衰将表现为经济周期的演变。与微电子技术相关的创新属于这一类创新①。

(四) 按照技术来源分类

技术创新按照技术来源可分为自主创新和引进创新。

1. 自主创新

自主创新是指企业依靠自己的技术力量实现的技术创新。这主要是指技术创新的思想源于自己,创新中各要素的组合自主实现。

2. 引进创新

引进创新是指企业对引进的技术和产品消化吸收,进行再创新的过程。引进创新不同于简单的模仿,它包含着渐进创新和对原设计的不断改进。引进创新者不必像自主创新者那样花费大量的时间和费用去进行艰苦的研制,而主要通过学习和借鉴自主创新者的经验,在市场中以更廉价、更优质或更具特色的产品或服务获得经济利益。

三、技术创新对产业结构的影响

经济体系中不同的产业部门都存在着一定的内在联系。产业部门之间必须互相提供生产资料。一个特定的产业部门究竟由哪个产业部门提供生产,

① 柳卸林:《技术创新经济学》,北京:中国经济出版社,1993年,第7页。

以及其能够向其他产业部门提供什么样质量的生产资料,主要是由这些相关联的产业部门所应用的生产技术体系决定的。在一定的历史时期内,经济体系中每个产业部门所应用的技术体系是一定的。所以,决定不同产业部门内在联系的主要因素是技术联系。这种技术联系体现为前向联系与后向联系。既然技术联系是产业部门内在联系的主要因素,那么在科学进步基础上发生的技术创新必然引起产业结构的变化,与之相关的产业组织也必然相应地产生变革。

(一) 技术创新与产业结构优化

技术创新促使产业结构优化从而推动经济增长,主要表现在与技术创新直接关联的三个方面:

1. 技术革命与产业结构优化

根据SPRU分类方法,技术创新分为四类,其中技术系统的变革和技术—经济范式的变更就属于技术革命的范畴。这种性质的创新将产生具有深远意义的变革,此时不但有根本性和渐进性的创新,而且还会有相关技术创新群的出现,它的出现无疑会对整个经济发展和产业结构的优化产生重大的影响。

第一次产业革命主要得益于机器的发明和广泛应用。工作机和动力机的出现是实现第一次产业革命的技术基础。以蒸汽动力的发现、蒸汽机的发明为核心的第一次技术革命使得以棉纺工业为中心,包括纺织工业、冶金工业、采矿业、早期制造业和运输业五大产业迅速兴起并蓬勃发展起来。

以电力技术为标志,以热力学、电磁学、化学、生物学的突破为先导的第二次技术革命中出现了一系列以电力技术为中心的技术创新,一大批新型产业,包括电器产业、钢铁产业、化工产业、新型冶炼产业、汽车产业等逐渐新兴和发展起来,开辟了一个新的经济和科技时代——电气时代。

20世纪40年代末50年代初开始的第三次科技革命是现代物理学和各门技术科学综合发展的结果,其主要标志是原子能、电子应用技术和新材料技术等一系列新技术的广泛应用。信息技术、生物技术、新型材料技术、新能源技术、海洋开发技术等新兴的技术群的出现,引发了诸如高分子合成工业、原子能工业、电子计算机工业、激光工业等产业的兴起。原子能工业的出现带来了一大批生产和应用原子能这种新型能源的工业的崛起,其中有与原子能相关的机械设备、燃料、电力等产业,高分子合成工业的出现带动了塑料袋、橡胶、纤维以及高分子合金材料产业等的兴起。

2. 技术创新的产业间扩散与产业结构演化

在一定时期内,技术创新和社会经济发展受制于一定的社会经济环境因素和有限的社会可实现技术集合,产业间存在技术创新发生频率的不对称性与技术水平的不平衡性。这使得发生在任何产业的技术创新通常可以通过产业间的关联作用诱发其间的产业部门技术创新。这种由扩散作用产生的产业"瓶颈"把创新的动力引导到新的产业部门。如此,技术创新通过产业间的扩散与诱导机制,推动着产业结构演化。

3. 技术创新的地理扩散与后进地区产业结构升级

技术创新扩散是指技术创新通过一定的渠道在潜在使用者之间传播、采用的过程①。技术创新扩散不仅表现为技术创新成果在企业及产业间的传播,而且也包括创新在不同国家、地区间的交流与扩散。

波斯纳提出的技术差距理论认为,国与国之间存在技术差距,技术领先可以享有出口技术密集型产品的比较优势,随着进口国的仿制,技术创新转移到后进国,原有技术差距逐渐消失。弗农的产品生命周期理论将产品生命周期划分为新产品、成熟产品和标准化产品三个阶段。在新产品阶段需要进行大量的研究和开发工作,技术创新的频率较高。此阶段产品除了满足国内需要外,还将出口到其他国家。在第二阶段,产品技术和工艺技术的转移与扩散使得技术接受国开始生产该产品,进口替代战略的实施使得仿制国在该产品的生产中能够保持低成本,贸易流向开始发生逆转。进入标准化阶段,产品生产已经国际化,产品在创新国的整个生命周期结束。

日本战后产业竞争能力的变化经历了三个阶段:第一阶段主要是日本产品同国外商品在国内市场上的竞争;第二阶段主要是日本的一般性商品进入发展中国家市场;第三个阶段是日本产品在包括发达国家市场在内的世界市场范围内同其他发达国家的全面竞争。产业竞争能力的提高说明了战后日本充分接受、利用发达国家技术创新的扩散作用,加快产业结构升级,推动经济和科技水平不断向前。可见,技术创新的地理扩散对后进国的产业结构升级起到了催化作用②。

---

① 傅家骥:《技术创新学》,北京:清华大学出版社,1998年,第307页。
② 李廉水:《技术创新经济学》,合肥:安徽人民出版社,1994年,第259页。

(二) 技术创新与产业组织结构变化

在经济发展过程中,随着经济资源结构中的技术要素结构的改变,微观组织的规模和形式都处于不断的动态调整中。企业为适应科技发展而科学组织的过程导致了产业组织的调整与变革。从产业组织的发展和演进历程可以看出:在工业化进程中,技术创新使得产业组织沿着纵向一体化—集中化与专业化—集团化、多元化与柔性化的路径演进①。

1. 第一次技术革命推动了组织结构纵向一体化

机器的发明和改进是工业化初期的重大技术创新。机械的广泛应用,提高了工作效率,给企业带来了超额利润,工业资本规模迅速扩大。企业数量的增长导致了激烈的价格竞争。为了抑制价格竞争、维护资本的共同利益,工业化国家市场上出现了同业企业联合垄断市场的卡特尔组织。纵向一体化托拉斯和各种类型卡特尔的发展,形成了工业化初期典型的生产垄断和市场垄断组织。

2. 第二次技术革命推动了组织结构集中化与专业化

工业生产进入电气化时代后,一大批新型产业,包括电器产业、钢铁产业、化工产业、新兴冶炼产业、汽车产业等逐渐兴起和发展起来。在新技术不断出现的背景下,社会生产过程逐步延长。复杂技术产品从原料加工至最终完成需经过更多的生产阶段,涉及多学科技术。企业无力完全把握每个具有不同技术特性的生产阶段,跨越众多产业的纵向一体化生产形式成为企业进一步扩大生产能力的制约。所以,进入 20 世纪后,纵向一体化企业逐渐分崩离析,产品品种专业化的企业应运而生。同时,集中化伴随着专业化逐步发展。大型、高效机器设备的使用提高了企业生产的沉淀成本和进入门槛。为了减低产品中固定成本的比例,获得更大的经济利益,企业必须采取大批量生产的方式。从而催生了大批量生产的组织方式——福特制的产生,产业组织集中化与专业化的程度不断提高。

3. 新技术革命推动了组织结构柔性化、集团化和多元化

新技术革命中技术创新的频率明显加快,新产业和新产品不断涌现,产业结构调整和产业组织调整进入了一个异常活跃的时期。消费需求多元化和个

① 李平:《知识经济与产业变革》,北京:经济管理出版社,1999 年,第 104 页。

性化趋向为小企业利用自动化生产技术和灵活的市场策略,专门针对小规模产品市场的柔性化生产方式提供了广阔的发展空间。与此同时,高新技术研发成本越来越高,高新技术的进入门槛不断提高,这就推动了资本雄厚的大企业与高新技术企业之间的联合与合并。联合与合并是企业克服进入新市场的障碍、开展多元化经营的最佳途径。在这种条件下,产业组织结构呈现出柔性化、集团化和多元化的特点。

四、产业规模与技术创新

产业规模是反映产业总体对规模经济的利用水平,是一个静态的概念,是产业发展的基础特征。经济学意义上的规模经济表明,如果在某区间生产一个单位单一或复合产品的平均成本递减,则可以说存在规模经济。规模经济的产生在相当程度上是技术创新的结果,最初仅仅局限在生产领域,随后扩展到诸如市场销售、资金筹集、人员培训等生产服务领域,这种扩展最直接的影响就是产业规模的迅速扩大。规模经济的分类方法很多。按照生产要素在企业的集中程度和投入产出量的大小,可以将规模经济分为三个层次:第一个层次是单一产品的规模经济;第二个层次是工场水平上的规模经济;第三个层次是多工场水平上的规模经济,或称其为企业水平上的规模经济。

虽然产业规模扩大在很大程度上是由产业自身技术进步引起的(生产要素的大量投入也可以引起产业规模在短期内扩大),但是产业规模又是技术创新的基础。较大的产业规模不但可以提供充足的创新主体——企业,还可以为技术创新提供载体和应用的场所,这种互动正是产业规模和技术创新之间关系的关键。产业规模的变动对技术创新产生的反作用是通过直接和间接两种途径进行的。

产业规模对技术创新的直接作用是由产业中各个企业自主活动来完成的。企业的规模、数量和质量直接决定了产业的现期规模,反之则不一定。换句话说,规模大的企业一定处在一个规模更大的产业中,但是大规模产业不一定有大型企业作为其支撑。不同的企业对技术创新的贡献不同:大企业具有较强的经济实力,也更有条件减少和分散创新活动带来的不确定性和风险,同时大企业在实践和应用创新成果过程中优势也是非常明显的;中小企业由于具有机制的灵活性、生产的专业化以及面临着比大企业更大的市场竞争压力,在技术创新及其成果的转化上有更为强烈的动机。

产业规模对技术创新的间接作用是由产业的组织结构演变来完成的。产业规模的扩大势必引起产业内部结构的优化。这种优化过程可以加速创新动机、创新环境和制度以及创新成果的传播。例如,在网络经济条件下,由于网络外部性的存在,处于同一网络中的企业在进行研发时,其成功将会带动整个网络的技术提升,其他企业不但会享受这种成功带来的外部收益,还会通过彼此之间的联系对其支持部分进行模仿和改进,以便用于自己的技术进步中①。

第二节　产业结构软化理论与实践

一、产业结构软化的内涵

"软化"一词源于计算机软件,1981 年日本田地龙一郎等在专题报告中正式将"软化"一词用于经济领域。他们认为各国的国民经济的基础结构正在发生巨变,这种结构性变化的最突出特点是,世界经济模式正由过去的刚性结构向柔性结构转换,即从生产重、厚、长、大的重型化的硬件产品为中心的时代,向以高效、智能化的知识和信息服务活动为主的软件产业结构时代过渡。1983 年 9 月,日本专门组成"经济结构变化与政策问题研究会"对此进行研究,并首次提出"软化经济"(Softnomic)这个概念,用以说明产业结构软化及应有的政策。

产业结构软化,是指在社会生产和再生产过程中,体力劳动和物质资源投入相对减少,脑力劳动和科学技术投入相对增长。与此相应,劳动和资本密集型产业的主导地位逐渐被信息、知识和技术密集型产业所取代,即产业结构软化是建立在知识与技术基础之上,随着知识与技术的变化而变化的产业结构变革过程。

产业结构软化可以分为向前软化和向后软化两方面:向前软化指产业结

① 关于网络经济研发的更详细分析,请参见骆品亮、李治国:《具有外部性收益的 R&D 竞争分析》,《复旦学报(自然科学版)》,2004 年第 5 期。

构的高度化，表现为整个国民经济各部门中，软产业比重上升、硬产业比重下降，产品结构中硬件减少、软件增加；向后软化即传统产业的软化，又分为外延式软化和内涵式软化。外延式软化指传统产业内部通过调整生产方向，使生产的对象向新兴产业转移；内涵式软化指传统产业内部的设备、能源、原材料等有形方面相对软化，而信息、研究开发、计划、公共关系、人才等无形方面相对增强。产业结构软化实质上是国民经济各部门结构优化的结果。新技术全面渗透到传统产业部门，使这些部门得到根本性改善，从而形成了以知识、技术密集型产业为主，劳动密集型和资金、资源密集型产业为次的梯形产业结构。

（一）产业结构软化的衡量

为区分"软产业"和"硬产业"，可以对产业结构软化程度进行测度，测度公公式如下：

产业软化度＝无形投入/总投入

或者

产业软化度＝软投入/总投入

若把劳动力成本考虑在无形投入中，则产业软化度可表示为：

产业软化度＝(软投入＋劳动成本)/全部投入

产业结构软化度计算公式为：

产业结构软化度＝软产业总产值/国民生产总值

也可近似表达为：

产业结构软化度＝软产业就业人数/就业总人数

软化度的取值范围是0%—100%：越接近100%，软化程度越高；反之，则越低。通常将软化度指数小于40%的产业称为硬产业，软化度指数在40%—60%的产业称为低软化产业，软化度指数大于60%的产业称为高软化产业。

（二）产业结构软化的主要特点

伴随着工业经济向知识经济的转变，产业结构软化趋势日渐明显，并呈现出异于工业经济时代产业结构转换的新特点。

1. 产业结构高技术化

产业结构高技术化突出体现为高新技术改造传统产业的过程。随着科技的进步,机器化生产、激光技术、基因技术、生物技术等更多地应用于第一产业,使第一产业的产量大幅提高,抵御自然灾害的能力明显增强。在高新技术改造传统工业上,科技进步使劳动工具、劳动手段和劳动对象不断创新,极大地促进了劳动生产率的提高,推动了传统工业向高新技术产业的转化,使整个工业日益呈现高度化。

2. 产业结构融合化

产业结构融合化又称产业结构重叠化,技术进步和放松规制是产业融合的两支力量。产业融合的必然结果导致了中间产业的凸显。随着科技进步,特别是信息、网络、生物等高关联性技术的迅速发展,加速了产业间的融合进程。

3. 产业结构国际化

产业结构国际化是指一国或地区的产业结构变动通过其构成要素的国际流动,在全球产业结构调整中实现转换的过程。在经济全球化和知识经济未形成前,产业结构变动,一般主要是在一国国内伴随着本国经济发展的不同阶段循序渐进地进行。随着以信息技术产业为核心的知识产业的兴起,逐渐出现了全球性产业,其迅速发展突破了地区和产业的界限,引起了世界性的产业革命和全球性产业结构调整。其显著特点是它不仅涉及一些产业的整体转移,更重要的是同一产业内部分技术与生产环节的转移。世界范围内产业结构变动这一特征,打破了产业结构变动局限在一国国内的传统格局,出现了产业结构变动无疆界的新趋势。

二、产业结构软化的影响因素

在产业结构软化的过程中,有许多的制约因素,综合来看可分为内在因素和外在因素两大类。内外因素在对产业结构软化产生影响的过程中是相互联系相互影响,共同形成影响产业结构软化的机制。

(一) 产业结构软化的内在影响因素

1. 知识和技术是产业结构软化的基础

首先,知识技术催化新产业的产生。每个新产业都是在技术革命或技术扩张的基础上形成的。可以说知识积累和技术创新孕育了新产业的萌芽,它直接改变着产业的构成。其次,知识和技术进步改变着产业间的投入产出技术关系,从而要求产业间的比例关系发生相应的变化,使得产业结构改变。另外,知识和技术的进步使得需求结构发生变化,而需求结构的变化是引起产业结构改变的主要原因之一。

2. 劳动力素质与结构是产业结构软化的关键

产业结构的向前软化离不开新技术的运用和推动,而新技术归根到底是要靠有理性和创造性的人去研发和驾驭的。从某种意义上讲,一国产业结构能否步入高度化良性发展轨道的关键,在于其是否拥有足够的人力资源。产业结构的后向软化就是对传统产业注入新技术,对传统产业进行改造和调整,提高其技术档次,这就要劳动者提高劳动技能、更新技术知识。更新、扩大劳动者原有的劳动技能和技术知识、提高劳动者素质,是顺利实行产业结构后向软化的必备条件。

(二)产业结构软化的外在影响因素

1. 经济体制与产业结构软化

经济体制与产业结构软化的关联机制反映在两个层次:一是资源配置方式对产业结构软化的传导;二是特定经济体制下,经济主体的行为规则如何影响部门和社会范围内的要素转移与组合。资源配置方式的核心意义在于价格调节机制对要素转移与重组是否具有充分弹性。

在完全的市场体制下,充分价格弹性把结构变动的微观过程和宏观目标简化为市场变量本身相互传导的过程及其客观结果。政府在宏观领域对结构变动的调节只有随机性质。而在完全的计划体制下,资源配置由政府根据政策目标制定,价格完全失去弹性。这两种极端的资源配置方式注定是无效的。宏观调控下的市场经济体制的资源配置方式理论上可以结合两种极端体制的优点。结构转换在市场机制与政府计划共同作用下实现,达到经济增长目标和经济发展目标的统一,最终实现产业结构的软化升级。

2. 产业政策与产业结构的软化

产业政策作为一种结构调整政策,直接影响到产业结构的软化。从产业增长的效应看,要实现产业结构的软化,必须对经济运行机制作出相应的调整,这种调整表现为产业政策对市场机制缺陷的补充和调整。而产业政策效应的发挥既取决于政策本身,又与产业本身的素质和自我调节能力有关。因此通过产业政策调节产业发展,要以市场机制运行规律为基础。从政策内容而言,产业政策对产业结构软化的作用主要涉及三个层次:宏观上主要是改善产业发展环境;微观上主要是调整产业组织,指导企业实现规模经济竞争和有效竞争等;在产业部门层次上则主要是协调产业结构,如战略产业的培育、衰退产业的调整援助等。但这三个层次中,重点是要促进结构的合理化和升级。

三、产业结构软化的经济影响

产业结构软化是经济发展的必然结果,而它也对经济发展产生了重要影响。

(一) 产业结构软化增强了国家的经济素质

高技术产业的兴起和发展使生产手段和方法趋于自动化,劳动生产率大幅提高,产品的国际竞争力增强。同时,整个国民经济的发展由外延增长转为内涵增长,更加注重效率和质量,从而加快了经济增长速度。

(二) 产业结构软化降低了经济波动的强度和幅度

产业结构软化降低了经济波动的强度和幅度,促进了经济的稳定增长。首先,高技术产业的兴起抵消了传统产业的衰退。其次,科学技术转化为生产力的速度加快,从而缩短了经济波动的时间。另外,随着信息产业兴起的信息服务部门受到经济危机的冲击较小。这几方面的作用使得经济的相对稳定增长成为可能。

(三) 产业结构软化加速了就业结构的软化

随着产业结构的软化,社会就业结构也出现了进一步软化的趋势。主要表现为第一、二产业就业人数占总劳动人数比重减小,而第三产业就业人数所占比重增加。这是因为科技水平进一步促进了第一、二产业的劳动生产率的提高,且使得第三产业可以提供更多的就业机会,劳动力由第一、二产业向着第三产业流动成为必然。

(四)产业结构软化加剧了发展中国家的相对贫困化

产业结构软化程度在世界范围内是不均衡的,发达国家的产业软化程度远高于发展中国家,这一软化程度是建立在发展中国家的产业结构硬化的基础上的。发达国家凭借其先进的科学技术水平,在世界市场的竞争中处于有利地位,积累了大量的资金和技术,促进了其产业结构的软化。而多数的发展中国家只能在发达国家的技术锁定下发展劳动密集型或资本密集型产业,几乎相当于发达国家的加工厂。这两方面作用结果,无疑将扩大发达国家与发展中国家间的技术与经济水平的差距。

第三节　技术进步与产业增长

技术进步对产业增长的推动作用已经大过任何一种生产要素投入的作用,这已经在近几十年中得到了充分的证明。技术进步的作用可分为两个方面:促进产业增长方式的转变和培育新的产业增长极。

一、技术进步促进产业增长方式的转变

产业增长方式的转变是指产业增长从粗放经营为主向集约经营为主的转变,具体是产业生产的途径和方式从主要依靠增加生产要素的投入到主要依靠提高生产要素利用效率。

决定生产要素利用方式与效率的因素是多方面的,转变生产要素利用方式、提高生产要素利用效率的途径也是多方面的,诸如实现企业技术进步、提高企业管理水平、改善宏观经济管理与调控、发展科学技术、发展教育等对策。在这诸多因素与对策中,企业或其所在产业的技术进步占有突出地位,发挥着首要作用。

(一)企业技术与管理水平的提高是增长方式转变的微观基础

从一个侧面认识,企业是把诸生产要素结合起来并加以利用进行现实生产活动的基本单位,因而也是产业增长方式转变的微观基础。利用何种生产

要素、如何使用这些要素以及使用的效果和效率，最终也要取决于企业的技术、生产与经营管理水平。因此，产业增长方式的转变应该首先从企业这个基础抓起。

随着知识经济的兴起，决定企业和产业竞争优势的主要因素发生了巨大变化：从资源富饶和廉价劳动力作为竞争优势，转变为创新能力、技术和管理优势作为竞争优势。技术创新和进步可以形成持久的竞争动力和竞争优势。在知识产权日益被重视的趋势下，集中力量突破影响和制约企业和产业发展的关键技术，开发具有知识产权的核心技术，实现企业的持续技术进步，是改变产业技术依赖、增强产业安全、确保产业增长的必由之路。

（二）企业技术进步是实现生产要素集约经营的基础

技术、生产、管理与经营是企业生产经营活动的主要内容。其中，技术是其他各种活动的基础。一定的生产技术，决定着生产要素的种类、数量、比例、相互组合或结合的方式、生产的工艺与流程、生产的规模，决定着劳动者的数量、工种、专业、技术水平等素质要求，决定着产品的性能、质量和数量等等。一个企业、某一产业或某个国家的生产技术水平，在很大程度上决定着生产要素的利用方式和利用效率，决定着其产出的质量和规模，决定着一个国家的经济实力。企业的管理水平对生产要素的利用效率有重要影响。但一般说来，管理在很大程度上决定于技术。值得重视的是，现代管理也是技术，管理应用了越来越复杂的技术手段以及各种管理理论、模型、方法等等。

（三）产业技术进步是宏观调控的重点和政策目标

在宏观层次上优化资源配置结构，如产业结构、组织机构、技术结构、产业布局等，提高宏观管理与调控水平对实现集约型经济增长是极为重要的。但宏观调控的改善不是空泛、虚幻的，所有的宏观经济政策最终都要落实到产业和企业上，都要引导各种生产要素在各个产业、各个地区、各个企业、各种产品之间实现合理的流动和配置，都要有利于企业的生产资源得到有效的利用，有利于促进企业和产业的技术进步，有利于企业取得更好的经济效益。

（四）技术进步可以有效地克服产业发展过程中资源环境的制约

通过自主创新和技术进步，能极大地提高资源利用率，在既定产出水平下会大大减少资源的相对投入量,降低投入产出比,使所消耗的资源发挥出最佳经济效益。技术进步还能创造出新能源、新材料,如新型复合材料以及新型能源的大量应用,这既可以满足产业持续快速增长的需要,又可以减轻稀缺资源的消耗压力。基于技术创新和进步的循环经济,能够对生产、生活废物进行回收循环再利用,从而减轻产业发展对环境造成的负面影响,达到绿色发展和持久发展,为产业发展减少和消除了潜在的隐患。

二、技术进步培育新的产业增长极

技术进步对产业增长的另一个推动作用是在其发生过程中会形成新产业,即高技术产业,这种产业的发展很快会形成经济的新的增长极。

(一) 高技术产业的概念与特征

1. 高技术产业的概念

高技术是基本原理及概念建立在最新科技成就基础上的现代技术的统称。

根据世界科学技术发展趋势和中国科技、经济、社会发展战略,中国将高新技术认定为:电子与信息技术、生物工程和新医药技术、新材料及应用技术、先进制造技术、航空航天技术、现代农业技术、新能源与高效节能技术、环境保护新技术、海洋工程技术、核应用技术、其他在传统产业改造中应用的新工艺新技术。高新技术产业就是从事高新技术研究与生产的产业部门。中国有关部门对高新技术企业的认定提出了四方面的指标:高新技术企业是知识密集、技术密集的经济实体;具有大专学历的人员占企业总人数的10%;用于高新技术产品研究与开发的经费占总收入的3%以上;技术性收入和高新技术产品产值的总和应占企业总收入的50%以上。

2. 高技术产业的特征

(1) 高技术产业的创新性。高技术是通过技术创新开发出来的,因为它属于技术梯度最高层次,所以它必须通过技术创新环节。创新可以带来新产品、新产业、提高劳动生产率,淘汰落后的生产力。创新一经出现,必然在社会上引起模仿,并且引起创新浪潮,推动经济发展,一旦创新浪潮消失,经济也就停滞了。日本公司被认为是世界上最大的、最好的模仿者。模仿不只是简单地模造，它包含了渐近的创新，对原设计的不断改进。比如，录像机是美国公司的创新，但日本通过模仿掌握了这项技术后，对产品进行了改进，使录像机性能有了很大的提高，结果是日本的录像机公司占领了世界市场。

(2) 高技术产业与最新科研成果的紧密联系性。人类社会历次科技革命都带来了一系列新的产业发展，第一次科技革命引起的大机器工业产生；第二次科技革命引起了电力、钢铁、化学、交通运输业等一系列新产业的发展；第三次科技革命诞生了高分子合成工艺、原子能工业、电子工业、宇航工程、生物工程的新兴产业部门。当代高技术如：信息技术、生物技术、激光技术、新材料技术、新能源技术、航空航天技术、海洋技术等，几乎都是在科学技术发生重大突破之后，转变成高技术成果的。可以说，科学技术的研究成果为高技术创新提供了重要的条件。

(3) 高技术产业的高竞争性和垄断性。高技术领域的竞争是一场人类历史上极为深刻的竞争，它牵动了从经济、科学、国防、教育以及文化等一切领域。发达国家的跨国公司在开发高技术方面投入了巨资，在高技术创新后，为了长期获得高技术垄断利润，对于高技术实行严格的保密，以长期独占该技术。在 20 世纪 70 年代以前，人们可以用反向技术破解高技术产品的密码，但随着研究发明者保密技术的提高，尤其现在很多高技术具有软化趋势，使反向技术破解失效，再加上知识产权保护法的逐渐完善，使高技术发明者可在较长时间垄断其开发的高技术。

(4) 高技术产业的高收益性。高技术产业的创新需要投入大量资金，在研究过程中，失败多，成功少，损失大。一旦开发成功，发明者可在专利权保护下独占其研究成果，而且其技术价值很高，成功的商业开发会给创新者带来很高的收益，小企业可能会迅速发展成为大公司。如：美国微软公司开发的电脑软件，迅速打开了美国和世界电脑的软件市场，仅十几年，微软公司就由小企业发展成为世界上最大的公司之一。高技术的成功还使硅谷扬名于全世界，并且掀起了“硅谷效应”，引起世界仿效。

(5) 高技术产业的不确定性。由于研究者能掌握的信息是有限的，研究项目及其成果能否成功的商业化以及它的技术寿命长短都存在不确定性。一项研究在其过程中，可能会突然发现有另一项研究比它更有前景和商业价值的成果问世，而使它中途夭折；或者一项研究成果刚刚投入商业领域，而另一项更好的成果出现，使它的技术寿命大大地缩短；有的研究项目由于某些原因而中途停止。实际上,任何一项技术成果都不可能一帆风顺,大多数要在商业化过程中经受严峻的考验,只有少部分才能取得较好的和巨大的效益。

(6) 高技术产业的横向扩散和纵向渗透性。所谓横向扩散是指技术创新在同一技术梯度内的扩散。一项高技术的创新往往首先在高技术领域迅速地扩散,如:信息技术在生物技术、航天航空技术、电子技术、新材料技术等领域的扩散,这种扩散加速了其他领域的发展,提高了相关技术的技术含量。所谓纵向渗透是指高技术创新在不同技术梯度之间的一种扩散,在激烈的市场竞争中,中间技术梯度的产业和企业,为了在市场竞争中取胜,获取更多的利润,降低成本提高效益,会不断地将高技术成果吸收到生产经营中去,提高产品的技术含量和价值。高技术的横向扩散和纵向渗透,一方面为高技术提供了广阔的市场,促进高技术产业发展;另一方面提高了中低技术产业的技术水平,推动了它们的技术进步,从而促进经济更快地发展。

(7) 高技术产业的高科技人才聚积性。高知识含量、高智力是高技术产业发展的根本属性。高技术领域的竞争,表现为:市场竞争、经济实力的竞争、科技知识水平和文化观念的竞争以及人才的竞争。综观世界范围内高技术的发展和兴盛,都与专家和学者的创业、创新家和企业家的巧妙结合、金融家和投资家的精明判断和决策密切相关的。离开了这些就没有高技术发展,就没有知识经济时代的高技术兴旺繁荣的景象。

(8) 高技术产业软件化与信息化程度的日益提高性。科技发展的软件化与信息化表现在两个方面:一是软件技术和信息技术向硬件技术的扩散:二是随着软件技术的迅速发展,在局部出现了软件同化的特点。今天,许多硬件多功能效用的发挥主要取决于软件工作。在美国、日本等发达国家,软件在整个产品价格中所占的比重迅速增长,硬软件比重从 50 年代的 8∶2 到 70 年代变为 5∶5,而现在许多产品已达到 2∶8。据预测,在 21 世纪初期,在多数产品中硬软件比将达到 5∶95①。

(二) 高技术产业发展与产业结构升级

产业结构是一个国家的资源禀赋与现实经济实力之间的联结机制与转换

① 周强:《论高技术产业特性》,《北方经贸》,2002 年第 3 期,第 92—93 页。

器。这就是说，一定的资源在当时既定的技术体系下才可以生产出各种各样的产品，满足社会的生产与生活需要。要使产业结构正常发挥转换器的功能，它就应能够迅速接纳新技术的诞生并形成新的产业从而提高社会劳动生产率，增强其在国际市场上的竞争能力。下面分析的是高技术产业的发展与产业结构升级的关系。

1. 高技术产业发展迅速提高其在经济增长中的贡献率

在经济发展的各个阶段，特别是经济愈来愈发达的现代社会里，人们更需要运用有限的资源去获得最大限度的经济增长。因此，提高技术进步在经济增长中的贡献率就显得尤其重要。

经济增长的价值形式便是社会总产值，国民生产总值或国民收入的增长。经济增长可以通过两种方式来实现：一是外延式扩大再生产，主要依靠增加投入要素来实现，如通过增加投入劳动量和资金来扩大再生产；二是内涵式扩大再生产，主要依靠产品开发和装备水平的提高，改进工艺流程，提高劳动者素质及加强管理等手段来促进经济增长。这种内涵式扩大再生产对经济增长的作用是投资省、工效高、周期短，较前一种经济增长方式来得更为优越，它主要是通过高技术产业的迅速发展来实现的。

以美国为例，20 世纪 60 年代以来，美国高技术产业的发展十分迅速，它使技术进步在经济增长中的贡献率迅速提高，1961—1965 年为 7%，1976—1980 年上升到 21%，1991—1995 年达到 24%，1996 年为 33%，1997 年提高到 40%。作为传统支柱产业的汽车制造业在 1981—1985 年对经济增长的贡献与高技术产业基本持平，但在 90 年代急剧下降，到 1996 年下降到约 2%—3%。建筑业在 1991—1995 年对经济增长的贡献约 17%—18%，1996 年后也呈下滑趋势。在高技术产业中，信息产业的发展更为迅速，1985 年其对经济增长贡献率约为 4.5%，1990 年上升到 6.1%，1998 年上升到 8.2%。信息产业之所以在经济增长中的贡献日益加强，重要的原因就是信息技术产品的技术密集度高，因此在质量和性能不断提高的同时，其价格却急剧下降。90 年代以来，计算机的计算能力每 18 个月的进步相当于以往 30 年进步的两倍；同时，由于微处理器的发展，计算机的平均价格不断下降；在 1991—1996 年时间里，微处理器的生产成本从每秒百万条指令 230 美元下降到 3.42 美元。

2. 用高技术改造传统产业促进了产业结构升级

应用高技术改造传统产业实质是将当今世界高技术如生物技术、信息技术、新能源技术、新材料技术、空间技术等广泛地应用于农业、交通运输、水利、电力、煤炭、机械、电子、石油化工、汽车、医药等传统产业,使这些产业的技术水平不断提高,产品的技术含量不断扩大,从而推动产业结构逐步向合理化、高级化转变,提高国民经济的整体素质。

电子信息技术是高技术改造传统产业的带头技术。电子信息技术包括集成电路制造技术、计算机技术、通信技术等,其核心部分是计算机技术,处理的对象是信息。信息产业是知识、技术、智力密集型的产业,是当代最有渗透力、增值力、最重要的高技术产业。信息技术的运用,可以极其广泛地渗透到诸多产业部门,与其专业技术融合,从而极大地革新现有产业的生产技术。可以说电子、信息技术是改造传统产业的首要技术、带头技术,是经济效益的倍增器,是产业结构升级的阶梯。

(三)高技术产业增长的扩散效应

高技术产业的增长是由于人才、技术、信息、资金等生产要素的集聚,开发出大量的新技术和新产品,孵化出许多新兴科技企业和经济组织,这些企业和经济组织发展到一定的阶段,有的被淘汰或兼并,有的会成长壮大起来,壮大起来的企业或经济组织需要更多的资源和更大的市场,必然向外扩散。区域内的高技术产业的迅速扩张,使其与区外产业产生经济势差,这种势差就构成了高技术产业增长的扩散基础,为高技术产业的扩散提供了可能。

高技术产业增长的扩散表现在两方面:一方面区域内高技术产业迅速扩张,由增长核心区向周边地区扩散,推动区域产业群发展;另一方面,区域内集聚的人才、技术、信息、组织等要素不断向传统产业渗透,从而带动传统产业的更新换代,促进产业结构的优化升级,推动整个社会向前发展。

高技术产业增长极的形成和发展过程,体现了极化效应和扩散效应的统一。其形成过程,主要表现为生产要素向增长极区域的集聚,体现了极化效应;其发展过程,主要表现为增长极区域内的生产要素向外围转移,体现为增长极的扩散效应。两者从不同的角度带动区域经济的发展。一般来说,在增长极的发展初期,主要是高技术产业的集聚,所发挥的是极化效应,体现的是增长极的发展。当增长极发展到一定的规模后,极化效应逐渐削弱,扩散效应逐渐加强,并进一步发展到扩散效应占主导地位,体现的是推动整个区域经济发展。

高技术产业增长扩散对经济和社会发展的影响，主要体现在以下几个方面：第一，高技术产业增长的扩散，将使技术、资本、劳动力等生产要素由增长极区域向接受扩散区域转移，能大量增加就业机会，带动相关产业的发展，带动并促进接受扩散的区域的经济和社会发展；第二，高新技术对传统产业具有改造作用，在高新技术产业的扩散过程中，由于高新技术的扩散，增长极周边区域的传统产业往往是最先享受到高新技术改造的利益，这将促进传统产业整体素质的提高，带动传统产业的发展；第三，高新技术产业的扩散，既是高新技术的扩散，也是管理技术的扩散，还是先进文化和经营管理理念的扩散。通过这些扩散，尤其是管理技术、先进文化和经营管理理念的扩散，将促进接受扩散地区的居民整体素质的提高和优化创新创业环境，这将对接受扩散地区的经济和社会发展起到不可估量的作用。

第四节　技术选择与产业升级

技术的发展具有发散性和多维性。产业和社会必须要对技术进行选择，这种选择可以是自发和无意识的，也可以是有计划、有目的的，如产业技术政策的制定与实施。技术选择是产业发展和升级的重要环节，它直接决定产业发展的方向和产业升级的过程。

一、产业技术

一个产业在社会再生产活动中，要将多种生产要素按产业的特点和市场的需求进行整合，这种整合技术就称之为产业技术。产业技术作为通常所认知的技术的一个部分，既有通常技术的一般属性，又有作为部分技术的特性。一般技术按其技术生命周期可以分为实验室技术、成熟技术和淘汰技术三类。作为产业技术，一个明显的特征就是被某产业正在广泛使用的技术。因此，从这一角度也可将产业技术理解为处于技术生命周期的成熟阶段，在某些产业中正被广泛使用着的已商业化了的技术。产业技术的形成，取决于多种因素。除了取决于当时人们对自然界的认知度以外，最主要的决定因素就是产业本身的特定和产业技术政策。

二、技术选择的基本内容

技术选择是指决策者为了实现一定的经济、技术和社会目标，考虑系统内外客观因素的制约，对各种技术路线、技术方针、技术措施和技术方案进行分析比较，选取最佳方案的过程。它反映了人们对于技术应用的认识水平和决策水平。不同的自然、社会条件，要求不同形式的技术以及不同形式的技术应用。

（一）技术选择是一个多层次、多因素的动态决策过程

技术应当满足人类需要，理应与自然、社会、经济协调发展的认识出发予以使用，它包含了以下三层含义：第一，技术选择不仅是生产工具、工艺和方法的选择，而且首先是关于如何应用技术的指导方针、原则和政策的选择；第二，技术选择不仅是单纯经济效益的比较，而且要着眼于社会和人类的需要，满足一定经济的、社会的和环境的目标；第三，技术选择并非是简单地寻求解决某一具体问题的权宜性措施，而是要为一个目标去选择建立适合于一定社会经济、自然资源、生态环境和文化教育条件的技术类型、技术结构和技术体系。

（二）技术选择具有强烈的时间性

从历史的角度来看，技术进步是一个无穷的序列，而由于社会、经济和技术发展的不平衡性以及社会需要的多层次性，这一序列在空间上体现为在同一时期内多重层次的技术并存。这些不同层次的技术适用于不同的经济、技术及自然条件，服务于不同的社会需求层次，在生产效率、投入产出结构等方面往往有明显的差异。从经济学的角度看，一个时期内人们可用于生产活动的资源总是有限的。资源可供量的限制迫使任何一个经济系统在解决自身发展中所遇到的问题时，必须寻找能够最充分地利用现有资源、对实现本系统有利的经济系统。这就使得任何国家、地区或者企业必须根据自身的目标与条件进行技术选择。

（三）技术选择可分为宏观和微观两个层次

按决策层次划分，技术选择可分为宏观技术选择和微观技术选择两个层

次：宏观技术选择是指站在全社会的立场上，从国民经济整体利益出发，揭示各种备选技术对经济、社会发展的影响，从中选择对整个国民经济的发展最为有利的技术或技术组合，为国家制定技术政策和进行重大技术经济决策提供科学依据；微观技术选择是指站在企业立场上，根据企业内部和外部的客观条件，评价各种备选技术对企业近期利益和长远利益的影响，选择对实现企业目标最为有利的技术或技术组合。①

三、产业技术选择的原则

对于一般的技术，可以从不同的角度来对其进行刻画和描述，如技术的可行性、技术的先进性和技术的经济性等等。产业技术作为一般技术的一个部分，同样也可从这些方面进行描述和分析，并根据这些分析，制定出一个产业在选择其产业技术时的准则。在选择产业技术时，应遵守以下一些原则。

（一）合理性原则

所谓的合理性，是指经济上的合理性。产业技术作为一个产业对生产要素的一种整合手段，是为一定目的服务的。这里的目的，从国家的宏观层次上看是为了获得该产业的一定产出和国民经济的不断增长；从企业的微观利益考虑是为了追求市场份额和获取经营利润；从社会环境上分析是能够不断地降低环境生态成本。显然，采用什么样的产业技术只是手段而非目的，目的是通过对生产要素的整合而取得最大的收益。因此，无论是国家还是企业，在选择产业技术时，必须遵循技术的合理性原则，产业技术的选择要在能够取得最大收益的前提下实施。

（二）先进性原则

技术按其先进的程度，可以分为不同的层次，如尖端技术、先进技术、中间技术和初级技术。一般在生产要素的整合过程中，其整合所用手段越是先进，或者说采用的技术越是先进，整合的效率就越高。整合效率的高低，将对企业经济效益的好坏直接产生影响；对宏观经济而言，则将关系到产业结构的升级

① 许晓峰：《技术经济学》，北京：中国发展出版社，1996 年，第 105—107 页。

和产业国际竞争力的强弱。因此,技术的先进性原则,也是在进行产业技术选择时所必须遵循的一个重要原则。当然,有时在进行具体的产业技术选择时,先进性与合理性会发生冲突,这时一般应将合理性放在更为重要的地位。

(三)可行性原则

由于使用技术主体的外部环境和内部条件的不同,对于同样的产出和类似的生产要素,各主体所采用的技术就有可能不同,甚至会出现在同一产业中,适合于甲的技术却不适合乙的情况。在可行性方面还应注意的一个问题是有些技术可能在小范围使用时已相当成熟,但一旦在较大范围内使用就会产生种种问题,如或是某些具体的问题无法解决,或是由于使用成本过高而在市场上缺乏竞争力。产业技术的可行性原则,不但要求该技术在使用上是可行的,而且要求在市场上也具有一定的竞争力。

(四)协调性原则

协调性是指所选择的技术对社会经济的发展应保持协调。具体地讲,产业技术的协调性原则包括以下几个方面的内容:对社会发展的有益性,即所选择的技术应能充分利用各种资源,使资源得到较优的配置;对生态环境的保护性,即所选择的技术应充分注意到生态环境的问题,不能以牺牲生态环境作为选择某产业技术的前提。

四、产业技术政策

产业技术政策在技术选择中发挥着重要的作用。在技术选择过程中,企业的自发行为虽然能够推动整个产业技术创新和升级,但是由于竞争、收益不确定性以及沉没成本等因素的存在,这种自发行为的效果通常会得到某种程度的削减。此时,产业技术政策的指导和监督作用为产业技术的整体进步提供保障。

(一)产业技术政策的内容和手段

产业技术政策,是指国家通过对技术研究、开发及创新实施强有力的支援,以实现产业在不断更新的技术支持下取得持续发展这一战略目标的一种政策。它以产业技术为直接的政策对象,是保障产业技术适度和有效发展的重要手段。产业技术政策的主要目标是促使那些处于开发研究阶段的技术具体应用于产品开发或改良,使其尽快转化为现实生产力,以推进经济持续增长。

在产业政策体系中,产业技术政策与产业组织政策、产业结构政策和产业布局政策是并列关系。对特定的产业而言,产业技术政策在产业的幼稚期和衰退期具有决定其前途和命运的影响力。对政府而言,不善于运用产业技术政策,其经济与政治必将陷入被动和落伍。

产业技术政策一般包括两方面的内容:一是确定产业技术的发展目标和具体计划,包括制定各种具体的技术标准、技术发展规划,公布重点发展的核心技术和限期淘汰的落后技术项目清单;二是技术进步促进政策,包括技术引进政策、技术扩散政策、技术开发扶植政策等。技术引进政策是使后发国家通过直接引进别国的成熟技术赢得后发优势的。但仅有引进技术是不足以摆脱技术落后状况的,必须在鼓励技术引进的前提下,重视对引进技术的消化、改造和提高。

产业技术政策的手段可分为直接干预手段和间接干预手段两大类。前者包括政府依据有关产业技术进步的各种法规所实施的行政干预(包括政府对引进技术实施管制、直接投资与产业技术开发和应用推广、特定产业技术开发项目等);后者主要是政府对产业技术的发展前景、战略目标、项目重点等提供指导以及对产业技术开发提供补助金、委托费、税制优惠和融资支持等。

(二)产业技术政策的重要性和必要性

在现代社会中,技术是实现多种政策目标的重要手段。无论是国防与国家经济安全的保障,还是高附加值产业的培养、国民生活水平的提高,乃至生态环境的改善,都越来越依赖于技术进步。日本、德国等后发国家的经验表明,在技术引进、消化、创新和高新技术发展领域里,政府的指导与支持是决定成功与否的重要因素。

在知识经济初见端倪的今天,产业技术政策的重要性已越发突出。原因是:第一,产业技术正在日益高风险化和大规模化,所需的投资额度空前增加,其投资风险无法由企业来独立承担。从技术开发成本或技术安全看,国家管理的介入已经成为重要课题;第二,当今世界技术领域中的国际竞争日益激烈，广大发展中国家的产业技术与发达国家之间的差距正在呈扩大趋势，若政府不积极采取相应措施，这种差距将可能进一步扩大，从而严重影响国际经济新秩序的建立。

产业技术政策的必要性体现在以下两个方面：

(1) 由于技术成果具有公共产品的性质，技术开发的成本与技术的社会收益之间存在不对称关系，个人收益率总是低于社会收益率，其外溢效益十分明显。此外，基础研究的回报率往往极低，技术成果应用的收益率高而社会边际成本却接近于零，加上技术开发存在技术与商业双重风险，以及技术开发的难度增加、投资规模日趋扩大等因素，都不可避免地造成私人投资的不足。所以，国家必须制定和推行专利保护政策、风险投资促进政策（如设立风险投资基金，政府对研究开发投资实行信贷担保、贴息、按比例分担等）、基础研究支持政策等。

(2) 现代经济进步越来越依赖于连续、高效、大规模和有组织的技术创新。虽然市场竞争中的价格机制能够在一定程度上促进技术进步，但并不能自动实现技术开发领域中的资源最优配置。在缺乏政策介入的情况下，单靠市场机制将会导致技术开发投资不足或重复投资问题。为了实现技术资源的有效开发和最优配置，防止技术创新的中断，确保产业技术的持续进步，国家就必须以适当的政策手段对技术开发与推广应用进行有效的指导、组织、扶植和协调。

实践证明，产业技术政策是有组织地推进技术创新的得力手段，凡是能够成功地实现产业结构高度化的国家，都较好地运用过产业技术政策。发达国家尚在以产业技术政策推动技术的持续进步，对于技术相对落后的国家而言，推行产业技术政策的必要性更是不言而喻的。

（三）产业技术政策的发展趋势

产业技术政策是适应经济发展对技术进步的要求而产生的，技术的进步又会不断对产业技术政策提出新的要求。20 世纪 90 年代以来，各国产业技术政策总体上出现了三大趋势：一是政策的目标体系越来越丰富、完善；二是政策措施和手段越来越具体、务实；三是突出了增强产业国际竞争力的重要性。

产业技术政策目标的丰富和完善主要体现在可持续发展理论和环境保护

意识已经普遍渗透到各国技术标准体系中，从而改变了以往单纯强调技术的经济效益、忽视技术的环境影响的旧模式。国际标准化组织（International Organization for Standardization，简称ISO）于1987年制定的ISO9000系列国际标准，是以质量管理和质量保证为核心的。随着1992年欧洲共同市场的建立，统一质量标准的呼声便进一步高涨。ISO9000认证的取得开始成为国际投标、交易的重要条件。1996年国际标准化组织将质量保证从产品本身扩展到产品全过程对环境影响的评估，进一步制定、推行了强调环境保护的ISO14000系列国际标准。ISO14001作为环境管理体制标准，要求企业制定有利于环境保护与改善的经营方针与行动计划，并且每隔三年要对环境管理体制进行监督、修改和完善，以便保证行动计划的实施。1998年又制定了从设计、原材料供应、制造、销售、消费或使用到回收或废弃的产品全过程对环境影响的评估体系。日本通产省工业技术院于1996年以ISO14000体系为依据，制定了作为日本工业标准（JIS）的“环境JIS”。ISO14000作为国际性的环境管理标准正在逐步渗透到各国的产业技术政策之中。在以欧洲为中心的世界各国，ISO14000认证的取得开始成为企业间交易和政府采购的条件。21世纪，以质量保证和环境保护为宗旨的上述两个国际标准将成为各国广泛认同的技术标准。

在韩国，20世纪90年代以来产业技术发展已经出现了两个重要转变：一是在研究开发内容上，从以量的扩大为主转向以质的提高为主；从以大批量生产技术为主转向以创造性研究开发为主；从强调硬件技术领域的竞争力转向注重信息与知识领域的竞争力；从以推动经济增长为主，转向同时追求生活质量的提高。二是在研究开发方式上，从自主完成型研究开发转向网络协作型研究开发；从重视开发能力的培养转向重视技术扩散；从供给导向型研究开发为主，转向以需求导向型研究开发为主。

与此相应，韩国产业技术政策也在经历新的重大变化，即从政府与企业的共同主导，转向企业主导、政府扶助；从以直接支援为主，转向加强结构性竞争力；从以产业为中心，转向以技术创新为中心，开始强调通用技术（如信息技术）对各产业的渗透。为赢得21世纪国际竞争的优势，韩国政府所实行的产业技术政策包括以下六方面具体内容①：

① 朴昌根：《韩国产业政策》，上海：上海人民出版社，1998年。

(1) 增加研究开发投资。韩国国内研究开发投资总额从1985年的11 552亿韩元增加到1994年的78 947亿韩元,90年代最初五年的平均增长率达20%以上,而且民间部门的研究开发投资比重逐年增加。韩国政府决定今后继续扩大研究开发投资,使之在GNP中的比重达到4%,政府的研究开发投资比重从1996年起增加到投资总额的20%。

(2) 指定14项核心技术开发项目。其中包括7项产品技术项目和7项基础技术项目。被韩国政府指定为新一代产品技术开发项目的有超大规模集成半导体、宽带综合信息网、高清晰度电视、电动汽车、人工智能计算机、新医药与新农药、智能型尖端生产系统等。核心技术项目中的“基础技术开发项目”是新材料、生物工程技术、新能源技术、环境工程技术、微型机器人技术、新型原子能反应堆设计与制造技术、新一代发动机技术等。

(3) 促成新技术的产业化。具体措施有集中扶植面向技术开发的金融机构,加强对技术开发的金融支持;搞活技术市场,扩充“新技术创业保育中心”;引进并运用“技术保险制度”,分散商品化风险。

(4) 完善科技信息流通体制。韩国政府决定将目前的以信息提供者为中心的信息流通管理体制,转变成为以最终需求者为中心的信息流通综合系统,并集中发展电子图书馆,强化国内外科技信息资料的收集和供给,在2001年建成具有发达国家同等水准、能够迅速向研究开发者提供所需信息的科技信息网络系统。

(5) 加强产业界的科技队伍建设。韩国政府决定将韩国科学技术院(KAIST)建成世界级水平的研究中心和教育机构,并扩大由研究所、高等院校、产业部门合作培养硕士、博士的项目范围,强化对企业内大学的支援。

(6) 加强国际科技合作。包括聘请外国高级专家赴韩工作,鼓励韩国科技人员参加多国合作项目;通过联合国、WTO、OECD、亚太经济合作组织等机构积极展开双边或多边科技合作;在进一步加强与发达国家科技合作的同时,扩大与其他国家之间的技术合作与交流等。韩国产业技术政策的新趋势在当今新兴工业化国家中具有代表性,值得中国关注和借鉴。

五、产业升级的特征与路径

产业升级是指产业在演进过程中的一种方向性明确,并具有质变性质的运动过程。产业运动既有相对静止的运动,也有剧烈的变动;既有向上升级的运动,也有向后退却的运动。产业升级更是一个整体动作,它包括产业组织、产业结构、产业兴衰机制等多方面的同步推进。而且,产业升级是一种方向性明确的单向运动,即向上的运动,任何停滞不前,甚至倒退都与“升级”无缘。产业升级是一种量变积累到一定程度后发生的质变。当经济机体经过一段较长时期的演进、原有的产业秩序无法再维持下去、新旧产业冲突加剧、产业的新陈代谢不可避免时,产业升级就在所难免了。

(一) 产业升级的主要特征

1. 信息产业成为支柱产业

信息化对工业化的推进,使得信息产业得到优先发展,进而成为国民经济的主导和支柱产业。信息产业包括计算机及通信设备制造业、通信业和软件业。目前在中国,除了软件业以外,其他两个行业已形成一定规模,成为经济发展的主导和支柱产业,该行业具有技术含量高、附加值高、生产效率高等特点,电子信息产业成为主导产业部门,是产业升级最主要的特征表现。

2. 第三产业内部结构优化升级

信息技术的发展为知识产品的生产、储存、销售提供了技术手段,信息化的推进,加快了信息技术在第三产业的广泛应用,大大降低了知识产品的生产、销售成本。由于信息产业发展加快,使第三产业发展由一般商品交易为主向知识型产品生产、交易转变,改变了第三产业的结构,使第三产业由较低层次、较低水平向较高层次、较高水平演变,从而实现第三产业内部结构升级。

3. 制造业内部发生重大变化

在产业升级过程中,制造业内部结构发生较大变化,现出“橄榄形”,即两头小、中间大,产业加工度提高的特征。由于新工艺、新材料、新的生产工具的发明,改变了传统产业的生产方式,提高了其技术水平,促进其生产部门和产品的更新换代并提高了产品的质量,甚至创造出了新产品,这种连锁变化必然会影响和改变原来的产业结构。例如,数控机床的发明,使得机械加工的精度更高,灵活性更强,生产成本更低,也使得机械工业获得重生。

4. 主动参与世界产业链演变

当代全球产业链演变的重要特征是:在研发与销售环节高度集权的同时生产环节高度分散化。随着技术的不断创新与进步,终端产品不断向中间产品过渡，使得生产环节片断化和制造过程离散化态势日渐突现。因而造成了由发达国家的跨国公司在知识密集的高附加值的核心环节上高度集权、垄断占有的同时，将生产环节和低附加值的制造部分分散于发展中国家，形成了国际化生产与分工体系的当代形态。在这种特征下，产业升级不但要实现参与终端环节的生产和销售必须要找准全球产业链的“战略性高端环节”，并不断通过产业升级嵌入这些环节之中，这种参与才能称之为产业升级。

（二）产业升级的主要路径

1. 选择好主导产业

主导产业是在产业结构中处于带头地位的产业，它在很大程度上决定了该产业结构未来的发展方向和模式。需求、生产、结业、资源、进出口、发展目标等因素都会对重点产业的选择产生影响。如果选择不当，必然会出现畸形的经济结构，不能实现可持续发展，从而导致产业升级缓慢和社会资源的大量浪费。

因此，为更好地实现产业升级，应很好地考虑主导产业的选择：一要考虑产业发展对社会资源的吸纳程度，二要考虑产业发展与市场经济成熟状况的关联程度，三要考虑产业发展对其他关联产业的支持程度，四要考虑产业自身规模及其总产值占国民总产值的比重。

总之，主导产业选择联结着产业发展的现状和未来，对产业升级具有至关重要的意义。

2. 淘汰过时产业，培植新兴产业

对过时产业的淘汰不仅会遇到种种来自经济内部和外部的阻力，而且还会造成经济上的损失，随着旧产业的淘汰，与之相依存的各种生产要素也将会不同程度地受其影响。因此，产业淘汰并不就是简单地放弃了事，必须考虑如何减少淘汰过程中的损失和代价。淘汰过时产业，是为更好地发展新兴产业。因而，如何在淘汰中合理地保护过时产业有效成分也是一个十分重要的课题。

没有新兴产业的形成，就难以形成产业升级过程。一种新兴产业未来的潜力如何，关键在于它的未来需求量的大小，这直接影响到它的生命力。选择和培植新兴产业，必须考虑未来的社会经济需求和发展该产业的成本效益，进而明确该产业在未来产业体系中的地位和潜力。在推进产业升级过程中，必须选择那些在未来的经济运动中符合未来消费趋势的、具有较大潜力的产业加以扶持和培养。

3. 改造和提升传统产业

在一个产业整体的横断面上，新兴产业和过时产业毕竟是少数，其产业主体仍处于发展过程中。但是，尽管这些产业在产业群体中举足轻重，但它们在形成时期毕竟打上了过去的烙印，带有若干旧的、传统的痕迹，进而部分或局部老化。因此，对于这些仍在继续开足马力地"工作"中的产业，必须采取有效措施使之跟上新时代的步伐。这些措施主要有：一是用新技术改造原有产业，使它焕发青春，例如，利用计算机和机器人改造机器制造业，使它们在制造方法、效率方面适应现代要求；二是矫正和调整原有产业的运作方式，实行产业重组和产业再定位，提升原有产业。一种产业的形成与发展，总有它自己的空间和定位，而且与它的环境基本相适应。然而，社会经济总是在不断进步，各种环境条件也总是在发生变化，各种产业间的关联也并不是固定不变的。因此，根据新的环境条件，实行产业重组和再定位、提升传统产业是推进产业升级的一项关键措施。

4. 正确处理产业升级和产业补短之间的关系

发展中国家在工业化阶段，既面临着产业升级的压力，同时又有产业补短的要求。一方面，工业化国家产业的不断进化，使得发展中国家为实现赶超目标不得不以更快的速度实现产业升级；否则，发展中国家就可能永远处于落后地位而无法翻身。另一方面，发展中国家为实现产业发展，从而带来一些产业发展较快、一些产业发展较慢的问题。为此，就要求不断地进行产业补短，以使失衡了的产业结构恢复平衡。在中国，农业的基础地位还很脆弱，农业靠天吃饭的局面短期内会不会改变；第三产业和基础设施、基础工业也相对滞后。因此，在加快产业升级的同时，还要切实加强农业，继续加强基础设施和基础工业，鼓励和引导第三产业加快发展。

5. 进行产业结构调整和组织产业转移

通过产业结构调整，改变原有的产业关联和运行秩序，形成新的产业整合机制，把产业结构的整体水平导向一个新的层次。实现产业升级，就要调整原有的产业秩序，对它们进行重新排序和选择，以求得产业结构整体与需求结构及资源环境等方面的动态协调，由此形成新条件下的产业成长、扩张、收缩和退出的机制。产业结构调整的关键是产业选择，产业选择与产业升级是互联的，产业升级作为一个整体演进过程，也必然包含着产业选择过程。组织产业转移既是产业淘汰的一种方式，同时也是实行产业重组、改造和提升原有产业的一种较为理想的方式，产业转移可以减少产业升级过程中伴随的损失和成本,使产业淘汰成本降到最低限度。任何产业的生存总是在一定的时间和空间下维持的。某一产业在该地区内能成为淘汰产业,但并不意味着它在其他地区也如此。因此,为了最大限度地发挥其效用,将那些处于淘汰地位的产业转移到它能继续生存的地区去,既可以为本地区新兴产业的发展腾出空间和资源,也可以使产业升级的成本减少。而且,产业转移可以使社会资源的配置趋于优化,使经济运行实现良化,减少因产业变迁而导致的经济运行的波动。

6. 建立产业升级的保障机制

产业升级保障机制能够保证产业升级的资源充足,在各部门合理分配资源,并能提高资源的利用效率,使社会得到最好的福利。产业升级保障机制主要包括:合理的经济体制、优秀的企业家群体、科学的经济发展战略和产业政策等内容。其中,最重要的是要建立其能够促进产业升级的经济体制,包括合理的所有制结构、有活力的企业、合理的企业组织结构、竞争性市场体制和优胜劣汰机制、合理的投融资体制和企业购并行为。

值得注意的是,一个好的产业升级保障机制能够弥补所有产业结构的缺陷,一个差的保障机制则会限制甚至扼杀原有产业结构的优点。

本章小结

本章集中论述技术创新与产业发展之间的关系。产业升级是产业发展的最终结果,但是并非所有的产业发展形态都能称之为“产业升级”。在产业发展过程中,只有那些通过技术创新来实现利用现有资源方法的改进和突破以及不断创造和发现更加适合产业发展的新资源的态势才能成为“产业升级”。由此可知,产业升级必须通过技术创新来实现。技术创新与产业发展的不同形态之间的关系有很大的差别,这些形态特征是通过产业规模、产业结构、产业增长以及产业升级等表现出来的。

产业规模是反映产业总体对规模经济的利用水平,是一个静态的概念,是产业发展的最基础特征。产业规模扩大在很大程度上是由产业自身技术进步引起的,但是产业规模又是技术创新的基础。产业规模的变动对技术创新产生的反作用是通过直接和间接两种途径进行的。产业规模对技术创新的直接作用是由产业中各个企业自主活动来完成的,它对技术创新的间接作用是由产业的组织结构演变来完成的。

决定不同产业部门内在联系的主要因素是技术联系，在科学进步基础上发生的技术创新必然引起产业结构的变化，与之相关的产业组织也必然相应地产生变革。产业结构软化就是技术发展的直接后果，产业结构软化的突出特点是产业结构高技术化、融合化以及国际化。产业结构软化对经济的主要影响包括增强国家的经济素质、降低经济波动的强度和幅度、软化就业结构以及加剧发展中国家的相对贫困化程度等。

技术创新的积累效果是技术进步，技术进步会促进产业增长方式的转变和培育新的产业增长极。决定生产要素利用方式与效率的因素是多方面的，其中企业或其所在产业的技术进步占有突出地位，发挥着首要作用。技术进步培育新的产业增长极主要体现在高科技产业的发展上。高技术产业的发展可以迅速提高其在经济增长中的贡献率，改造传统产业，促进产业升级。此外，高技术产业凭借自身强大的扩散效应极大地推动了经济和社会的进步。

技术选择是产业发展和升级的重要环节，它直接决定产业发展的方向和产业升级的过程。在技术选择过程中，产业技术政策的指导和监督作用为产业技术的整体进步提供保障。产业升级的主要特征包括：信息产业成为支柱产业、第三产业内部结构优化升级、制造业内部发生重大变化以及主动参与世界产业链演变等。

主要名词

产业发展　　技术创新　　产业规模　　希克斯分类

SPRU 分类　　产业结构软化　　技术进步　　产业增长

高技术产业　　技术选择　　产业技术政策　　产业升级

复习题

(1) 简述技术创新的主要特征与类型。

(2) 简述技术创新对产业结构的影响。

(3) 产业结构软化的含义和特征是什么?

(4) 试述高新技术产业的特征以及对产业结构的影响。

(5) 产业技术政策的主要内容与手段是什么?

思考作业题

(1) 简述技术创新与产业规模之间的关系。

(2) 产业结构软化的影响因素有哪些?

(3) 技术进步对产业增长有什么样的作用?

(4) 产业技术政策的发展趋势是怎样的?

(5) 技术选择与产业升级之间的关系是怎样的?

第十章 环境保护与产业发展

环境已经成为产业发展过程中的重要约束条件，能否实现与环境的和谐相处、互为动力，已经成为产业发展质量的首要评价指标。本章对环境和产业关系的讨论围绕着环境保护与产业发展这一核心，通过产品——企业——产业这个主线展开，具体分为三个部分，分别是：社会成本与产品价格、企业运行与自然环境以及产业可持续发展战略。

第一节 社会成本与产品价格

随着经济的不断发展，企业的社会作用发生了很大变化。企业在追求效益最大化的同时，也需要承担相应的社会责任。社会成本在短期内会提高企业的产品价格，从而影响企业的利润。从长期来看，企业通过技术创新，设计有利于环境保护的产品，则会降低价格。

一、社会成本问题的提出①

社会成本的概念并不统一，不同背景的专家学者，从功能、内涵、趋势等不同角度赋予了社会成本不同的含义。从人们开始对社会成本的关注到推动社会成本理论的形成和发展，经历了一个漫长的历史发展过程，许多中外经济学家、会计学家对社会成本理论作了积极的探索。

① 李来儿、赵煊：《中西方"社会成本"理论的比较分析》，《经济问题》，2005年第5期。

（一）西斯蒙弟的"社会成本"概念

法国籍瑞士经济学家西蒙·德·西斯蒙弟(S. de Sismondi)在其1819年出版的《政治经济学新原理》一书中首次明确提出"社会成本"的概念。他在其著作中指出："节约和提高生产的好处是什么？财富是社会的目的还是达到社会目的的手段呢？……把财富的增长当做社会的目的,那总是会为了手段而牺牲目的的。人们生产增多了,却付出了更多的生命和更严重的灾难的代价。"他认为：社会成本就是企业应负担由于工人失业、废物排放等所造成的对别人和社会的一种损害,主张企业不仅应当考虑自身的生产成本,还应该考虑企业运行过程给社会带来的成本,这种成本应由企业负担。

（二）克拉克的"社会成本簿记"和"社会价值"理论

英国经济学家约翰·莫里斯·克拉克(J. M. Clark)1932年在其著作《管理成本经济学》中,分析了社会成本和个别成本产生冲突的主要困境。为了将企业没有实际支付的社会成本记入到企业的实际成本之中,以揭示企业应当承担的全部生产成本,从而使企业组织真正成为社会成本的主体,他建议采用"社会成本簿记"(Social Cost Keeping)形式,认为这种簿记制度的建立可能比我们现有的会计制度更为优越。克拉克还在其另一部著作《社会经济导论》中,详尽地阐述了有关"社会价值"的概念。他认为：所谓"社会价值"应当包括私人消费的效用以及应由私人负担的社会成本两个部分。生产过程要消耗一定的人力、物力和财力,这一部分构成私人消费的效用。另外,生产过程也产生一些不利于人类生存的影响,这部分社会成本同样应当由导致这些不利影响的私人负责承担。

（三）庇古的"外部效应"思想

福利经济学的代表人物庇古在其1920年出版的《福利经济学》一书中,提出了"外部效应"一词。所谓"外部效应"是指某一生产者或消费者的行为直接影响到另一生产者或消费者的成本。这种"外部效应"有可能是有害的,称为"外部不经济",也可能是有益的,称为"外部节约"。当"外部效应"存在,特别是"外部不经济"效应存在,其产生者作决策时,往往会忽视他的行为对外部的影响,总是在生产者的私人成本基础上而不是在社会成本的基础上寻求他们私人利润的最大化。为此，庇古提倡社会资源的“最适度”配置，即在社会资源最优化分配时，应是企业的生产成本和社会成本之和达到最小，而不单单是企业生产成本的最小化。

阅读资料

庇古税及其确定

环境管理的经济手段中，排污收费手段又称为庇古手段。1920年庇古在其《福利经济学》中首次提出对污染物征税的思想。他认为，应该根据污染物所造成的社会损害对排污企业征税，从而使企业的私人成本和社会成本一致，使外部成本内部化。后来，人们将针对污染物排放数量和质量进行征收的各种税收统称“庇古税”。

庇古税率是使排污量等于最优污染水平时的排污收费的税率。此时，污染排放的边际成本等于边际私人纯收入。对于产生污染的经济活动，社会纯收益(NSB)应该等于私人纯收益(NPB)减去外部成本(EC)。而私人纯收益(NPB)等于私人生产的产品或服务的总收益减去私人成本(C)。因此有

$$NSB = NPB - EC(Q) = pQ - C(Q) - EC(Q)$$

式中，p是产品的价格，Q是产品的数量。

在完全竞争条件下，p值是外生的，不依赖于单个企业的产量Q。要使社会纯收益NSB最大化，需要满足：

$$\frac{\partial NSB}{\partial Q} = p - \frac{\partial C}{\partial Q} - \frac{\partial EC}{\partial Q} = 0$$

$$p = \frac{\partial C}{\partial Q} + \frac{\partial EC}{\partial Q} = \frac{\partial SC}{\partial Q}$$

式中，SC代表社会成本，等于企业私人成本C与企业外部成本之EC和。可见，商品的边际社会成本等于商品生产的私人边际成本和边际外部成本之和。商品价格应等于边际社会成本，而不是私人成本。

社会纯收益最大化需要满足$p = \frac{\partial C}{\partial Q} + \frac{\partial EC}{\partial Q} = \frac{\partial SC}{\partial Q}$。社会纯收益最大化的条件，也可以表示为边际私人收益等于边际外部成本，即

$$p - \frac{\partial C}{\partial Q} = \frac{\partial EC}{\partial Q} \text{ 或 } \frac{\partial NPB}{\partial Q} = \frac{\partial EC}{\partial Q}$$

征收庇古税，使社会纯收益最大化，则庇古税税率t必须满足：

$$t=\frac{\partial EC}{\partial Q}$$

式中,Q 是最优产品数量。此时商品的价格为边际私人成本与庇古税率之和,即

$$p=t+\frac{\partial C}{\partial Q}$$

(四) 马歇尔的“外部经济性”理论

英国著名经济学家、剑桥学派创始人、新古典经济学派的主要代表人物和现代西方微观经济学的奠基者阿弗雷德·马歇尔在其代表作《经济学原理》中指出:扩大一种货物的生产规模而引发的经济效率的提高可分为两类:一类是有赖于某产业的个别企业本身资源、组织和经营效率所带来的经济,这可称为内部经济;另一类是有赖于该产业的一般发达所造成的经济,这叫外部经济,它往往能因许多性质相似的小企业集中在特定的地方而获得。当产业因增加另一厂商而扩充时,那么产业内所有厂商的产出平均成本都会下降,所有产业内部的边际厂商成本下降总额都归因于新增厂商的加入,这一新增厂商生产产品的真实成本或社会成本并非该厂商计算的私人生产总成本,而是将此总成本减去产业内部所有的边际厂商成本下降总额后的余额,这就是外部经济性的作用。

(五) 卡普的“社会损失”

制度经济学的主要代表人物 W. 卡普在其 1950 年出版的《私人企业社会成本》一书中,试图用实物和价值指标对环境污染、自然资源的耗竭、水土流失、森林破坏、技术变革、失业、种族歧视和不良广告所造成的种种社会危害而导致的社会成本进行计量。在《环境损害和社会成本:经济学的挑战》一文中,他将环境污染作为“社会损失”即社会成本的实例进行了计量研究。他认为,如果把环境恶化看作是“无意的外部影响”,那就等于把环境问题缩小到无足轻重的地位。

(六) 科斯定理与社会成本问题

美国经济学家科斯不仅是现代产权理论的奠基者和主要代表,其代表作《社会成本问题》(1960)同时开创了法学的新流派——经济分析法学。1982

年诺贝尔经济学奖获得者乔治·约瑟夫·施蒂格勒将科斯有关交易价值的理论概括为“科斯定理”，其中科斯定理二为：“在交易费用大于零的条件下，不同的权利界定，会带来不同效率的资源配置结果。”也就是说，交易是有成本的，在不同的产权制度下，交易成本不同，从而对资源配置的效率有不同的影响。科斯运用“交易价值”分析了“外部侵害”或“负外部经济性”问题。所谓负外部经济性，是指某一经济活动的社会成本大于其个别生产成本(私人成本)的情况。在交易费用大于零的条件下，建立合理的产权制度，是调控社会成本的重要因素。科斯定理三是：“产权制度本身的设计、制定、实施与改革也是有成本的，所以，是否建立相应产权制度，以及产权制度的变革，同样存在选择的必要。”产权制度成本既包括制度制定和实施过程中所发生的直接耗费，也包括由于实施和遵循这些制度而产生的代价，即社会成本和外在成本。

(七) 科尔内的“社会成本说”

匈牙利经济学家亚诺什·科尔内从整个国民经济出发，把社会成本定义为“一切涉及社会个别成员和集团的负担、损失、痛苦、牺牲或辛苦的现象”。这些现象一部分可以用货币来度量，但也有一部分涉及心理的感受，是无法用货币来度量的。他认为可以从四个方面对社会成本进行考察：

(1) 生产的内部实物投入，即生产成本；

(2) 外部成本，它并不直接以货币的形式反映在企业或非营利机构的账目上，如随生产能力利用的提高，事故可能增加，工人健康可能恶化，对环境的破坏可能加剧，等等，为防止这种状况对生产的影响，要有一些“预防性开支”，这就是外部成本的内部化；

(3) 社会的分摊成本，如政府机构的经费支出；

(4) 反映大量经济现象的人们的意向、满意度和普遍感觉，一种是边际递减的社会成本，如与生产能力利用低水平相关的失业以及可能伴随的犯罪、暴力和自杀，另一种是边际递增的社会成本，以及对社会消费的负面影响，前面所说的生产成本、外部成本和社会分摊成本，也都是边际递增的社会成本。

在上述的西方“社会成本”理论中，克拉克的“社会成本簿记”和“社会价值”观念，可以说是早期较为完整地研究社会成本的学术成果；庇古的“外部效应”思想为研究社会成本提供了重要的理论基础；马歇尔首次提出“外部经济性”的观点，使经济学从单纯分析单个企业组织经济行为，扩展到对单个企业组织经济行为所引发的社会经济效应影响作用的关注；卡普的“社会损失”思想试图用实物和价值指标对环境污染作为“社会损失”即社会成本的实例进行计量研究。科斯所说的社会成本是私人成本与交易成本的总和。科斯提出社会成本的意义在于揭示交易成本的存在，其社会成本包含产品成本和交易成本。

“社会成本”理论的发展告诉我们，经济高速发展的背后往往是以高昂的社会成本为代价的。目前，中国的现状是：人口基数大，年龄结构正趋于老化，城乡人口结构不合理；生态资源破坏严重；资源利用率低下；环境污染严重；经济政策潜在的滞后影响以及社会利益集团的内部经济性和外部不经济性的矛盾，加剧了社会经济资源耗费与补偿的失衡。严峻的形势同样告诫我们，忽视从整个社会去研究资源的耗费与补偿，最终必将阻碍生产力的发展和社会的进步。

二、企业社会成本问题[①]

现代社会，企业不仅要注重其经济效益，还应该承担必要的企业社会成本，其目的在于实现经济效益与社会效益的共同提高。

值得指出的是，在20世纪六七十年代，环境和社会的生态失衡还远没有像现在这样引人注目，企业在生产和经营中的“社会成本”常常是忽略不计的。因为此时的企业与除股东之外的利益相关群体间（社区、客户、合作者、员工、自然环境等）的关系要么不明晰，要么相当简单，甚至于就是一种单纯的交易关系。而且，这些利益相关群体对企业的约束作用本身也是相当的微弱。只是到了20世纪的后期，利益相关者的“权力意识”越来越强烈，企业也开始对这些社会资本越来越重视，利益相关者不再是企业的外部或内部的工作对象，而是价值链上的伙伴。此时，企业的边界大大扩展，企业的资源既有有形资源，也有无形资源；既有产权资源，也有非产权资源。从而意味着，企业除了对股东负责，还必须对利益相关者负责，简言之，企业运行和管理的“游戏规则”变了，企业的社会成本问题开始浮出。

① 万寿义：《解决企业社会成本问题的探讨》，《管理天地》，2005年第11期。

（一）企业作用的定位

企业承揽社会责任的方式取决于体制因素，在不同社会制度下企业有不同的表现。计划经济下，国家实行的是"大政府、小企业"的模式，企业不需要承担多少额外的社会责任。政府就像是一个大企业，企业实际上成为政府组织的一部分，企业不仅担负起生产的任务，更肩负着对劳动者在生产之外的一切生活保障。而在市场经济下，国家实行的是"小政府、大社会"模式，企业的社会责任是有限的。企业与政府分离，超限度社会责任应该被剥离，各企业应合理、公平地承担起各自应该承担的社会成本。

（二）企业社会成本的定义

中国的学者主要是从企业微观层面对企业社会成本作出研究。例如，李培林在《国有企业社会成本分析——对中国 10 个大城市 508 家企业的调查》一文中，把企业福利供给的成本作为其企业社会成本的操作性定义，把这种福利区别为潜在福利和显性福利。潜在福利指国有企业用于兴办集体福利的福利费用。显性福利指国有企业主要以货币或实物方式直接支付给职工个人，用于满足个人福利需求的福利费用。

企业社会成本并不只是企业福利供给成本，企业为完成其社会职能投入了比企业福利供给更多的成本，或者也许随着企业的不断改革，企业脱离了其超限度的企业社会成本，将投入较少的成本。因此，也可以认为，企业社会成本是企业为了生存、发展或者实现非经济性的社会职能，在其付出的生产成本之外所付出的成本。

我们认为，企业的社会成本是企业承担部分原本由社会或政府承担的"社会责任"而支付的成本，其特征在于这部分的成本是企业除了缴付正常经营税收之外的额外税收，其目的用于企业维护公众形象和保持与企业利益相关者的关系。

（三）企业社会成本的特点

1. 微观性

宏观现象一定是建立在微观活动的基础之上的，从定义也可以看出，企业社会成本分析是从微观角度来进行的，也就是立足企业内部的角度来进行的

(在社会责任中,把企业的利益相关者看作是内部价值链的组成部分)。研究企业社会成本的主要目的还是为了进一步理顺企业与社会的关系,让企业合理负担社会成本,良性发展。

2. 非经济功能性

企业社会成本一般不应具有经济功能,它来源于剩余价值,假如将它列入生产成本之内,就免除了企业承担的责任,增加了消费者的负担,不利于加强经营管理、提高经济效益,也失去了企业承担必要社会成本的意义。

3. 外部经济性

外部性是相对市场而言的,如果一个经济主体的行为对另一个经济主体的福利产生影响,这种影响没有从货币或市场交易中反映出来,就会出现外部性。表明,如果社会成本过高,则预示企业承担了过高的社会责任而不利于社会福利的稳定和提高。外部性理论说明,解决外部性问题主要可以通过两个方面的途径加以解决:① 外部效应内部化,使企业生产中对外部经济社会所产生的效应纳入生产者的经济行为中,利用经济杠杆或市场机制有效地控制外部不经济,扩大外部经济;② 通过政府行为或法律的手段,控制外部不经济的发生,鼓励对社会产生额外效应的生产行为。

4. 难以计量性

企业社会成本的定义和内容决定了难以计量其数额,尤其是某些外部隐性经济效益很难直接计量出来,只能应用一些现代科学的方法进行估算,方法使用不恰当,还会造成一定的误差,影响数额的准确性。

(四) 企业社会成本的构成

企业社会成本的主要构成如下:

(1) 税务成本,指企业创造的利润按一定比例以某种税金形式无偿上交给国家的部分。

(2) 职工责任成本,指企业为其职工的各项事业所发生的耗费与支出。

(3) 环境成本,指企业本着对环境负责的原则,为管理企业经营行为对环境的影响而发生的支出以及企业因执行环境要求而发生的其他成本。

(4) 产品质量效益成本,指企业增加产量、提高质量、生产发展效益、技术革新效益等的支出。

(5) 公益福利成本,指企业为公共事务、公益事业和社会福利事业所发生的各项耗费和支出。

（五）企业社会成本的解决方法[①]

由于社会成本具有难以计量性，社会成本就很难确切计入产品价格（当然原则上也是不应该记入产品价格中的）。因而，企业承担社会责任就难免包含被动因素。所以解决企业社会成本的问题，是鼓励企业承担社会责任的手段之一。

从宏观层面上分析，社会成本的控制只有通过总社会成本分摊转化为企业的个别成本，并且直接通过企业对个别成本的关心达到控制社会成本的目的。对企业的社会成本进行分摊，应该遵循以下原则：

(1) 划清社会成本与公共危害支出界限。所谓公共危害支出，主要指居民由于消费行为给社会所带来的对资源的不当使用或环境污染的支出，最典型的如居民生活污水排放造成河流污染等。公共危害支出目前只能主要由国家来负担，它的控制除了一定的经济办法以外，更多的是通过国家的行政立法、社会公益教育、国民环境意识的增强、社会文明程度的提高以及科学技术进步所带来的治理手段的提高。划分社会成本和公共危害支出的界限，就是界定社会成本的范围，凡属社会成本就不应该由国家财政负担，不能作为财政支出项目，而只能通过宏观主体将其归集以后再分配给企业，由企业承担。

(2) 划清社会成本归属者的界限。由谁造成的社会成本就应该由谁负担。如果某项社会成本有一个明确的归属者，该项社会成本应该全部由该企业负担。如果某项社会成本有几个明确的归属者，那么该项社会成本应按其责任的大小进行分摊，计入各个归属者的个别成本。有的社会成本形成的空间范围大，则应该首先在地域、行政区划之间按责任进行划分，然后再对不同企业归属者进行分配。

(3) 划清社会成本的时间界限。既然要控制社会成本的发生，并且能确认社会成本的责任人，就必然要考虑社会成本应该在何时分摊的问题，即社会成本何时转化为企业个别成本。这里的原则是：如果社会成本的发生和企业交易量、生产量有直接关系的，其分配就应该按照会计通行的权责发生制原则，计入交易期或生产经营期的个别成本。例如污水排放、烟尘排放形成的损失成本，就应该随时计入排放期的个别成本。如果资本化的社会成本，例如社

① 曹玲：《企业的社会成本及其分摊》，《科协论坛》，2007 年第 5 期。

会环保部门或公共组织购置的治理环境的设备而发生的耗费,应按设备使用年限,将社会成本逐步转化为个别成本。

所以,社会成本分摊的实现形式,指宏观环境中确认的社会成本采用何种形式实现向个别成本的转化。通常有两种：收费方式和自费方式。收费方式是一种世界上广泛采用的社会成本分摊的实现形式。它是通过政府的行政手段,向造成社会成本的个体按责任大小收取费用,然后用以弥补和治理个体对社会造成的损失。自费方式指由政府采用行政手段,责成造成社会成本的企业,按国家和政府的要求采取措施,缓解、减少其经营行为给社会造成的损失。

总之,社会成本实施分摊,既要考虑科学性,即将应由社会承担的、而现在由企业承担的部分进行剥离由社会分摊,为企业成本核算的科学化去除障碍;同时,应严肃并准确地界定应该由企业承担的社会成本部分,尤其是带来外部不经济的社会成本部分应予以确认、计量和分摊。

第二节　企业运行与自然环境

环境与经济之间究竟是什么关系？环境保护与经济增长究竟哪个更应该优先发展？这些问题一直是理论界讨论和研究的热点问题。尽管大多数的研究都表明,环境和经济发展应同时兼顾,但在现实中两者的利益协调很难。当一个企业在自身发展和环境保护方面发生冲突时,企业的决策者往往会处于两难的境地,即发展企业将破坏环境,而保护环境,企业又将面临成本上升、停产、倒闭的风险。因此,要解决环境保护与企业发展之间的平衡,就需要在管理领域中引入与环境有关的理论与实践。实践证明,如果企业从产品设计、生产、回收等各环节都以环保为原则,则可以做到既降低成本又提高环境保护标准。

一、环境问题产生的主要原因

1992 年 11 月 18 日,1 500 位科学家,其中包括 99 位诺贝尔奖获得者发表了 3 页的《对人类的警告》。科学家们已经肯定地认为,至少在八个领域中存在着对全球环境的严重威胁：① 大气问题,包括臭氧层空洞和酸雨;② 全球变暖；③ 水资源，包括污染、地表水枯竭、沿海地带遭破坏和鱼类资源枯竭等；④ 固体和有害废物；⑤ 土壤侵蚀、贫化和盐化；⑥ 雨林遭破坏；⑦ 物种减少；⑧ 人类人口增长。

目前，世界城市的空气污染严重。空气中的悬浮颗粒、铅、一氧化碳、氧化氮、臭氧和二氧化硫，都被证明是对人类健康有害的。世界上大多数城市都存在着某种程度的空气污染。含氯氟烃(CFC)物质的生产和废弃物排放造成了臭氧层空洞问题，这就导致更多的紫外线辐射穿过对流层，从而极大地增加了皮肤癌对人类的威胁。而且全球气候变化问题也不容忽视。根据联合国和世界气象组织发起的政府间气候变化小组(IPCC)统计，在过去 130 年间，全球平均气温已经上升了摄氏 0.3—0.6 度。另外，气温升高也在一定程度上改变农业生产模式。

水污染问题也日益严峻。在全球水源中，只有 0.008%在江河湖中处于未冰冻状态的可用淡水。但目前水资源也在承受着来自世界的巨大的人口、农业、城市污水和工业的压力。在海洋资源中，食用鱼类也遭到污染和过度捕捞。据估计，世界范围内 20%的鱼类物种、欧洲范围内 42%的鱼类物种已经遭到了严重的破坏，有的甚至面临灭绝的危险。秘鲁鳀鱼、大西洋金枪鱼和新英格兰栖鱼是 20 世纪 90 年代中期受到威胁的鱼类最明显的例子①。

第三类问题是废物问题。化学、金属、石油、橡胶、塑料和其他一些工业都会产生有害废物。由于各国经济增长迅速，生产急剧扩张，与此同时，废物的排放量与日俱增。受废物处理技术和场地的限制，排放出来的废物不能得到有效处理，对自然环境造成了巨大负担。

杀虫剂、侵蚀和盐渍化造成了大量的土地滥用问题，无疑也威胁着世界许多地区。这种情况在过去 40 年人口急剧增长的情况下更是如此。例如，非洲大多数地区土地沙漠化；中国、印度、墨西哥和美国西部，盐渍化威胁着高达 24%的可耕地②。

乱砍滥伐森林，特别是砍伐对占有世界上大部分的生物并有大多数物种栖息的热带雨林，已经成为越来越严重的问题。对森林的破坏不仅限制了木材生产，使土地侵蚀更严重，加剧全球气候变暖，而且会破坏生物多样性。由

---

① Anonymous, *The tragedy of the oceans and the catch about fish*, The Economist, 1994(19): 13 - 14, 21 - 24.

② World Bank, *Development and the Environment*, 1994 - 1995: 55 - 57, 134 - 141.

于有2/3到3/4的物种生活在热带雨林中，因此对热带雨林的破坏会造成物种灭绝①。

为了片面地追求生产效率而导致大量的化学品的出现，典型的如食物添加剂已经到了泛滥的地步，人们每天不得不在日常的进食中摄入30—40种各类食物添加剂。大量的食物添加剂形成了潜在的人类健康“杀手”，反过来，又提高了医疗费用的支付。

最后一个问题是人口增长问题。显然人口增长是造成其他问题的基础原因。在今后的30年中，世界人口将增长2/3，达到85亿人，年增长率为1.68%。在世界总人口中，大约有71亿人生活在发展中国家②。自然资源毕竟有限，人口急剧增长将会使得粮食生产、可利用的水及可再生燃料出现短缺。

世界各国已经认识到了环境问题的严重性，很多国家及国际组织已经在环境保护方面作了很大的努力，并投入了大量的资金。各类有关环境保护的国际公约及双边、多边协定应运而生。从企业管理者的角度来看，这些问题尤其尖锐，环境保护问题关系到企业的长远发展。同时，企业对于环境保护的作用也至关重要，因为在整个现代历史中，企业一直是技术和社会的主要推动力之一。

二、企业与环境③

近年来，企业与环境之间的联系受到了企业管理层、环境组织和媒体比以往更为密切的关注。越来越多的企业管理层开始采取“更为积极”的态度或战略来处理企业中的环境问题。麦肯锡公司(McKinsey)在1993年对400名首席执行官所作的调查显示，92%的首席执行官表示环境问题是其最优先考虑的三个问题之一④。

在过去20年中，企业界，至少是发达国家的企业界一直面临着限制排放、废物管理、物种保护和能源效率管制等问题。各行各业的企业家们开始重新

① Paul Ehrlich and E. O. Wilson, *Biodiversity Studies: Science and Policy*, Science, 1991(253): 758-762.

② World Resource Institute: *World Resource*, 1994-1995: 27-41, 268-269.

③ 福斯特·莱因哈特、理查德·维尔特著:《企业管理与自然环境》,大连: 东北财经大学出版社, 2000年,第51—54页。

④ Noah Walley and Bradley Whitehead, *It's Not Easy Being Green*, Harvard Business Review, 1994(6): 46-52.

设计产品以加强“环境友好”。美国已出现一个包括废物处理商、污染控制设备、工程师及顾问的价值约 1 400 亿美元的巨大产业，它们可以从政府的强制性保护环境的努力中受益。尽管如此，只有少数公司采取了协调一致的环境战略。而对于多数企业，特别是那些开采资源和污染严重的企业来说，环境规定一直是难以应付、武断且代价很高的政府干扰，并且绝大多数小公司仍对环境保护漠然处之。图 10－1 显示了企业与环境间的关系。对于管理层来说，理解这些行为特别重要。

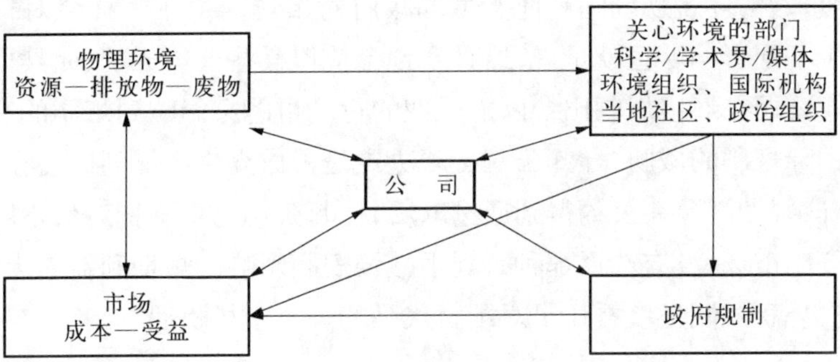

图 10－1　企业与环境

（图来源：根据内容整理绘制）

传统的商务课程通常不涉及公司活动对整个物质环境的影响，更不涉及整个市场对物质环境的影响。但为了顾客的利益、员工的关注及避免不可预料的责任而重视环境问题，企业管理者需要理解这些信息。随着时间的推移，管理者对公司或市场影响环境的方式的理解将在环境科学持续发展的基础上逐渐进步。环境条件可以直接改变公司和市场行为，特别是在像渔业、林业和采矿业等以自然资源为基础的行业中更是如此。然而，环境条件通过改变公众对环境问题的关注及其在非市场领域的替代品，来间接地影响公司和市场。这些变化是通过科学界和政府机构公布的科学发现，通过媒体报道、环境组织、国际机构、学术界和地方社区群体的讲授及政治活动来实现的。所有这些组织都影响到公众对环境问题的认识，进而影响到公司和市场的行为。如麦当劳公司已经正式与环境保护基金合作。正是通过这些个人和组织以及媒体报道产生的政治压力才使大多数环境问题交由政府管制。因此，影响政府环境保护规制的是对环境保护的关注和压力，而不是环境问题本身。

一般而言，企业采取环境保护措施的动力包括：

(一) 规制动力

多数企业采取环境保护的原因是影响环境的政府规制，即规制动力。对某个环境问题的关心，无论是实际存在还是所感觉到的，都会要求政府进行干预，从而影响公司和市场。许多行业就是政府规制的产物，如废物处理行业、危险废物管理行业等。在这样的企业中，公司结构、竞争动力和利润率都取决于规制结构。

一般来说，环境规制同其他类型的政府对市场的干预一样会对行业内的公司产生不同影响。也就是说，这种干预会使得某些公司成功，而其他公司处境恶化。公司在环境规制出台以前采取的行动可能会影响到规制的制定。例如面对国际规制的威胁，杜邦公司必须决定是否放弃生产氟利昂。在《蒙特利尔公约》谈判期间及在公约得到通过以后，杜邦公司为了不把对价格敏感的客户完全赶出市场，没有选择那种有利于减轻规制影响的短期利益最大化战略，而是“把臭氧/规制环境看作是对于替代品的一个市场机遇”。

(二) 消费者动力

不过企业也会主动地减轻环境问题和自然资源破坏，以取得竞争优势，其原因在于适应市场的要求。例如消费者可能会愿意为具有某种环保特点的产品支付更高的价格。近年来，消费者对全球资源与环境问题认识的逐步提高，因而全球范围内都出现了提倡“绿色消费”，倡导保护环境，促进可持续发展的潮流。因此，消费者可能会抵制环境记录较差的公司或产品。而那些环境保护做得较好的公司则会受到消费者的推崇。企业的管理层能意识到这一点，对企业的长远发展将会非常有利。例如，施乐公司董事局主席、首席执行官保尔·阿莱尔就已清醒地认识到：到 20 世纪 90 年代，环境保护已被世界各地的人视为最重要的问题之一。今天，我们面临着三种可怕的环境问题：河流污染与日俱增、垃圾掩埋空间缩小、自然资源日趋减少。施乐公司与公众一样关注环境，而且已将我们这种关系融入商务活动之中，让环境价值观成为施乐公司企业文化的一个重要组成部分①。因而自 1970 年以来，施乐公司就已根

① 福斯特·莱因哈特、理查德·维尔特著:《企业管理与自然环境》，大连：东北财大出版社，2000 年，第 221 页。

据1970年和1977年的《清洁空气法案》、《1972年清洁水法案》、《资源保护与回收法案》以及其他六个州或联邦环境法规的要求，实施了为数不少的环境控制活动。施乐公司在生产概念与设计、制造与产品交付系统以及与供应商、分销商、顾客之间的关系进行了全面调整，通过环境效应获得了竞争优势。

(三)内部动力

内部动力也影响公司的环境行为。由于公司是一个复杂的组织，存在着员工、经理、股东和董事等不同的构成成分，因此它们所承受的压力也各不相同。例如，杜邦公司在以科学为导向的文化氛围下的管理者们坚定地承诺避免生产对公众有害的化学品，并承诺通过科学来解决问题。

如果确实存在将一些资源转向保护或改善环境的机会，管理者们将很可能会充分利用。

总之，到目前为止，规制动力对大多数行业的大部分公司来说还是很重要的。由于市场动力会提供加强竞争优势的机会，其重要性也日益增加。内部动力的重要性在各公司之间各不相同，因此很难概括。可以推测，随着环境教育的深入，或随着环境的恶化，这些动力将越来越重要。

图10-1的最后一点是，政府规制者几乎不能对环境有任何直接影响，媒体、科学家和利益组织也不会产生什么直接影响①。但这些作用者影响公司和市场的行为，使公司和市场发生变化，从而减轻环境恶化和资源破坏的程度。例如，《清洁空气法案》本身并不能减少二氧化硫，只有某些公司能做到这一点。对麦当劳固体废物的关注并不能使废物有所减少，只有麦当劳公司能够做到。

正是因为大多数环境破坏是由公司造成的，由于减轻环境破坏的程度只有公司才能做到，因此公司的环境战略非常重要。

三、企业的环境战略②

市场行为战略的重点可以被细分为两个方面的行动：一个行为是具有竞

---

① 政府行为者可以以其他非规制的规则来影响环境，如为水污染控制工厂或危险废物清理场提供资金。

② 福斯特·莱因哈特、理查德·维尔特著：《企业管理与自然环境》，大连：东北财大出版社，2000年，第54—57页。

争性的，即通过投资者或经营变化来直接改变市场行为。例如，麦当劳公司没有寻求政府行为，而是努力去影响供应商和消费者的行为。另一种行为的重点则具有规制性：通过规制来改变市场行为。杜邦公司氟利昂产品部因有明确证据表明氟利昂会破坏臭氧层而几乎面临某种政治行动，就采取了这种战略。一些公司已经在认真研究而仔细地遵守环境规制；其他一些公司已经实施了旨在获得竞争优势的环境项目，而这并不是规制所要求的；有很少的公司在实施能够获得可持续发展的战略。

案例

麦当劳公司与环境

1989 年 10 月 10 日，麦当劳公司美国总部总裁爱德华·任思(E. Rensi)在美国环境保护基金会的请求下会见了该基金会董事长弗雷德·克拉普(F. Krupp)。环境保护基金会承认麦当劳公司在回收方面现有的重要举措及其作为行业领导的关键作用，而麦当劳公司也承认环境保护基金会在固体废物管理方面的专业知识和寻求专家意见的重要性。

当麦当劳公司接受了环境保护基金会有关帮助公司评估其固体废物流并寻找削减废物的方法时，该公司确实做出了一个非常大胆的举动。它是在利用一个新的合伙人来帮助解决环境问题，而环境问题正是该公司所面临着的越来越复杂的处境的一个方面。这种合伙制最后被证明取得了显著成功，其带来的益处不仅仅局限于废物处理，还提高了效率。

首先，来自麦当劳公司的四位高级经理同来自环境保护基金会的两名科学家和一名经济学家共同组成了废物削减特别小组。特别小组设计了一个满足三项标准的行动计划。第一，这个计划是很全面的，包括了所有材料和麦当劳公司经营的所有方面。第二，它提出了递增的解决方案。没有一劳永逸的解决方法，特别小组确定了一系列的解决方法，各个办法之间都相互补充。第三，这项计划使环境行动成为麦当劳公司持续的存在的活动。这个报告归纳了在与其他业务相同的情况下应当考虑的麦当劳开发新环境标准的范围。联合特别小组规定了以削减第一、再利用第二及回收第三这一环境分级系统为中心的 42 项不同类型的主动行动。每项行动都有与之相配套的管理机制，以将该项行动融入麦当劳公司的标准经营程序，并保证其说明性。

这个 42 项废物削减计划包括像引进可重新使用的运输集装箱及其他材料、重大的包装变革、使用未漂白纸制品、新的及拓展了的回收工作、制堆肥实验以及雇员再培训等一些行动。所有这些活动将一起削减 8 500 家美国连锁餐馆的 80% 以上废物流。

资料来源：福斯特·莱因哈特、理查德·维尔特著，李丽等译：《企业管理与自然环境》，大连：东北财大出版社，2000 年，第 195—220 页。

利用遵循环境规制战略来改变市场的行为是非常困难的。环境规制的贯彻需要相当的政治影响，但它更是一个更为普遍采用的战略选择。这个战略通常包括稍做改变以搁置规制和政府裁决，这就使某家公司的遵循战略对其他公司来说是一种竞争优势。

第二个战略导向是内部重视，以取得竞争优势。公司利用已经取得的自然资产地位，只要为环境研究和保护提供资源，就可以取得竞争优势；或者将废物转化为能源，从而可以大量回收利用可回收材料，目的是取得相对于废渣填埋和普通的焚烧方法的竞争优势；或者通过在危险废物管理方面形成的规模经济，以及通过其技术和经验，同样在不广泛影响市场的情况下取得竞争优势。

应当看到，欧洲、日本和北美在通过越来越严厉的关于废物处理和回收、空气污染和碳排放的法律，各类环境保护的国际公约、双边协定也陆续出台，因而，对于许多公司来说现在采取能够获得竞争优势或可持续发展的战略无疑是明智之举。

阅读资料

重要的全球环境保护公约

在经历了大自然的无情报复并为此付出了沉重的代价之后，人类开始了深刻的反思，从危机中觉醒。1972 年 6 月，联合国人类环境会议成功地在瑞典斯德哥尔摩举行，有 113 个国家和一些国际组织的代表参加，会议通过了《人类环境宣言》、《人类环境行动计划》等文件。这次会议被认为是国际社会重视生态环境保护的第一个重要里程碑。在这次会议的推动下，国际环境保护在其后 20 年间有了巨大的发展，这一发展到 1992 年的联合国环境与发展大会达到一个新的更高水平，一系列环境保护国际公约纷纷出台，其内容涉及大气污染防治、海洋污染防治、生物多样性的保护、湿地保护、荒漠化防治以及臭氧层的保护等，范围之广前所未有。每一个环保公约的问世，都标志着人类环境保护意识在不断地增强。

国际环境法的根本任务和最终目的是保护人类的生存环境，实现人类社会的可持续发展。国际环境法的实施主要靠各缔约国的自觉履行，但对那些针对全球主要环境问题所制定的环保公约，所有缔约国都必须不折不扣地履行条约的义务。目前，全球环境问题中最主要有下列六个公约：

1.《拉姆萨湿地公约》

湿地的定义即陆地上所有季节性或常年积水地段，包括沼泽地、泥炭地、湿基地、湖泊、河流、稻田、海岸、滩涂、海口、珊瑚礁、红树林以及低潮时水深6米内的海岸带。湿地是水陆相互作用形成的独特生态系统，是自然界最富生物多样性的生态景观和人类最重要的生存环境之一。湿地被称作陆地上的天然蓄水库，它不仅为人类提供了大量的水资源，而且在蓄洪防旱、调节气候、控制土壤侵蚀、促淤造路、降解环境污染等方面起着极其重要的作用，因此，湿地被称作“自然之肾”。湿地的生态结构独特，通常拥有丰富的野生动植物资源，是众多野生动物，特别是珍稀水禽的重要栖息地。湿地还具有极高的生产力，它为人类提供大量的粮食、肉类、能源以及多种工业原料和旅游资源。但是，正是这最后一种作用的不适当开发和滥用，危及湿地本身的生存，也不可避免地影响了其他功能的发挥。

1971年，国际社会在伊朗的拉姆萨正式通过了《关于特别是作为水禽栖息地的国际重要湿地公约》，简称为《拉姆萨湿地公约》。公约规定各缔约国至少指定一个国立湿地列入国际重要湿地名单中，并考虑它们在养护、管理和明智利用移栖野禽原种方面的国际责任：公约要求缔约国设立湿地自然保留区，合作进行交换资料，训练湿地管理人员，需要时应召开湿地和水禽养护大会。

2.《联合国海洋法公约》

20世纪50年代以来，随着海洋污染的日益严重，各国逐渐重视海洋污染问题，并进行合作以防止和减轻海洋污染，有关防止海洋污染的国际法因而迅速发展起来。1982年12月10日《联合国海洋法公约》签订于牙买加，1994年11月16日正式生效，迄今有158个签约国、117个成员国。公约对海洋污染所下的定义为：“人类直接或间接地把物质或能量引入海洋环境，其中包括河口湾，以致造成或可能造成损害生物资源和海洋生物、危害人类健康、妨碍包括捕鱼和海洋的其他正当用途在内的各种海洋活动，损坏海水使用质量或减损环境优美等有害影响。”《联合国海洋公约》所提出的一系列新概念和原则，如防止环境污染、环境影响评价制度以及制定污染紧急应变计划等均为国际法的发展起了重大的促进作用。

3.《保护臭氧维也纳公约》

臭氧层是地球的保护伞，它的主要作用是防止太阳的紫外线辐射和吸收来自地球的长波辐射，它一旦遭到破坏就会使强烈的紫外线在无臭氧分子吸收阻挡的情况下无情地射向大地，从而危害人体健康和造成财产损失，并且对生态系统产生不良的影响。臭氧层破坏的人为原因是人类使用氯氟烃类物质来作为制冷剂、喷雾剂、发泡剂和清洗剂所致。这类物质在大气中长期存在就能够使其浓度不断升高，通过一系列的物理化学变化，使大气平流层中的臭氧遭受破坏。

臭氧层破坏的问题早在20世纪70年代就引起国际社会的关注。1985年《保护臭氧层维也纳公约》由联合国环境规划署在维也纳签订。公约于1988年9月22日生效，截至1997年1月，有163个国家、地区和国际组织加入了该公约。中国于1989年9月11日加入该公约。《保护臭氧层维也纳公约》规定了缔约国应当采取保护臭氧层措施和依靠国际合作以减少改变臭氧层活动的义务。作为对该《公约》的补充，1987年在加拿大举行的国际会议上由来自43个国家的代表通过了《关于消耗臭氧层物质的蒙特利尔议定书》，规定了发达国家应当在20世纪减少氟氯烃使用量的50%，发展中国家则在人均氟氯烃消耗量不超过0.3千克时可以有10年的宽限期。《公约》以及《议定书》等共同构成了关于保护臭氧层的条约体系。

4.《联合国气候变化框架公约》

气候变化问题已成为一个全球环境问题，而全球变暖则是目前气候变化的一个主要论题。全球变暖的原因可以通过温室效应来解释。大气中的水蒸气、二氧化碳、甲烷、一氧化碳和臭氧等气体部分地吸收了地表的热辐射，对这种辐射起了一部分遮挡作用，从而使地表加热升温，这样就对地面起了保温作用，因此，这种遮挡被称为“温室效应”，这些气体被称作“温室气体”。

国际社会对于全球气候变化问题的关注是20世纪80年代开始的。联合国环境规划署和世界气象组织于1988年成立了政府间气候变化专家委员会，专门负责有关气候变化问题及其影响的评价和对策研究工作。1992年6月在巴西举行的联合国环境与发展大会上，有153个国家签署了《气候变化框架公约》，1994年3月生效，该公约现有176个缔约方。它为国际社会在对待气候变化问题上加强合作提供了法律框架。公约的目标是：将大气中温室气体的浓度稳定在防止气候系统受到危险的人为干扰的水平上，这一水平应当在足以使生态系统能够自然地适应气候变化、确保粮食生产免受威胁并使经济发展能够可持续地进行的时间范围内实现。

5.《生物多样性公约》

生物多样性是指地球上的生物(涵盖动物、植物和微生物等)在所有形式、层次和联合体中生命的多元化，包括生态系统多样性、物种多样性和基因多样性。迄今为止，地球上存在的生物约有300万—1 000万种以上。由于人类对自然资源的掠夺性开发利用，若干年来，丰富的生物多样性已受到严重威胁，许多物种正变为濒危物种。据估计，地球上近170多万个已被鉴定的物种中，目前正以每小时1种，即每年近9 000种的速度消失着。生物多样性的丧失是人类可持续发展的重要障碍，生物多样性的丧失必然减少生物圈中的生态失衡，物质循环过程受阻，间接影响全球气候变化，进而恶化人类的生存环境，限制人类生存与发展的选择机会。随着生态学的创建，人们对生物多样性价值的认识上升到伦理学、经济学的高度，支持生物多样性保护的国际公约或协定也不断制。1992 年 6 月 5 日《生物多样性公约》在里约热内卢联合国环境与发展大会上签署，它为生物资源和生物多样性的全面保护和持续利用建立了一个法律框架。公约主要规定了缔约国应将本国境内的野生生物列入物种目标，制定保护濒危物种的保护计划，建立财务机制以帮助发展中国家实施管理和保护计划，利用一国生物资源必须与该国分享研究成果、技术和所得利益。

6.《联合国防治荒漠化公约》

根据《21 世纪议程》的最新定义，荒漠化即主要由于人类不合理活动和气候变化所导致的干旱、半干旱及具有明显旱季的半湿润地区的土地退化，包括土地沙漠化、草场退化、旱作农田的退化、土壤肥力的下降等。目前，全球 2/3 的国家和地区，约 10 亿人口，全球陆地面积的 1/4 受到不同程度荒漠化的危害，而且仍以每年 5 万平方千米至 7 万平方千米的速度在扩大，由此造成的经济损失，估计每年为 423 亿美元。受荒漠化影响最大的是发展中国家，特别是非洲国家。荒漠化是自然、社会、经济及政治因素相互作用的结果，人类不合理的社会经济活动是造成荒漠化的主要原因。人口增长对土地的压力，是土地荒漠化的直接原因；干旱土地的过度放牧、粗放经营、盲目垦荒、水资源的不合理利用、过度砍伐森林、不合理开矿等是人类活动加速荒漠化扩展的主要表现。

荒漠化是地球土地资源面临的一个严重问题。1994 年 10 月 14 日《联合国防治荒漠化公约》在巴黎签署，它的全称是《在经历严重干旱或荒漠化的国家尤其是在非洲，防治荒漠化公约》。公约于 1996 年 12 月 26 日生效。《防治荒漠化公约》的一个特别之处是它从谈判到生效所花的时间很短，整个过程只用了不到 4 年时间，可见国际社会在防治荒漠化问题上很快地达成了一致。现有 107 个国家批准了该公约。公约宣布其目标是为实现受干旱和荒漠化影响地区的可持续发展，通过国际合作防止干旱和荒漠化，尤其是防止在非洲的干旱和荒漠化。

（资料来源：http：//www. lesun. org/xueke/html/2004－09/17136. htm）

第三节　产业可持续发展战略

可持续发展道路是世界各国共同追求的发展目标，是全人类的共同选择。本节将在可持续发展思想指导下，讨论产业可持续发展的战略。

一、可持续发展的内涵

(一) 可持续发展的定义

关于可持续发展这一概念,迄今为止还没有统一严格的定义。1987 年,"世界环境与发展委员会"在《我们共同的未来》长篇报告中,首次提出了"可持续发展"的概念。目前关于可持续发展的概念最普遍的提法是:可持续发展是既满足当代人的需求又不危害后代人满足自身需求能力发展的经济行为。但这一定义强调了可持续发展的时间维,而忽视了其空间维。

(二) 可持续发展的原则

可持续发展具有十分丰富的内涵。就其社会观而言,主张公平分配,即满足当代人又满足后代人的基本需求;就其经济观而言,主张建立在保护地球自然系统基础上的持续经济发展;就其自然观而言,主张人类与自然和谐相处。从中所体现的基本原则有:

1. 公平性原则

所谓公平是指机会选择的平等性。可持续发展的公平性原则包括两个方面:一是本代人的公平即代内之间的横向公平。可持续发展要满足所有人的基本需求,给他们机会以满足他们要求过美好生活的愿望。当今世界贫富悬殊、两极分化的状况完全不符合可持续发展的原则。因此,要给世界各国以公平的发展权、公平的资源使用权,要在可持续发展的进程中消除贫困。各国拥有按其本国的环境与发展政策开发本国自然资源的主权,并负有确保在其管辖范围内或在其控制下的活动,不致损害其他国家或在各国管理范围以外地区的环境责任。二是代际间的公平即世代的纵向公平。人类赖以生存的自然资源是有限的,当代人不能因为自己的发展与需求而损害后代人满足其发展的条件——自然资源与环境,要给后代人以公平利用自然资源的权利。

2. 持续性原则

可持续发展有着许多制约因素,其主要限制因素是资源与环境。资源与环境是人类赖以生存与发展的基础和条件,离开了这一基础和条件,人类生存和发展就无从谈起。因此,资源的永续利用和生态环境的可持续性是可持续发展的重要保证。人类发展必须以不损害支持地球生命的大气、水、土壤、生物等自然条件为前提,必须充分考虑资源的临界性,必须适应资源与环境的承载能力。换言之,人类在经济社会的发展进程中,需要根据持续性原则调整自己的生活方式,确定自身的消耗标准,而不是盲目地、过度地生产与消费。

3. 共同性原则

可持续发展关系到全球的发展。尽管不同国家的历史、经济、文化和发展水平不同,可持续发展的具体目标、政策和实施步骤也各有差异,但是,公平性和可持续性则是一致的。并且要实现可持续发展的总目标,必须争取全球共同的配合行动,这是由地球整体性和相互依存性所决定的。因此,致力于达成既尊重各方的利益、又保护全球环境与发展体系的国际协定至关重要。正如《我们共同的未来》中写的"今天我们最紧迫的任务也许是要说服各国,认识回到多边主义的必要性","进一步发展共同的认识和共同的责任感,是这个分裂的世界十分需要的"。这就是说,实现可持续发展就是人类要共同促进自身之间、自身与自然之间的协调,这是人类共同的道义和责任。

(三) 可持续发展的特征

(1) 可持续发展鼓励经济增长,因为它体现国家实力和社会财富。可持续发展不仅重视增长数量,更追求改善质量、提高效益、节约能源、激活废物,改变传统的生产和消费模式,实施清洁生产和文明消费。

(2) 可持续发展要以保护自然为基础,与资源和环境的承载能力相协调。因此,发展的同时必须保护环境,包括控制环境污染,改善环境质量,保护生命支持系统,保护生物多样性,保持地球生态的完整性,保证以持续的方式使用可再生资源使人类的发展保持在地球承载能力之内。

(3) 可持续发展要以改善和提高生活质量为目的,与社会进步相适应。可持续发展的内涵均应包括改善人类生活质量,提高人类健康水平,并创造一个保障人们享有平等、自由、教育、人权和免受暴力的社会环境。

可持续发展可总结为三个特征:生态持续、经济持续和社会持续,它们之间互相关联而不可侵害。孤立追求经济持续必然导致经济崩溃;孤立追求生态持续不能遏制全球环境的衰退。生态持续是基础,经济持续是条件,社会持续是目的。人类共同追求的应该是自然—经济—社会复合系统的持续、稳定健康发展。

二、可持续发展战略的含义[①]

"可持续发展战略"从字面上理解是指促进发展并保证其成为可持续性的战略，很明显，它包括了三个概念：可持续性、发展和战略。

可持续性发展战略的制定和实施是实现可持续发展的重要手段，关于可持续性发展战略这一概念，目前还没有较全面、系统的阐述。国际可持续发展研究所和世界资源保护联盟在《准备和实施国家可持续发展战略指南》和《国家可持续发展战略的制定和实施手册》中给可持续发展战略作出解释：所谓可持续发展战略是指改善和保护人类美好生活及其生态系统的计划和行动的过程，是多个领域的发展战略总称，它要使各方面的发展目标，尤其是社会、经济及生态、环境的目标相协调。可持续发展战略可以是国际的、区域的、国家的或地方的可持续发展战略，也可以是某个部门或多个部门的可持续发展战略。

一个国家的可持续发展战略应当是为达到其经济、社会、生态和环境目标而制定的国家政策、计划或行动方案；它的制定和实施，包括政策和行动计划的制定、实施、监督和检查都应该是滚动的，需要在实施过程中，随着能力的增强、各部门各阶层参与行动的增加而不断调整和补充。应当明确的是，可持续发展战略是一个行动的过程，而不单纯是一项计划或一个文件。它应当建立在现行的各项合理的经济、社会、生态环境政策及计划的基础之上，并与之相协调。

另外，可持续发展战略还具有如下特性：

(1) 可持续发展战略是一个着眼于未来的战略；

(2) 可持续发展战略是一个整体战略；

(3) 可持续发展战略是一个以人为中心的战略。

三、全球《21世纪议程》的基本思想和主要内容[②]

联合国环境与发展大会于 1992 年 6 月在巴西的里约热内卢召开，共 183 个国家的代表团和联合国及其下属机构等 70 个国际组织的代表出席了会议，

① 林峰：《可持续发展与产业结构调整》，北京：社会科学文献出版社，2006 年，第 361—362 页。
② 余金保、王幸斌、韩文华：《环境保护与科学发展观》，北京：中国广播电视出版社，2005 年。

102位国家元首或政府首脑到会讲话。会议通过和签署了全球《21世纪议程》等重要文件。全球《21世纪议程》是在全球区域和各国范围内实施可持续发展战略的行动纲领,它虽然不具有法律效力,但反映了环境与发展领域国际经济合作的全球共识和最高级别的政治承诺。

(一)全球《21世纪议程》的基本思想

全球《21世纪议程》强调人类正处于历史抉择的关头。我们可以继续实行工业化以来的现行政策,保持和加大国家之间的经济差距,但这样的结果是使世界各地增加贫困、饥荒、疾病和文盲,继续使我们赖以维持生命的地球生态系统恶化。如果人类不想进入这个不可持续的绝境,就必须改变现行的政策,改变所有人的生活观念和水平,从国家、区域、国际水平上更好地保护和管理生态系统,争取一个更为安全、更加繁荣的未来。任何一个国家不可能仅仅依靠自己的力量取得成功,必须联合起来走可持续发展的道路才可以获得成功。

(二)全球《21世纪议程》的主要内容

《21世纪议程》涉及人类可持续发展的所有领域,提供了21世纪如何使经济、社会与环境协调发展的行动纲领和行动蓝图。它共计40多万字。整个文件分四个部分:

第一部分,经济与社会的可持续发展。包括加速发展中国家可持续发展的国际合作和有关的国内政策、消除贫困、改变消费方式、人口动态与可持续能力、保护和促进人类健康、促进人类居住区的可持续发展、将环境与发展问题纳入决策进程。

第二部分,资源保护与管理。包括保护大气层;统筹规划和管理陆地资源的方式;禁止砍伐森林、脆弱生态系统的管理和山区发展;促进可持续农业和农村的发展;生物多样性保护;对生物技术的环境无害化管理;保护海洋,包括封闭和半封闭沿海区,保护、合理利用和开发其生物资源;保护淡水资源的质量和供应——对水资源的开发、管理和利用;有毒化学品的环境无害化管理,包括防止在国际上非法贩运有毒废料、危险废料的环境无害化管理;对放射性废料实行安全和环境无害化管理。

第三部分,加强主要群体的作用。包括采取全球性行动促进妇女的发展;青年和儿童参与可持续发展,确认和加强土著人民及其社区的作用;加强非政府组织作为可持续发展合作者的作用,支持《21世纪议程》的地方当局的倡议;加强工人及工会的作用,加强工商界的作用,加强科学与技术界的作用,加强农民的作用。

第四部分,实施手段。包括财政资源及其机制;环境的无害化(和安全化)技术的转让;促进教育、公众意识和培训、促进发展中国家的能力建设、国际体制安排;完善国际法律文书及其机制等。

四、《中国21世纪议程》的思想与主要内容[①]

《中国21世纪议程》是中国实施可持续发展战略的行动纲领,是制定国民经济和社会发展中长期计划的指导性文件,同时也是中国政府认真履行1992年联合国环境与发展大会的原则立场和实际行动,表明了中国在解决环境与发展问题上的决心和信心。《中国21世纪议程》为中国21世纪的发展描绘了蓝图。

(一)《中国21世纪议程》的基本思想

制定和实施《中国21世纪议程》,走可持续发展之路,是中国在21世纪发展的需要和必然选择。中国是发展中国家,要提高社会生产力、增强综合国力和不断提高人民生活水平,就必须毫不动摇地把发展国民经济放在第一位,各项工作都要紧紧围绕经济建设这个中心来开展。中国是在人口基数大、人均资源少、经济和科技都比较落后的条件下实现经济快速发展的,这使本来就已经短缺的资源和脆弱的环境面临更大的压力。在这种形势下,中国政府认识到,只有遵循可持续发展的战略思想,从国家整体的高度协调和组织个部门、各地方、各社会阶层和全体人民的行动,才能保护好自然资源和改善生态环境,实现国家长期、稳定的发展。

(二)《中国21世纪议程》的主要内容

《中国21世纪议程》共20章,78个领域,主要内容分为四大部分:

第一部分,可持续发展总体战略与政策。论述了实施中国可持续发展战略的背景和必要性,提出了中国可持续发展战略目标、战略重点和重大行动,建立中国可持续发展法律体系,制定促进可持续发展的经济技术政策,将资源和环境因素纳入经济核算体系,参与国际环境与发展合作的意义、原则立场和主要行动领域,其中特别强调了可持续发展能力建设,包括建立健全可持续发

---

① 余金保、王幸斌、韩文华:《环境保护与科学发展观》,北京:中国广播电视出版社,2005年。

展管理体系、费用和资金机制，加强教育，发展科学技术，建立可持续发展信息系统，促使妇女、青少年、少数民族、工人和科学界人士及团体参与可持续发展。

第二部分，社会可持续发展。包括人口、居民消费与社会服务，消除贫困，卫生与健康，人类居住区可持续发展和防灾减灾等。其中最重要的是实行计划生育、控制人口数量、提高人口素质，包括引导建立适度和健康消费的生活体系。强调尽快消除贫困，提高中国人民的卫生和健康水平。通过正确引导城市化，加强城镇用地规划和管理，合理使用土地，加快城镇基础设施建设，促进建筑业发展，向所有的人提供住房，改善住区环境，完善住区功能。建立与社会主义经济发展相适应的自然灾害防护体系。

第三部分，经济可持续发展。把促进经济快速增长作为消除贫困、提高人民生活水平、增强综合国力的必要条件，其中包括可持续发展的经济政策、农业与农村经济的可持续发展、工业与交通、通信业的可持续发展、可持续能源和生产消费等部分。着重强调利用市场机制和经济手段推动可持续发展，提供新的就业机会，在工业活动中积极推广清洁生产，尽快发展环保产业，提高能源效率与节能，开发利用新能源和可再生能源。

第四部分，资源的合理利用与环境保护。包括水、土等自然资源保护与可持续利用，还包括生物多样性保护、防治土地荒漠化、防灾减灾、保护大气层（如控制大气污染和防治酸雨）、固体废物无害化管理等。着重强调在自然资源管理决策中推行可持续发展影响评价制度，对重点区域和流域进行综合开发整治，完善生物多样性保护法规体系，建立和扩大国家自然保护区网络，建立全国土地荒漠化的监测和信息系统，开发消耗臭氧层物质的替代产品和替代技术，大面积造林，建立有害废物处置、利用的新法规和新技术标准等。

五、中国可持续发展产业结构的战略调整①

（一）从可持续发展的角度对中国产业结构基本特征分析

1. 中国产业结构的演变趋势及特点

1990—2001年，中国国民经济保持持续快速增长，产业结构变动很大，从

① 林峰：《可持续发展与产业结构调整》，北京：社会科学文献出版社，2006年，第371—394页。

三次产业国内生产总值(GDP)的结构变化来看,第二产业增长最快,其比重增加较大;第一产业增长较快,但其比重有所下降;第三产业增长较快,其比重略有增长。按当年价格计算的三次产业的结构由1990年的27.1∶41.6∶31.3,变为2001年的15.2∶51.1∶33.6。可见,第一产业减少了11.8%,第二产业增加了9.5%,第三产业增加了2.3%。

从劳动力就业结构变化来看,第一产业劳动力比重有较大幅度的下降,而第二产业劳动力比重略有上升,第三产业劳动力比重较大幅度上升。第一产业减少了10%,第二产业增加了近1%,第三产业增加了9%。进入20世纪90年代以来,中国产业结构变动的速度明显加快,这是产业结构高度化显现的重要标志。并且,产业结构演变呈现三个特点:① 产业结构演变呈现非均衡性;② 产业结构演进随时间推移而趋于良性循环;③ 产业结构逐步由低级向高级演变。

2. 适应可持续要求的现阶段中国产业结构的矛盾

中国加入WTO后,随着经济全球化进程的加快,社会经济生活中固有的结构性矛盾日益突出。产业结构矛盾更加突出,主要表现在以下几个方面:

(1) 三次产业结构内部存在较大的问题。①“三农”问题比较严重,农业基础依然薄弱,农民收入增长缓慢,农村工作发展滞后;② 第二产业中基础工业发展后劲严重不足,并且加工工业效益不高;③ 第三产业发展相对滞后,服务质量与水平不高,吸纳就业的作用不大。

(2) 产业“同构化”现象非常严重。中国产业“同构化”主要表现在主导产业或支柱产业的趋同化。“九五”期间,国家提出将机械、电子、石油化工、汽车和建筑行业作为支柱产业,这成为各地区主导产业选择的样板。据统计,全国有25个省、市、自治区选择机械作为主导产业;有24个选择电子工业;有23个选择石油化工工业;有21个选择汽车工业。这不仅不能提供支柱的集中度,还使产业同构化的现象日趋严重。

(3) 生产结构和需求结构矛盾较为突出。由于多年来的重复建设和低水平扩张,生产能力超过了正常的需求。目前,在中国人均GDP不高的情况下出现供大于求的状况,充分反映出现有产业结构的低水平、低质量,与迅速发展变化的需求结构形成尖锐矛盾。

(4) 中国产业结构技术含量低、产品国际竞争力不强。中国产业中传统产业比重过大,技术含量过低,而高新技术的优势产业比重偏小,低于发达国家水平。同时,中国新兴产业尽管发展较快,但实力较弱,在国际市场上缺乏竞争力。

3. 面临可持续变革下的产业结构基本特征

(1) 产业结构内在与外在的统一。产业结构外在的形态是相对于经济总量而言的,具有数量性,而产业结构内在的形态则是经济总体中各类产业的多层次有序组合,既有数量特征,更有质的规定。

(2) 产业结构适应性调整与战略性调整的统一。产业结构适应性调整指各类产业的地位无明显变化,保护原有产业格局,针对产业间和主要行业间比例关系进行的调整;战略性调整则是相关产业间重大比例关系和产业地位的调整。

战略性调整不仅针对产业间比例关系,更重要的是评价产业的地位和作用,通过生产要素再配置改组原有产业结构,形成新的产业格局。产业结构战略性调整对于解决经济发展中长期积累的深层次矛盾是很重要的战略举措。

(二) 满足可持续发展标准的战略性调整方向与基本原则

1. 产业结构战略性调整的方向

21 世纪中国产业结构调整的战略方向:一方面,要求紧跟当代世界产业发展的主流,通过具有超前意识的动态性调整,促使产业结构加快升级,使中国产业发展水平及其整体的国际竞争力逐步走到世界的前列,为最终成为经济强国确立坚实的产业基础;另一方面,顺应在经济全球化条件下中国产业结构不断外向化、国际化的客观趋势,要求以全球资源为基点,以世界市场为导向,实施走出去战略,在全球地域空间上实施调整和升级。

2. 产业结构战略性调整的基本原则

(1) 以信息化带动工业化,以工业化促进信息化的原则;

(2) 发展多元化产业的原则;

(3) 国际分工和国内调整相结合的原则;

(4) 结构升级与外贸相结合的原则;

(5) 市场机制、企业主体和国家产业政策相结合的原则;

(6) 产业结构、科技、人口、就业相结合的原则。

(三) 产业结构战略性调整的对策

1. 产业结构战略性调整中的产业选择

面对经济全球化,中国产业结构调整和优化的目的应是面向国际市场和增强国际竞争力,充分利用 WTO 规则对产业结构的促进作用,加快产业结构的战略性调整,提高产业的国际竞争力。这就要求我们作如下的产业选择:

(1) 扶持幼稚产业。充分利用 WTO 规则保护发展中国家幼稚产业的条款,在短期内采取恰当的手段保护中国金融、保险、电信等相对幼稚产业是可能的。但从长远来看,要花大力气发展这些关系国家经济安全的重要产业,从而带动第三产业发展。

(2) 强化优势产业。充分发挥中国的国际比较优势,大力发展轻纺工业等劳动力密集型产业,有效利用丰富的劳动力资源优势。

(3) 巩固支柱产业。进一步提高汽车、机械、电子、石油化工等技术密集型产业的国际竞争力。要提高技术密集型产业的国际竞争力,只靠引进是不够的,还必须创新,培养"后发优势"。

(4) 积极发展技术密集型的知识产业。知识创新是民族的灵魂,没有创新的民族是没有希望的。知识产业在国民经济中的地位和作用越来越显著,它不仅对经济增长作出了贡献,而且是未来经济增长的潜力与保证。

2. 产业结构战略性调整中的对策

针对目前中国产业结构中存在的问题,中国产业结构调整应着重抓好以下几方面的工作:

(1) 在稳定和加强农业基础地位的同时,继续搞好农业产业结构调整。一是用好用足对中国有利的规则,保护好农业发展;二是要加强和提升农业,使传统农业向现代农业过渡,从根本上提高中国农业生产力水平和国际竞争力。

(2) 大力发展第二产业,把传统产业改造和高新技术产业、新兴产业发展结合起来,加快结构升级,培养优势产业群。

(3) 全方位地开放和发展中国的第三产业。随着中国加入 WTO,第三产业将逐步开放,国际竞争将更将激烈。因此,为了更好地把握市场机遇,尽可能减少外部冲击带来的损失,应采取有效的政策措施,加速第三产业的发展。

通过产业结构战略性调整,中国产业结构应尽快实现"第三产业壮大、第二产业强大、第一产业加强"的模式。

本章小结

社会成本、自然环境与企业的发展息息相关，产业的可持续发展也是一个不容忽视的问题。本章在讨论了社会成本概念的基础上，分析了企业社会成本的主要问题，并分析了企业管理与自然环境之间的关系，强调了企业实施环境保护的战略主要是基于三个方面的动力：规制动力、消费者动力和内部动力。本章结合中国的产业结构现状讨论了可持续发展战略的内涵、国际与国内分别实施的可持续发展战略方案，并提出了中国可持续发展产业结构的战略性调整策略。

主要名词

社会成本　　规制动力　　可持续发展　　外部经济性

外部效应　　社会价值理论　　产业结构战略性调整

复习题

(1) 社会成本分摊的原则是什么？

(2) 企业社会成本有何特点？

(3) 企业社会成本是由哪几个部分构成的？

(4) 企业采取环境保护措施是基于哪些动力？

思考作业题

(1) 企业应该与环境之间建立什么样的关系？

(2) 概述可持续发展的内涵。

(3) 试述中国产业战略性调整的对策。

参考文献

中文文献

[1] 安虎森. 区域经济学通论. 北京：经济科学出版社,2007.

[2] 安同良. 中国企业的技术选择. 经济研究,2003：7.

[3] 阿尔弗雷德·韦伯. 工业区位理(英译本). 北京：商务印书馆,1997.

[4] A. 勒施. 经济空间秩序——经济财货与地理间的关系. 北京：商务印书馆,1995.

[5] 保罗·杰罗斯基,理查德·J. 吉尔伯特,亚历克西斯·杰克明著,崔小刚译. 进入壁垒和策略性竞争. 北京：北京大学出版社,2004.

[6] 保罗·克鲁格曼. 地理与贸易. 北京：北京大学出版社、人民大学出版,2000.

[7] 保罗·克鲁格曼. 发展、地理与经济理论. 北京：北京大学出版社、人民大学出版社,2000.

[8] 保罗·萨缪尔森,威廉·诺德豪斯. 经济学第十六版. 北京：华夏出版社,1999.

[9] 贝尔蒂·俄林. 地区间贸易和国际贸易. 北京：首都经济贸易大学出版,2001.

[10] 蔡宁,吴结兵. 产业集群与区域经济发展. 北京：科学出版社,2007.

[11] 曹玲. 企业的社会成本及其分摊. 科协论坛,2007：5.

[12] 常立农,李凯. 论技术选择的多维性. 科学技术与辩证法,2007：2.

[13] 陈红儿,刘斯敖. 中间性组织理论评析. 经济学动态,2003：7.

[14] 陈海秋. 企业竞争力的评价方法与指标体系研究述评. 学海,2004：1.

[15] 陈淮. 日本产业政策研究. 北京：中国人民大学出版社,1991.

[16] 陈勇,唐朱昌. 中国工业的技术选择与技术进步：1985—2003. 经济研究,2006：9.

[17] 迟福林主编. 走入 21 世纪的中国基础领域改革. 北京：中国经济出版社,2000.

[18] 丹尼斯·卡尔顿,杰弗里·佩罗夫. 产业组织. 上海：上海三联书店、上海人民出版社,1998.
[19] 丹尼尔·史普博著,余晖等译. 管制与市场. 上海：上海三联书店、上海人民出版社,2007.
[20] 邓肯·J. 瓦茨. 有序与无序之间的网络动力学. 北京：人民大学出版社,2006.
[21] 丁宝山,任建平. 产业经济辞典. 北京：中国财政经济出版社,1991.
[22] 杜奇华,冷柏军. 国际技术贸易. 北京：高等教育出版社,2007.
[23] 方明月. 产业集群：介于企业与市场之间的中间组织形态. 北方经济,2006：2.
[24] 范金,郑庆武,梅娟. 应用产业经济学. 北京：经济管理出版社,2004：1.
[25] 范剑勇. 产业集聚与中国地区差距研究. 上海：上海三联书店,2007.
[26] 范晓屏. 企业竞争力多相测度指标体系的构造. 中国工业经济,1997：5.
[27] 傅家骥. 技术创新学. 北京：清华大学出版社,1998.
[28] 福斯特·莱因哈特,理查德·维尔特著,李丽等译. 企业管理与自然环境. 大连：东北财大出版社,2000.
[29] 干春晖. 产业经济学教程与案例. 北京：机械工业出版社,2006.
[30] 高鸿业. 西方经济学. 北京：人民大学出版社,2003.
[31] 高燕. 基于新型工业化的产业升级特征分析. 经济纵横,2006(3).
[32] 关爱萍. 新经济地理学及其展望. 地域研究与开发,2007(12).
[33] 海闻. 国际贸易：理论、政策、实践. 上海：上海人民出版社,1993.
[34] 哈维·阿姆斯特朗,吉姆·泰勒. 区域经济学与区域政策. 上海：上海人民出版社,2007.
[35] 郝寿义. 区域经济学原理. 上海：上海人民出版社,2007.
[36] 何盛明,刘西乾,沈云. 财经大辞典. 北京：中国财政经济出版社,1990.
[37] 胡晓鹏. 企业模块化的边界及其经济效应研究. 中国工业经济,2006(1).
[38] 胡兆量. 中国区域发展导论. 北京：北京大学出版社,1999.
[39] 华西里·里昂惕夫. 美国的经济结构,1919—1929. 美国：哈佛大学出版社,1941.
[40] 洪银兴.《资本论》的现代解析. 北京：经济科学出版社,2005.
[41] 黄茂兴. 论技术选择与经济增长. 福建师范大学博士论文,2007.
[42] 简·泰勒尔. 产业组织理论. 北京：人民大学出版社,1997.
[43] J. 卡布尔主编. 产业经济学前沿问题. 北京：中国税务出版社,2000.
[44] 江波. 中间性组织、市场拓展与区域经济合作. 华南师范大学学报社会科学

版,2006(2).
[45] 贾若祥,刘毅.产业竞争力比较研究——以我国东部沿海省市制造业为例.地理科学进展,2003(2).
[46] 蒋昭侠.产业结构问题研究.北京：中国经济出版社,2005.
[47] 金碚.论企业竞争力的性质.中国工业经济,2001(10).
[48] 金碚.中国工业国际竞争力——理论、方法与实证研究.北京：经济管理出版社,1997.
[49] 金相郁.20世纪区位理论的五个发展阶段及其评述.经济地理,2004(5).
[50] 莱斯特·M.萨拉蒙等著,贾西津等译.全球公民社会：非营利部门视界.北京：社会科学文献出版社,2002(7).
[51] 廖进球,陈富良.政府规制俘虏理论与对规制者的规制.江西财经大学学报,2007(7).
[52] 李嘉图,周洁译.政治经济学及赋税原理.北京：华夏出版社,2005.
[53] 李炯光.古典区位论：区域经济研究的重要理论基础.求索,2004(1).
[54] 李克克,唐小我.广告竞争与市场进入壁垒. 电子科技大学学报,1999(12).
[55] 李来儿,赵煊.中西"社会成本"理论的比较分析.经济问题,2005(5).
[56] 李廉水.技术创新经济学.合肥：安徽人民出版社,1994.
[57] 林峰.可持续发展与产业结构调整.北京：社会科学文献出版社,2006.
[58] 林毅夫,潘士远,刘明兴.技术选择、制度与经济发展.经济学(季刊),2006(4).
[59] 李平.知识经济与产业变革.北京：经济管理出版社,1999.
[60] 刘洪潮主编.外国要人名人看中国.北京中共中央党校出版社,2005(2).
[61] 刘静波.产业竞合：合作博弈、网络平台与制度条件.上海：上海社会科学院博士论文,2007.
[62] 刘小铁,欧阳康.产业竞争力研究综述.当代财经,2003(11).
[63] 柳卸林.技术创新经济学.北京：中国经济出版社,1993.
[64] 刘易斯·卡布罗.产业组织导论.北京：人民邮电出版社,2002.
[65] 厉无畏,王秀治.产业竞争力论.上海经济,2001(11).
[66] 鲁传一.资源与环境经济学.北京：清华大学出版社,2004.
[67] 陆国庆.产业地理集中抗产业衰老的机理分析及其应用.中国经济问题,2001(2).
[68] 陆国庆.产业调整壁垒及其克服途径.经济评论,2001(1).
[69] 卢建新.中间组织崛起的原因.中南财经政法大学学报,2005(1).
[70] 罗纳德·H.科斯.企业、市场与法律.上海：三联出版社,1990.

[71] 骆品亮,李治国.具有外部性收益的R&D竞争分析.复旦学报(自然科学版),2004(5).

[72] 路易斯·普特曼,兰德尔·克罗茨纳.企业的经济性质.上海:上海财经大学出版社,2000.

[73] 马丁·J.奥斯本,阿里尔·鲁宾斯坦.博弈论教程.北京:中国社会科学出版社,2000.

[74] 马克思.资本论(第一、二、三卷).北京:人民出版社,2004.

[75] 马克·布劳格.20世纪百名经济学巨匠.北京:中国经济出版社,1992.

[76] 迈克尔·波特.国家竞争优势.北京:华夏出版社,2002.

[77] 迈克尔·波特.竞争论.北京:中信出版社,2003.

[78] 迈克尔·波特.竞争优势.北京:华夏出版社,1998.

[79] 聂华林,王成勇.区域经济学通论.北京:中国社会科学出版社,2008.

[80] 诺思.经济史中的结构与变迁.上海:上海三联书店,2005(9).

[81] 裴长洪,王镭.试论国际竞争力的理论概念与分析方法.中国工业经济,2002(4).

[82] 朴昌根.韩国产业政策.上海:上海人民出版社,1998.

[83] 齐东平.中间性组织的必要性及其组织功能.中国工业经济,2005(3).

[84] 青木昌彦,安藤晴彦.模块时代:新产业结构的本质.上海:上海远东出版社,2003.

[85] 曲振涛,杨恺钧.规制经济学.上海:复旦大学出版社,2006.

[86] 芮明杰.产业经济学.上海:上海财经大学出版社,2005.

[87] 盛世豪.产业竞争论.杭州:杭州大学出版社,1999.

[88] 盛世豪,杨海军.模块化:一种新的组织模式.科研管理,2004(3).

[89] 申尊焕,闫冰.西方产业组织学最新研究方法综述.理论导刊,2006(12).

[90] 史忠良.产业经济学.北京:经济管理出版社,2005.

[91] 施蒂格勒.产业组织和政府管制.上海:上海三联书店,1989.

[92] 世界银行.发展面临的挑战(第一版).北京:中国财政出版社,2006.

[93] 施祖麟.区域经济发展.北京:社会科学文献出版社,2007.

[94] 斯密著,杨敬年译.国富论(上、下).西安:陕西人民出版社,2001.

[95] 斯蒂芬·马丁.高级产业经济学.北京:冶金工业出版社,2007.

[96] S. Martin.高级产业经济学.上海:上海财经大学出版社,2004.

[97] 苏东水.产业经济学.北京:高等教育出版社,2005.

[98] 孙晓峰.模块生产网络研究.中国工业经济,2005(5).

[99] 孙洛平,孙海琳. 产业集聚的交易费用理论. 北京: 中国社会科学出版,2006.

[100] 王步芳. 集群经济学研究. 北京: 冶金工业出版社,2007.

[101] 王洪涛. 威廉姆森交易费用理论述评. 经济经纬,2004(4).

[102] 王军. 产业组织演化理论与实证研究. 山东大学博士论文,2006.

[103] 王俊豪. 政府管制经济学导论. 北京: 商务印书馆,2003.

[104] 汪琦. 技术创新与市场需求的互动机制及对产业升级的传导效应. 河北经贸大学学报,2006(1).

[105] 王述英. 新工业化与产业结构跨越式升级. 北京: 中国财政经济出版社,2005.

[106] 王述英,白雪洁,杜传忠. 产业经济学. 北京: 经济科学出版社,2006.

[107] 汪应洛,贾里群. 技术创新. 西安: 西安交通大学出版社,1993.

[108] 万寿义. 解决企业社会成本问题的探讨. 管理天地,2005(11).

[109] 魏后凯. 现代区域经济学. 北京: 经济管理出版社,2006.

[110] 威廉 · G. 谢泼德,乔安娜 · M. 谢泼德. 产业组织经济学. 北京: 人民大学出版社,2007.

[111] 卫志民. 近 70 年来产业组织理论的演进. 经济评论,2003(1).

[112] 文森特 · 奥斯特罗姆,埃莉诺 · 奥斯特罗姆著. 公益物品与公共选择. 收录于迈克尔 · 麦金尼斯主编. 多中心体制与地方公共经济. 上海: 上海三联书店,2000.

[113] W. 克里斯塔勒. 德国南部中心地原理. 北京: 商务印书馆,1997.

[114] 吴少平,王先庆. 推动产业升级加快企业创新. 首都经济贸易大学学报,1999(2).

[115] 吴伟俊,刘永鑫. 技术选择、体制建设与推进创新. 太原理工大学学报(社会科学版),2007(11).

[116] 吴易风. 当代西方经济学流派与思潮. 北京: 首都经济贸易大学出版社,2005.

[117] 肖兴志,张曼. 英日规制改革模式差异及体制成因. 市场与发展,2000(10).

[118] 谢燮,杨开忠. 新经济地理学诞生的理论基石. 当代经济科学,2004(7).

[119] 新帕尔格雷夫经济学大辞典(中文版第四卷). 北京: 经济科学出版社,2005.

[120] 徐向艺. 政府对企业市场行为的管理. 发展论坛,1995(10).

[121] 许晓峰. 技术经济学. 北京: 中国发展出版社,1996.

[122] 阎钢军. 产业组织学研究的最新进展. 统计与决策,2007(4).

[123] 阎钢军. 产业组织研究方法综述. 山东大学学报,2007(5).

[124] 杨公朴,干春晖. 产业经济学. 上海: 复旦大学出版社,2005.

[125] 杨公朴,夏大慰. 产业经济学教程. 上海: 上海财经大学出版社,1998.

[126] 杨公朴,夏大尉.产业经济学教程.上海:上海财经大学出版社,2005.
[127] 杨蕙馨.企业的进入退出与产业组织政策:以汽车制造业和耐用消费品制造业为例.上海:上海人民出版社、上海三联书店,2000.
[128] 杨蕙馨,冯文娜.中间性组织的竞争优势分析.人文杂志,2005(1).
[129] 杨建文.产业经济学.上海:学林出版社,2004.
[130] 杨建文.政府规制:21世纪理论研究潮流.上海:学林出版社,2007.
[131] 杨治.产业经济学导论.北京:中国人民大学出版社,1985.
[132] 姚小涛,席酉民.企业与市场相结合的中间组织及其博弈分析.西安交通大学学报(社会科学版),2001(6).
[133] 约翰·R.康蒙斯.制度经济学.北京:商务印书馆,1962.
[134] 约翰·冯·杜能.孤立国同农业和国民经济的关系.北京:商务印书馆,1986.
[135] 余金保,王幸斌,韩文华.环境保护与科学发展观.北京:中国广播电视出版社,2005.
[136] 于刃刚,李少红.论技术创新与产业融合.生产力研究,2003(6).
[137] 臧旭恒.产业经济学.北京:经济科学出版社,2004.
[138] 张墩富.区域经济开发研究.北京:中国轻工业出版社,1998.
[139] 张建平,李红梅,田东霞.区域经济理论与实践.北京:中央民族大学出版社,2007.
[140] 张朋柱,叶红心.合作博弈理论与应用:非完全利益群体合作管理.上海:上海交通大学出版,2006.
[141] 张旭海,梁嘉骅.中间组织演进与动力机制.科技与管理,2007(5).
[142] 张文忠.新经济地理学的研究视角探析.地理科学进展,2003(1).
[143] 赵海东.资源型产业集群与中国西部经济发展研究.北京:经济科学出版社,2007.
[144] 赵峰.新编经济学说史教程.北京:北京师范大学出版社,2007.
[145] 植草益,朱绍文,欣欣等译校.观规制经济学.北京:中国发展出版社,2003.
[146] 中国加工贸易问题研究课题组.中国加工贸易问题研究.北京:经济科学出版社,1999(11).
[147] 周强.论高技术产业特性.北方经贸,2002(3).
[148] 朱彬.产业规模与比较优势发展战略:一个理论框架.当代经济科学,2005(11).
[149] 朱传耿,沈山,仇方道.区域经济学.北京:中国社会科学出版社,2007.
[150] 朱·弗登伯格,戴维·K.莱文.博弈学习理论.北京:人民大学出版社,2002.

[151] 朱华友,丁四保.全球化背景下产业区位形成悖论的理论阐释及其实践意义.世界地理研究,2005(3).
[152] 朱瑞博.价值模块整合与产业融合.中国工业经济,2003(5).
[153] 朱瑞博.模块生产网络价值创新的整合架构研究.中国工业经济,2006(1).
[154] 朱钟棣,郭羽诞,兰宜生.国际贸易学.上海:上海财经大学出版社,2005.
[155] 庄卫民,龚仰军.产业技术创新.上海:东方出版中心,2005.
[156] 流行之家:http://www.lesun.org.
[157] 人民网:www.people.com.cn.
[158] 中国网:www.china.com.cn.
[159] 中证网:www.cs.com.cn.

英文文献

[1] A. K. Dixit and J. E. Stigliz. Monopolistic Competition and Optimum Product Diversity. American Economic Review, 1977(67): 297 - 308.
[2] Andrei Shleifer. A Theory of Yardstick Competition. RAND Journal of Economics, 1985(16): 319 - 327.
[3] Ashiah Arora and Alfondso Gambardella. Domestic Markets and International Competitiveness: Generic and Poduct-specific Competencies in the Engineering Sector. Carnegic Mellon University and University of Urbino, 1997, August 11.
[4] Ashok Kumar. A Quantitative Approach to Measure Quality-based Competitiveness of an Organization. Univ. of Michigan Business School Working Paper No. 99 - 101.
[5] Bernard Black, Barry Metzger, Timothy O'Brien and Young Moo Shin. Corporate Governance in Korea at the Millennium: Enhancing International Competitiveness. Journal of Corporation Law, 2000(26): 537 - 609.
[6] Brian Roberts and Robert J. Stemson. Multi-sectoral Qualitative Analysis: a Tool for Assessing the Competitiveness of Regions and Formulating Strategies for Economic Development. Annals of Regional Science, 1998(32): 469 - 494.
[7] Clarisse Dhaenens-Flipo and Gerd Finke. An Integrated Model for an Industrial Production-distribution Problem. IIE Transactions 2001, 33, no.

9: 705 - 715.

[8] Chris Freeman and Luc Soete. The Economic of Industrial Innovation (Third Edition). London: Printer, 1997.

[9] C. S. Amaro and A. P. F. D. Barbosa-Póvoa. Scheduling of Industrial Distribution Manifolds with Pre-conditions. European Journal of Operational Research, 1999(119): 461 - 478.

[10] Don Ethridge. Research Methodology in Applied Economics: Organizing, Planning and Conducting Economic Research. Hardcover, 2nd edition, 2004.

[11] E. O. Williamson. The Economic Institutions of Capitalism: Firms, Markets and Relational Contracting. New York: The Free Press, 1985.

[12] G. Butters. Equilibrium Distribution of Prices and Advertising. Review of Economic Studies, 1979(44): 465 - 492.

[13] G. Grossman, and C. Shapiro. Information Advertising with Differentiated Products. Review of Economic Studies, 1984(51): 63 - 82.

[14] Gordon H. Hanson. Scale Economies and the Geographic Concentration of Industry. Journal of Economic Geography, 2001(1): 255 - 276.

[15] G. J. Stigler and C. Friedland. What can the Regulators Regulate: The Case of Electricity. Journal of Law and Economics, 1962(5)1 - 16.

[16] H. Demsetz. Why Regulate Utilities. Journal of Law and Economics, 1967(11): 55 - 65.

[17] H. Hotelling. Stability in Competition. The Economic Journal, 1929(153): 41 - 57.

[18] L. Benham. The Effects of Advertising on the Price of Eyeglasses. Journal of Law and Economics, 1972(15): 337 - 352.

[19] H, L, Smith. On the Asymptotic Behavior of a Class of Deterministic Models of Cooperating Species. SIAM Journal on Applied Mathematics International Journal of Industrial Organization, 1986(46): 368 - 375.

[20] Inge Ivarsson. Transnational Corporations and the Geographical Transfer of Localized Technology: a Multi-industry Study of Foreign Affiliates in Sweden. Journal of Economic Geography, 2002(2): 221 - 247.

[21] James Buchanan. An Economic Theory of Clubs. Economica, 1965 (32): 1 - 14.

[22] Joseph Farrell and C. Shapiro. Standard Setting in High Definition Television.

Brookings Papers on Econ. Activity 1, 1992.

[23] K. Galbraith. The New Industrial State. Boston: Houghton Mifflin, 1967.

[24] Joseph Farrell and Garth Saloner. Coordination through Committees and Markets. Economics Working Papers, University of California at Berkeley, 1987.

[25] Kiyoshi Kojima. Macroeconomic Versus International Business Approach to Foreign Direct Investment. Hitosubashi Journalof Economics, 1982 (23): 1-19.

[26] L. Hossenlopp. New Solutions for the Automation of Large Industrial Distribution Networks. IEE Conference Publications, 2001: 458.

[27] Luca Lambertini, Sougata Poddar and Dan Sasaki. Research Joint Ventures, Product Differentiation and Price Collusion. International Journal of Industrial Organization, 2002(20): 801-827.

[28] M. Kakz and C. Shapiro. Systems Competition and Network Effects. Journal of Economic Perspectives, 1994(8): 93-115.

[29] M. Kakz and C. Shapiro. Technology Adoption in the Presence of Network Externalities. Journal of Political Economy, 1986(94): 822-841.

[30] Milton Mueller. Telecom Policy and Digital Convergence. Hong Kong: City University Press, 1997.

[31] M. Porter. Competitive Advantage, Agglomeration Economies and Regional Policy. International Regional Science Review, 1996(19): 85-90.

[32] Noah Walley and Bradley Whitehead. It's Not Easy Being Green. Harvard Business Review, 1994(6): 46-52.

[33] N. Nohria and E. Robert. Networks and Organizations: Structure, Form and Action. Strategic Management Journal, 1992(20): 73-89.

[34] OECD. Glossary of Industrial Organization Economics and Competition Law. Paris, 1993.

[35] O. E. Williamson, Markets and Hierarchies. New York: Free Press, 1975.

[36] Paul Ehrlich and E. O. Wilson. Biodiversity Studies: Science and Policy. Science, 1991(253): 758-762 .

[37] P. Krugman, Development. Geography and Economic Theory. Cambridge: MA, MIT Press, 1995.

[38] P. Krugman. Geography and Trade. Cambridge: Mass, MIT Press, 1991.

[39] P. Krugman. History versus Expectations. Quarterly Journal of Economic, 1991(106): 651-667.

[40] P. Krugman. Increasing Returns and Economic Geography. Journal of Political Economy, 1991(99): 483-499.

[41] P. Krugman. The Self-orgnizing Economy. Cambridge, Mass: Blackwell, 1996.

[42] P. M. Romer. Endogenous Technological Change. Journal of Political Economy, 1990(98): 71-102.

[43] Paul Milgrom and John Roberts. Limit Pricing and Entry under Incomplete Information: An Equilibrium Analysis. Econometrica, 1982(50): 443-460.

[44] Paul Ehrlich and E. O. Wilson. Biodiversity Studies: Science and Policy. Science, 1991(253): 758-762.

[45] R. Caves and M. Porter. From Entry Barriers to Mobility Barriers. Quarterly Journal of Economics, 1977(9): 241-267.

[46] R. Solow. The New Industrial State or Son of Afluence. Public Interest, 1967(9): 100-108.

[47] Richard Schmalensee. Industrial Economics: An Overview. Economic Journal, 1988(98): 675-676.

[48] Sam Peltzman. Toward a More General Theory of Regulation. Journal of Law and Economics, 1976(19): 211-240.

[49] Simon Kuznets. Economic Growth of Nations: Total Output and Production Structure. Harvard University Press, 1971.

[50] S. Salop. Monopolistic Competition with Outside Goods. Bell Journal of Economics, 1979(10): 141-156.

[51] Susan Mudambi and Raj Aggarwal. Industrial Distributors: Can They Survive in the New Economy?. Industrial Marketing Management, 2003(32): 317-325.

[52] Stanton G. Cort. Business Economics in the Workplace: Industry Corner, Industrial Distribution: How Goods will Go to Market in the Electronic Marketplace. Business economics, 1999(34): 53-55.

[53] W. Alonso. Location and Land Use: Toward a General Theory of Land Rent. Cambridge. Mass: Harvard University, Press, 1964.

[54] W. B. Arthur. Increasing Returns and Path Dependence in the Economy.

University of Michigan Press, 1994.

[55] W. B. Arthur. Positive Feedbacks in the Economy. Scientific American, 1990(262): 92 - 99.

[56] William B. Beyers, Services and the New Economy: Elements of a Research Agenda. Journal Economy of Geography, 2002(2): 1 - 29.

[57] W. Isard. Location and Space-economy. Cambridge: MIT Press, 1956.

[58] W. J. Baumol. Contestable Market: An Uprising in the Theory of Industry Structure. The American Economic Review, 1982(72): 1 - 15.

[59] W. Launhardt. Kommercielle Tracirung der Verkehrswege. Germany, Hannover, 1872.

[60] World Bank. Development and the Environment. 1994 - 1995.

[61] World Resource Institute: World Resource. 1994 - 1995 .

日文文献

[1] 深尾京司,细谷佑二. 国际产业政策与跨国公司. 日本一桥大学经济研究所编 经济研究,1999, 50(1).

[2] 胁田武光. 立地论读本Ⅰ. 东京: 大明堂,1983.

[3] 植草益. 产业融合: 产业组织的新方向. 日本: 岩波书店,2000.

后 记

又是一个暖冬，阳光透过窗户洒在身上的温暖，总是让人产生无尽的遐想。但是11月的上海，时不时地瑟瑟寒风，同样让我们感到丝丝的凉意。失于正义和道德的一些金融衍生品设计的导火索点燃并在5月起全面爆发的全球性金融海啸，不仅造成了金融领域内的企业纷纷破产，而且逐渐地影响到制造领域，进而影响到了消费领域，其最终的影响程度还难以预料。这不禁让我们的遐想收敛聚焦，但是有一点可以肯定，在产业结构、布局等较为合理的国家，受这次金融海啸影响的最终破坏程度会明显较低。由此，全面地进行产业经济学的知识教育，至少在经济管理类专业的本科教育中是非常必要的。

作为一本本科生使用的教材，本书的编写是为了让学习者在较短的时间内接触到较为完整的、基础性的知识信息。为此，本书的切入点放在产业经济学框架的建立和主要流派、定义和基础数理公式的介绍上。这样的编排，是在参考了众多产业经济学教材基础上的选择。其最终评介还要看实际使用的效果。

本书的出版，不仅是上海对外贸易学院产业经济学科建设团队集体努力的成果，也是学校领导和教务处、图书馆的同行在学科建设经费、写作资料提供等多方面支持的结果，同时得到了上海大学出版社的大力支持，也是责任编辑傅玉芳为此尽心尽力的结果，在此我们表示衷心的感谢。

硕士研究生尹熙、翁晓璐院文卿参与了本书的资料收集和后期整理，在此一并感谢。

还是要再次地说明，尽管我们已经尽了最大的努力，但是限于水平，本书的错误难免。恳请得到同行的批评、指正。

魏农建

2008年11月30日于上海松江